"十四五"职业教育国家规划教材

会计电算化

（第五版）

KUAIJI DIANSUANHUA

新准则 新税率 电子发票

主 编 陈明然

副主编 蒋黎光 王亚玲

参 编 竺晓平 黄秀云

本书另配：教学课件
账套备份
操作视频
云上试卷

中国教育出版传媒集团

高等教育出版社·北京

内容提要

本书是“十四五”职业教育国家规划教材。

本书依据最新税收法规和会计准则，以(用友)新道财税云平台为蓝本，以企业业务流程为主线编写而成。本书全面介绍了会计电算(信息)化的基本理论以及新道财税云平台的系统管理、总账、出纳、工资、固定资产、采购、销售、库存、核算、财务报表、归档管理等子系统和电子发票管理的操作。章节末有本节小结和实验习题。书后附有实训模拟账套资料。为了利教便学，部分学习资源(视频等)以二维码形式提供在相关内容旁，可扫描获取。此外，本书另配有教学课件、账套备份、云上试卷等教学资源，供教师教学使用。

本书既适合各类职业教育院校和成人培训机构财经类专业的师生使用，也适合社会从业人员学习参考。

图书在版编目(CIP)数据

会计电算化：畅捷通财税云平台/陈明然主编.—5版.—北京：高等教育出版社，2023.8 (2024.8重印)

ISBN 978-7-04-059738-7

Ⅰ.①会… Ⅱ.①陈… Ⅲ.①会计电算化-高等职业教育-教材 Ⅳ.①F232

中国国家版本馆CIP数据核字(2023)第011850号

策划编辑 毕颖娟 蒋 芬 责任编辑 蒋 芬 封面设计 张文豪 责任印制 高忠富

出版发行	高等教育出版社	网　　址	http://www.hep.edu.cn
社　　址	北京市西城区德外大街4号		http://www.hep.com.cn
邮政编码	100120	网上订购	http://www.hepmall.com.cn
印　　刷	上海叶大印务发展有限公司		http://www.hepmall.com
开　　本	787 mm×1092 mm 1/16		http://www.hepmall.cn
印　　张	20.75	版　　次	2023年8月第5版
字　　数	525千字		2009年11月第1版
购书热线	010-58581118	印　　次	2024年8月第3次印刷
咨询电话	400-810-0598	定　　价	47.00元

物 料 号 59738-00

第五版前言

本书是“十四五”职业教育国家规划教材。

在习近平新时代中国特色社会主义思想指引下，我国的会计及会计信息化工作又取得了新的发展。其主要特点是从企业内部网络向云空间发展，各种云上软件产品不断涌现。就畅捷通系列来说，就有本地和云功能相结合的T+Online，以及纯云端的“好会计”“财税云平台”等。应用终端方面，已经开始向移动设备（手机）发展。

党的二十大报告提出要“统筹职业教育、高等教育、继续教育协同创新，推进职普融通、产教融合、科教融汇，优化职业教育类型定位。”作为职业教育教材，需要深入贯彻“职普融通、产教融合、科教融汇”这一精神，紧跟时代发展步伐，体现行业发展的新特点、新技术。为此，我们决定在第四版的基础上进行修订，编写出版第五版。

修订后的本书具有以下特点：

1. 课程思政，立德树人

通过融合于各章节内容和案例中的国家法规教育，如国家有关会计信息化工作规范，增值税的计缴，工资处理中个人所得税和月末处理中各种税费的计提，等等，使学生牢固树立遵纪守法，以国家规范、法规为指导开展企业会计信息化工作、处理企业会计业务的意识；通过全书的严谨编排培养学生养成严谨细致的工作作风。

2. 岗课赛证，学做合一

本书采用新道财税云平台（以下简称“新道云平台”）为教学软件。新道云平台（前身为畅捷通财税云平台）把财务和供销存数据的处理从本地机移到云端，并增加了发票管理、归档管理等功能，与国家对电子发票的推行部署相适应，使财税业务的处理更为规范、便捷，也更为高效。在增值税和个人所得税方面，都分别按13%税率和2019年起实施的个人所得税法作了预置。

使用新道云平台进行会计信息化课程的教学，可以充分融合岗课赛证多方面的功能。新道云平台既是会计信息化课程的教学平台，又是职业院校会计信息化竞赛使用的平台。这个平台包含了命题、考生管理、练习考试、评分等功能，非常适合各院校培训竞赛选手使用；平台设置的“认证专区”板块，可以让学生通过认证考试，获得“企业管理信息化应用师”“会计信息化操作员”“会计信息化应用师”等证书，各证书考试内容都在本书内容范围内；新道云平台设置的“初级会计师”板块，是一个初级会计职称模拟考试系统，学生通过在这个考试系统上的练习，可以在很大程度上提高通过初级会计职称考试的几率。

新道云平台的操作界面，与畅捷通T3等系列软件的操作界面基本相同或接近，对于先前使用畅捷通T3进行教学的院校老师来说，过渡容易、备课方便，原有教学资源的再利用率高。学生通过在新道云平台上的学习掌握了相关操作技能以后，将来在企业实际应用环境中，能很快适应工作上的需要。

3. 与时俱进，内容创新

本次修订，依据新道云平台的软件功能和界面，增加了电子发票管理和归档管理两项功能的讲解，修改了部分案例操作步骤的介绍，更换了所有截图；此外，在实训模拟账套的各项业务中加入了原始单据的样图，删除了一至四版书中都有的附录二和附录三。原来在附录二中介绍的操作员权限设置，需要时可以参阅随软件购买的操作手册；原来在附录三中介绍的教学使用疑难问题，可以登录畅捷通社区，在更广的范围上进行查阅、咨询或讨论。

需要说明的是：本书在原始单据样图的收录方面，尝试按照会计信息化环境中的实际情况，没有附收在业务处理过程中产生的如采购入库单、结算单、红字和蓝字回冲单，销售发票、出库单等单据的样图，而只附收着手业务处理之前可以看到的相关单据的样图，如采购发票、付款凭证（支票存根、电汇回单）、销售订单、银行进账单。会计信息化实训教材如何附收单据样图，是这类教材编写上的一个新课题。怎么处理才能达到既实际又合理的要求，本书目前的处理方法还需作哪些调整，都还需要进一步探讨。欢迎广大会计信息化课程的任课老师积极提供意见。

4. 体例新颖，形式活泼

本书的编排体例仍然保持前面四版的特点。在内容上全面介绍了总账、现金银行、工资、固定资产、采购、销售、库存、核算、报表、发票管理、归档管理以及系统管理等十二个模块；在逻辑上以企业的业务处理流程为线索，把同一笔业务在不同模块中的处理环节贯穿起来进行讲解；在行文上力求把操作中的每个步骤和相关细节交代清楚。这次改版，还在部分会计科目的名称上作了调整，修订补充了第四版书上的几处错漏，使全书更为严谨。

书中正文的一般说明文字用宋体排印；讲解操作步骤的内容用楷体排印，前后两步骤之间用斜杠符“/”分隔；操作中需要的具体参数分列在紧随操作步骤的括号里；正文中需要特别注意的地方，套色印刷；有关的注意事项加色纹，用仿宋体小五号字排印。书中还以文本框形式在各章节中穿插安排了“小知识”“小技巧”等内容，使版面显得活泼生动。

5. 资源丰富，便利教学

为了利教便学，部分学习资源（操作视频）以二维码形式提供在相关内容旁，可扫描获取。此外，本书另配有教学课件、书中所有案例和实训模拟的账套备份数据等教学资源，供教师教学使用。供手机扫描登录平台的二维码，可按本书末页教学资源服务指南联系获取。

本书附录实训模拟账套中的所有模拟业务，都已经制作成新道云平台上的试题（附评分标准）。使用本书教学的院校，可以联系新道科技股份有限公司，通过注册取得新道云平台上的账号，登录新道云平台，结合教学使用相关试题，组织学生练习并进行教学评估。新道云平台上对应本书的云上试卷号是“wzof11600”系列（共 12 份卷）；试卷名称是“桂花酒集团卷 ** ”（“ ** ”为序号）。各试卷与本书案例及实训项目的对应关系，请见教学资源中的《云试卷与案例及实训项目对应表》。

本书由陈明然担任主编，蒋黎光、王亚玲担任副主编，竺晓平、黄秀云参编。本书具体编写分工如下：第一章、第二章由蒋黎光拟定修订方案；第三章、第六章由竺晓平拟订修订方案；第四章、第五章由王亚玲拟定修订方案；第十一章由黄秀云拟定修订方案；其余各章由陈明然拟定修订方案。所有各章在分工修订的基础上，再由编写团队集体讨论改定。票据版样由王亚玲审定；第四章、第八章、第九章、第十章、第十二章的教学视频由竺晓平录制；其余各章的教学视频由王祝玲友情录制。备份数据由陈明然制作完成；全书由陈明然总纂定稿。

本次修订，畅捷通信息技术股份有限公司和新道科技股份有限公司给予了一如既往的支持；孙雪玲、蔡明辉、王丙建三位老师通力协同；王祝玲老师在百忙中挤时间帮助录制了大量教学视频；畅捷通浙江代表处虞李兰经理和陈荣勃技师，浙江瑞安农业银行李文溪先生也都给予了帮助；在此一并致谢！

限于编者水平，书中难免会存在不足甚至错误之处。恳请广大读者批评指正。

编写组电子邮箱：163wzcmr@163.com。

编　者

2023年7月

目　录

资源导航

第一章 概　　论

随着计算机信息处理技术在企业管理中的普及应用，会计数据的处理和管理技术已经进入电算化乃至信息化时代；一些走在前列的企事业单位，已经开始向会计智能化迈进。会计信息化的主要特点是高度融合计算机特别是互联网技术，与企业生产经营的各个环节紧密集成，实现会计数据云计算、远程处理及传输。

会计电算化是会计信息化的初级阶段，然而，无论会计信息化发展到何种水平，会计电算化所解决的会计簿记等会计基础工作，仍然是会计工作和会计信息化工作的主要内容和重要基础。

第一节　会计电算化和会计信息化

一、会计电算化和会计信息化的概念

（一）会计电算化

会计电算化有狭义和广义之分。狭义的会计电算化，是指以电子计算机为主体的电子信息技术在会计工作中的应用；广义的会计电算化是指与实现会计电算化有关的所有工作，包括会计软件的开发应用及其软件市场的培育、会计电算化人才的培训、会计电算化的宏观规划和管理、会计电算化制度建设等。

（二）会计信息化

会计信息化是指企业利用计算机、网络通信等现代信息技术手段开展会计核算，以及利用上述技术手段将会计核算与企业其他经营管理活动有机结合的过程。

二、会计电算化的特征

（一）人机结合

在会计电算化方式下，会计人员填制电子会计凭证并审核后，执行“记账”功能，计算机根据程序和指令在极短的时间内自动完成会计数据的分类、汇总、计算、传递及报告等工作。

（二）会计核算自动化、集中化

在会计电算化方式下，试算平衡、登记账簿等以往需要依靠人工完成的工作，都由计算机自动完成，大大减轻了会计人员的工作负担，提高了工作效率。计算机网络在会计电算化中的广泛应用，使得企业能将分散的数据统一汇总到会计信息系统中进行集中处理，既提高了数据汇总的速度，又增强了企业集中管控的能力。

1

(三) 数据处理及时准确

利用计算机处理会计数据，可以在较短的时间内完成会计数据的分类、汇总、计算、传递和报告等工作，使会计处理流程更为简便，核算结果更为精确；此外，在会计电算化方式下，会计软件运用适当的处理程序和逻辑控制，能够避免手工会计处理方式中存在的各种缺陷。

(四) 内部控制多样化

在会计电算化方式下，与会计工作相关的内部控制制度也会发生明显的变化。变化的趋势是由过去纯粹的人工控制模式发展为人工与计算机智能相结合的控制模式。内部控制的内容更加丰富，范围更加广泛，要求更加严格，实施更加有效。

讨论题

1. 从狭义上来说，什么是会计电算化？广义的会计电算化又是指什么？
2. 什么是会计信息化？

第二节　会计信息系统

一、会计信息系统

(一) 会计信息系统的概念

会计信息系统(Accounting Information System，简称 AIS)是指利用信息技术对会计数据进行采集、存储和处理，完成会计核算任务，并提供与会计管理、分析及决策相关的会计信息的系统，其实质是将会计数据转化为会计信息的系统。它是企业管理信息系统的一个重要子系统。

(二) 会计信息系统的分类

根据信息技术的影响程度，会计信息系统可以分为手工会计信息系统、传统自动化会计信息系统和现代会计信息系统。根据功能和管理层次的高低，可以分为会计核算系统、会计管理系统和会计决策支持系统。

(三) ERP 和 ERP 系统

小知识

ERP（Enterprise Resource Planning），汉语译为“企业资源计划”。

ERP 是指利用信息技术，一方面把企业内部所有资源整合在一起，对开发设计、采购、生产、成本、库存、分销、运输、财务、人力资源、品质管理进行科学规划，另一方面把企业与其外部的供应商、客户等市场要素有机结合，实现对企业的物质资源(物流)、人力资源(人流)、财务资源(财流)和信息资源(信息流)的一体化管理(即“四流一体化”或“四流合一”)。ERP 的核心思想是供应链管理，强调对整个供应链的有效管理，提高企业配置和使用资源的效率。

在功能层次上，ERP 除了最核心的财务管理、分销管理和生产管理等功能以外，还集成了人力资源管理、质量管理、决策支持等企业的其他管理功能。会计信息系统已经成为 ERP 系统的一个子系统。

1

（四）XBRL

XBRL是一种基于可扩展标记语言（Extensible Markup Language，简称XML）的开放性业务报告技术标准。它通过定义统一的数据格式标准，规定了企业报告信息的表达方法，它的主要作用在于把财务和商业数据电子化，促进财务和商业信息的显示、分析和传递。

小知识

XBRL（Extensible Business Reporting Language），汉语译为"可扩展商业报告语言"。

企业应用XBRL可取得的优势主要有：提供更为精确的财务报告与更具可信度和相关性的信息；降低数据采集成本，提高数据流转及交换效率；帮助使用者更快捷方便地调用、读取和分析数据；使财务数据具有更广泛的可比性；增加资料在未来的可读性与可维护性；适应会计准则制度的变化。

XBRL在我国的发展始于证券领域。2003年11月上海证券交易所在全国率先实施基于XBRL的上市公司信息披露标准；2005年1月，深圳证券交易所颁布1.0版的XBRL报送系统；2005年4月和2006年3月，上海证券交易所和深圳证券交易所先后分别加入了XBRL国际组织；2008年11月，XBRL中国地区组织成立；2009年4月，财政部在《关于全面推进我国会计信息化工作的指导意见》中把XBRL纳入会计信息化的标准；2010年10月19日，国家标准化管理委员会和财政部颁布了可扩展商业报告语言（XBRL）技术规范系列国家标准和企业会计准则通用分类标准。

二、会计软件

（一）会计软件的概念及功能

会计软件是指专门用于会计核算、财务管理的计算机软件、软件系统或者其功能模块，包括一组指挥计算机进行会计核算与管理工作的程序、储存的数据以及有关资料。

会计软件具有以下功能：为会计核算、财务管理直接提供数据输入；生成凭证、账簿、报表等会计资料；对会计资料进行转换、输出、分析、利用。

（二）会计软件的配备方式

会计软件的配备方式是指企业取得会计软件的方式。企业配备会计软件的方式主要有购买、定制开发、购买与定制开发相结合等方式。其中，定制开发又包括企业自行开发、委托外部单位开发、企业与外部单位联合开发三种具体开发方式。

1. 购买通用会计软件

通用会计软件是指软件公司为会计工作专门设计开发，并以商品形式投入市场的应用软件。企业付款购买即可获得软件的使用、维护、升级以及人员培训等服务。

采用这种方式的优点是：企业投入少、见效快，实现会计信息化的过程简单；软件性能稳定、质量可靠、运行效率高，能够满足企业的大部分需求；软件的维护和升级由专业软件公司负责；软件安全保密性强，用户只能执行软件功能，不能访问和修改源程序。

采用这种方式的缺点是：软件的针对性不强，难以适应企业的特殊要求；因为需要保证通用性，软件在功能设计上往往过于复杂，不易操作。

2. 企业自行开发

企业自行开发是指企业自行组织人员进行会计软件开发。

采用这种方式的优点是：企业能够根据自身生产经营特点和管理要求，设计最有针对性和适应性的会计软件；由于内部员工对系统充分了解，会计软件出现问题或需要改进时，能够及时高效地纠错和调整，以保证系统使用的流畅性。

采用这种方式的缺点是：系统开发要求高、周期长、成本高，开发完成后需要较长时间的试运行；需要大量计算机专业人才。这些要求都是普通企业难以达到的。

3. 委托外部单位开发

委托外部单位开发是指企业委托外部专业的科研单位或软件公司进行会计软件的开发。

采用这种方式的优点是：软件的针对性较强，降低了用户的使用难度；对企业自身技术力量要求不高。

采用这种方式的缺点是：开发费用高；由于开发人员需要花大量时间了解企业的业务流程和客户需求，所以会延长开发时间；开发出来的系统实用性差，常常不能适用于企业的业务处理流程；外部开发单位的服务与维护承诺不易兑现。因此，这种方式目前已经很少使用。

4. 企业与外部单位联合开发

企业与外部单位联合开发是指由本单位财务部门和网络信息部门进行系统分析，由外部科研单位负责系统设计和程序开发工作。

采用这种方式的优点是：开发工作既考虑了企业的自身需求，又利用了外部单位的软件开发力量，开发出来的系统质量较高；企业内部人员参与开发，对系统的结构和流程比较熟悉，有利于企业日后对系统进行维护和升级。

采用这种方式的缺点是：需要外部技术人员与内部技术人员、会计人员的充分沟通，系统开发周期较长；支付给外部合作单位的开发费用相对较高。

三、会计软件的功能模块

会计软件的功能模块是指具有相对独立的，能够完成会计数据输入、处理和输出功能的各个组成部分。完整的会计软件的功能模块包括：账务处理模块、固定资产管理模块、工资管理模块、应收管理模块、应付管理模块、成本管理模块、报表管理模块、存货核算模块、财务分析模块、预算管理模块、项目管理模块、其他管理模块。其中账务处理模块是核心模块，它以记账凭证为接口和其他功能模块有机地联系在一起，构成完整的会计信息化系统。

各个模块既互相联系，实现会计数据的传递和共享；又相对独立，有着各自的目标和任务。

（一）会计软件各模块功能概述

1. 账务处理模块的功能

账务处理模块是以凭证为数据处理起点，通过凭证输入和处理，完成记账、银行对账、结账、账簿查询及打印输出等工作。

2. 固定资产管理模块的功能

固定资产管理模块主要是以固定资产卡片和固定资产明细账为基础，实现固定资产的会计核算、折旧计提和分配、设备管理等功能，同时提供了固定资产按类别、使用情况、所属部门和价值结构等进行分析、统计和各种条件下的查询、打印功能，以及该模块和其他模块的数据接口管理。

3. 工资管理模块的功能

工资管理模块以人力资源管理提供的员工及其工资的基本数据为依据，完成员工工资数据的收集、员工工资的核算与发放、工资费用的汇总和分摊、个人所得税计算预扣等工作，并按照部门、项目、个人、时间等条件进行工资分析、查询和打印输出，以及该模块与其他模块的数据接口管理。

4. 应收、应付管理模块的功能

应收、应付管理模块以发票、费用单据、其他应收单据、应付单据等原始单据为依据，记录销售、采购业务所形成的往来款项，处理应收、应付款项的收回、支付和转账，进行账龄分析和坏账估计及冲销，并对往来业务中的票据、合同进行管理，同时提供统计分析、打印和查询输出功能，以及与采购管理、销售管理、账务处理等模块进行数据传递的功能。

5. 成本管理模块的功能

成本管理模块主要提供成本核算、成本分析、成本预测等功能，以满足会计核算的事前预测、事后核算分析的需要；此外，成本管理模块还具有与生产模块、供应链模块以及账务处理、工资管理、固定资产管理和存货核算等模块进行数据传递的功能。

6. 报表管理模块的功能

报表管理模块与其他模块相联，可以根据会计核算的数据，生成各种内部报表、外部报表、汇总报表，并根据报表数据分析报表，以及生成各种分析图等。许多会计软件的报表管理模块还提供了在网络环境下的远程报表汇总、数据传输、检索查询和分析处理等功能。

7. 存货核算模块的功能

存货核算模块以供应链模块产生的入库单、出库单、采购发票等核算单据为依据，核算存货的出入库和库存金额、余额，确认采购成本，分配采购费用，确认销售收入、成本和费用，并把核算得到的数据，按照需要分别传递到成本管理模块、应付管理模块和账务处理模块。

8. 财务分析模块的功能

财务分析模块从会计软件的数据库中提取数据，运用各种专门的分析方法，完成对企业财务活动的分析，实现对财务数据的进一步加工，生成各种分析和评价企业财务状况、经营成果和现金流量的信息，为决策提供正确依据。

9. 预算管理模块的功能

预算管理模块把需要进行预算管理的集团公司、子公司、分支机构、部门、产品、费用要素等对象，根据实际需要分别定义为利润中心、成本中心、投资中心等不同类型的责任中心，然后确立责任中心的预算方案，指定预算审批流程，明确预算编制内容，进行责任预算的编制、审核、审批，以便实现对各个责任中心的控制、分析和绩效考核。利用预算管理模块，既可以编制全面预算，又可以编制非全面预算；既可以编制滚动预算，又可以编制固定预算和零基预算。同一责任中心，既可以设置多种预算方案编制不同预算，又可以在同一预算方案下选择编制不同预算期的预算。预算管理模块还可以实现对各子公司预算的汇总、对集团公司及子公司预算的查询，以及根据实际数据和预算数据自动进行预算执行差异分析和预算执行进度分析。

10. 项目管理模块的功能

项目管理模块对企业的项目进行核算、控制与管理。项目管理主要包括项目立项、计划、跟踪控制、终止业务的处理以及项目自身的成本核算等功能。该模块还可以及时、准确地提供有关项目的各种资料，包括项目文档、项目合同、项目的执行情况。通过对项目中的各项任务进行资源的预算分配，实时掌握项目的进度，及时反映项目执行情况及财务状况，并且与账务处理、应收管理、应付管理、固定资产管理、采购管理、库存管理等模块集成，对项目收支进行综合管理，实现对项目的物流、信息流、资金流的综合控制。

11. 其他管理模块的功能

根据企业管理的实际需要，其他管理模块一般包括领导查询模块、决策支持模块等。

领导查询模块可以按照领导的要求从各模块中提取有用的信息并加以处理，以最直观的表格和图形显示，使得管理人员能够通过该模块及时掌握企业信息。

决策支持模块利用现代计算机技术、通信技术和决策分析方法，通过建立数据库和决策模型，实现向企业决策者提供及时可靠的财务和业务决策辅助信息。

（二）会计软件各模块之间的数据传递

会计软件是由各功能模块共同组成的有机整体，为实现相应功能，相关模块之间相互依赖，互通数据。

存货核算模块生成存货入库、存货估价入账、存货出库、盘亏/毁损、存货销售收入、存货期初余额调整等业务的记账凭证，并传递到账务处理模块，以便用户审核登记存货账簿。

应付管理模块完成采购单据处理、供应商往来处理、票据新增、付款、退票处理等业务后，生成相应的记账凭证并传递到账务处理模块，以便用户审核登记赊购往来及其相关账簿。

应收管理模块完成销售单据处理、客户往来处理、票据处理及坏账处理等业务后，生成相应的记账凭证并传递到账务处理模块，以便用户审核登记赊销往来及其相关账簿。

固定资产管理模块生成固定资产增加、减少、盘盈、盘亏、固定资产变动、固定资产评估和折旧分配等业务的记账凭证，并传递到账务处理模块，以便用户审核登记相关的资产账簿。

工资管理模块进行工资核算，生成分配工资费用、应交个人所得税等业务的记账凭证，并传递到账务处理模块，以便用户审核登记应付职工薪酬及相关成本费用账簿；工资管理模块为成本管理模块提供人工费用资料。

成本管理模块中，如果计入生产成本的间接费用和其他费用定义为来源于账务处理模块，则成本管理模块在账务处理模块记账后，从账务处理模块中直接取得间接费用和其他费用的数据；如果不使用工资管理、固定资产管理、存货核算等模块，则成本管理模块还需要在账务处理模块记账后，自动从账务处理模块中取得材料费用、人工费用和折旧费用等数据；成本管理模块的成本核算完成后，要将结转制造费用、结转辅助生产成本、结转盘点损失和结转工序产品耗用等记账凭证数据传递到账务处理模块。

存货核算模块为成本管理模块提供材料出库核算的结果。存货核算模块将应计入外购入库成本的运费、装卸费等采购费用和应计入委托加工入库成本的加工费传递到应付管理模块。

固定资产管理模块为成本管理模块提供固定资产折旧费数据。

报表管理和财务分析模块可以从各模块提取数据编制相关财务报表，进行财务分析。

预算管理模块编制的预算经审核批准后，生成各种预算申请单，再传递给账务处理模块、应收管理模块、应付管理模块、固定资产管理模块、工资管理模块，进行责任控制。

项目管理模块中发生和项目业务相关的收款业务时，可以在应收发票、收款单或者退款单上输入相应的信息，并生成相应的业务凭证传递至账务处理模块；发生和项目相关的采购活动时，其信息也可以在采购申请单、采购订单、应付模块的采购发票上记录；在固定资产管理模块引入项目数据可以更详细地归集固定资产建设和管理的数据；项目的领料和项目的退料活动等数据可以在存货核算模块进行处理，并生成相应凭证传递到账务处理模块。此外，各功能模块都可以从账务处理模块获得相关的账簿信息；存货核算、工资管理、固定资产管理、项目管理等模块均可以从成本管理模块获得有关的成本数据。

讨论题

1. 什么是会计信息系统？它由哪几个部分组成？
2. 简述 ERP 和 XBRL 的概念和主要特点。
3. 会计软件的取得（配备）有哪几种方式？各种方式都有哪些优缺点？
4. 会计软件一般包括哪些功能模块？各模块的主要功能是什么？
5. 简述会计软件各功能模块之间的数据传递。

第三节　企业会计信息化工作规范

党和国家高度重视企业会计信息化工作，有关部门多次印发相关管理办法、评审规则和工作规范。2013 年 12 月 6 日，财政部印发《企业会计信息化工作规范》(财会〔2013〕20 号文件)，这是目前企业会计信息化工作所应遵循的准则。本节介绍这项规范的主要内容。

一、会计软件和服务的规范

会计软件和服务应该遵循国家有关会计信息化规范的要求，具体如下：

(1) 会计软件应当保障企业按照国家统一会计准则制度开展会计核算，不得有违背国家统一会计准则制度的功能设计。

(2) 会计软件的界面应当使用中文并且提供对中文处理的支持，可以同时提供外国或者少数民族文字界面对照和处理支持。

(3) 会计软件应当提供符合国家统一会计准则制度的会计科目分类和编码功能。

(4) 会计软件应当提供符合国家统一会计准则制度的会计凭证、账簿和报表的显示和打印功能。

(5) 会计软件应当提供不可逆的记账功能，确保对同类已记账凭证的连续编号，不得提供对已记账凭证的删除和插入功能，不得提供对已记账凭证日期、金额、科目和操作人的修改功能。

(6) 鼓励软件供应商在会计软件中集成 XBRL 功能，便于企业生成符合国家统一标准的 XBRL 财务报告。

(7) 会计软件应当具有符合国家统一标准的数据接口，满足外部会计监督的需要。

(8) 会计软件应当具有会计资料归档功能，提供导出会计档案的接口，在会计档案存储格式、元数据采集、真实性与完整性保障方面，符合国家有关电子文件归档与电子档案管理的要求。

(9) 会计软件应当记录生成用户操作日志，确保日志的安全、完整。

(10) 以远程访问、云计算等方式提供会计软件的供应商，应当在技术上保证客户会计资料的安全、完整。

(11) 客户以远程访问、云计算等方式使用会计软件生成的电子会计资料归客户所有。

(12) 以远程访问、云计算等方式提供会计软件的供应商，应当做好在本厂商不能维持服务的情况下，保障企业电子会计资料安全以及企业会计工作持续进行的预案。

(13) 软件供应商应当努力提高会计软件相关服务质量，按照合同约定及时解决用户使用中的故障问题。

(14) 鼓励软件供应商采用呼叫中心、在线客服等方式为用户提供实时技术支持。

(15) 软件供应商应当就如何通过会计软件开展会计监督工作，提供专门教程和相关资料。

二、企业会计信息化的工作规范

(一) 会计信息化建设

(1) 企业应当充分重视会计信息化工作，加强组织领导和人才培养，不断推进会计信息化在本企业的应用。

(2) 企业开展会计信息化工作，应当根据发展目标和实际需要，合理确定建设内容，避免

1

投资浪费。

(3) 企业开展会计信息化工作,应当注重信息系统与经营环境的契合。

(4) 大型企业、企业集团开展会计信息化工作,应当注重整体规划,统一技术标准、编码规则和系统参数,实现各系统的有机整合,消除信息孤岛。

(5) 企业配备会计软件,应当根据自身技术力量以及业务需求,考虑软件功能、安全性、稳定性、响应速度、可扩展性等要求,合理选择购买、定制开发、购买与定制开发相结合等会计软件配备(取得)方式。

(6) 企业通过委托外部单位开发、购买等方式配备会计软件时,应当在有关合同中约定操作培训、软件升级、故障解决等服务事项,以及软件供应商对企业信息安全的责任。

(7) 企业应当促进会计信息系统与业务信息系统的一体化,通过业务的处理直接驱动会计记账,减少人工操作,提高业务数据与会计数据的一致性,实现企业内部信息资源共享。

(8) 企业应当根据实际情况,开展本企业信息系统与银行、供应商、客户等外部单位信息系统的互联,实现外部交易信息的集中自动处理。

(9) 企业进行会计信息系统前端系统的建设和改造,应当安排负责会计信息化工作的专门机构或者岗位参与,充分考虑会计信息系统的数据需求。

(10) 企业应当遵循企业内部控制规范体系要求,加强对会计信息系统规划、设计、开发、运行、维护全过程的控制。

(11) 处于会计核算信息化阶段的企业,应当结合自身情况,逐步实现资金管理、资产管理、预算控制、成本管理等财务管理工作的信息化;处于财务管理信息化阶段的企业,应当结合自身情况,逐步实现财务分析、全面预算管理、风险控制、绩效考核等决策支持的信息化。

(二) 信息化条件下的会计资料管理

(1) 对于信息系统自动生成,且具有明晰审核规则的会计凭证,可以将审核规则嵌入会计软件,由计算机自动审核。未经自动审核的会计凭证,应当先经人工审核后再进行后续处理。

(2) 分公司、子公司数量多、分布广的大型企业、企业集团,应当探索利用信息技术促进会计工作的集中,逐步建立财务共享服务中心。

(3) 外商投资企业使用的境外投资者指定的会计软件或者跨国企业集团统一部署的会计软件,应当符合会计软件和服务规范的要求。

(4) 企业会计信息系统数据服务器的部署应符合国家有关规定。

(5) 企业会计资料中对经济业务事项的描述应当使用中文,可以同时使用外国或者少数民族文字对照。

(6) 企业应当建立电子会计资料的备份管理制度,确保会计资料的安全、完整和会计信息系统的持续、稳定运行。

(7) 企业不得在非涉密信息系统中存储、处理和传输涉及国家秘密,关系国家经济信息安全的电子会计资料。未经有关主管部门批准,不得将其携带、寄运或者传输至境外。

(8) 企业内部生成的会计凭证、账簿和辅助性会计资料,如果同时满足所记载的事项属于本企业重复发生的日常业务、由企业信息系统自动生成且可查询和输出、企业对相关数据建立了电子备份制度及完善的索引体系等条件,可以不输出纸面资料。

(9) 企业获得的需要外部单位或者个人证明的原始凭证和其他会计资料,如果同时满足会计资料附有可靠的电子签名且电子签名经符合《中华人民共和国电子签名法》的第三方认证、所记载的事项属于本企业重复发生的日常业务、可及时在企业信息系统中查询和输出、企业对相关数据建立了电子备份制度及完善的索引体系等条件，可以不输出纸面资料。

（10）企业会计资料的归档管理，应遵循国家有关会计档案管理的规定。

（11）实施企业会计准则通用分类标准的企业，应当按照有关要求向财政部报送 XBRL 财务报告。

三、企业会计信息化的监督管理

企业使用会计软件不符合财政部颁布的《企业会计信息化工作规范》要求的，由财政部门责令限期改正。限期内未改正的，财政部门应当予以公示，并将有关情况通报同级相关部门或其派出机构。

财政部采取组织同行评议、向用户企业征求意见等方式对软件供应商提供的会计软件是否遵循《企业会计信息化工作规范》的情况进行检查。省、自治区、直辖市人民政府财政部门发现会计软件不符合《企业会计信息化工作规范》的，应当将有关情况上报财政部。

软件供应商提供的会计软件不符合《企业会计信息化工作规范》的，财政部可以约谈该供应商主要负责人，责令限期改正。限期内未改正的，由财政部予以公示，并将有关情况通报相关部门。

讨论题

1. 简述会计软件的服务规范。
2. 简述企业会计信息化的工作规范。
3. 如何对企业会计信息化工作进行监督管理？

第二章　系统的初始化

从本章开始，以新道财税云平台（以下简称“新道云平台”）为蓝本，全面介绍会计信息系统的各项功能。

初次使用会计信息系统，必须进行系统初始化。全局意义上的系统初始化分为〖系统管理〗模块的相关设置和账套基础设置两个环节。总账系统的期初余额录入也在本章介绍。

第一节　新道云博课堂

本节介绍新道云博课堂的三种使用方式中，免费方式下的使用方法。

一、新道云博课堂的注册

打开浏览器/在地址栏里录入新道云博课堂的域名（https://c.seentao.com），敲回车键进入新道云博课堂主页/在右上部位单击［注册］按钮进行注册（只需注册一次，第二次起无需再做注册）/单击［登录］按钮，弹出“登录”对话框/选择“账号密码登录”，录入注册时设定的账号和密码/单击登录对话框底部的［登录］按钮，进入新道云博课堂/把鼠标置于右上部位用户名左侧的圆形图标上，弹出菜单如图2-1所示/在菜单上单击“我的班级”（或在登录新道云博课堂后，在界面左部功能菜单上单击“我的班级”），界面转变如图2-2所示。

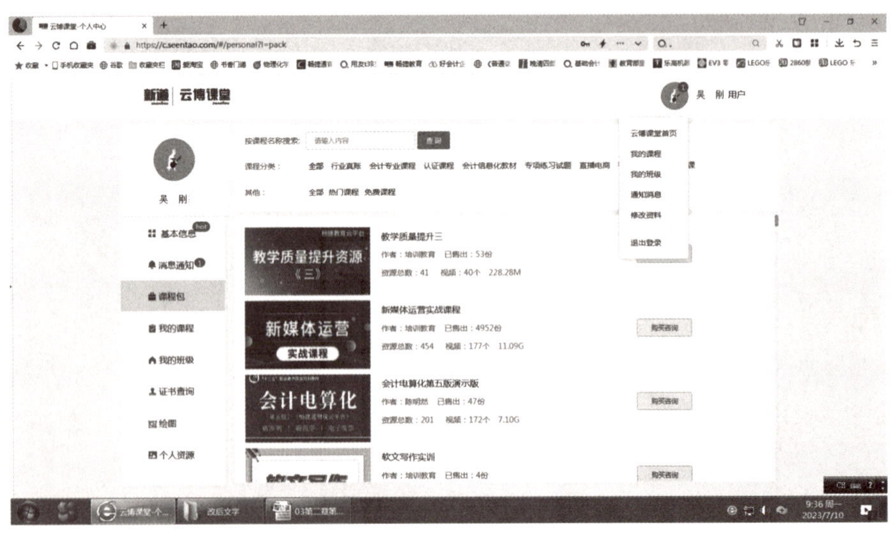

图2-1　新道云博课堂主页界面

图 2-2 “加入班级”界面

在图 2-2 所示界面的右上部位单击[进入班级] 按钮,弹出“加入班级”对话框/在对话框中录入邀请码“073765”,单击[确定]按钮进入班级界面,如图 2-3 所示。

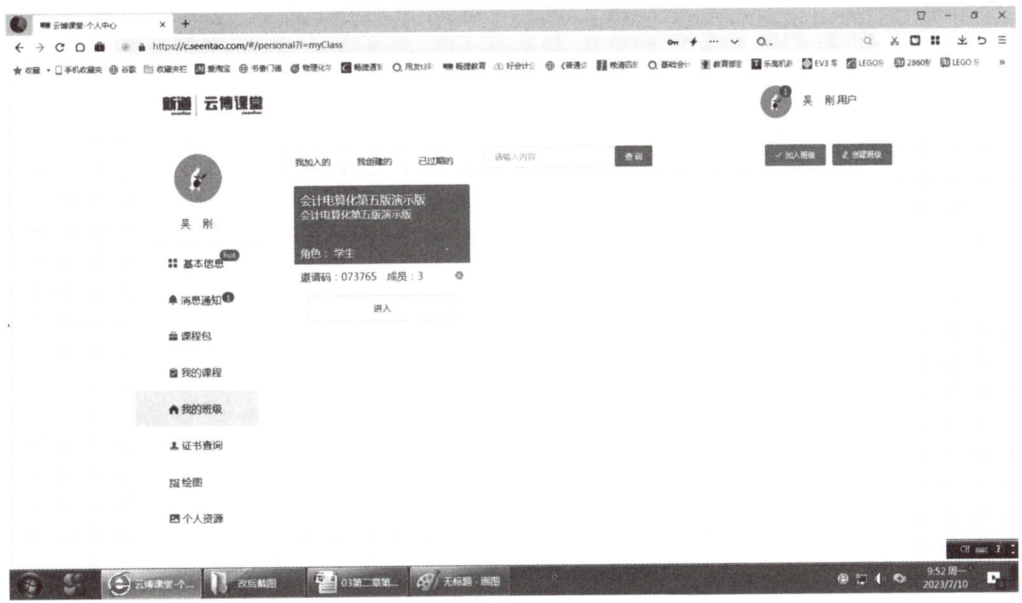

图 2-3 班级界面

单击课程卡片下部的[进入]按钮进入课程界面,如图 2-4 所示。

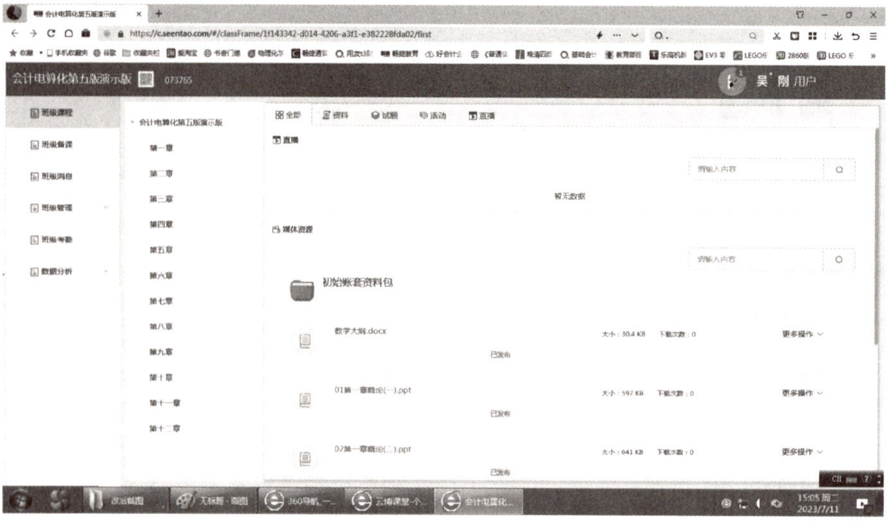

图 2-4　课程界面

课程界面分左中右三个窗格。左窗格是各个功能入口，一般供教师管理班级使用；中间窗格是章节目录。在中间窗格选中一个章节，右窗格中会显示这个章节的相关资源。

在图 2-4 所示课程界面中间窗口的章节目录中，选中本次要进行练习的章节（假设第二章）/在窗口上部单击“试题”页签打开它，窗口左上部位显示试题名称（桂花酒集团卷 01）/单击试题名称进入“实训测试”界面，如图 2-5 所示。

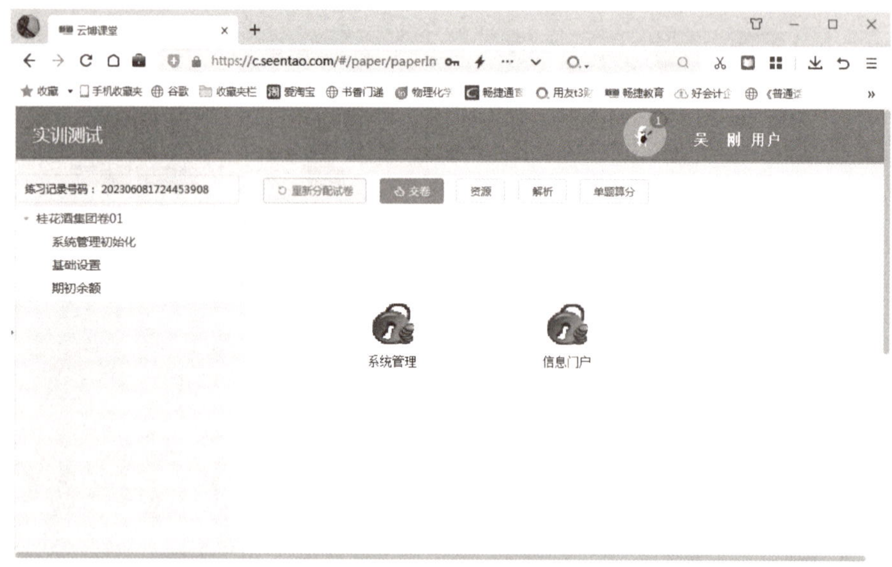

图 2-5　“实训测试”界面

图 2-2 所示界面只在第一次登录平台时出现，第二次及以后登录平台时都不会出现，而是直接由图 2-1 所示界面转入图 2-3 所示界面。

二、“实训测试”界面

“实训测试”界面分左右两个窗格。左窗格顶端显示练习记录号码。练习记录号码下方是试卷名称及题干标题。单击题干标题可以展开试题目录。试题目录的第一项是答题要求，再往下就是各试题标题。单击各试题标题，可以在右窗格下部看到试题内容。右窗格答题界面又分上下两个窗格。上面窗格是“系统管理”和“信息门户”两个图标。下面窗格显示的是在左窗格试题列表中所选中试题的内容。用鼠标拖动上下两个窗格中间的隔条，可以改变上下窗格的高度，来调整试题内容和操作窗口的显示面积，方便阅题或者答题操作。

以后各章节的讲解，都假定已经登录新道云博课堂，进入到了“实训测试”界面。

三、交卷和评分

完成实训测试操作后，单击“实训测试”界面顶部绿色的[交卷]按钮，系统提示“确定交卷么？”/单击提示框上的[确定]按钮，系统进行评分，然后显示评分结果，如图 2-6 所示。

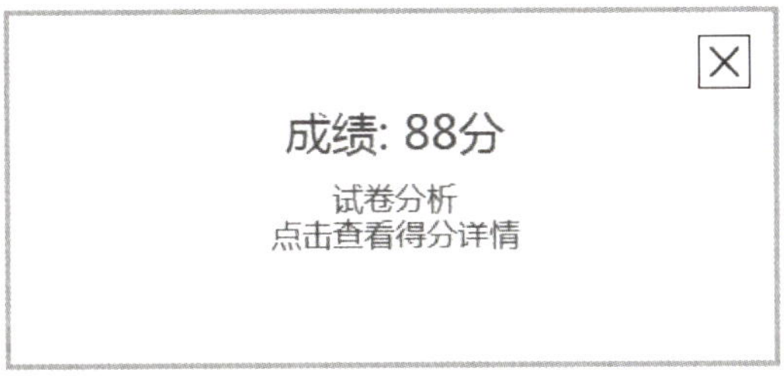

成绩: 88分
试卷分析
点击查看得分详情

图 2-6　成绩显示界面

单击成绩显示界面上的“点击查看得分详情”按钮，可以查看各题得分情况和失分原因，如图 2-7 所示。单击界面顶部的[单题得分]按钮，可以查看当前练习试题的单题得分。

实训测试结束，鼠标指向右上部位的圆形图标弹出菜单/单击“退出登录”退出测试。

再次进行同一张试卷的实训测试时，进入实训测试界面后，要先单击右窗口左上部位的[重新分配试卷]按钮，再进行答题操作。

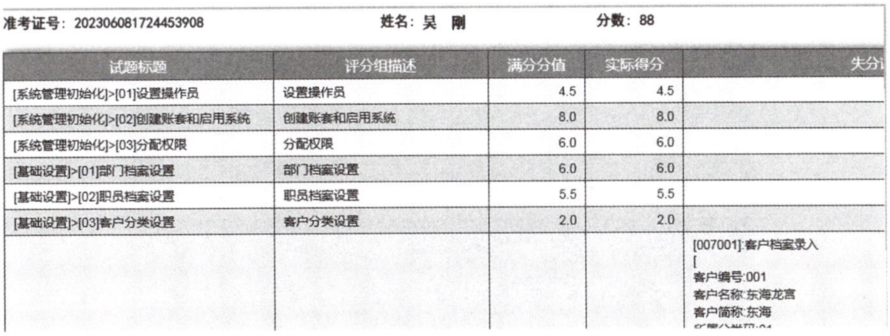

准考证号：202306081724453908　姓名：吴　刚　分数：88

试题标题	评分组描述	满分分值	实际得分	失分
[系统管理初始化]>[01]设置操作员	设置操作员	4.5	4.5	
[系统管理初始化]>[02]创建账套和启用系统	创建账套和启用系统	8.0	8.0	
[系统管理初始化]>[03]分配权限	分配权限	6.0	6.0	
[基础设置]>[01]部门档案设置	部门档案设置	6.0	6.0	
[基础设置]>[02]职员档案设置	职员档案设置	5.5	5.5	
[基础设置]>[03]客户分类设置	客户分类设置	2.0	2.0	
				[007001]:客户档案录入 [客户编号:001 客户名称:东海龙宫 客户简称:东海

图 2-7　答题成绩分析界面(局部)

本节小结

新道云博课堂可以免费使用、付费使用，或者购买装机版软件在本单位局域网(一般是校园网)服务器上安装后，在客户端(工作站)登录使用。对应于新道云博课堂的不同使用方式，可使用的教学资源的数量，以及登录方法也有所不同。

实　　验

练习注册和登录新道云博课堂。

第二节 系统管理模块的初始化

〖系统管理〗模块是新道云平台对各个子系统进行统一管理的公共平台，主要功能有增加操作员、建立账套、设置操作员权限、启用子系统四项，除此之外，还有账套数据的备份和恢复、账套的删除、账套信息的修改等功能。

小知识

操作员及其权限的设置也可以由账套主管来做，但只限于其有权管理的账套。账套主管是系统管理员“admin”在设置操作员及其权限的时候指定的。

在〖系统管理〗模块的初始化阶段，与会计电算化日常工作联系较为直接的主要是增加操作员、建立账套、设置操作员权限和启用子系统。这四项工作要由系统预设的管理员“admin”来做。

一、系统管理模块的启动

方法如下：

在图 2-5 所示的实训测试界面单击“系统管理”图标。

打开的“〖系统管理〗”窗口界面，如图 2-8 所示。

二、系统管理模块的注册

新道云平台系统预设了一个系统管理员“admin”。第一次注册进入新道云平台〖系统管理〗时，应该用“admin”作为用户名进行注册，密码为空（没有密码）。实际工作中，为了云上会计数据的安全，应该在第一次注册时设置管理员的密码。

新道云平台〖系统管理〗的注册操作如下：

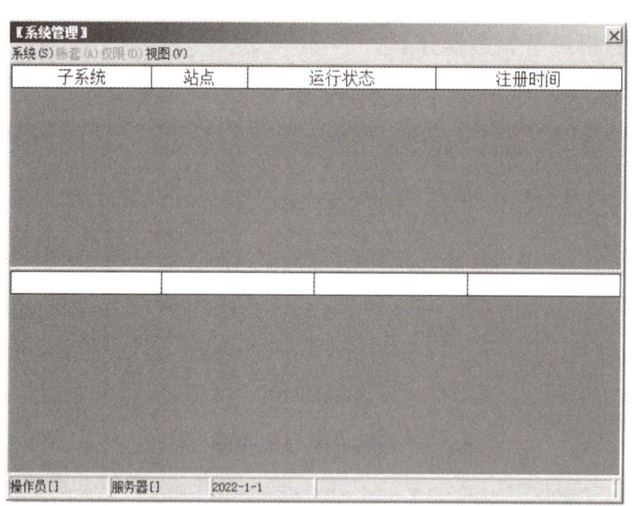

图 2-8 “〖系统管理〗”窗口界面

打开〖系统管理〗窗口的“系统”菜单/单击“注册”弹出“注册〖控制台〗”对话框，如图 2-9 底层所示/在对话框的“用户名”文本框中录入系统管理员的用户名“admin”/在对话框的“密码”文本框里录入系统管理员的密码（本例密码为空），如图 2-9 顶层所示/再单击对话框底部的［确定］按钮完成注册（为方便教学，本书所有案例中，系统管理员 admin 的密码都保持为空）。

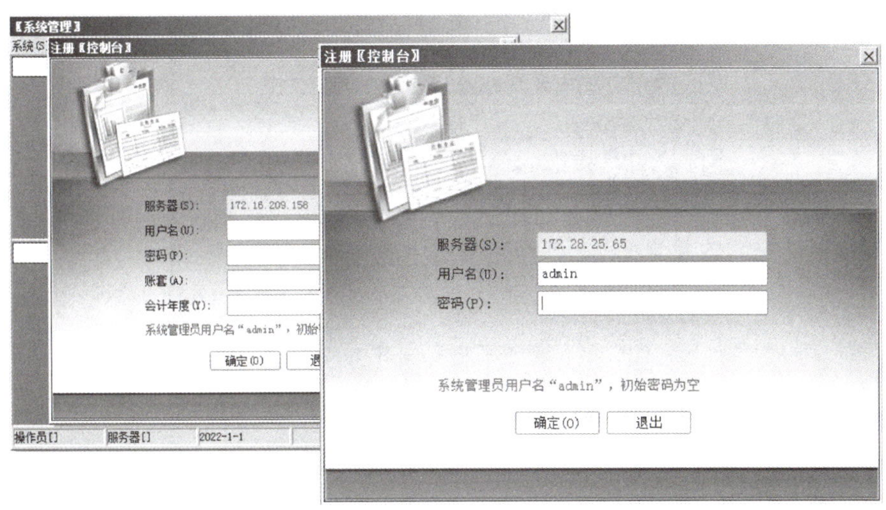

图 2-9 畅捷通云平台〖系统管理〗注册操作界面

三、增加操作员

(一) 系统管理员、账套主管和一般操作员

系统管理员是系统预设的,用户名为“admin”;账套主管由系统管理员指定;一般操作员可以由系统管理员指定,也可以由账套主管指定。

系统管理员只能登录〖系统管理〗,进行增加操作员、建账、设置操作员权限、账套备份与恢复等工作。系统管理员不能进入“信息门户”从事各子系统的基础设置和日常业务处理。

账套主管拥有所主管账套的所有权限,可以登录〖系统管理〗和“信息门户”。登录〖系统管理〗时,只能做账套的修改、子系统启用、操作员权限管理等工作;登录“信息门户”时在理论上可以进行“信息门户”中的任何工作,但因受到内部控制制度限制的功能例外。如不能既做凭证的录入员又做凭证的审核员。

(二) 增加操作员的操作

【案例 2-1】 增加三名操作员,具体参数如表 2-1 所示。

表 2-1　　001 账套(总账)操作员设置参数

编号	姓　名	口令	编号	姓　名	口令	编号	姓　名	口令
01	赵经理	1	02	钱会计	2	03	孙出纳	3

操作步骤如下:

打开“权限”菜单/单击“操作员”弹出“操作员”对话框,如图 2-10 底层所示/在“操作员”对话框的工具栏上单击[增加]按钮,弹出“增加操作员”对话框。

在“增加操作员”对话框中录入操作员的编号(01)、姓名(赵经理)、口令(1)/在“确认口令”框中重复录入口令(1),如图 2-10 顶层所示/单击[增加]按钮,系统提示“添加成功!”/单击提示框上的[确定]按钮关闭提示框/录入第二位操作员的各项信息(编号:02;姓名:钱会计;口令:2)/单击[增加]按钮,系统提示“添加成功!”/单击提示框上的[确定]按钮关闭提示框/重复操作,再把第三位操作员的信息录入/最后单击“操作员管理”对话框中的[退出]按钮结束操作。

操作员设置

图 2-10 设置操作员操作界面

注 意

录入完最后一名操作员的信息以后，一定要先单击一次[增加]按钮，再单击[退出]按钮，不然的话，可能会丢失录入的最后一位操作员的信息。

由于部门信息还未设置，“增加操作员”对话框的“所属部门”一项可以暂时空着，不影响后续操作。

小知识

账套是存放会计核算对象的所有会计业务数据文件的总称。账套中的文件有会计科目、记账凭证、会计账簿、会计报表等。

四、建立账套

“建立账套”又简称“建账”。“建账”就是把账套信息、单位信息、核算类型、基础信息、编码方案等企业账务信息录入系统，并设定业务流程，建立一套还没有具体会计数据的空账，也就是账套。

【案例 2-2】 建立“月宫桂花酒集团公司”账套，并启用总账和发票管理系统（账套的具体数据在各步骤后的括号里，集中的完整数据请参阅附录中实训项目一）。

在〖系统管理〗窗口打开“账套”菜单/单击“建立”命令项弹出“添加账套—账套信息”对话框/在“添加账套—账套信息”对话框中录入账套号（001）和账套名称（月宫桂花酒集团公司）/账套路径保持系统默认路径不变/录入系统的启用年份和月份（2022 年 1 月），如图 2-11 所示/单击[下一步]按钮转入“添加账套—单位信息”对话框。

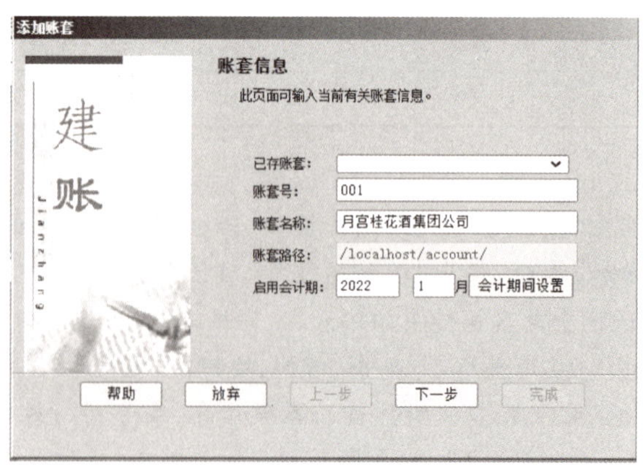

创建账套

图 2-11 “添加账套—账套信息”对话框界面

注　意

账套号必须唯一，不允许重复。

"账套路径"一项用来说明正在建立的账套将被存放在云(网)上的哪个位置(网址)，一般按系统的默认路径存放。

"启用会计期"一项用来设置新建账套的启用日期，用户必须录入。录入启用会计期以后，用鼠标单击[会计期间设置]按钮，会弹出"会计期间—建账"对话框。系统会根据设置的启用会计期，自动把启用月度以前月份，以及以后每个会计期的起始日的背景色设为亮色；而把启用月度以后每个会计期(12月份除外)的结束日的背景色设为暗色。单击"启用年度"框右侧按钮的上半或下半，可以调整启用年度；单击"月度"框右侧按钮的上半或下半，可以调整启用月度；双击某个月度的结束日，可以调整这个月度的结束日。一个月度的结束日调整以后，后面各个月度的结束日都会自动调整为与这个月度结束日相同(12月份除外)，起始日都会自动调整为前个月度结束日的后一天(12月份会计期结束日保持31日不变)。会计期调整后，一定要单击"会计期间—建账"对话框底部的[确定]按钮予以保存。每个会计期必须在20至40天。

在"添加账套—单位信息"对话框中录入单位名称(月宫桂花酒集团公司)、单位简称(桂花酒集团)、单位地址(太阳系月球中国太空实验基地)、法人代表(吴刚)、邮政编码(325325)、联系电话(19191919)、税号(123456787654321)、银行名称(中国工商银行月球支行)、银行账号(518651865186)等各项内容，如图2-12所示/单击[下一步]按钮转入"添加账套—核算类型"对话框。

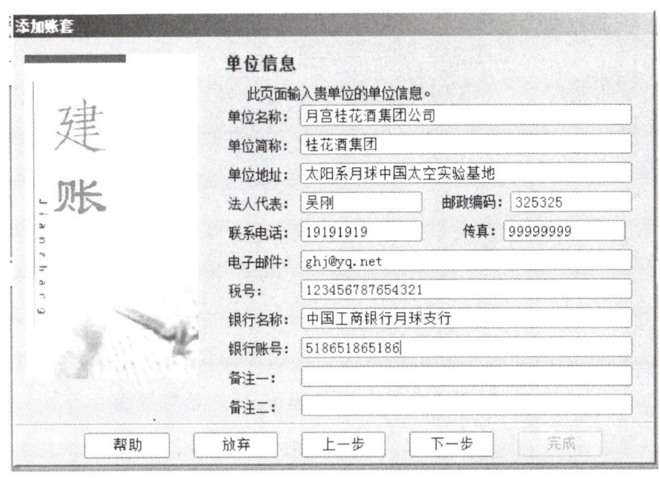

图 2-12　"添加账套—单位信息"对话框界面

注　意

单位名称必须录入，而且应录入准确的单位全称；单位简称可以自由确定，也可以空缺。

如果录入邮政编码，长度必须是6位，不过可以空缺。

在"添加账套—核算类型"对话框中按照提示依次录入本币代码(RMB)、本币名称(人民币)/依次打开下面三个列表框选择企业类型(工业)、行业性质(2007年新会计准则)和账套主管([01]赵经理)/在"按行业性质预置科目"小方框中单击打上"√"，如图2-13所示/单击[下一步]按钮转入"添加账套—基础信息"对话框。

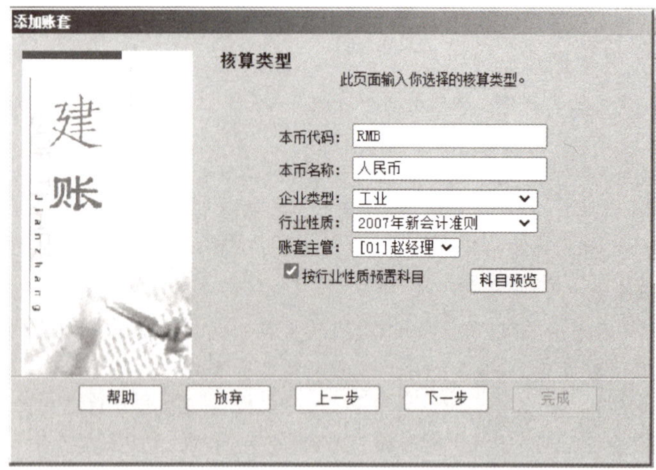

图 2-13 “添加账套—核算类型”对话框界面

在“添加账套—基础信息”对话框中根据本单位的规定进行勾选设置(本例 4 项都打“√”,如图 2-14 所示)。

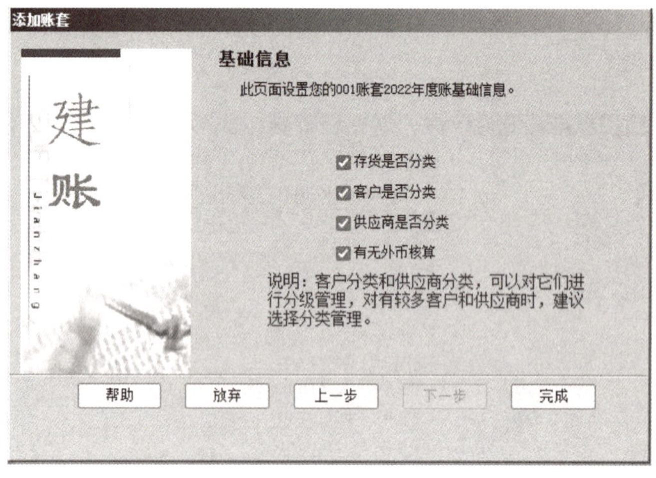

图 2-14 “添加账套—基础信息”对话框界面

单击[完成]按钮,系统开始创建账套,同时提示“请稍等,正在创建账套。”经过若干秒钟后弹出“编码级次”对话框。

在“编码级次”对话框中设置编码级次(“科目编码级次”一行的第 1 级、第 2 级、第 3 级的长度都已经分别默认设为“4”“2”“2”,用户不可更改;在“第 4 级”框里录入“2”,其他取系统默认值),如图 2-15 所示/设置完毕单击[确认]按钮转入“数据精确度定义”对话框,如图 2-16 所示。

在“数据精确度定义”对话框中设置数据精确度(本例保持系统默认设置不变)/单击[确认]按钮,系统提示“创建账套{月宫桂花酒集团公司:[001]}成功”/单击提示框上的[确定]按钮,系统再提示“是否立即启用账套?”/单击提示框上的“确定”按钮,转入“系统启用”对话框。

编码级次

项目	最大级数	最大长度	单级最大长度	是否分类	第1级	第2级	第3级	第4级	第5级	第6级	第7级	第8级	第9级
科目编码级次	9	15	9	是	4	2	2	2					
客户分类编码级次	5	12	9	是	2								
部门编码级次	5	12	9	是	1	2							
地区分类编码级次	5	12	9	是	2	3	4						
存货分类编码级次	8	12	9	是	2								
货位编码级次	8	20	9	是	1	1	1	1	1	1	1	1	
收发类别编码级次	3	5	5	是	1	1	1						
结算方式编码级次	2	3	3	是	1	2							
供应商分类编码级次	5	12	9	是	2								

说明：背景色为灰色的，用户不能调整

确认　取消

图 2-15　“添加账套—编码级次”对话框界面

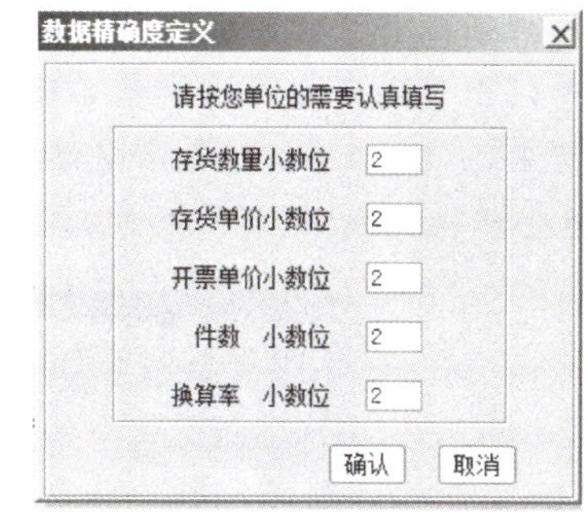

图 2-16　“数据精确度”对话框界面

在需要启用的子系统名称(总账)左边方框里单击打上“√”,系统弹出日历窗/在日历窗里单击◀◀箭头或▶▶箭头设置启用年度(2022)/单击◀箭头或▶箭头设置启用月份(1)/在下部窗格选择启用日期(1),如图 2-17 所示/单击“日历”窗口底部的[确定]按钮,关闭日历窗口/用同样方法启用“发票管理”系统/单击“系统启用”对话框工具栏上的[退出]按钮结束操作。

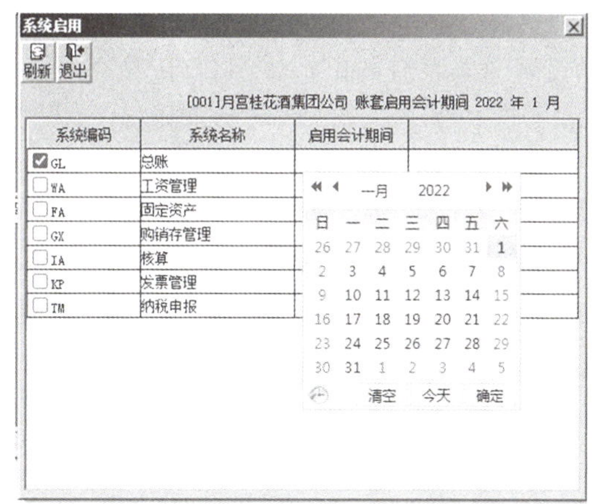

图 2-17　“系统启用”对话框界面

注　意

“编码级次”窗口中显示的是系统预设的编码方案。用户可以按照本单位的规定增加设置系统已默认设置编码的级次的下级编码级次。这里设置的编码方案,会决定后续基础设置,例如会计科目设置等操作中的相关编码设置,因此必须按照本单位电算化总体规划所确定的方案正确设置。编码方案一旦使用就不能更改。如果需要更改某项编码方案,必须先把与该项档案相关的具体数据删除。

子系统的启用,也可以在以后由账套主管(本书实例里是 01 赵经理)注册登录新道云平台〖系统管理〗,通过“账套”菜单的“启用”命令来实现。

五、设置操作员权限

(一) 账套主管的权限设置

【案例 2-3】　验证账套主管(01 赵经理)的权限。

某位操作员一旦被指定为账套主管,他就自动拥有了所主管账套的所有操作权限。我们可以用以下方法来加以验证。

在〖系统管理〗窗口打开“权限”菜单/单击“权限”命令弹出“权限”对话框/在左窗格操作员列表里选中担任账套主管的操作员(01 赵经理)/可以在窗口右上部位看到“账套主管”四字右侧列表框中列出了他所主管的账套名称([001]月宫桂花酒集团公司),同时“账套主管”四字左侧的复选框里已经打上“√”,表示赵经理为该账套的主管;“权限”窗格中显示出赵经理拥有了001 账套的全部操作权限(所有功能),如图 2-18 所示。

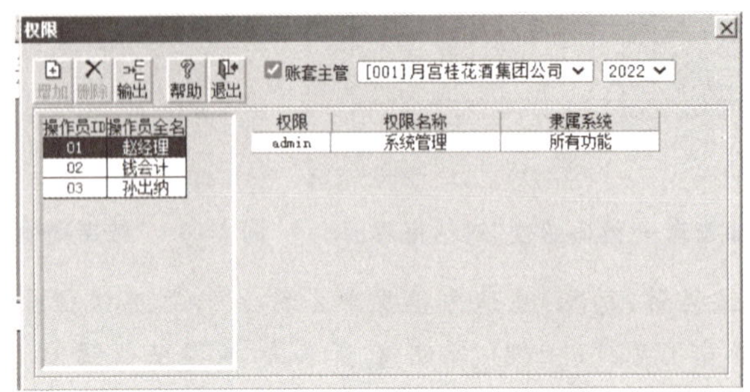

图 2-18　“操作员权限”对话框界面

(二) 其他操作员权限的设置

【案例 2-4】 给孙出纳设置总账系统的出纳签字、日记账查询、日记账账簿打印、日报表查询四项权限。

在“权限”对话框左窗格操作员列表里选中授权对象(03 孙出纳),如图 2-19 底层所示/在对话框右上部位“账套主管”四字右边的列表框中,选择这个操作员工作的账套([001]月宫桂花酒集团公司)/单击工具栏上的[增加]按钮弹出“增加权限”对话框。

在“增加权限”对话框的右边“明细权限选择”窗格中,逐项双击这位操作员应该拥有的明细权限项目的“授权”栏(本例给予孙出纳出纳签字、日记账查询、日记账账簿打印、日报表查询四项权限),可以看到操作员应该拥有的所有明细权限都标志为蓝色,如图 2-19 顶层所示/单击[确定]按钮,系统提示“添加成功!”/单击提示框上的[确定]按钮关闭提示框/单击“权限”对话框上的[退出]按钮结束操作。

操作员权限设置

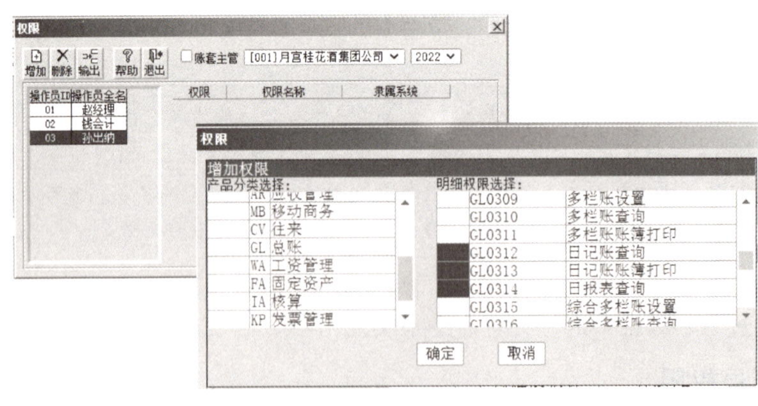

图 2-19　增加权限操作界面

在退出“权限”对话框以前,可以在对话框“权限”的右窗格里看到这位操作员所获得的操作权限。

在“增加权限”对话框左部“产品分类选择”窗格中，双击“产品分类(例如“现金管理”)的“授权”栏，可以使指定的操作员拥有选中产品的所有权限。

六、账套数据的备份、删除和恢复

账套数据的备份和恢复不是〖系统管理〗模块初始化的工作内容，但是这两项工作十分重要，又由于也是在〖系统管理〗模块中操作的，所以在这里一并介绍。

进行账套数据的备份和恢复操作，需要用“admin”的身份注册登录。

(一) 账套数据的备份

账套数据的备份是指为账套数据制作一份副本，存放到硬盘上指定的文件夹里，也可以存放到云上、U 盘或者刻到光盘上脱机保存。当机内的账套数据意外地遭遇破坏以后，可以用备份数据把它恢复到最近的状态。

【案例 2-5】 制作 001 账套的备份，分别存放到云上和本地“D:\账套备份”文件夹里。

先在磁盘上建好“账套备份”文件夹(本例建在 D:盘根文件夹下)/用系统管理员(admin)的身份注册登录〖系统管理〗/打开“账套”菜单/单击“备份”命令弹出“备份账套”对话框，如图 2-20 底层所示/打开“选择要备份的账套”下拉框，选择需要备份的账套/([001]月宫桂花酒集团公司)/单击[备份导出]按钮/系统提示“您确定要进行账套的备份吗?”/确认要进行数据备份以后，单击提示框上的[确定]按钮，系统进行数据打包，同时显示拷贝进程的进度，拷贝完成后“备份账套”对话框上显示内容改变为“请将账套文件进行保存，保存完成后，点击‘完成’退出!”，如图 2-20 顶层所示，同时在浏览器窗口左下角显示备份文件名/单击备份文件名右侧的^按钮，弹出菜单/单击菜单上的“在文件夹中显示”命令，打开临时存放备份文件的文件夹/按需要修改文件名(本例中把文件名改为“001_月宫桂花酒集团公司案例 2-5”)/把备份文件复制或移动到设定的永久保存的文件夹(D:\账套备份)中/单击“备份账套”对话框上的[完成]按钮关闭对话框/最后单击〖系统管理〗窗口标题栏右端的☒(关闭)按钮关闭窗口，结束操作。

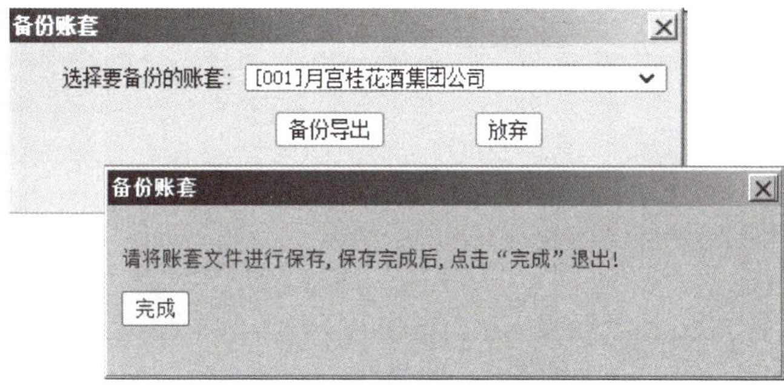

图 2-20 账套备份操作界面

注 意

以上步骤以谷歌浏览器上的界面为依据；如果使用的是其他浏览器，界面会稍有差异。

(二) 账套数据的删除

如果要删除系统中某个账套的数据，可以按下面的方法来操作：

打开“账套”菜单/单击“删除账套”命令，弹出“清空账套”对话框/打开“选择要删除的账套”下拉框，选择要删除的账套/单击[确认]按钮，系统提示“删除账套后将无法做与该账套有关的任何操作，且数据无法恢复，你确定删除吗?”/确认要删除选择的账套以后，单击提示框上的[确定]按钮,系统提示"账套删除成功"/单击提示框上的[确定]按钮关闭提示框/最后单击"清空账套"对话框上右上角的 ☒ 按钮结束操作。

注 意

删除账套以后,系统会自动注销管理员 admin,如果还要继续进行"系统管理"的操作,需要再次重新注册。

(三) 账套数据的恢复

账套数据的恢复是指用账套数据的备份文件,对系统里的账套进行数据恢复工作。

【案例 2-6】 用"D:\账套备份"文件夹里的备份文件,恢复系统中的账套数据。

在〖系统管理〗窗口中打开"账套"菜单/单击"恢复"命令弹出"恢复账套"对话框/单击[选择文件]按钮,在弹出的"打开"对话框中找到并选中要用于恢复的账套备份文件,如图 2-21 所示/单击对话框底部的[打开]按钮回到"恢复账套"对话框/再单击"恢复账套"对话框上的[导入]按钮/系统提示"如果您要导入的账套数据信息已经存在,导入后将会被覆盖,您确定要进行导入吗?"/单击提示框上的[确定]按钮,系统进行数据导入,同时在"恢复账套"对话框中显示导入进度/待导入完成后,单击"恢复账套"对话框上的[完成]按钮结束操作。

如果导入账套数据前系统中已经有账套数据存在,那么在单击[导入]按钮后系统提示内容是:"您要导入的账套[……]信息已经存在,导入后将会被覆盖,您确定要进行导入吗?"其他操作界面都和前面所描述的相同。

图 2-21 "打开"对话框界面

本节小结

系统管理模块的初始化,主要有增加操作员、建立账套、设置操作员权限和启用子系统四项工作。

系统管理模块的初始化要由系统预置的管理员 admin 注册登录〖系统管理〗模块进行操作。

实 验

完成附录中的实训项目一。

第三节 账套基础设置

在〖系统管理〗模块中完成了增加操作员、建立账套、设置操作员权限和启用子系统四项工作以后，接下来就要到"信息门户"中对刚刚建立的账套进行初始化工作了。

一、账套初始化综述

"信息门户"中的账套初始化工作和〖系统管理〗模块中的初始化工作，是一种"接力跑"的关系。先由系统管理员 admin 在〖系统管理〗模块中设置担任账套主管的操作员(01 赵经理)的信息，并且授予他账套主管的权限；接下来，账套主管(01 赵经理)用刚获得的权限注册进入"信息门户"，进行自己管理的这套账的初始化工作。

总账模块的初始化工作主要包括以下几项内容：

(1) 机构设置。包括部门档案和职员档案的设置。

(2) 往来单位设置。包括客户分类、客户档案、供应商分类、供应商档案和地区分类的设置。

(3) 财务设置。包括外币种类、会计科目、凭证类别和项目目录的设置。

(4) 收付结算设置。包括结算方式、付款条件和开户银行等参数的设置。

另外，还可以进行常用摘要的设置，使填制凭证时录入摘要更加便捷。

在这一节里，将介绍新道云平台账套初始化的各项操作。

二、"信息门户"的启动和注册

单击"信息门户"图标打开"注册〖控制台〗"对话框/在"用户名"框中录入账套主管的编号(01)/在"密码"框中录入密码(1)，"账套"框显示这位账套主管所管理的账套名称([001]月宫桂花酒集团公司)和会计年度(2022)，如图 2-22 所示/检查确认"操作日期"框里显示的日期(2022-01-01)/单击[确定]按钮完成注册。

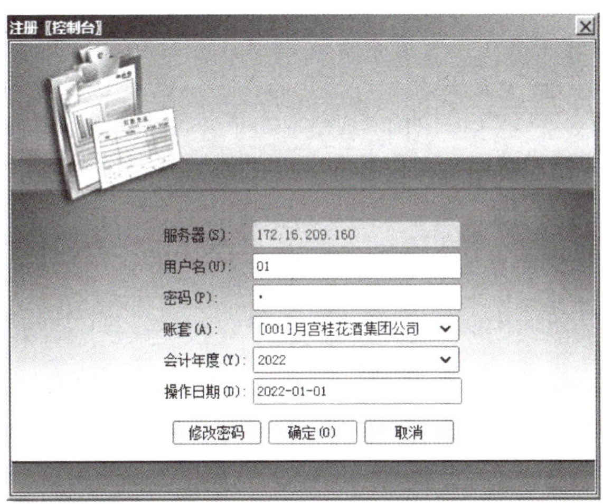

图 2-22 "信息门户"注册界面

完成注册以后就会打开"财务会计管理软件"窗口，如图 2-23 所示。

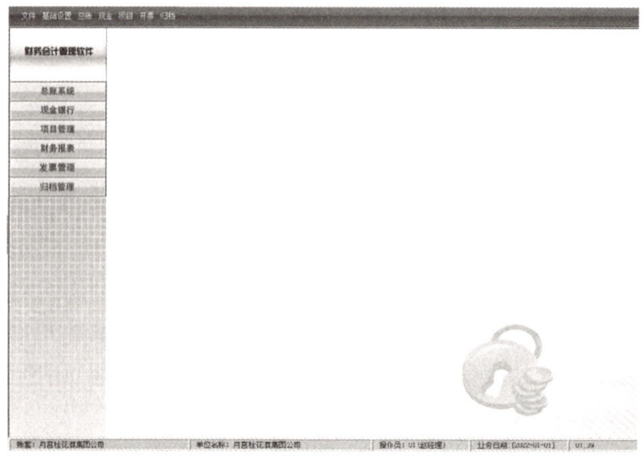

图 2-23 “财务会计管理软件”窗口界面

三、机构设置

机构设置又包含部门档案设置和职员档案设置两项工作。这里所设置的部门,是单位内部和财务上有资金往来且存在核算关系需要进行业务管理的部门。如果某个部门不和财务上发生资金往来关系,就不需要在这里进行设置。同样,职员档案中设置的也是与财务上有资金往来且需要进行业务管理的人员,而不是单位中的全体职工。例如,采购员经常需要出差,在出差前会向财务预支备用金,回来以后再凭车船票、住宿发票等原始凭证办理报销手续,这样就需要在职员档案中设置该采购员的信息。平时不与财务上发生资金往来的职员,就不需要设置到职员档案中来。

(一) 部门档案设置

【案例 2-7】 请按附录中实训项目二提供的部门档案参数设置 001 账套的部门档案。

打开“基础设置”菜单/指向“机构设置”弹出子菜单/在子菜单上单击“部门档案”命令,进入“部门档案”设置窗口/单击“部门档案”窗口工具栏上的[增加]按钮/在右部“部门编码”框里录入部门编码(1)/在“部门名称”框里录入部门名称(董事会),单击“助记码”框,自动填入助记码(DSH)/继续录入“负责人”“部门属性”“电话”“地址”等项内容(本例略去)/单击[保存]按钮保存这一项设置。此时可以在左窗格中看到刚刚设置的部门信息/重复以上步骤录入其他部门的信息,如图 2-24 所示/完成所有部门信息的设置以后单击[退出]按钮结束操作。

对于职员姓名中的多音字(如本例中“钱会计”的“会”),系统在生成助记码时,一般是取常用读音的拼音首字母,要注意检查,如不正确要及时修改。

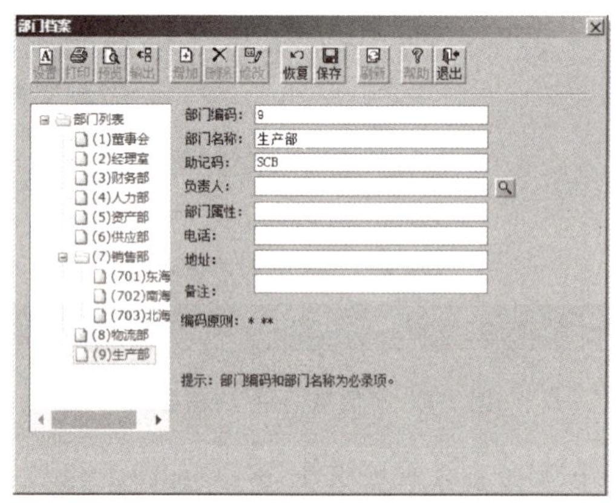

图 2-24 “部门档案”窗口界面

注　意

"部门编码"和"部门名称"两项必须录入，其他各项允许省略。

如果发现某项信息错误，可以在左窗格里选中这个部门以后，单击[修改]按钮进行修改；但是部门编码不能修改。改后要重新保存。同理，可以删除某个部门。已经使用的部门不允许修改和删除。

右部"备注："项下面一项显示的"编码原则"，是在〖系统管理〗中建账套时，在"编码级次"中确定的。前面一个"＊"号和后面两个"＊"号中间隔一个空格，表示编码一共分两级；前面一个"＊"号表示第一级编码长度为一位数；后面两个"＊"号表示第二级编码长度为两位数。这里可以体验到在〖系统管理〗中建账套时，编码级次的设置对后续操作的影响，所以在设置编码级次时一定要考虑周全，细心操作。

（二）职员档案设置

【案例 2-8】　请按实训项目二提供的职员档案参数设置 001 账套的职员档案。

打开"基础设置"菜单/指向"机构设置"弹出子菜单/单击"职员档案"命令，打开"职员档案"设置窗口/录入职员编号(101)和职员名称(吴刚)/单击"职员助记码"栏，自动填入助记码(WG)/单击"所属部门"栏右端的蓝色放大镜按钮，弹出"部门档案"参照窗，如图 2-25 顶层所示/在"部门档案"参照窗中双击这位职员所属的部门(董事会)，把它填入(也可以录入部门编码，系统会自动转换成部门名称)/录入职员属性(董事长)和其他信息/单击[增加]按钮保存设置/重复以上操作步骤直到所有职员的信息录入完毕，如图 2-25 底层所示(最后要增加一条空记录)/单击[退出]按钮结束操作。

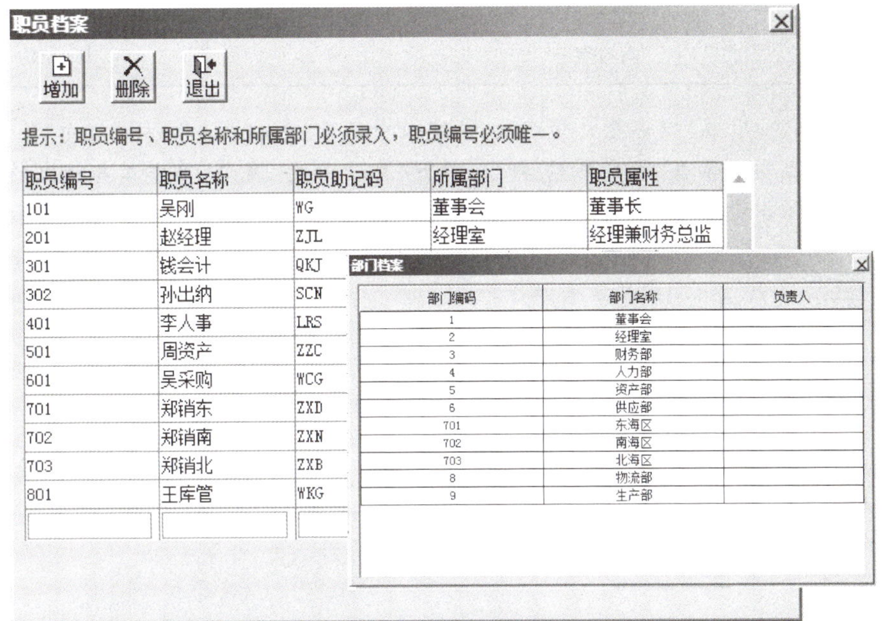

图 2-25　"职员档案"窗口和"部门参照"对话框界面

职员档案设置

注　意

职员编号、职员名称和所属部门三项必须录入；职员编号必须唯一；职员属性项可以省略。

"所属部门"一项只能选择录入末级部门。

选中某位职员以后单击[删除]按钮可以删除这位职员；但是，已经使用的职员不能删除。

对于职员姓名中的多音字，系统在生成助记码时，一般是取常用读音的拼音首字母，用户要注意检查，如不正确要及时改正。如本例中的"赵会计"，系统会自动生成助记码"ZHJ"，需要改为"ZKJ"("H"改为"K")。

如果录入最后一条职员信息记录后不单击[增加]按钮而直接单击[退出]按钮，则系统会提示“是否保存对当前记录的修改?”这时可以单击提示框上的[确定]按钮保存最后一条记录，同时结束操作。

四、往来单位设置

往来单位是指企业的客户和供应商。在企业与客户的业务往来中，会产生应收款或者预收款；在企业与供应商的业务往来中，会产生应付款或者预付款。为了处理相关业务的需要，应该在初始化的过程中建立客户档案和供应商档案。

往来单位设置的内容包括客户分类设置、客户档案设置、供应商分类和供应商档案设置、地区分类设置等。

（一）客户分类设置

如果在建账套的过程中，在设置基础信息时勾选了“客户是否分类”项(参阅本章第二节)，就需要在这里设置客户分类；如果建账套时没有勾选“客户是否分类”一项，这里就不用做这项操作，可以直接进行客户档案的设置。

【案例 2-9】 请对 001 账套进行客户分类设置，具体参数如表 2-2 所示。

表 2-2　001 账套客户分类方案

类别编码	类别名称	类别编码	类别名称
01	东海客户	03	北海客户
02	南海客户	04	其他客户

登录“信息门户”/在“财务会计管理软件”窗口中打开“基础设置”菜单/指向“往来单位”弹出子菜单/在子菜单上单击“客户分类”命令，打开“客户分类”窗口/单击工具栏上的[增加]按钮/在窗口右部录入类别编码(01)和类别名称(东海客户)/单击工具栏上的[保存]按钮，可以看到录入的分类信息显示在左窗格中/重复以上步骤直到所有客户分类信息录入完毕，如图 2-26 所示/最后单击[退出]按钮结束操作。

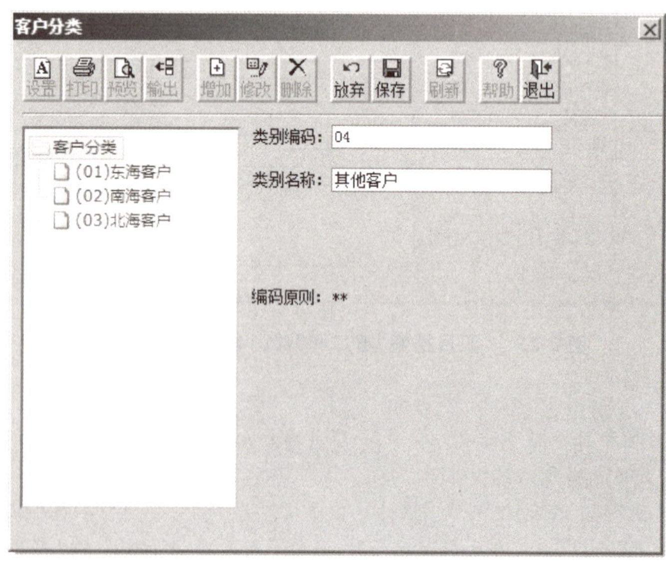

图 2-26 “客户分类”窗口界面

注 意

"客户分类"窗口右半部最下面一项显示的"编码原则",是在〖系统管理〗模块中建立账套时在"编码级次"中确定的。其意义和"部门档案"设置界面的"编码原则"类似。在操作中必须遵守。

(二) 客户档案设置

【案例 2-10】 请按表 2-3 所列参数设置 001 账套客户档案。

表 2-3 001 账套客户档案(东海龙宫)设置参数

客户编码	客户名称	客户简称	税 号	开户银行	银行账号
001	东海龙宫	东海	987654321	工商银行东海支行	91919191001
地 址	邮政编码	Email 地址	电 话	手 机	
地球中国东海	999991	dhlg@dqzg.net	0555-10011001	55005551001	

注册登录"信息门户"/打开"基础设置"菜单/指向"往来单位"弹出子菜单/在子菜单上单击"客户档案"命令,打开"客户档案"窗口/在左窗格里选中要设置的客户所属的类别(东海客户)/单击工具栏上的[增加]按钮弹出"客户档案卡片"对话框/在"基本"页签中录入客户编号(001)、客户名称(东海龙宫)、客户简称(东海)等信息,系统自动产生并且填入客户助记码(DH)/单击"所属分类码"框右端的放大镜,打开"客户分类"参照表/双击"客户分类"参照表中该客户所属的分类(01),把它选入/如果需要的话,可以再选入"所属地区码"和"客户总公司"等项信息(本例省略)/录入税号(987654321)、法人(东海龙王)、开户银行(工商银行东海支行)、银行账号(91919191001),如图 2-27 所示/打开"联系"页签/录入客户的地址(地球中国东海)、邮政编码(999991)、Email 地址(dhlg@dqzg.net)、电话(0555-10011001)、手机(55005551001)等信息/再打开"发票"页签/录入客户的电子发票接收手机(55005551001)和电子发票接收邮件地址(dhlg@dqzg.net)/单击[保存]按钮保存这个客户的信息/单击"客户档案卡片"对话框上的[退出]按钮关闭对话框/重复以上步骤直到所有客户的信息设置完毕/最后单击"客户档案"窗口工具栏上的[退出]按钮结束操作。

客户档案设置

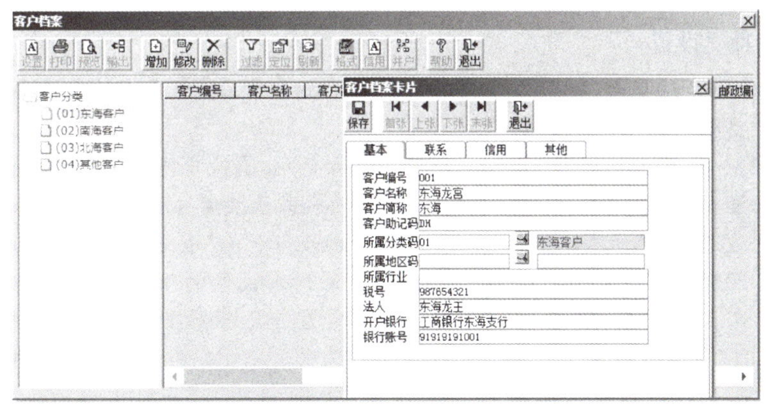

图 2-27 "客户档案"窗口和"客户档案卡片"对话框界面

注 意

"客户档案卡片"对话框的"基本"页签中,客户编号、名称、简称、税号、开户银行、账号等项必须录入。客户编号必须唯一。"联系"页签中的地址、电话、手机等项必须录入。"发票"页签中的两项,也应录入。总之,这三个页签中的各项信息,尽量不要空缺。要注意具体客户和客户分类的对应关系。

(三) 供应商分类和供应商档案设置

设置供应商的档案，是为了便于对供应商往来业务的管理和业务数据的分析。如果在建账套的过程中，在图 2-12 所示的基础信息设置界面勾选了“供应商是否分类”项(参阅本章第二节)，就一定要先设置供应商分类，再设置供应商档案；如果建账套时没有勾选“供应商是否分类”一项，就不用设置供应商分类，直接进行供应商档案的设置就行了。

供应商分类设置和供应商档案设置的操作方法，分别和客户分类以及客户档案的设置方法相似。大家可以依据附录中实训项目二给出的数据，参照进行操作练习。

注　意

在不省略供应商分类和供应商档案设置的情况下，操作中必须遵守以下规定：

(1) 供应商分类名称必须录入；供应商分类编码和供应商分类名称必须唯一。

(2) 供应商编号、名称和简称必须录入；其他各项可以省略。供应商编号必须唯一。

(四) 地区分类设置

设置地区分类是为了方便对供应商往来业务和客户往来业务的管理。地区分类的设置方法和客户分类以及供应商分类的设置方法基本相似。

【案例 2-11】 请对 001 账套进行地区分类设置，具体参数如表 2-4 所示。

表 2-4　　001 账套地区分类方案

类别编码	类别名称	类别编码	类别名称
01	地　球	01002	中国南海
01001	中国东海	01003	中国北海

请参照客户分类和供应商分类的操作方法自己完成。

五、财务设置

财务设置包括外币种类设置、会计科目设置、凭证类别设置和项目目录设置四项内容。

(一) 外币种类设置

如果企业有进出口业务，就会发生外币结算。在这种情况下，应在设置科目时设置外币结算科目，另外还要进行外币种类设置。

外币种类设置

【案例 2-12】 设置外币种类，币符：USD；币别：美元；固定汇率；记账汇率：假定为 6.85。

打开“基础设置”菜单/指向“财务”弹出子菜单/单击子菜单上的“外币种类”命令，弹出“外币设置”对话框/在左下部位“币符”框里录入币符(USD)/在“币名”框里录入币名(美元)/单击工具栏上的[增加]按钮，这时候可以在左窗格里看到刚设置的币种/单击选中这个刚添加的币种，右窗格显示月份列表/在右窗格里选择“固定汇率”或者“浮动汇率”(本例选“固定汇率”)/在“2022.01”月份一行的左半部分双击/录入记账汇率(假设为 6.85)/在任意月份的记录行单击完成设置/完成以后的界面如图 2-28 所示/单击[退出]按钮结束操作。

也可以在录入币符和币名以后，单击对话框右下部位的[确认]按钮，直接让月份列表显示，然后录入汇率。

单击“外币设置”对话框工具栏上的[删除]按钮，可以删除左窗格中被选中的币种。

(二) 会计科目设置

在设置会计科目之前，我们先结合上述机构设置以及往来单位设置，和将要进行的科目设置以及项目设置的联系和作用，来了解会计电算化中的辅助核算功能。

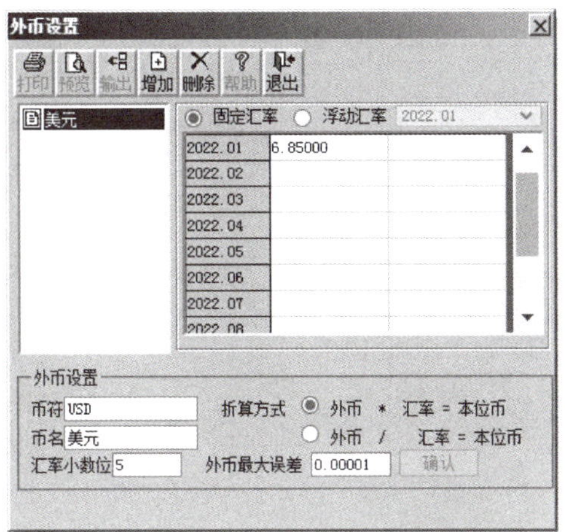

图 2-28 “外币设置”对话框界面

1. 会计信息系统中的辅助核算功能

会计信息系统中，一般都有一个手工会计核算中没有的辅助核算功能。为了使用辅助核算功能，需要进行客户和供应商信息的设置。

运用辅助核算功能以后，系统会在对记账凭证进行记账操作，把凭证上的相关数据登记到会计账簿上相关科目中的同时，把同一项数据登记到辅助账上。例如，某个部门报销了一笔办公费用，那么，凭证记账的时候，这笔办公费用除了登记到账簿上的“管理费用——办公费”科目中以外，同时还会自动登记到报销这笔办公费用的那个部门的专户账上。这样就可以加强对客户、供应商、部门、个人以及工程项目的业务管理。例如，可以及时催讨客户和员工对企业的欠款；可以及时支付对供应商的应付款；可以控制各部门和工程项目的费用开支等。辅助核算中的现金流量项目核算功能，还可以大大降低现金流量表的编制难度和工作量。

小知识

辅助核算是对客户进行应收款管理、对供应商进行应付款管理、对各部门进行费用的控制管理、对相关职员进行个人应收款的管理、对现金流量和工程项目进行项目管理等方面的核算。

要运用会计信息系统中的辅助核算功能，需要对手工方式下的科目结构作相应的调整。假设调整前的原手工方式下部分科目结构如表 2-5 所示。

表 2-5 原手工方式下部分科目结构

科目编码	科目名称
1122	应收账款
112201	东海龙宫
112202	南海龙宫
112203	北海龙宫
1221	其他应收款
122101	应收个人款
12210101	周销东
12210102	周销南
12210103	周销北

续 表

科目编码	科目名称
1604	在建工程
160401	酿酒车间扩建工程
160402	灌装车间改建工程
6602	管理费用
660201	工资
66020101	董事会
66020102	经理室
66020103	财务部
⋮	⋮
660202	办公费
66020201	董事会
66020202	经理室
66020203	财务部
⋮	⋮
660203	差旅费
66020301	董事会
66020302	经理室
66020303	财务部
⋮	⋮

调整的具体方法如下：

第一步，把原来各个相关科目的最末级科目去掉，结果如表 2-6 所示。

表 2-6　　去掉最末级科目以后的科目结构

科目编码	科目名称	辅助核算
1122	应收账款	客户往来
1221	其他应收款	
122101	应收个人款	个人往来
1604	在建工程	项目核算
6602	管理费用	
660201	工资	部门核算
660202	办公费	部门核算
660203	差旅费	部门核算

不难看出，调整以后的科目结构比原来的要简单明了多了。

第二步，把从科目表中拿掉的明细科目设置为辅助核算的目录。本例中设置的辅助核算目录如下：

客户目录:1. 东海龙宫
2. 南海龙宫
3. 北海龙宫

个人目录:1. 周销东
2. 周销南
3. 周销北

项目目录:1. 酿酒车间扩建工程
2. 灌装车间改建工程

部门目录:1. 董事会
2. 经理室
3. 财务部

在这一节前面所设置的部门档案、职员档案、客户档案和供应商档案等,实质上就是这里所讲的辅助核算目录。剩下的工作,就是在会计科目设置中按照辅助核算的要求安排好科目结构。

2. 会计科目的设置

小知识

2007年企业会计准则规定了资产、负债、所有者权益、成本、损益和共同六大类科目。

由于在本章第二节创建账套的"核算类型"环节中,在"按行业性质预置科目"一项打上了"√"(参见图2-11),所以系统就自动预置了财政部统一规定的企业(2007年会计准则)所有一级科目。现在需要做的就是把本单位需要而预置科目中没有的明细科目添加进去;另外,还需要对预置科目的属性,如辅助核算项目等进行修改。如果在创建账套时在"核算类型"对话框上没有在"按行业性质预置科目"一项打上"√",设置科目时就需要从零开始,一个一个地把包括一级科目在内的所有科目添加进去设置好。

【案例2-13】 为001账套添加"库存现金"科目下的两个二级科目,具体参数如表2-7所示。

表2-7 001账套库存现金明细科目参数

类型	级次	科目编码	科目名称	助记码	外币币种	计量单位	辅助账	账页格式	余额方向
资产	2	100101	人民币	RMB		(无)	日记账	金额式	借
资产	2	100102	美元	MY	美元	(无)	日记账	金额式	借

会计科目设置之一

注册登录"信息门户"后,打开"基础设置"菜单/指向"财务"弹出子菜单/在子菜单上单击"会计科目"命令,进入"会计科目"设置界面/单击工具栏上的[增加]按钮,弹出"新增科目"对话框/在"新增科目"对话框中填入科目编码(100101)、科目中文名称(人民币)等/系统自动设置科目类型(资产)/打开"账页格式"下拉框选择账页格式(金额式)/检查"助记码"框里自动生成的助记码(RMB)/确定科目性质(余额方向)(借)/在"日记账"复选框里单击打上"√"/单击[确定]按钮保存设置/接着填写"库存现金——美元"科目的有关信息(注意要勾选"外币核算"项使"币种"框活动/打开"币种"下拉框选择币种(美元))/选中"日记账"复选框,如图2-29所示/单击底部的[确定]按钮保存设置/最后再单击"会计科目"设置界面的[退出]按钮结束操作。

会计科目
设置之二

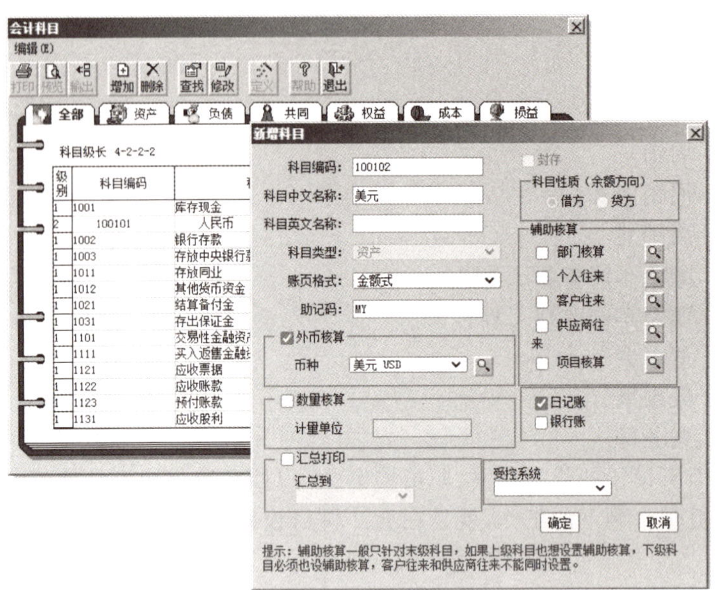

图 2-29 会计科目设置界面

"银行账"就是银行日记账。"银行存款"科目的下级明细科目应该勾选这一项。在对涉及银行科目的凭证执行记账时,系统会在把凭证上的金额登记到总账"银行存款"科目的下级明细科目的同时,自动把这笔金额登记到银行日记账上。

"日记账"就是库存现金日记账。"库存现金"科目的下级明细科目应该勾选这一项。在对涉及库存现金科目的凭证执行记账时,系统会在把凭证上的金额登记到总账的"库存现金"科目的下级明细科目的同时,自动把这笔金额登记到库存现金日记账上。

【案例 2-14】 修改 001 账套中"应收账款"科目,给这个科目增加"部门核算"和"客户往来"辅助核算属性;设置受控系统为"应收";同时添加助记码"YSZK"。

再给 001 账套中的"在建工程"科目增加"项目核算"属性和助记码"ZJGC"。

进入"会计科目"界面后,选中"应收账款"科目/单击工具栏上的[修改]按钮,系统弹出"修改科目"对话框,如图 2-30 所示。

图 2-30 "修改科目"对话框界面

在"部门核算"属性项左侧的复选框里单击打上"√"/在"客户往来"属性项左侧的复选框里单击打上"√",系统自动在"受控系统"下拉框里设置"应收"/在"助记码"框里填入助记码(YSZK)/单击[确定]按钮保存修改结果/用同样的方法给"在建工程"科目加上"项目核算"属性和助记码(ZJGC)。

本例里面的"部门核算""客户往来"和"项目核算"三项,就是前面刚介绍过的科目的"辅助核算"属性。在添加会计科目时,应该依照科目的辅助核算属性,在相应的方框中打上"√"。当一种辅助核算属性如"部门核算"被勾选以后,它右侧的放大镜按钮会变成活动的。单击放大镜按钮，就可以打开以前设置好的部门档案。这就是说，通过辅助核算属性的设置，在会计科目和辅助账之间建立起了联系。当对和这个科目相关的凭证执行记账操作时，系统会把凭证上的金额记到所涉及部门的专户账上，当然还会同时记入总账科目。

小知识

"受控系统"项是为了实现各个子系统之间的无缝链接，使其他子系统可以使用账务系统的会计科目而设置的。账务系统中可以被其他子系统使用的会计科目，称作某个子系统的受控科目；而该某个子系统就是这个会计科目的受控系统。例如，"应收账款"科目可以作为应收系统的受控科目；应收系统就是"应收账款"科目的受控系统。

会计科目设置之三

【案例 2-15】 修改 001 账套中"库存商品"科目，给这个科目增加"数量核算"属性，计量单位为"箱"，设置受控系统为"核算"，同时添加助记码"KCSP"。

在"会计科目"界面选中"库存商品"科目/单击工具栏上的[修改]按钮，系统会弹出"修改科目"对话框/在"数量核算"属性项左侧的方框里单击打上"√"，这个时候"计量单位"框变成活动的/在"计量单位"框里录入计量单位(箱)/在"助记码"框里录入助记码(KCSP)/打开"受控系统"下拉框/选择"核算"/完成修改以后，单击对话框底部的[确定]按钮保存修改结果。

当一个科目设置了"数量核算"属性以后，在填制凭证过程中涉及这个科目时，系统会要求录入数量和单价，然后系统会把数量和单价相乘得到的金额，自动填入凭证的"金额"栏里。

注 意

科目编码必须按其级次的先后次序建立；会计科目编码必须唯一；科目编码必须录入。

科目编码不能修改。

科目名称必须唯一；会计科目名称可以使用汉字、英文字母、数字、减号"—"、正斜杠"/"等符号；科目的汉字名称必须录入，英文名称可以省略。

对于科目名称中的多音字，系统生成的助记码可能会不正确。例如二级科目"工商银行"的"行"字。对这一类助记码要注意检查，如果不正确要及时改正。

一个科目只能核算一种外币，只有存在外币核算要求的科目才允许也必须设定外币币种。

删除科目的时候，必须先删除最末级的明细科目，逐级往上，最后才能够删除一级科目。

(三) 凭证类别设置

1. 凭证的限制类型

设置凭证的限制类型，是为了控制凭证录入过程中发生的错误。录入凭证时，系统会按照这里设置的限制类型对录入的凭证进行检查。录入的凭证如果不符合设置的限制类型，系统就会给出提示警告，并且不允许保存。

新道云平台系统中的凭证限制类型有"借方必有""贷方必有""凭证必有""凭证必无""借方必无""贷方必无"和"无限制"七种。

"借方必有"是规定填制某一类凭证时，这类凭证借方至少应有一个限制科目有发生额。例如，对于收款凭证来说，款项的接收途径无外乎库存现金和银行转账两个，并且记账方向在借方。也就是说，一张正确的收款凭证的借方，必定会出现库存现金或者银行存款科目。可以根据这个规律，规定收款凭证的限制类型是"借方必有"，限制科目是"库存现金"和"银行存款"两个科目。这样，如果录入的收款凭证上借方没有出现"库存现金"或者"银行存款"科目，系统就会查出这张凭证存在错误，继而拒绝保存并给出提示。这样就可以尽可能地防止错误的凭证进入系统。

“贷方必有”是规定填制某一类凭证时，这类凭证贷方至少应有一个限制科目有发生额。例如，付款凭证贷方应该有“库存现金”或者“银行存款”科目出现。

“凭证必有”是规定填制某一类凭证时，凭证上不分借方还是贷方，至少应有一个限制科目有发生额。例如，月底结转损益类科目余额的转账凭证，就一定要有损益类科目出现。

“凭证必无”是规定填制某一类凭证时，这类凭证不能有限制科目出现。例如，正确的转账凭证，就肯定不会有“库存现金”或者“银行存款”科目出现。如果出现，那就是错误的。

规定为“无限制”类型的凭证，可以使用所有合法的科目。“借方必无”“贷方必无”以此类推。

注　意

如果设置了科目限制（即“限制类型”不是“无限制”），那么至少要录入一个限制科目；如果限制类型设置为“无限制”，就不能录入限制科目。

如果设置的限制科目不是末级科目，那么在填制凭证的时候，这个限制科目的所有下级科目都会受到同样的限制。

2. 凭证类别的设置

系统提供了五种凭证分类方案供用户选择。方案一是不分类，所有凭证都归为记账凭证一类；方案二是分成收款凭证、付款凭证和转账凭证三类；方案三是分成现金凭证、银行凭证和转账凭证三类；方案四是分成现金收款、现金付款、银行收款、银行付款和转账五类；方案五是自定义。用户可以根据本单位的具体情况灵活选择。在选择方案一（不分类）的情况下，凭证限制科目就不需要设置了。

【案例 2-16】 请设置 001 账套凭证类别及限制类型，具体参数如表 2-8 所示。

表 2-8　　001 账套凭证类别及限制类型

凭证类别	限制类型	限制科目
收款凭证	借方必有	100101，100102，100201
付款凭证	贷方必有	100101，100102，100201
转账凭证	凭证必无	100101，100102，100201

打开“基础设置”菜单/指向“财务”弹出子菜单/在子菜单上单击“凭证类别”命令，弹出“凭证类别预置”对话框/单击所需要的分类方案左边的单选按钮（本例选第二选项），如图 2-31 所示。

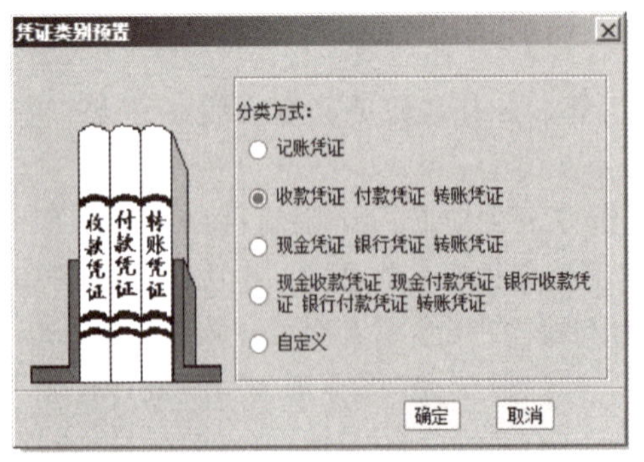

图 2-31　“凭证类别预置”对话框界面

单击［确定］按钮转入“凭证类别”对话框/双击“收款凭证”一行的“限制类型”栏，激活下拉箭头/打开下拉列表框选取限制类型（借方必有）/双击“限制科目”栏，在右端出现蓝色放大镜按钮/单击放大镜按钮打开“科目参照”窗/在“科目参照”窗中，分三次分别选取“库存现金——人民币（100101）”“库存现金——美元（100102）”“工商银行（100201）”三个科目，如图 2-32 所示/用相同的方法设置“付款凭证”的限制类型（贷方必有）和限制科目[库存现金——人民币(100101)、库存现金——美元(100102)、工商银行(100201)]/再设置“转账凭证”的限制类型(凭证必无)和限制科目[库存现金——人民币(100101)、库存现金——美元(100102)、工商银行(100201)]/单击工具栏上的[退出]按钮结束操作。

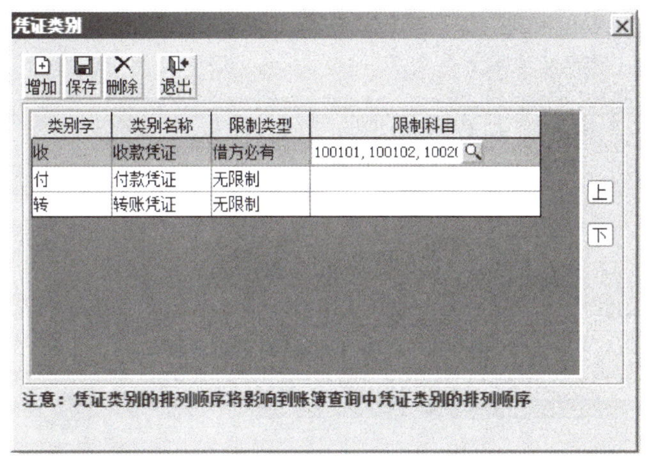

类别字	类别名称	限制类型	限制科目
收	收款凭证	借方必有	100101, 100102, 1002(
付	付款凭证	无限制	
转	转账凭证	无限制	

图 2-32 凭证限制类型设置界面

凭证类别设置

(四) 项目目录设置

如果在设置科目时,给某些科目设置了“项目核算”属性,相应地就要设置项目目录。

项目分类有“项目大类”和“项目分类”两级。一个单位项目核算的种类可能多种多样,例如,在建工程、对外投资、技术改造、融资成本、在产品成本、课题、合同订单等,这样就需要定义多个种类的项目核算。因此,可以把具有相同特性的一些项目定义成一个项目大类。一个项目大类可以核算(包含)多个项目。

一般来说,在设置科目时应给产成品、商品采购、库存商品,在建工程、生产成本、科研课题、科研成本等科目设置“项目核算”辅助核算属性,然后在这里设置具体的项目目录。

项目目录的设置包括定义项目大类与结构、指定会计科目、定义项目分类以及设置具体项目四个步骤。

1. 定义项目大类与结构

【案例 2-17】 定义一个项目大类,名称:在建工程;级次:1 级;长度:1 位。增加项目栏目,栏目标题:开工日期;类型:日期;长度:10。

注册登录“信息门户”/打开“基础设置”菜单/指向“财务”弹出子菜单/在子菜单上单击“项目目录”命令,弹出“项目档案”对话框,如图 2-33 所示/单击“项目档案”对话框工具栏上的[增加]按钮,弹出“项目大类定义_增加”对话框/在“新项目大类名称”框里录入项目大类名称(在建工程)/下方“普通项目”连同它下面的四个单选项里面,保持系统默认的“普通项目”不变,如图 2-34 所示。

单击[下一步]按钮转入“定义项目级次”界面,如图 2-35 所示。

保持“一级”增量框默认的 1 位长度不变/单击[下一步]按钮转入“定义项目栏目”界面/在“定义项目栏目”界面上单击[增加]按钮,在中间窗格里增加一个空行/在空行的“标题”栏录入栏目标题(开工日期)/双击这一行的“类型”栏出现 ˇ 按钮/单击 ˇ 按钮打开下拉框/在下拉框里选择数据类型(日期)/单击这一行的“长度”栏,自动显示“10”,如图 2-36 所示/单击[完成]按钮回到如图 2-33 所示的“项目档案”对话框界面。

项目目录设置

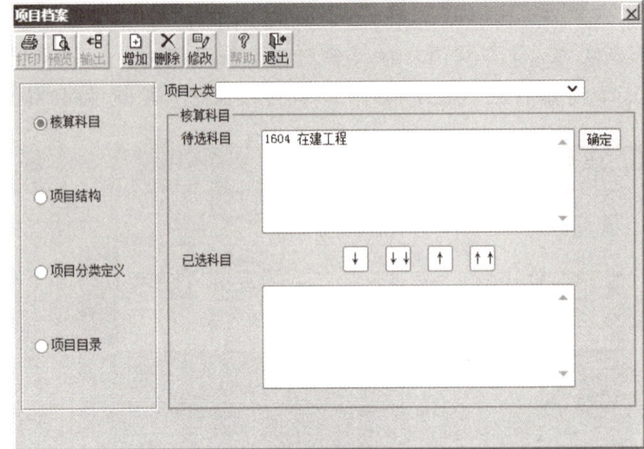

图 2-33　“项目档案”对话框界面

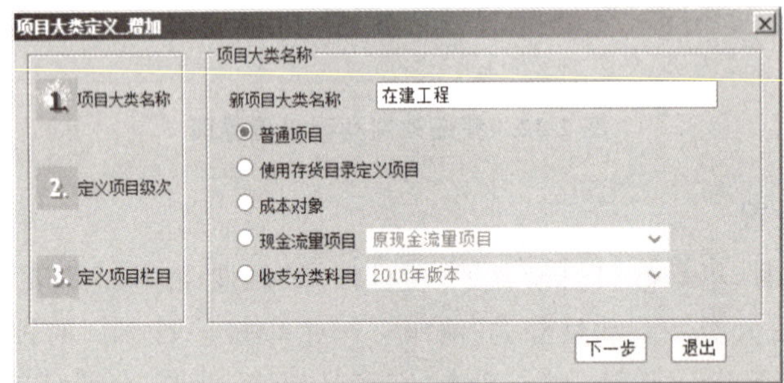

图 2-34　项目大类名称定义操作界面

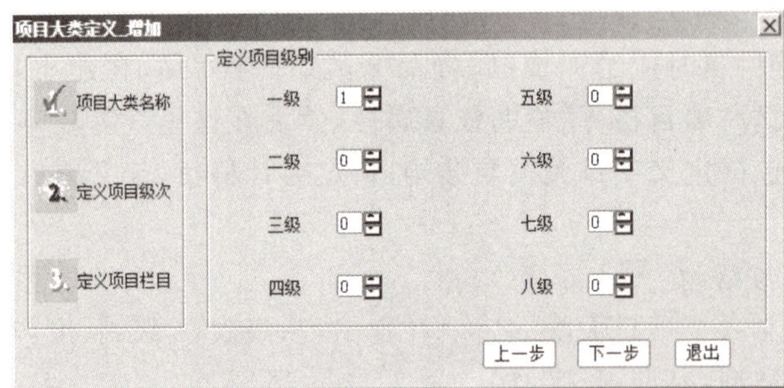

图 2-35　“定义项目级次”界面

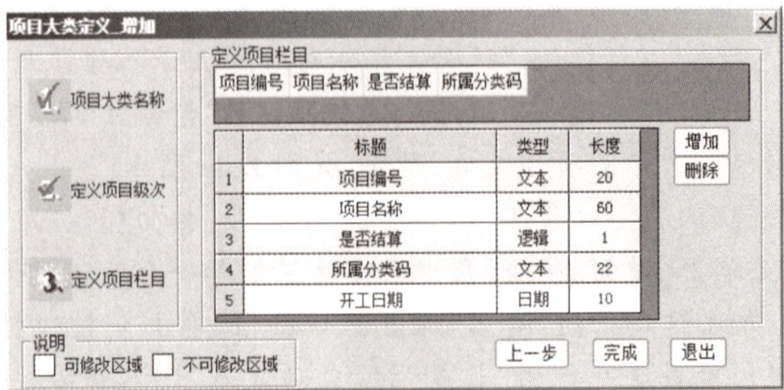

图 2-36　“定义项目栏目”界面

注 意

"定义项目级次"界面各个增量框里面的数字表示各级本身的代码长度。各项目级次最多可以定义8级,代码的总长度不能超过22位,单级代码最多9位。

已经录入数据的栏目最好不要删除;如果删除,会无法再查到这些栏目的数据。

关于"项目大类名称"的说明如下:

在图2-32"项目大类定义_增加"对话框界面,"新项目大类名称"框的下方提供了五个单选项让用户选择。除了"普通项目"的大类名称需要用户录入以外,其他四项都是系统预设的大类。具体操作方法如下:

如果是针对单位需要的项目核算,可以选择"普通项目"并且在"新项目大类名称"框里录入项目大类的名称,本案例所做的就是这一项操作。

如果使用了核算系统,可以点选"使用存货目录定义项目",此时在"新项目大类名称"框中会出现"存货核算"(灰色显示表示不能修改),[下一步]按钮会变成[完成]按钮,此时单击[完成]按钮就行了。系统会自动把存货分类设置为项目分类,并且把存货目录设置为项目目录(本案例不使用此项)。

如果需要进行成本核算,可以点选"成本对象",此时在"新项目大类名称"框中会出现"成本对象"(灰色显示表示不能修改)(本案例不使用此项)。

如果需要在报表模块中编制现金流量表,使用有关的取数函数,可以在项目大类中指定某一个项目大类为"现金流量项目",同时需要在科目定义中指定"库存现金""银行存款"和"其他货币资金"科目作为现金流量核算的科目(本书不涉及现金流量表)。

同样,点选"收支分类科目"一项,可以定义"收支分类科目"大类。系统会自动设置"收入分类科目""支出功能分类科目"和"支出经济分类科目"三个大类(本案例不使用此项)。

系统允许同一个单位进行多个大类的项目核算。例如,某个单位把第一类项目设为"投资项目核算",第二类项目设为"在建工程核算"等。每一大类项目核算的内容可以不相同,例如,"投资项目核算"和"在建工程核算"的内容是不相同的。

2. 指定会计科目

指定会计科目,是把相关科目指定给某个大类。例如,把"产成品""生产成本"等科目指定为"生产成本"项目大类的科目;把"在建工程"科目指定为"在建工程"项目大类的科目等。刚进入"项目档案"对话框界面时,在设置科目时设置了"项目核算"属性的所有科目,都会显示在对话框的"待选科目"窗格中。

【案例 2-18】 把"在建工程"科目指定为"在建工程"项目大类的科目。

在图2-33所示的"项目档案"对话框上,打开"项目大类"下拉框选择项目大类(在建工程)/在"待选科目"窗格里选中属于所选大类的科目(1604 在建工程)/单击上下两个窗格中间的单箭头[↓],把选定的科目移动到下面"已选科目"窗格中,如图2-37所示/把所有

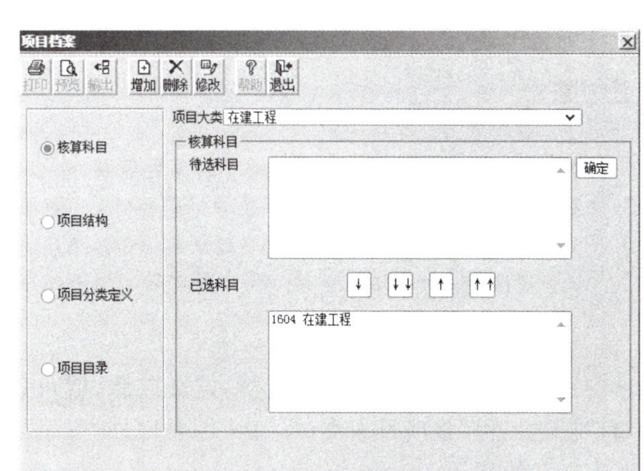

图 2-37 指定科目操作界面

应该指定的科目都选入下面窗格以后(本例只有一个待选科目),单击对话框右部的[确定]按钮保存操作结果。

3. 定义项目分类

为了便于统计,可以把同一个项目大类下面的项目进一步划分成若干小类。这就需要进行项目分类的定义。图 2-33 中的“级次”,就是指这里分类的级次。

【案例 2-19】 在项目大类“在建工程”下面定义项目分类“厂房”,编码“1”。

在“项目档案”对话框中点选左部第三项“项目分类定义”,窗口布局变成如图 2-38 所示/单击对话框右下部的[增加]按钮/录入分类编码(1)和分类名称(厂房)/单击[确定]按钮保存当前增加的项目分类,此时可以看到新增加的分类“厂房”出现在中间窗格里/重复以上操作,直到所有项目分类设置完成为止(本例只有一个项目分类)。

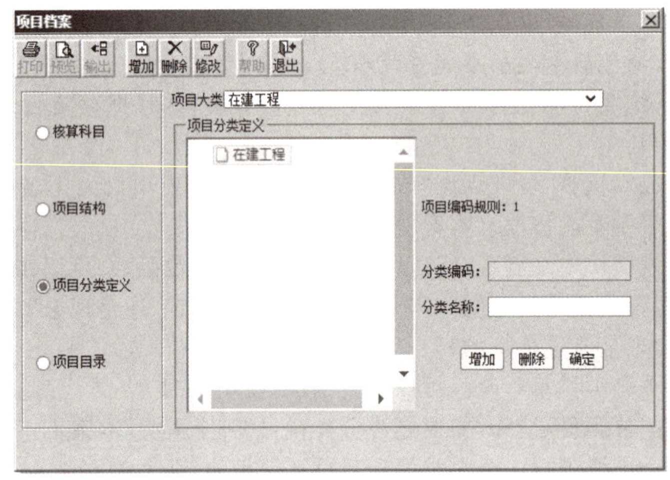

图 2-38 项目分类定义操作界面

如果操作错误,需要删除已经设置的项目分类再重新设置,可以按下面的方法操作:

用鼠标选择需要删除的项目分类/用鼠标单击对话框右下部位的[删除]命令按钮。

如果想修改项目分类的设置,可以按下面的方法操作:

在中间“项目分类定义”窗格中,单击选中需要修改的项目分类/在右部的“分类名称”框中直接进行修改/单击[确定]按钮保存修改结果。

注 意

不能越级录入分类编码。

如果某个项目分类下面已经定义了具体的项目,这个项目分类就不能删除,也不能再定义下级分类。一定要先删除具体项目,再作删除项目分类或者定义下级分类的操作。

只能修改项目分类的名称,不能修改项目分类的编码。

只能删除最末级的项目分类;不是最末级的项目分类不能删除。

4. 设置具体项目

完成了项目大类和项目分类的定义以后,就可以在项目分类下面设置具体的项目了。例如,“在建工程”是项目大类;“厂房”是项目分类;而“灌装车间厂房”就是具体的项目,它是一幢实实在在的房子。

【案例 2-20】 在项目大类“在建工程”的分类“厂房”下,设置“灌装车间厂房”项目,项目编号 001，未结算；所属分类码：1；开工日期：2021-08-08。

在“项目档案”对话框中点选左部最下面的一项“项目目录”，窗口布局转变如图 2-39 所示。

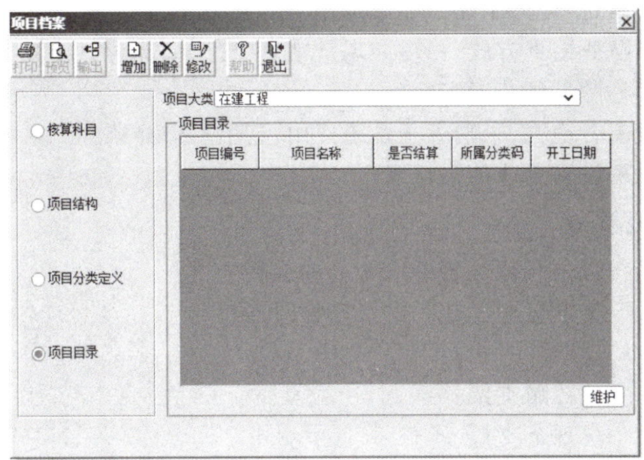

图 2-39　项目目录设置操作界面

单击右下部位的［维护］按钮弹出“项目目录维护”对话框，如图 2-40 底层所示/在“项目目录维护”对话框中双击空白记录的“项目编号”栏激活它/录入项目编号（001）/用同样方法录入项目名称（灌装车间厂房）/跳过“是否结算”栏（如果这个项目已经结算，就在“是否结算”栏双击显示“Y”）/双击“所属分类码”栏，在右端显示蓝色放大镜按钮/单击放大镜按钮，弹出“项目目录维护”参照窗/在参照窗的右部大窗格中，双击所要选择的分类记录，把分类编码（1）填入“所属分类码”栏/双击“开工日期”栏，显示放大镜按钮/单击放大镜按钮，打开“日历”窗/在“日历”窗里设定开工日期（2021-08-08）/单击日历窗右下部的［确定］按钮，返回“项目目录维护”对话框，如图 2-40 顶层所示/重复以上操作直到所有的项目设置完成/单击［增加］按钮增加一项空记录/最后单击“项目目录维护”对话框工具栏的［退出］按钮返回“项目档案”对话框/再单击“项目档案”对话框的［退出］按钮结束操作。

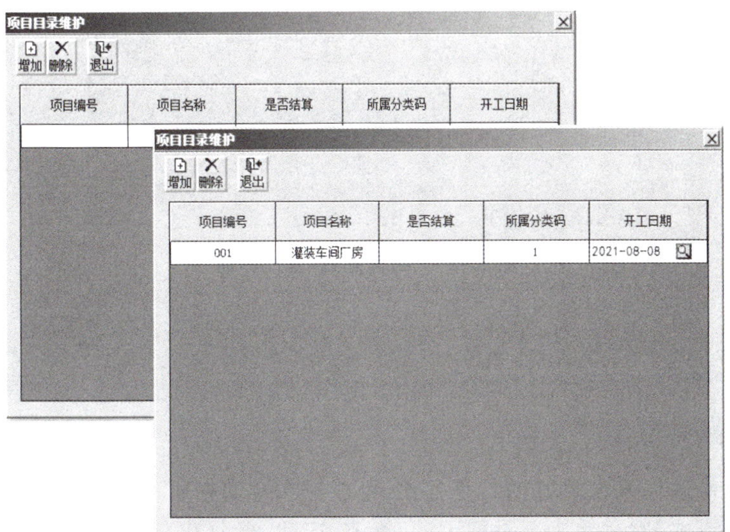

图 2-40　“项目目录维护”对话框界面

六、收付结算设置

收付结算设置包括结算方式设置、开户银行设置和付款条件设置三项。

进行收付结算的设置，是为了建立和管理用户在经营活动中所涉及的结算方式。会计信息化中的结算方式与财务结算方式一致，如现金结算、支票结算等。结算方式的编码规则在建立账套过程中的“编码方案”环节确定。

付款条件主要是配合销售、采购等子系统使用，这里不作介绍。

开户银行功能用来设置企业的银行账户。

（一）结算方式设置

【案例 2-21】 请按以下参数设置 001 账套的结算方式：

类别编码	类别名称	票据管理方式
2	支票	
201	转账支票	√
202	现金支票	√

注册登录“信息门户”/打开“基础设置”菜单/指向“收付结算”弹出子菜单/在子菜单上单击“结算方式”命令，打开“结算方式”窗口/单击窗口工具栏上的[增加]按钮/在右半部填入结算方式类别编码(2)和类别名称(支票)/根据企业财务制度决定要不要勾选“票据管理方式”项(本例“转账支票”和“现金支票”两种二级结算方式需要勾选这一项)/单击工具栏上的[保存]按钮，在左窗格里可以看到刚设置的结算方式/重复以上操作直到所有结算方式设置完毕，如图 2-41 所示/最后单击[退出]按钮结束操作。

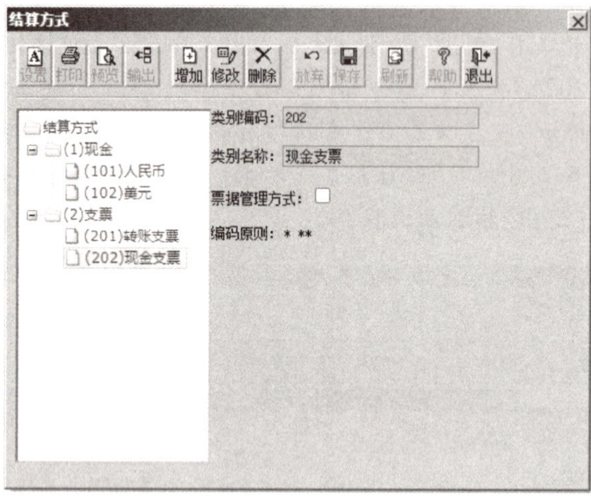

图 2-41 “结算方式”窗口界面

结算方式设置

注 意

必须按照结算方式编码级次的先后顺序来进行录入；编码必须唯一。结算方式编码可以使用数字 0～9 或字符 A～Z 表示。

结算方式名称必须录入。

用户如果要修改原来设置好的结算方式，可以先在左窗格里的结算方式列表中，用鼠标选中要修改的结算方式，然后单击工具栏上的[修改]按钮，接着在右窗格的相应文本框里对具体内容进行修改即可。修改以后，仍然需要单击[保存]按钮保存修改结果。

用户如果需要删除原有的结算方式，可以先在左窗格里用鼠标选中要删除的结算方式，然后单击工具栏上的[删除]按钮即可。如有下级结算方式，必须先删除下级结算方式。

注 意

结算方式一旦被使用，就不能修改或者删除。

(二) 开户银行设置

【案例 2-22】 请按以下参数设置 001 账套的开户银行：

编号：01；开户银行：中国工商银行月球支行；银行账号：518651865186；暂封标志：否。

注册登录"信息门户"后，打开"基础设置"菜单/指向"收付结算"弹出下级子菜单/在子菜单上单击"开户银行"命令打开"开户银行"窗口/在"开户银行"窗口依次录入编号(01)、开户银行(中国工商银行月球支行)、银行账号(518651865186)，如图 2-42 所示/单击[增加]按钮继续录入下一项开户银行的信息(本例只有一项)/所有内容录入完毕以后单击[退出]按钮结束操作。

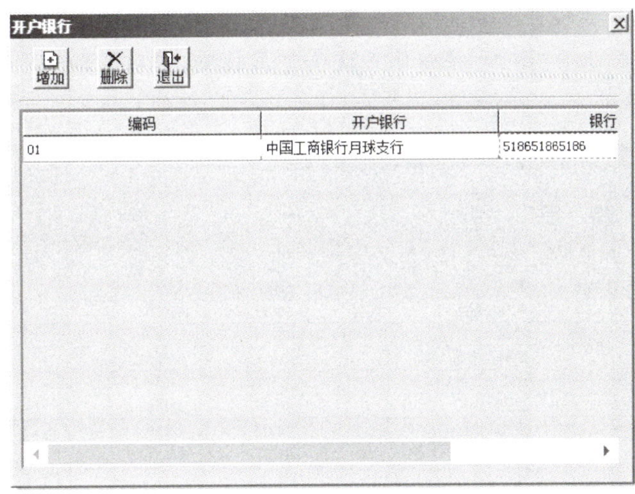

图 2-42 开户银行设置操作界面

"暂封标志"项是用来标识账号的使用状态的。如果这个账号暂时不用，可以用鼠标双击这个账号记录的"暂封标志"栏，让 ⌄ 按钮显示出来，再单击 ⌄ 按钮打开下拉框，选择"是(Y)"，把暂封标志设置成有效。

如果需要修改开户银行的信息，可以在开户行记录上双击要修改的栏目，进入修改状态直接进行修改。修改完毕单击[退出]按钮结束操作。

如果需要删除一项开户银行的信息，可以先选中要删除的开户银行记录，然后单击工具栏上的[删除]按钮，系统提示"确定删除吗?"，单击提示框上的[确定]按钮完成删除。

新道云平台支持设置多个开户行和账号。

注 意

开户银行编号必须唯一，而且只能使用数字。开户银行编号最多可以录入 3 个字符。

开户银行名称必须录入，名称可以重复。

银行账号必须录入，而且必须唯一。

已经使用的开户银行信息不能修改或删除。

七、常用摘要设置

由于各个企业总有一些业务是经常重复发生的，例如，在每个月中都要多次进行产品的销售，相关凭证就会反复使用“销售产品”这条摘要。这一类经常反复使用的摘要叫作“常用摘要”。在初始化阶段预先把这些常用摘要设置到系统的摘要库里面，到了填制凭证时，直接从摘要库里选入，就可以在很大程度上提高凭证录入的工作效率，减轻工作人员的劳动强度，还可以提高凭证摘要的规范性。

常用摘要的设置工作是可选的。如果在初始化阶段不做这项工作，那么每次录入凭证时，都必须通过键盘现场录入摘要。建议在初始化阶段进行这项工作。

【案例 2-23】 在 001 账套中，设置以下常用摘要：001，购办公用品，助记码 GBGYP，科目 660202（管理费用——办公费）；002，提现，助记码 TX，科目 100101（库存现金——人民币）。

注册登录“信息门户”后，打开“总账”菜单/指向“凭证”弹出子菜单/在子菜单上单击“常用摘要”命令，进入“常用摘要”录入界面/录入常用摘要的编码（001）和内容（购办公用品），自动生成助记码（GBGYP）/单击“相关科目”栏右端的放大镜按钮，打开“科目参照”窗/在“科目参照”窗里找到并双击相关科目（660202 办公费）把它选入（或者选中科目后单击参照窗中的［确定］按钮）/单击工具栏上的［增加］按钮保存这条常用摘要，同时增加一个空白行/重复以上操作完成所有常用摘要的录入，如图 2-43 所示/单击［退出］按钮返回。

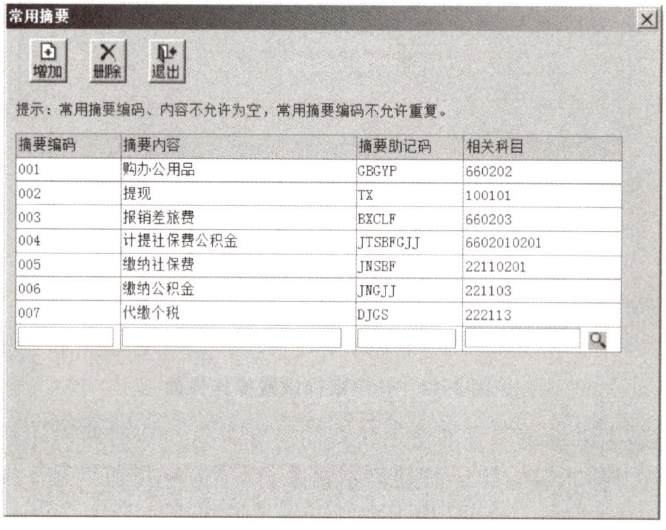

摘要编码	摘要内容	摘要助记码	相关科目
001	购办公用品	GBGYP	660202
002	提现	TX	100101
003	报销差旅费	BXCLF	660203
004	计提社保费公积金	JTSBFGJJ	6602010201
005	缴纳社保费	JNSBF	22110201
006	缴纳公积金	JNGJJ	221103
007	代缴个税	DJGS	222113

常用摘要设置

图 2-43 常用摘要设置界面

相关说明如下：

常用摘要编码是用来标识各条常用摘要的，每一条常用摘要的编码必须唯一。

“相关科目”是指：一条摘要，一般都和某个科目联系在一起。例如，“购办公用品”这条摘要，一般总是和“管理费用—办公费”这个科目联系在一起。在这里可以把“管理费用—办公费”这个科目设置为“购办公用品”这条摘要的相关科目。这样，当录入凭证时，如果选择了“购办公用品”这条摘要，在凭证的“科目名称”栏里就会自动出现“管理费用—办公费”科目。如果需要的不是这个科目，还可以临时修改成需要的其他科目名称。

如果要修改常用摘要的内容，只要在需要修改的栏目上双击鼠标，就可以直接进入修改状态，对常用摘要进行修改。

如果要删除某一条常用摘要，可以先选中这条摘要，然后单击工具栏上的[删除]按钮即可。

注 意

已经使用过的常用摘要不能修改和删除。

本节小结

账套的基础设置（初始化），主要工作内容有机构设置、往来单位设置、外币种类设置、会计科目设置、凭证类别设置、项目目录设置、收付结算设置和常用摘要设置。

账套初始化要由账套主管（本书案例里是01赵经理）注册登录“信息门户”进行操作。

实 验

完成附录中的实训项目二。

第四节 期初余额录入

为了把会计信息系统的会计数据和原来的手工会计数据衔接起来，保持企业会计数据的连续性，在使用云平台总账系统以前，需要把整理出来的手工账上各个科目的最后余额录入电算化系统。这项工作称为“期初余额录入”。期初余额录入属于总账系统初始化的内容。

如果是在年初启用总账系统，只需要录入各个科目的年初余额，也就是手工账上到上一年年底为止的各个科目的余额即可；如果是在年中启用总账系统，除了录入启用时的各科目余额，还要录入从年初到启用日期为止的各个科目借方的累计发生额和贷方的累计发生额。例如，在4月1日启用总账系统，首先要录入到3月31日为止的各个科目的余额，然后还要录入1月1日到3月31日的各科目借方和贷方的累计发生额。系统会自动根据3月底余额和前三个月借、贷双方累计发生额，计算出年初余额。这样做是为了保持年度账等信息的完整性。

如果使用了辅助核算，那么在期初余额的录入过程中，还需要把相关科目的辅助核算项目的期初余额录入到系统中。录入完毕以后，应检查辅助账和总账科目双方数据是否一致。

【案例2-24】 请录入001账套2022年1月份期初余额，如表2-9所示。

（001账套完整的期初余额数据请参阅附录中的实训项目二和实训项目三）

表2-9 001账套2022年1月份期初余额表（简化）

类型	科目编码	科目名称	币种	计量单位	数量	单价	辅助核算	期初余额	方向
资产	1001	库存现金					日记	2 000.00	借
资产	100101	人民币					日记	1 315.00	借
资产	100102	美元	美元				日记	685.00	借
资产	1002	银行存款					银行日记	440 000.00	借
资产	100201	工商银行					银行日记	440 000.00	借
资产	1122	应收账款					部门客户	33 900.00	借

续 表

类型	科目编码	科目名称	币种	计量单位	数量	单价	辅助核算	期初余额	方向
资产	1123	预付账款					部门供应商	10 000.00	借
资产	1221	其他应收款						5 000.00	借
资产	122101	应收个人款					个人往来	5 000.00	借
资产	1403	原材料						25 000.00	借
资产	140301	桂花		千克	500	50	数量核算	25 000.00	借
权益	4001	实收资本						515 900.00	贷

借方:515 900.00;贷方:515 900.00

附:辅助账期初余额清单

会计科目:1122 应收账款　　余额:借 33 900 元

日　期	凭证号	客　户	部　门	摘　要	方　向	金　额
2021-12-31	(略)	北海龙宫	北海区	销售产品	借	33 900.00

会计科目:1123 预付账款　　余额:借 10 000 元

日　期	凭证号	供应商	部　门	摘　要	方　向	金　额
2021-12-31	(略)	太空瓷器厂	供应部	采购材料	借	10 000.00

会计科目:112101 其他应收款——应收个人款　　余额:借 5 000 元

日　期	凭证号	个　人	摘　要	方　向	金　额
2021-12-31	(略)	吴采购	出差借款	借	5 000.00

由账套主管(01 赵经理;口令:1;日期:2022 年 1 月 1 日)注册登录“信息门户”/打开“总账”菜单/指向“设置”弹出子菜单/单击子菜单上的“期初余额”命令进入“期初余额录入”界面(图 2-44 是录入完成的界面)。

“期初余额录入”界面右部的“期初余额”栏是供用户录入期初余额用的。这一栏中的各行有三种不同的颜色:白色表示末级明细科目,可以直接录入期初余额;黄色表示不是末级科目,不能录入数据,因为非末级科目的数据是由系统根据下级明细科目的数据自动累加得到的;蓝色表示这个科目有辅助核算项目,期初余额应该在辅助核算账里录入,系统会把辅助核算账里的数据累加后自动填到总账科目的“期初余额”栏里面。下面分别介绍无辅助核算科目和有辅助核算科目的期初余额录入操作方法。

一、无辅助核算科目的期初余额录入

双击“库存现金——人民币”科目这一行的“期初余额”栏,把它激活/直接录入期初余额(1 315.00)。

期初余额录入

方向 试算 查找 对账 清零 退出 □非末级科目 □辅助科目 □末级科目

科目编码	科目名称	方向	币别/计量	期初余额
1001	库存现金	借		2,000.00
100101	人民币	借		1,315.00
100102	美元	借		685.00
		借	美元	
1002	银行存款	借		440,000.00
100201	工商银行	借		440,000.00
1012	其他货币资金	借		
1121	应收票据	借		
1122	应收账款	借		33,900.00
1123	预付账款	借		10,000.00
1221	其他应收款	借		5,000.00
122101	应收个人款	借		5,000.00
122102	应收社会保险费	借		
122103	应收住房公积金	借		
1401	材料采购	借		
1402	在途物资	借		
1403	原材料	借		25,000.00
140301	桂花	借		25,000.00
		借	千克	
140302	太空水	借		
		借	吨	
140303	瓷瓶	借		
		借	只	
1405	库存商品	借		
		借	箱	

提示：科目余额录入从明细科目录入，如遇有辅助科目核算，则先完成辅助科目余额的初始，完成期初余额录入后，应进行"对账"和"试算"二个功能操作，在系统已经记账后，不能进行期初余额的修改操作。

图 2-44 “期初余额录入”界面

二、有辅助核算科目的期初余额录入

以“应收账款”科目的期初余额录入为例：

在“期初余额录入”窗口，双击“应收账款”科目这一行的“期初余额”栏，打开“期初辅助核算”窗口，“科目名称”下拉框中自动显示“1122 应收账款”/单击“期初辅助核算”窗口工具栏上的[增加]按钮，增加一个空白行/在“日期”栏双击，自动显示前一会计期的最后日期(2021-12-31)，按需要修改日期(本项不改)/双击“客户”栏，显示放大镜按钮/单击放大镜按钮，打开“客户档案”参照窗/在左窗格的客户分类列表中选中客户所属的分类(北海客户)，这个分类的客户信息显示在右部大窗格中/在右部大窗格中双击要选的客户信息记录(北海龙宫)，回到“期初辅助核算”窗口，可以看到客户名称(或简称)已经填入“客户”栏/用相似的方法录入部门(北海区)/在“摘要”栏双击激活它，录入摘要(销售产品)/双击“方向”栏显示⌄箭头/单击⌄箭头打开下拉框，选择记账方向(借)/双击“金额”栏把它激活后录入金额(33 900)，如图 2-45 所示/重复操作录入全部期初应收账款(本例只有一笔)/单击[退出]按钮回到“期初余额录入”窗口，可以看到相应的金额已经填入“应收账款”科目的“期初余额”栏里。

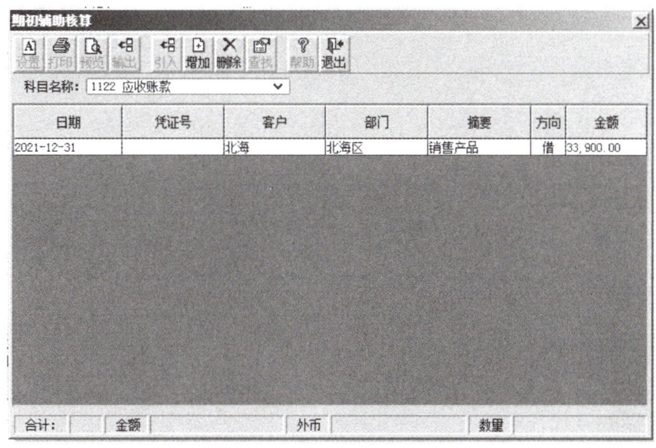
期初辅助核算

设置 打印 预览 输出 引入 增加 删除 查找 帮助 退出

科目名称：1122 应收账款

日期	凭证号	客户	部门	摘要	方向	金额
2021-12-31		北海	北海区	销售产品	借	33,900.00

合计： 金额 外币 数量

图 2-45 “部门客户往来期初”窗口界面

客户、供应商或部门，也可以用对应的编码来录入。录入对应的编码以后，系统会自动将其转换成客户、供应商或部门的名称。

“期初辅助核算”窗口的右窗格中，还有一个“凭证号”栏目，在本例中作了省略处理。如果需要录入凭证号，可以按以下方法操作：

在“期初辅助核算”窗口双击“凭证号”栏，让放大镜按钮显示/单击放大镜按钮弹出“期初辅助核算”（凭证号录入）对话框/在对话框上打开“类别”下拉框选择凭证类别/单击“凭证号”文本框激活它，录入凭证号/单击对话框右部的[确定]按钮返回“期初辅助核算”窗口。

在本案例中，期初余额录入也可以由同样拥有这项操作权限的钱会计来做。

如果发现某一项期初余额录入错误，可以把光标移到需要修改的金额上双击使它变成活动的，然后再直接录入正确的金额即可。辅助核算科目的数据必须到辅助核算账上修改。

本案例中其他科目的期初余额的录入请自己完成。

为了保证期初余额录入操作的正确，在完成期初所有余额的录入以后，必须进行试算平衡的工作。试算平衡的操作很简单，只要单击如图 2-42 所示“期初余额录入”界面工具栏上的[试算]按钮即可。系统会显示“期初试算平衡表”。

注　意

如果已经使用本系统记过账的话，就不能再录入和修改期初余额。

如果期初余额试算不平衡，系统就无法记账。

本节小结

只有末级明细科目才能录入期初余额；非末级科目的余额由系统自动累计得到。

带辅助核算科目的期初余额不能直接在总账科目里录入，而是要在辅助账里录入，系统会自动累计到总账科目里。其修改也必须在辅助核算账里进行。

期初余额录入完成以后，要注意进行试算平衡。

实　　验

完成附录中的实训项目三。

第三章　总账系统日常处理

在完成了账套基础设置和总账系统初始化的各项工作以后，就可以使用电算化会计信息系统来进行总账系统的日常账务处理了。

在电算化环境下，总账系统的日常账务处理流程和手工会计模式下的流程基本相同。一般分为凭证录入、凭证审核、记账、账簿和凭证的查询、结账五个环节，如图 3-1 所示。

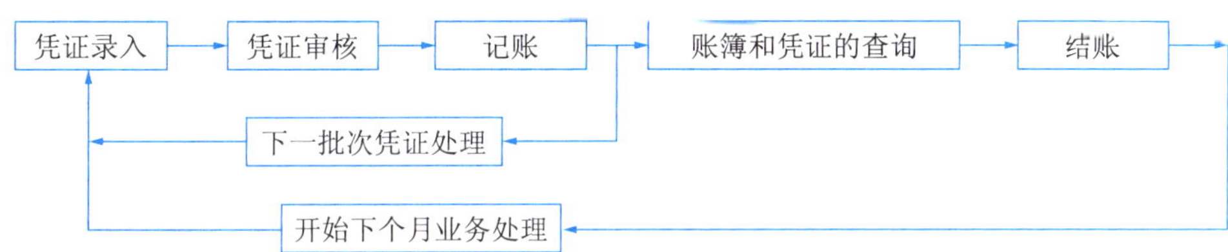

图 3-1　日常账务处理流程

第一节　凭 证 录 入

在总账系统中，编制和录入记账凭证主要有两种方式：一是先由手工编制好记账凭证，经过审核确认无误以后，再集中录入计算机，称为“后台处理方式”；二是根据已经批准报销的原始单据直接在计算机上填制凭证，称为“前台处理方式”。

在多个子系统同时运行的会计信息系统中，除了上述两种方式以外，记账凭证的录入还有第三种方式，就是由总账子系统以外的其他子系统产生凭证，再传递到总账子系统中来，可以称为“机制凭证方式”或者“它系统生成方式”。

> **小知识**
> 记账凭证的内容包括凭证头和凭证正文两部分。凭证头包括凭证类别、凭证编号、制单日期、附单据数四项内容；凭证正文包括摘要、科目名称、发生金额和辅助信息四项内容。

一般来说，“后台处理方式”适用于刚实行会计电算化，工作人员对会计软件的操作尚不熟练的情况，或者会计信息系统刚投入运行，还处在人机并行阶段的情况；“前台处理方式”适用于会计电算化工作基础较好，工作人员操作比较熟练，或者单位业务量不大的情况；“机制凭证方式”适用于使用局域网或云上会计信息系统的情况。

一、不带辅助核算项目凭证的录入

【案例 3-1】　1 月 2 日，计提工会经费 3 747.36 元，请填制凭证一张。

思考：这张凭证的会计分录应该怎么做？

由会计员(02 钱会计；口令：2)注册登录“信息门户”(注册日期 2022-01-02)/单击左部主菜单上的“总账系统”，进入总账系统日常操作主界面，如图 3-2 所示。

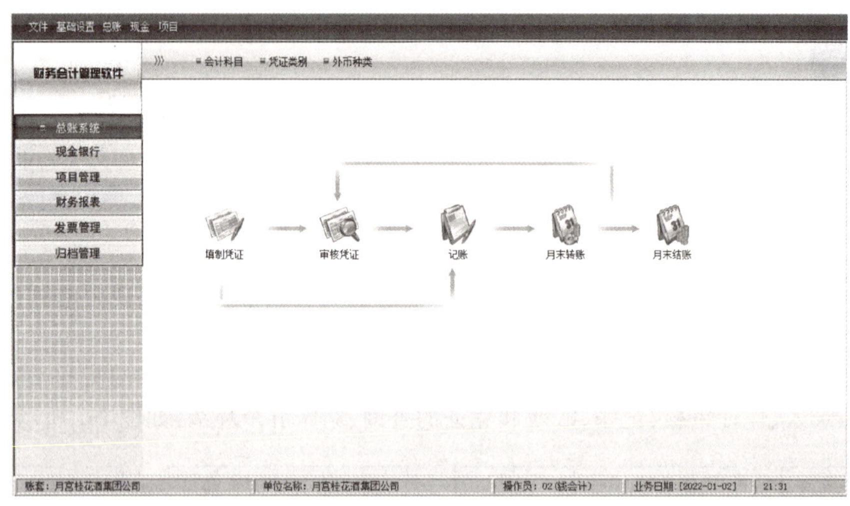

3

图 3-2 总账系统日常操作主界面

在总账系统日常操作主界面上，单击“填制凭证”图标，打开“填制凭证”窗口/单击“填制凭证”窗口工具栏上的[增加]按钮，屏幕显示一张填上了凭证类别(收)和制单日期(登录日期 2022-01-02)以及制单人姓名(钱会计)的空白凭证。

> **小技巧**
> 录入科目名称的方法有摘要带出法、科目编码录入法、参照法和科目名称录入法四种。前两种方法分别是用参照法录入摘要带出科目编码，或者录入科目编码，系统自动转换为科目名称；参照法是打开“科目参照”窗，在参照窗里选择需要的科目填入凭证；科目名称录入法是录入末级科目名称，系统转换成科目全称。

填制凭证

双击“收”字位置显示 ∨ 箭头/单击 ∨ 箭头打开凭证类别列表/单击“转”把它选入，同时系统自动产生凭证号(0001)/在“附单据数”位置录入这张凭证附带的原始单据份数(本例无原始单据)/双击“摘要”栏激活它/录入所需的摘要(计提工会经费)/单击“科目名称”栏，录入科目编码(66020104)/单击“借方金额”栏，科目名称栏里的科目编码自动转换成科目名称(管理费用/应付职工薪酬/工会经费)/在“借方金额”栏里录入借方金额(3 747.36)/敲回车键使光标跳到第二行，可以看到第一条分录的摘要自动复制下来了/单击第二行的“科目名称”栏，显示放大镜按钮/单击放大镜按钮打开“科目参照”窗，选中并双击需要的科目(221104 应付职工薪酬/工会经费)，把科目编码填入凭证/单击“贷方金额”栏，“科目名称”栏里的科目编码自动转换成科目名称，录入贷方金额(3 747.36)，如图 3-3 所示/单击“保存”按钮，系统提示“保存成功！”/单击提示框上的[确定]按钮关闭提示框/单击凭证界面工具栏上的[退出]按钮结束操作。

> **小技巧**
> 如果发现录入的金额填错了记账方向，如把借方金额填在了贷方，可以按空格键把金额移到对方位置。

说明：

如果显示的制单日期不符合实际日期，可以按以下方法修改：单击“制单日期”位置，右边出现放大镜按钮/单击放大镜按钮弹出日历窗/在日历窗里设定正确的日期以后，单击[确定]按钮返回“填制凭证”窗口。

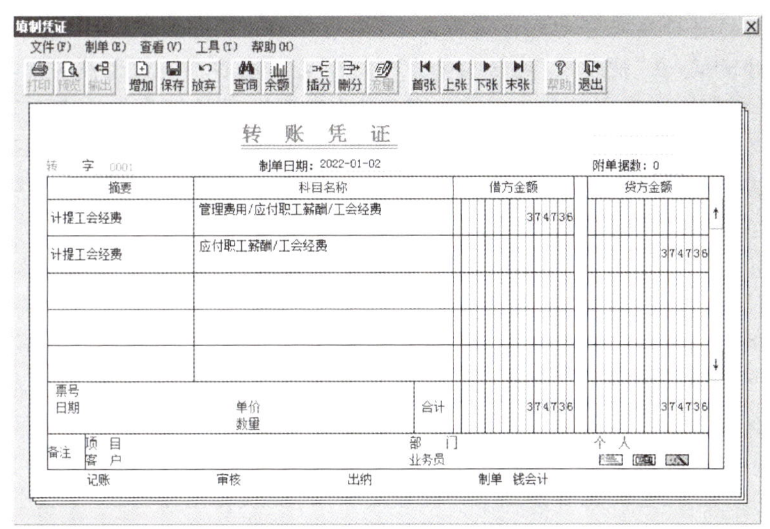

图 3-3 “填制凭证”窗口界面

摘要库里没有的摘要，在填制凭证时可以直接录入；摘要库里已经设置好的摘要，可以用参照录入的方法录入。参照录入的方法如下：

双击凭证上的“摘要”栏，打开“摘要参照”窗/在“摘要参照”窗里双击需要的摘要把摘要填入“摘要”栏。

在“科目参照”窗的下部有十个辅助核算项目复选框。这十个复选框是为了方便用户查找所需要的科目而设置的。如果用户需要的科目具有某种辅助核算属性，可以在这里选中和这种辅助核算属性对应的复选框，再单击窗口右下部位的[过滤]按钮，就可以快速找出需要的明细科目。例如，一张收款凭证，借方会涉及“库存现金”科目或者“银行存款”科目，可以在这里勾选“日记账”或者“银行账”，单击[过滤]按钮，展开“资产”类科目就可以看到“库存现金”科目或者“银行存款”科目的下级明细科目。

从“总账”菜单也可以打开“填制凭证”窗口，步骤如下：

打开“总账”菜单/指向“凭证”弹出子菜单/在子菜单上单击“填制凭证”。

二、带辅助核算项目凭证的录入

【案例 3-2】 1 月 3 日，供应部吴采购出差回来，报销差旅费 4 500 元。其中旅馆住宿费 2 000 元，已取得旅馆开具的增值税发票 1 张，税额 120 元；往返高铁车票两张，面额 800 元，经计算得出可抵扣增值税税额 66.06 元。原来预借 5 000 元，余下 500 元用现金交回。附报销单一份。请填制凭证一张。

思考：这张凭证的会计分录应该怎么做？

把业务发生日期（2022 年 1 月 3 日）作为注册日期，由会计员（02 钱会计；口令：2）重新注册登录“信息门户”/打开“总账”菜单/指向“凭证”弹出子菜单/单击子菜单上的“填制凭证”命令进入填制凭证界面/单击填制凭证界面工具栏上的[增加]按钮增加一张空白凭证，检查凭证类别字（已经显示“收”字无须修改）和制单日期（已经显示 2022-01-03），系统自动产生凭证号（0001）/在“附单据数”位置录入这张凭证附带的原始单据份数（4）/双击“摘要”栏打开“摘要参照”窗/在“摘要参照”窗中双击所需的摘要（报销差旅费）把它填入凭证的“摘要”栏/单击“科目名称”栏，自动由摘要带出科目编码（660203）/按光标移动键[→]把光标移到“借方金额”栏，

"科目名称"栏里的科目编码自动转换成科目名称(管理费用/差旅费)/在"借方金额"栏单击,弹出"辅助项"对话框/在"辅助项"对话框单击"部门"文本框右端的放大镜按钮,打开"部门"参照窗/在参照窗左窗格中选中报销人所属的部门(供应部),部门记录显示在右窗格中/在右窗格中双击这条部门记录,把它填入"辅助项"对话框,如图 3-4 所示/单击"辅助项"对话框上的[确认]按钮返回凭证界面/录入借方金额(4 313.94)/敲回车键使光标跳到第二行,系统自动复制摘要/双击第二行的"科目名称"栏,打开"科目参照"窗/在"科目参照"中选中并双击需要的科目(22210101 应交税费/应交增值税/进项税额),把科目编码填入凭证/敲[→]键把光标移到"借方金额"栏,科目名称栏里的科目编码自动转换成科目名称/录入金额(186.06)/敲回车键使光标跳到第三行,系统自动复制摘要/在第三行的"科目名称"栏录入需要的科目编码(100101)/敲[→]键把光标移到"借方金额"栏,"科目名称"栏里的科目编码自动转换成科目名称(库存现金/人民币)/录入金额(500.00)/敲回车键使光标跳到第四行,系统自动复制摘要/在第四行的"科目名称"栏录入需要的末级科目名称(应收个人款)/敲[→]键把光标移到"借方金额"栏,"科目名称"栏里的科目编码自动转换成科目全称(其他应收款/应收个人款),同时弹出"辅助项"对话框/用参照法录入部门(供应部)和个人(吴采购),"票号"一栏本例留空,发生日期保持默认值,如图 3-5 所示/单击"辅助项"对话框右部的[确认]按钮回到"填制凭证"界面,凭证下部显示录入的部门和个人信息/把光标移到"贷方金额"栏,英文方式下敲"="键,系统自动填入金额(5 000.00)/单击[保存]按钮,系统提示"保存成功!"/单击提示框上的[确定]按钮关闭提示框/单击凭证界面工具栏上的[退出]按钮结束操作。

带部门核算凭证录入

图 3-4 部门核算"辅助项"对话框界面

图 3-5 个人核算"辅助项"对话框界面

完成操作以后,在"填制凭证"界面的下方可以看到录入的辅助核算信息。如果需要对辅助核算信息进行修改,可以在相应的辅助核算项目上双击,此时弹出"辅助项"对话框,就可以在对话框中进行修改了。

一般来说,如果凭证上录入的科目具有"客户往来"核算的属性,系统会要求录入客户、业务员、票号等信息;如果录入的科目具有"供应商往来"核算的属性,系统会要求录入供应商、业务员、票号等信息;如果录入的科目具有"部门核算"的属性,系统会要求录入部门信息;如果录入的科目具有"个人往来"核算的属性,系统会要求录入个人、部门等信息;如果录入的科目具有"项目核算"属性,系统会要求录入项目信息;如果录入的科目具有"数量核算"属性,系统会要求录入数量和单价信息，系统会自动计算出金额并填入凭证的“金额”栏。

在各种辅助核算信息中，出现的“部门”“个人”“客户”“供应商”“项目”等信息必须录入，其他信息如“结算方式”“票号”等可以根据具体情况，决定录入还是省略。

【案例 3-3】 1 月 12 日，收到供应部于 1 月 4 日向桂花种植场订购的桂花 1 000 千克，每千克为 50 元，总价为 50 000 元，增值税税额为 6 500 元。货款已经通过工商银行用电汇方式付清（票号 500001）；货物已经验收入库。请填制凭证。

思考：这张凭证的会计分录应该怎么做？

由会计（02 钱会计；口令：2；日期：2022 年 1 月 12 日）重新注册登录“信息门户”/进入填制凭证界面/单击填制凭证界面工具栏上的[增加]按钮增加一张空白凭证/系统自动把注册日期作为制单日期/把凭证类别字设为“付”，系统自动产生凭证号（0001）/录入附单据数（2）/单击“摘要”栏激活它/录入摘要（采购桂花）/在“科目名称”栏填入需要的末级科目名称（桂花）/在“借方金额”栏单击，弹出“辅助项”对话框，同时填入“科目名称”栏的末级科目名称自动转换成科目全称/在“辅助项”对话框中录入单价（50）和数量（1 000），如图 3-6 所示。

带数量核算凭证录入

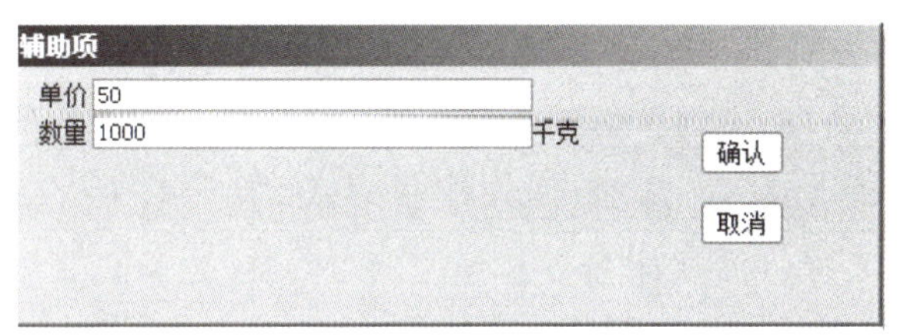

图 3-6 数量核算“辅助项”对话框界面

3

单击“辅助项”对话框右部的[确认]按钮回到“填制凭证”界面，“借方金额”栏里自动填上了总金额（50 000.00），凭证下部显示录入的单价和数量/敲回车键光标跳到下一行，系统自动复制摘要/在“科目名称”栏录入需要的明细科目名称（进项税额）/敲[→]键把光标移到“借方金额”栏，明细科目名称自动转换成科目全称（应交税费/应交增值税/进项税额）/在“借方金额”栏录入税额（6 500.00）/敲回车键光标跳到第三行，系统自动复制摘要/在“科目名称”栏录入需要的科目编码（100201）/敲[→]键弹出“辅助项”对话框/在对话框中录入结算方式（银行电汇）的代码（5）和票号（500001），发生日期保持默认值，如图 3-7 所示/单击“辅助项”对话框右部的[确认]按钮回到“填制凭证”界面，凭证下部显示录入的结算方式、票号及日期信息/把光标移到“贷方金额”栏，英文方式下敲“=”键，自动填入贷方金额（56 500.00）/单击[保存]按钮，系统提示“保存成功！”/单击提示框上的[确定]按钮关闭提示框/单击凭证界面工具栏上的[退出]按钮结束操作。

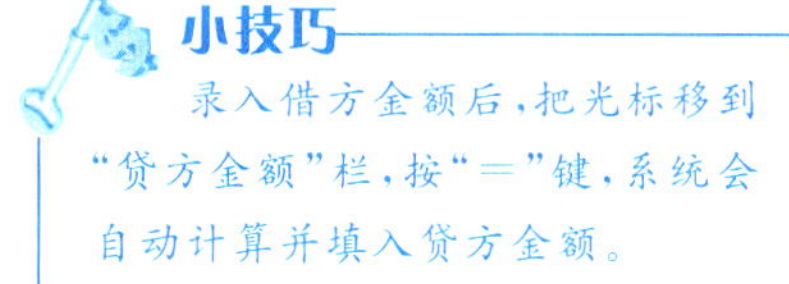

图 3-7 结算方式“辅助项”对话框界面

在完成的这张凭证上，选中第三条分录（工商银行）以后，在凭证的左下部位“票号”处显示“5-500001”。这里“-”符左边的“5”是结算方式的代码，表示是用电汇方式结算；“-”符右边的“500001”是票号。

【案例 3-4】 1 月 19 日，××国登月宇航员向本企业购买桂花酒 5 箱，单价为人民币 3 000 元，销项税额为 390 元/箱，5 箱价税总计 16 950 元。按 1∶6.85 的汇率折算，扣除尾数 0.45 美元，收对方 2 474 美元，折合人民币 16 946.90 元，其中增值税销项税额为 1 950 元，开出增值税普通发票 1 张，连同产品出库单一起作原始凭证。请填制凭证。

思考：这张凭证的会计分录应该怎么做？

注：这里的税额 1 950 元不是十分准确，取这个近似值只是为了方便计算而已。

这张凭证的特点是有外币科目出现。当我们在第一行的“科目名称”栏录入“库存现金/美元”后，在“借方金额”栏单击，可以看到凭证上在“科目名称”栏和“借方金额”栏之间插入了一个“外币”栏，在“外币”栏里显示了这个科目所对应的币种和汇率。接下来的操作要领是：在“外币”栏里直接录入美元的金额（2 474.00）。系统会自动按照设定的汇率计算出本位币金额（16 946.90），填入“借方金额”栏里。如图 3-8 所示。

3

带外币核算凭证录入

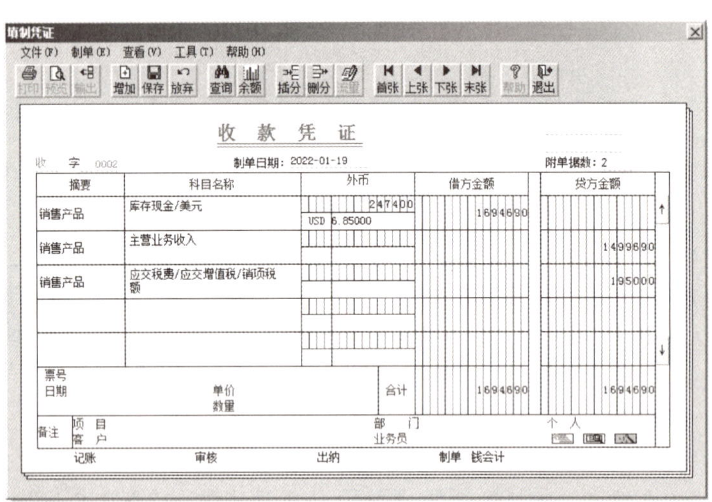

图 3-8 带外币核算科目凭证的录入界面

其他环节的操作，大家已经比较熟悉了，请自己完成。

注 意

“科目名称”一栏中，必须录入到末级科目为止。

如果在“选项”中设置了“制单权限控制到科目”，那么在制单的时候不能使用无权限的科目进行制单。制单科目权限可以在“明细权限”中进行设置。

如果使用应收系统来管理所有客户的往来业务，那么在总账系统中制单时，不能使用带客户往来辅助核算属性的科目，而要到应收（核算）系统中生成相应的凭证。同样地，如果使用应付系统来管理所有供应商的往来业务，那么在总账系统中制单时不能使用带供应商往来辅助核算属性的科目，而要到应付（核算）系统中生成相应的凭证。

对于同一个往来单位来说，单位名称要前后一致，例如，不能有时用“畅捷通公司”，有时又用“畅捷通信息技术股份有限公司”；像这样前后不一致的单位名称，系统会把它当成两个单位。

填制凭证的过程中如果需要录入部门，只能录入末级部门。

项目核算的科目必须先在项目定义中设置相应的项目大类，才能在制单的时候使用。科目所属的项目大类中必须已经定义了项目，而且这里只能录入项目，不能录入项目分类。

如果科目既核算外币又核算数量，单价要取外币单价，外币金额 = 外币单价 × 数量。

凭证保存以后，凭证类别和凭证编号就不能再修改了。

如果单价没有录入，则系统会根据金额和数量自动计算出单价。

本节小结

录入的凭证如果是带辅助核算科目的，则要注意录入辅助核算的内容。

实　验

完成【案例 3-1】至【案例 3-4】。

第二节　出纳签字和凭证审核

凭证录入以后，必须经过审核才能记账。凭证的审核分出纳签字和审核两个环节，其中出纳签字是可选环节。

3

如果要设出纳签字这一个环节，则应该先由账套主管执行"总账"菜单中的"设置—选项"功能，在"凭证"页签的"凭证控制"组中，把"出纳凭证必须经由出纳签字"项打上"√"。相关科目需要由账套主管预先指定，具体方法如下：

小知识

"出纳凭证"是指出现了"库存现金"科目或者"银行存款"科目的凭证。

由账套主管(01 赵经理；口令：1)注册登录"信息门户"/打开"基础设置"菜单/指向"财务"弹出子菜单/在子菜单上单击"会计科目"命令进入"会计科目"界面/打开界面左上部位的"编辑"菜单/单击"指定科目"命令，弹出"指定科目"对话框/在"指定科目"对话框左部窗格中点选"现金总账科目"单选项/在中间"待选科目"窗格里选中"1001 库存现金"科目/单击中间窗格和右部窗格之间的 > 箭头，把选中科目送入右部"已选科目"窗格中，如图 3-9 所示/再在左部

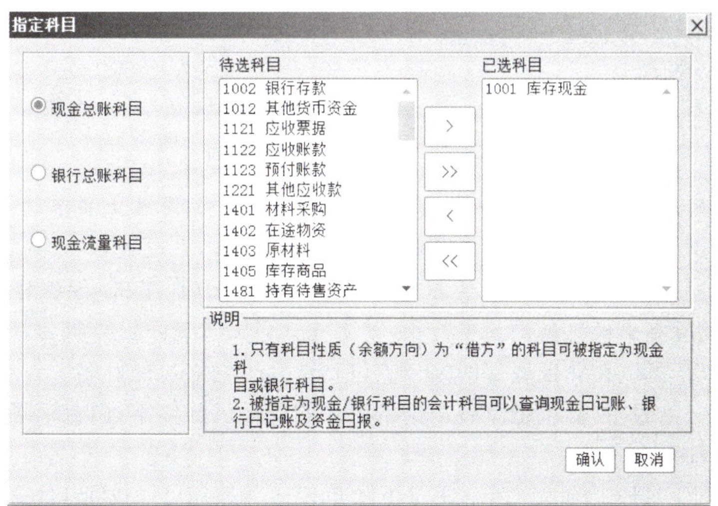

图 3-9　"指定科目"对话框界面

窗格点选“银行总账科目”单选项/参照指定“现金总账科目”的方法，把“1002 银行存款”科目送入“已选科目”窗格/最后单击对话框底部的[确认]按钮结束操作。

如果规定了“出纳凭证必须经由出纳签字”，则在审核凭证时，就必须先由出纳对出纳凭证进行审核并且签字，然后再交给审核人员审核。未经出纳签字的出纳凭证，不允许记账。

一、出纳签字

【案例 3-5】 1 月 20 日，对 001 账套中未经出纳签字的出纳凭证执行出纳签字。

由出纳人员(03 孙出纳；口令：3；注册日期：2022-01-20)注册登录“信息门户”/打开“总账”菜单/指向“凭证”弹出子菜单/在子菜单里单击“出纳签字”，弹出“出纳签字查询”对话框，如图 3-10 所示。

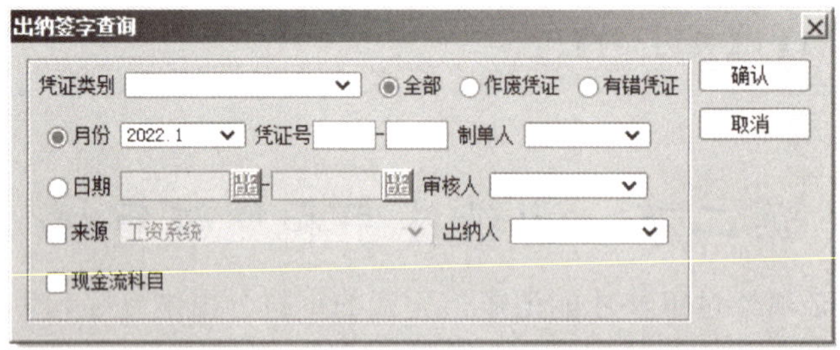

图 3-10 “出纳签字查询”对话框界面

在对话框里设定需要签字凭证的查询条件(本例保持系统默认的“全部”和“2022.01”不变)/单击对话框右部的[确认]按钮就会显示出纳凭证列表，如图 3-11 所示。

出纳签字

凭证共3张 已签字0张 未签字3张

制单日期	凭证编号	摘要	借方金额合计	贷方金额合计	制单人
2022-01-03	收-0001	报销差旅费	5000	5000	钱会计
2022-01-19	收-0002	销售产品	16946.9	16946.9	钱会计
2022-01-12	付-0001	购桂花	56500	56500	钱会计

确定 退出

图 3-11 出纳凭证一览表界面

在出纳凭证列表中用鼠标双击一条需要签字的凭证记录，屏幕上显示这张凭证的全貌/确认凭证没有错误以后，单击凭证界面工具栏上的[签字]按钮，系统提示“出纳签字成功！”/单击提示框上的[确定]按钮关闭提示框/单击凭证界面工具栏上的[下张]按钮转入下一张凭证继续签字，直到完成所有出纳凭证的签字为止/单击凭证界面上的[退出]按钮结束操作。

完成签字以后，可以在凭证底部的“出纳”位置看到出纳人员的姓名。

在出纳凭证一览表中，蓝色记录表示这条记录的凭证已经签字；白色记录表示这条记录的凭证还没有经过签字。

单击凭证界面工具栏上的[首张][上张][下张][末张]等按钮可以找到其他需要签字的凭证。

如果想对已经签字的凭证取消签字，则可以单击凭证界面上的[取消]按钮取消签字。

注 意

凭证经过出纳签字以后，就不能修改或者删除。如果要修改或者删除经过出纳签字的凭证，必须先取消出纳签字。取消出纳签字只能由原来执行签字的出纳本人进行。

二、凭证审核

【案例 3-6】 1月20日，对001账套中所有已经录入的凭证进行审核。

由具有凭证审核权限的操作员(01 赵经理；口令：1)注册登录“信息门户”/单击左部主菜单上的“总账系统”进入总账系统主界面/打开“总账”菜单/指向“凭证”弹出子菜单/在子菜单里单击“审核凭证”，弹出和图3-10相仿的“凭证审核查询”对话框/在对话框里设定需要的查询条件(本例保持系统默认条件不变)/单击[确认]按钮，就会显示凭证记录列表，如图3-12所示。

在凭证记录列表中用鼠标双击一条需要审核的凭证记录，屏幕上显示这张凭证的全貌/经过检查确认没有错误以后，单击凭证界面工具栏上的[审核]按钮，系统提示“审核成功！”/单击提示框上的[确定]按钮关闭提示框/凭证底部“审核”位置显示审核人姓名(赵经理)/单击凭证界面工具栏上的[下张]按钮转入下一张凭证进行审核/所有凭证审核完毕以后，单击凭证界面的[退出]按钮结束操作。

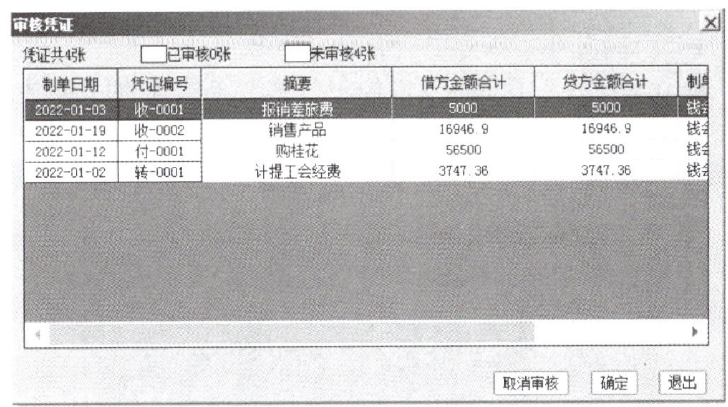

图 3-12 “审核凭证”——凭证记录列表界面

完成审核以后，可以在凭证底部的“审核”位置看到审核人员的姓名。

在凭证记录列表中，蓝色记录表示这条记录的凭证已经审核，白色记录表示这条记录的凭证还没有经过审核。

在一张凭证的界面上单击[取消]按钮，可以取消对这张凭证的审核。

用鼠标单击凭证工具栏上的[首张][上张][下张][末张]等按钮可以找到其他需要审核的凭证继续进行审核。

审核过程中如果发现凭证有错，则应该单击[标错]按钮在凭证左上部位打上红色“有错”标记。单击“审核”菜单的“标错/取消”命令项可以取消错误标记。

从总账系统主界面也可以进入凭证审核的操作界面，方法如下：

在总账系统主界面，直接单击“审核凭证”图标进入“凭证审核”界面进行操作。

注 意

审核人和制单人不能是同一个人。

审核人员不能直接修改凭证。错误凭证必须标错后退还给原制单人员修改。

凭证审核以后，就不能修改或者删除。要对审核后的凭证进行修改或者删除，必须先取消审核。

取消审核只能由审核人本人进行。作废凭证不能被审核，也不能被标错。

标错的凭证不允许取消出纳签字。已经过出纳签字的凭证不允许作废。已审核的凭证不允许作废。

本节小结

凭证审核包括出纳签字和审核两个环节。出纳签字是可选的；凭证审核是必须要做的。

实　　验

完成第一节实验中录入的所有凭证的审核。

第三节　记账和结账

一、记账

记账凭证经过审核以后，就可以用来登记账簿了。在电算化中，仅仅经过审核的凭证还不能算作合法的有效凭证，只有经过记账处理的凭证才算是真正合法有效的凭证。

在新道云平台系统中，登记账簿时，会自动登记相关的总账和明细账，包括正式总账和明细账、数量总账和明细账、外币总账和明细账、项目总账和明细账、部门总账和明细账、个人往来总账和明细账、银行往来账等有关账簿以及备查账。

【案例 3-7】 1 月 20 日，对 001 账套中所有已经审核的凭证进行记账。

3 由会计员（02 钱会计；口令：2）注册登录“信息门户”/单击左部主菜单上的“总账系统”进入总账系统主界面/单击“记账”图标，弹出“记账”向导对话框/在右窗格的“记账范围”栏双击后录入各类凭证中需要记账的凭证范围，如图 3-13 所示。

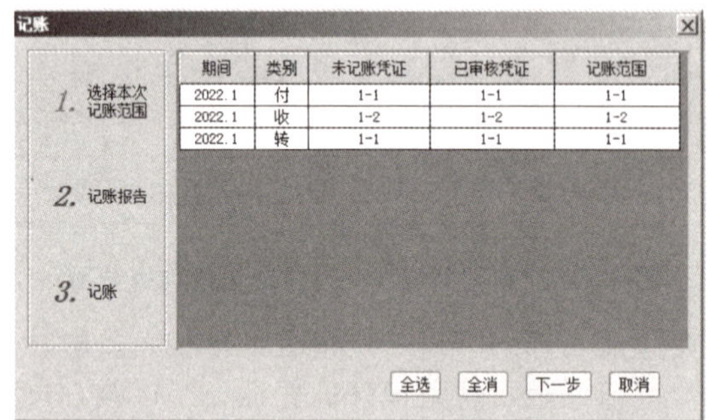

图 3-13　记账向导之一——“选择本次记账范围”对话框界面

单击对话框底部的［下一步］按钮，系统对凭证进行合法性检查/检查通过以后显示所选凭证的汇总表，以及凭证的总数（记账报告），如图 3-14 所示。

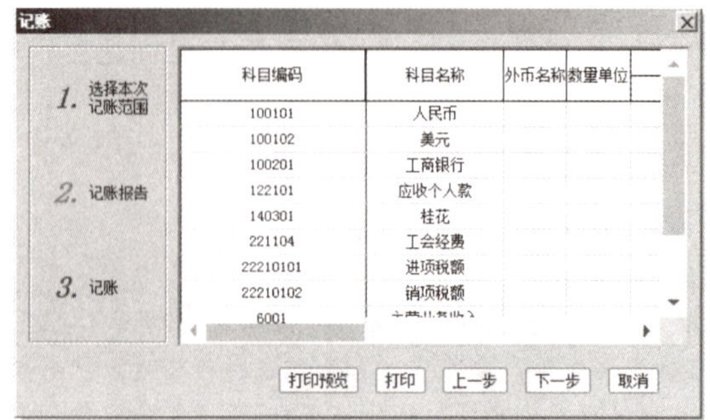

图 3-14　记账向导之二——“记账报告”对话框界面

核对无误以后单击[下一步]按钮转入"记账"对话框界面,如图 3-15 所示。

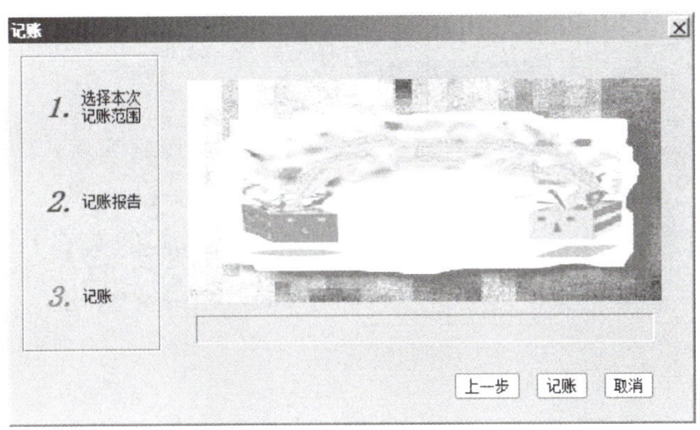

图 3-15 记账向导之三——"记账"对话框界面

单击[记账]按钮。第一次记账时,系统首先会检查期初数据是否平衡,并且显示期初试算平衡表;不是第一次记账时,不检查期初数据。

单击"期初试算平衡表"界面上的[确认]按钮,系统开始记账,记账完毕以后会提示"记账完成"/单击提示框上的[确定]按钮结束操作。

记账过程中如果发现某一步骤设置错误,可以用鼠标单击[上一步]按钮返回进行修改。如果在设置过程中不想再继续记账,则可以单击[取消]按钮取消本次记账操作。在第一次记账时,如果期初余额试算不平衡,则系统会不允许记账。所选凭证范围内如果有借贷不平衡凭证,则系统会列出错误凭证,并且要求重新选择记账范围。所选范围内如果有未审核的凭证,则系统会提示是否只记已审核凭证或者重选记账范围。

> **小技巧**
>
> 在"总账"菜单的"凭证"子菜单上,单击"恢复记账前状态"命令项,再在弹出的提示框上单击[确定]按钮,就可以把所有已经记账的凭证恢复成未记账凭证。这就方便了对记账以后发现错误的凭证的修改。

从"总账"菜单也可以进入记账的操作界面,步骤如下:

打开"总账"菜单/指向"凭证"弹出子菜单/在子菜单上单击"记账"。

注 意

在系统记账过程中,不能中断退出。

二、结账

每个月的月底,都需要进行结账处理。结账操作主要完成以下工作:

停止本月各账户的记账工作;计算本月各账户的发生额合计;计算本月各账户的期末余额;把各个账户的本期期末余额结转到下月月初。如果是年度结账,则还要计算 12 月份各个账户的期末余额,并且把计算出来的余额结转到下年度的年初。

【案例 3-8】 1 月 31 日,完成 001 账套 2022 年 1 月的结账工作。

(先导入[恢复]【案例 3-7】备份)由具有结账操作权限的操作人员(02 钱会计;口令:2)注册登录"信息门户"/单击左部主菜单上的"总账系统",进入总账系统主界面/单击"月末结账"图标弹出"月末结账"向导对话框,如图 3-16 所示。

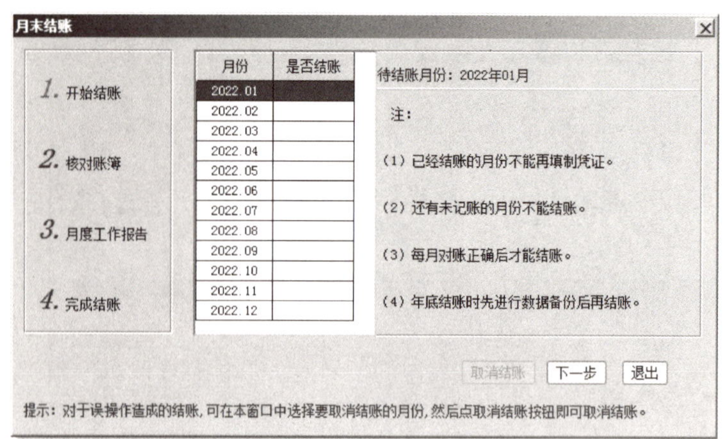

图 3-16 结账向导之一——开始结账

在需要结账月份的一行(2022.01)上单击，这一行变成蓝色显示(本例中已经蓝色显示)/单击[下一步]按钮转入结账操作第二步骤的“核对账簿”界面，如图 3-17 所示。

3

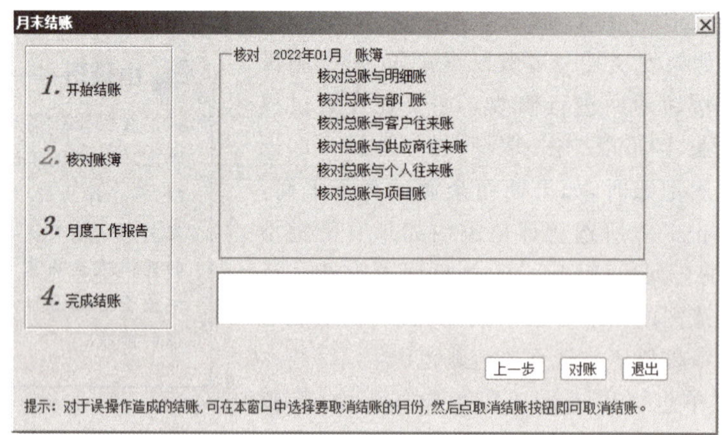

图 3-17 结账向导之二——核对账簿

单击[对账]按钮，系统对要结账的月份进行账账核对/对账完成以后下部窗格里显示“对账完毕……”，同时弹出提示框/单击提示框上的[确定]按钮关闭提示框/单击[下一步]按钮转入结账步骤三的“月度工作报告”界面，如图 3-18 所示。

小技巧

在结账向导之一(图 3-16)界面，用鼠标单击选中要取消结账的月份，单击对话框底部的[取消结账]按钮，可以实现反结账，把系统数据恢复到结账以前的状态。

查看工作报告以后，单击[下一步]按钮转入结账步骤四的“完成结账”界面，如图 3-19 所示/单击[结账]按钮完成结账。

在对账过程中，可以单击[停止]按钮中止对账。

如果不符合结账要求，则单击[结账]按钮以后，系统会用红色提示“**** 年 ** 月未通过工作检查，不可以结账!”此时需要仔细阅读工作报告，找出症结所在，逐一处理以后再重新进行结账。

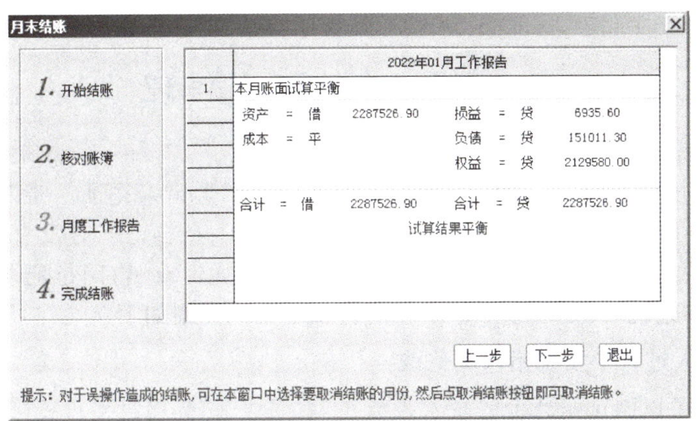

图 3-18　结账向导之三——月度工作报告

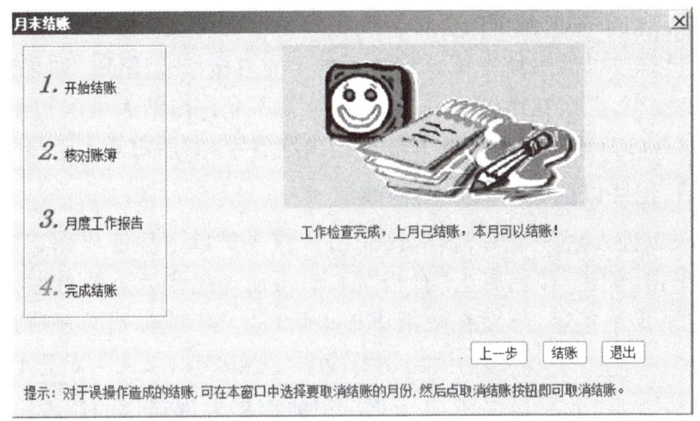

图 3-19　结账向导之四——完成结账

也可以通过“总账”菜单进入“结账”操作界面，方法如下：

打开“总账”菜单/指向“期末”弹出子菜单/在子菜单上单击“结账”。

注　意

上个月未结账，本月不能结账；本月还有未记账的凭证，也不能结账。

上个月未结账，本月不能记账，但是可以填制和审核凭证。

已经结账的月份不能再填制凭证。

如果总账与明细账对账没有通过，则就不能结账。

结账操作以前，应该先做数据备份工作，以便万一结账以后发现数据有错，可以利用备份数据恢复到结账前的状态进行修改。

本节小结

只有经过记账处理的凭证才算是真正合法有效的凭证。

结账以后，这个月的凭证就不能修改了，因此在结账前要先进行各项检查并且做好备份。

实　验

完成 001 账套所有凭证的记账，并进行结账。

第四节 凭证管理

一、错误凭证的修改

在录入凭证的过程中，难免会出现操作上的失误而产生错误凭证。错误凭证的发现有以下几种情况：一是在录入过程中当场发现错误；二是录入人员自己当时没有发现错误，由审核人员在审核时发现错误；三是在审核以后、记账以前发现凭证有错；四是记账以后才发现凭证有错。四种不同的情况，其处理办法各不相同。现在分别介绍如下：

（一）凭证录入过程中发现错误的修改

这种情况下，可以由这张凭证的录入人员在“填制凭证”界面直接进行修改。

（二）审核过程中发现错误的修改

这种情况下，应该由审核人员单击凭证界面工具栏上的[标错]按钮给凭证打上“有错”标志，退还给凭证录入人员修改以后重新审核。审核人员不能直接修改凭证。如果错误凭证是出纳凭证，并且经过了出纳签字，那么在审核人员标错以后，就不允许出纳人员取消出纳签字，必须先由审核人员取消“有错”标志，才能再由出纳人员取消出纳签字，然后由录入人员进行修改。

3

（三）审核以后、记账以前发现错误的修改

审核以后、记账以前发现凭证有错，应该先由审核人员单击凭证界面工具栏上的[取消]按钮取消审核，然后单击[标错]按钮打上“有错”标志，再退还给录入人员修改。如果错误凭证是出纳凭证并且经过了出纳签字，那么在取消审核以后（注意不能标错），还应该再由出纳人员取消出纳签字，才能够交给录入人员进行修改。

小技巧

在修改凭证的过程中，单击凭证界面工具栏上的[插分]按钮，可以在当前分录前插入一条分录；按[删分]按钮，可以删除光标所在的分录。

（四）记账以后发现错误的修改

这种情况下，有以下两种处理方法。

办法一：用红字冲销法或者补充法处理。具体方法如下：

1. 红字冲销法

由制单人员（02 钱会计；口令：2）注册登录/进入总账系统主界面后，单击“填制凭证”图标进入凭证录入界面/打开凭证界面的“制单”菜单/单击“冲销凭证”弹出“冲销凭证”对话框/在对话框中录入错误凭证的制单月份、凭证类别和凭证号/单击[确定]按钮，系统就会自动生成一张原错误凭证的红字冲销凭证。

2. 补充法

假设正确凭证的会计分录如下：

借：管理费用——办公费　　2 000.00

　　贷：库存现金——人民币　　2 000.00

录入时借方和贷方都少了一个零，错成了：

借：管理费用——办公费　　200.00

　　贷：库存现金——人民币　　200.00

纠正错误的时候，可以制作一张补充凭证：

借：管理费用——办公费　　1 800.00

　　贷：库存现金——人民币　　1 800.00

办法二：由账套主管实施反记账，把所有凭证恢复成未记账凭证，然后按（三）处理。

注 意

制作红字冲销凭证把错误凭证冲销以后，一定要再制作一张正确凭证，并且红字凭证和正确凭证都要经过审核后，再记账。

在会计信息系统中，不能使用手工记账中经常使用的划线更正法。这是因为在电算化条件下，数据存储在计算机中或云上，无法使用划线法。即使账簿已经打印到纸上，可以在纸上划线更正，但机中和云上的数据仍然是错误的。为了保持打印数据和机中数据的一致，也不能使用划线法。

如果凭证是从其他子系统（模块）中传过来的，就只能到生成这张凭证的子系统（模块）中进行修改。

二、凭证的作废、整理和删除

对于还没有审核的凭证，如果发现错误，可以把它作废以后重新录入正确凭证。在重新录入正确凭证以前，可以保留作废凭证，也可以删除作废凭证。如果要删除作废凭证，就需要对作废凭证进行整理操作。

（一）凭证的作废

由会计员（02 钱会计；口令：2）注册登录“信息门户”/单击左部主菜单上的“总账系统”进入总账系统主界面/单击“填制凭证”图标进入“填制凭证”操作界面/单击[首张][上张][下张][末张]等按钮翻页查找，或者单击[查询]按钮以后录入查找条件，找到需要作废的凭证/打开凭证界面上的“制单”菜单/单击“作废/恢复”，在凭证左上部位会显示“作废”标志，表示当前凭证已经作废/不要做保存操作，直接单击凭证界面工具栏上的[退出]按钮结束操作。

作废的凭证仍然保留凭证内容和凭证编号，只是在凭证左上部位显示“作废”标志。作废凭证不能修改，也不能审核。在记账时，不对作废凭证的数据进行记账处理，其相当于一张空白凭证。在查询账簿时，也查不到作废凭证的数据。

如果要把作废凭证恢复成有效凭证，可以在找出这张作废凭证以后，用鼠标再次单击“制单”菜单下的“作废/恢复”命令项。

（二）凭证的整理和删除

如果不想保留作废凭证，可以通过凭证整理功能把这些凭证彻底删除。操作方法如下：

在“填制凭证”操作界面，打开“制单”菜单/单击“整理凭证”，会弹出如图 3-20 所示的对话框/在对话框中选择要整理凭证的会计期间以后，单击[确定]按钮，屏幕会显示如图 3-21 所示的“作废凭证表”对话框/在“作废凭证表”中的“删除？”栏双击，打上选中标志“Y”/单击对话框右部的[确定]按钮，系统就会把这些凭证从数据库中删除掉，并且提示“凭证整理完毕！”/单击提示框上的[确定]按钮结束操作。

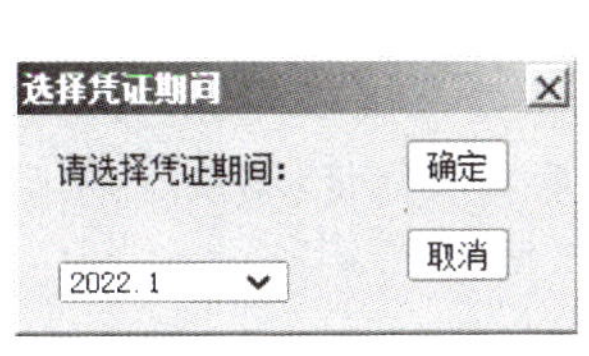

图 3-20 选择凭证期间

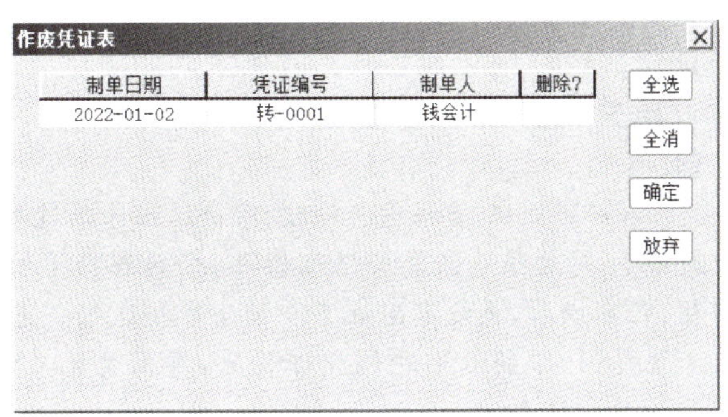

图 3-21 “作废凭证表”对话框界面

三、凭证的查询

在日常账务处理过程中，经常需要查询未记账的或者已经记账的凭证；因此，电算化的操作人员，必须掌握凭证的查询操作。

凭证的查询

由具有查询凭证操作权限的操作人员(02 钱会计；口令：2)注册登录“信息门户”/打开“总账”菜单/指向“凭证”项弹出子菜单/在子菜单上单击“查询凭证”命令项，弹出“查询凭证”条件对话框，如图 3-22 所示。

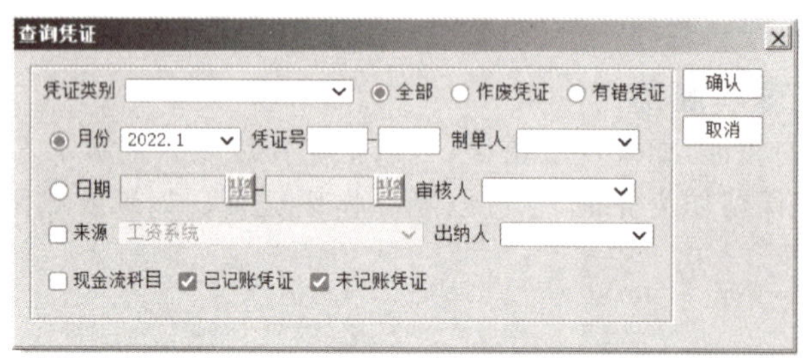

图 3-22 “查询凭证”条件对话框界面

在对话框中录入要查询凭证的各项条件/单击[确认]按钮，系统会列出所有符合条件的凭证。

凭证列表中的蓝色记录表示这张凭证已经经过审核；白色记录表示这张凭证还没有经过审核。在凭证列表的上方，显示查到凭证的总张数以及已经审核和还没有审核凭证的张数。

在凭证列表中选中一条凭证记录/单击底部[确定]按钮(或者双击凭证记录)，屏幕上就会显示这张凭证的全貌。

在凭证界面用键盘上的[↑]或者[↓]键在各条分录中移动时，凭证下部会显示当前分录的相关辅助核算信息。

在凭证界面，分别单击[首张][上张][下张][末张]等按钮，可以翻页查找需要查看的凭证。单击[查询]按钮可以回到图 3-22所示的“查询凭证”条件对话框，录入条件可以继续查找。

本节小结

凭证管理包括错误凭证修改、凭证整理和凭证查询。

错误凭证的修改有四种情况。四种情况下的修改方法各不相同。录入过程中发现错误，可以直接进行修改。审核中发现错误要标错以后退给原录入人员进行修改。审核以后、记账以前发现错误，要先取消审核，再标错退给原录入人员修改；如果凭证经过了出纳签字，还必须要先取消出纳签字。记账以后发现错误，可以用红字冲销法修改，也可以用补充法修改。

通过凭证整理，可以删除作废的凭证。

可以按多种查询条件查询凭证。

实　验

(1) 录入一张凭证，直接进行修改；审核这张修改过的凭证，予以标错，退给录入人员修改后重新审核；对这张凭证进行记账操作，然后练习用补充法修改这张凭证；对补充凭证执行审核、记账以后，再练习用红字冲销法冲销这张补充修改后的凭证(不要审核记账)。

(2) 把题(1)中的红字冲销凭证作废，再通过凭证整理把它删除。

(3) 练习凭证查询。

第五节 账 簿 查 询

在日常工作中，还需要经常查询会计账簿中的数据。本节介绍科目余额表、明细账、多栏账和辅助账的查询操作。总账、日记账、日报表等账簿的查询可参照这几种账簿的查询方法。

一、余额表查询

余额表是用于统计各级科目的本期发生额和期末余额的会计账表。总账查询中，在某一时刻，只能看到单个总账科目的分页账；而余额表可以输出某一个月或某几个月的所有总账科目或者明细科目的期初余额、本期发生额和期末余额。在实行云上记账以后，建议用户用余额表来代替总账。

余额表查询的操作步骤如下：

由具有余额表查询权限的操作人员（02 钱会计；口令：2）注册登录“信息门户”/打开“总账”菜单/指向“账簿查询”弹出子菜单/单击子菜单上的“余额表”弹出“发生余额查询条件”对话框/在“发生余额查询条件”对话框中录入各项查询条件/单击对话框底部的[确定]按钮进入“发生金额及余额表”查询窗口。

“发生余额查询条件”对话框中各项目说明如下： 3

“月份”项供用户录入要查询余额的起止月份。可以分别打开左右两个下拉列表框来选择。如果只查单独某个月的余额，应该把起止月都选择为同一个月份。例如，要查 2021 年 12 月的余额，那么月份范围应该选择为“2021.12—2021.12”。

“科目”项供用户录入要查询的科目范围。如果保持空白（没有录入任何科目），系统就认为是要查询所有科目的余额。

“级次”项供用户指定要查询的科目级次。如果科目级次录入为“1-1”，就只显示一级科目的余额；如果把科目级次设为“1-3”，就可以显示一级科目到三级科目之间每一级科目的余额；如果需要查询所有末级科目的余额，用鼠标勾选“末级科目”即可。

“余额”项供用户指定要查找的余额范围。例如，录入余额下限“0.01”，不录入上限，就表示要查询余额大于零的所有科目；如果录入“200-400”，就表示要查询所有余额 $\geqslant 200$ 并且余额 $\leqslant 400$ 的科目。

“科目类型”项用于指定要查询科目的类型。这里所讲的“科目类型”，是指“资产”“负债”“所有者权益”“共同”“成本”“损益”六种。“科目类型”项保持空白的时候，系统默认为全部科目类型。可以用鼠标单击下拉列表框右边的箭头打开科目类型列表，在列表中选择需要查询的科目类型。

“外币名称”项供用户查询用某种外币进行核算的科目的发生额和余额。保持空白的时候系统默认所有币种。当指定了一种外币名称的时候，就只显示用这种外币进行核算的科目。

如果想查询包含未记账凭证在内的各个科目的余额，则可以勾选“包含未记账凭证”项。

在“发生金额及余额表”查询窗口，用户可以打开右上部位的账页格式下拉框，在“金额式、外币金额式、数量金额式”三种格式中选择余额表的显示格式。

二、明细账查询

“明细账查询”功能供用户在平时查询各个账户的明细发生情况，以及按照需要的条件组合来查询明细账。在查询中可以包含未记账凭证。这个功能提供了“按科目范围查询”和“月份综合明细账”两种查询格式。“按科目范围查询”是按科目查询，按发生日期排序的明细账；“月份综合明细账”是按照非末级科目查询，包含非末级科目总账数据以及末级科目明细数据的综合明细账，使查询者对各级科目的数据关系一目了然。查询明细账时，标题显示的是所查科目的一级科目名称+“明细账”。例如，在查询“应收账款”科目明细账时，标题显示“应收账款明细账”。

明细账查询的操作步骤如下：

由具有明细账查询操作权限的操作人员（02 钱会计；口令：2）注册登录“信息门户”/打开“总账”菜单/指向“账簿查询”弹出子菜单/单击子菜单上的“明细账”，弹出“明细账查询条件”对话框/在对话框中录入各项查询条件/单击对话框右部[确认]按钮，进入“明细账内容”窗口。

“明细账查询条件”对话框各项目说明如下：

按科目范围查询：如果点选这一项，就按照在下方“科目”栏中给定的科目范围查询。

月份综合明细账：如果点选这一项，可以实现跨月查询。

科目：供用户录入要查询的科目范围。如果保持空白，系统就认为要查询所有科目。

月份：供用户选择查询的起止月份。如果只查某一个月的明细账，应该把起止月都设置成同一个月份。

是否按对方科目展开：系统默认为不选。如果选择了“月份综合明细账”，则这一项会变成灰色不可以选择。如果勾选“是否按对方科目展开”项，那么在显示一条凭证分录时，会同时显示这条分录的对方科目。

如果要查询包含未记账凭证的明细账，可以勾选“包含未记账凭证”复选项。查询结果中的未记账业务会用颜色加以区别。

如果希望在查询非末级科目明细账时，让这个科目的明细账分别按照它的末级科目列示，可以选择“按科目排序”。

如果要同时查看某个月份末级科目的明细账以及它的上级科目的总账数据，可以选择“月份综合明细账”。

在查询明细账时，可以用鼠标单击窗口上部工具栏下面的“科目”下拉框，选择需要查看的科目。

当屏幕上显示出明细账以后，可以打开工具栏右边账页格式下拉框来选择自己需要的查询格式。

注　意

只能查询某一个月内已经记账业务的月份综合明细账。因此，如果查询月份综合明细账，则只能选择起始月份；终止月份与起始月份相同，并且系统默认为不按对方科目展开。

三、多栏账查询

“多栏账查询”功能用于查询多栏式明细账。系统采用自定义多栏账查询方式，也就是要求用户在查询某个多栏账之前，必须先定义查询格式，然后才能进行查询。操作步骤如下：

由具有多栏账查询操作权限的操作人员（02 钱会计；0 令：2）注册登录“信息门户”/打开“总账”菜单/指向“账簿查询”项弹出子菜单/单击子菜单上的“多栏账”命令项，弹出“多栏账”对话框，如图 3-23 所示。

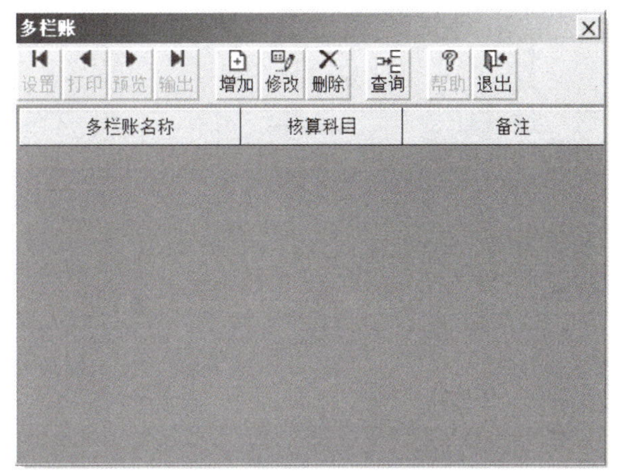

图 3-23　“多栏账”对话框界面

在“多栏账”对话框界面用鼠标单击[增加]按钮，屏幕显示“多栏账定义”对话框，如图 3-24 所示。

小知识

多栏式明细账是根据管理需要，在一张账页内不仅按借、贷、余三部分设立金额栏，还要按明细科目在借方或贷方设立许多栏目，以集中反映有关明细项目的核算资料。

在“多栏账定义”对话框的“核算科目”下拉框中选择多栏账核算科目（本例选择 1002 银行存款），系统会自动显示多栏账名称/单击[自动编制]按钮，系统提示“自动编制会覆盖原来的栏目设置，是否覆盖?”/单击提示框上的[确定]按钮关闭提示框/系统根据所选核算科目的下级科目结构，自动编制多栏账分析栏目/（如果需要用手动编制办法对系统自动编制的结果进行修改，可以单击[增加栏目]按钮增加栏目；选择栏目以后单击[删除栏目]按钮可以删除一个栏目；用鼠标双击表中的栏目，或者按空格键可以编辑修改栏目）/完成栏目定义以后，单击“多栏账定义”对话框右部的[确定]按钮，系统提示“保存成功!”/单击提示框上的[确定]按钮关闭提示框/再单击“多栏账定义”对话框标题栏右端的 ☒（关闭）按钮返回“多栏账”对话框界面，此时可以看到多栏账名称（银行存款多栏账）和核算科目（1002），如图 3-25 底层所示/单击[查询]按钮，会弹出“多栏账查询”明细条件对话框，如图 3-25 顶层所示/在“多栏账查询”明细条件对话框中，确定要查询账目的起止月份，以及是否要包含未记账凭证/单击[确认]按钮，系统就会显示查询结果。

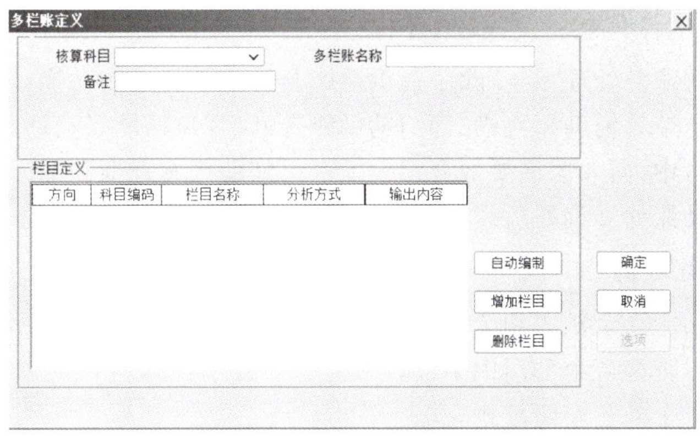

图 3-24　“多栏账定义”对话框界面

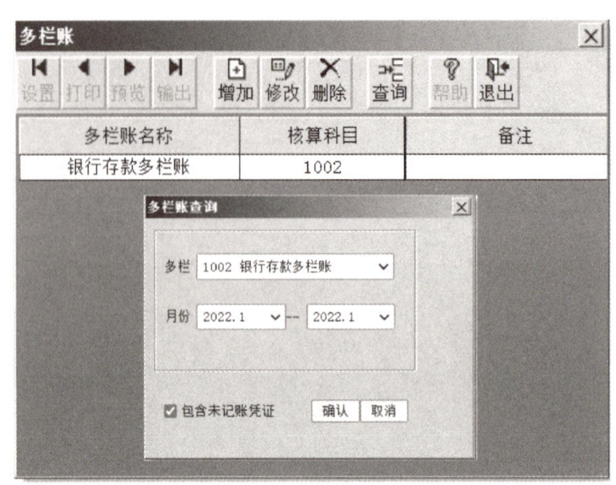

图 3-25 “多栏账”和“多栏账查询”对话框界面

“多栏账定义”对话框下半大窗格中各栏目说明如下：

“方向”栏用于确定对所选科目的分析方向是“借方分析”还是“贷方分析”。借方分析就是分析科目的借方发生额；贷方分析就是分析科目的贷方发生额。栏目的背景颜色是黄色时，分析方向不能修改。

“科目编码”栏用于确定分析哪个科目的数据。

“栏目名称”栏用于确定本分析栏目在多栏账列表中用什么名称显示。

“分析方式”栏用于确定分析方式。默认按金额分析。

“输出内容”是指对于有数量核算或者外币核算属性的科目，是按金额输出还是按数量输出；或者按人民币金额输出还是按外币金额输出。系统默认输出人民币金额。

如果要修改已经定义好的多栏账，则可以在图 3-25 底层所示的“多栏账”对话框中单击[修改]按钮，屏幕会显示如图 3-24 所示的“多栏账定义”对话框，在“多栏账定义”对话框中可以直接进行修改(畅捷通云平台上，只有科目可以修改)。

在图 3-25 底层所示的“多栏账”对话框中，用鼠标选中要删除的多栏账以后，单击[删除]按钮可以删除所选择的多栏账。

新道云平台上，“多栏账定义”对话框右下部位的[选项]按钮灰色显示，相关功能已经关闭，这里不作介绍。有兴趣的读者可以参阅本书第四版上的相关内容。

四、辅助账查询

新道云平台上的账务处理系统，除了提供总账会计账簿的查询功能，还提供了辅助核算账簿查询功能。具体有个人辅助账查询、部门辅助账查询、客户辅助账查询和供应商辅助账查询四大功能。在本小节中，向大家简要地介绍一下个人辅助账的查询和部门辅助账的查询，客户辅助账和供应商辅助账的查询在后续相关章节中再作介绍。

(一) 个人辅助账查询

个人辅助账包括个人余额表和个人明细账。

个人余额表用于查询某个部门中某位员工个人的各个往来科目的发生额和余额；个人明细账用于按个人查询个人往来明细账。

个人余额表和个人明细账的查询方法，和前面介绍的总账账簿查询方法大致相同。主要的不同之处在“总账”菜单上鼠标指针要指向“辅助查询”命令，再在弹出的子菜单上单击“个人余额表”或者“个人明细账”。

（二）部门辅助账查询

部门辅助账包括部门总账和部门明细账。

部门总账用于按部门查询所有带“部门核算”属性的科目的发生额和余额的汇总情况；部门明细账用于按部门查询所有带“部门核算”属性的科目的明细账。

部门总账和部门明细账的查询方法，和前面介绍的个人辅助账的查询方法基本相同，只是鼠标指针在“总账”菜单上指向“辅助查询”命令弹出子菜单以后，要在子菜单上分别单击“部门总账”或者“部门明细账”。

注　意

多栏账查询只适用于有下级科目的科目。没有下级科目的科目不能使用这个功能。

多栏账名称不能重复定义。名称可以在“多栏账名称”栏中直接修改。

栏目中的科目不能重复定义。

本节小结

账簿上经过会计处理得到的数据是了解企业经营情况、预测企业发展趋势的重要资料，因此，查询账簿是频繁使用的操作，一定要熟练掌握。

账簿查询包括对总账、科目余额表、明细账、多栏账、日记账，以及辅助账的查询。

实　验

练习各种账簿的查询。

第四章　出纳管理

在企业财务管理中，出纳人员负责现金、现金账和银行账的管理；需要进行现金日记账和银行日记账的登记、支票的管理、银行对账并提供银行存款余额调节表等工作。

为了方便出纳人员的工作，一般会计核算软件都会提供一套出纳管理功能。在新道云平台上，提供了现金日记账、银行日记账、银行对账、支票管理等功能。要使用这些功能，必须先给出纳人员分配“现金管理”操作权限（请以 admin 或者账套主管的身份登录系统，引入【案例4-0】备份数据，完成权限设置）。

第一节　现金日记账和银行日记账

一、现金日记账

（一）现金日记账的功能

“现金日记账”功能主要用于查询、输出现金日记账。在新道云平台上，现金日记账的登记，是在相关凭证记账的时候，由系统自动完成的；当然，其前提条件是在设置“库存现金”科目的时候勾选了“日记账”复选项。

（二）指定现金科目

要使用“现金日记账”功能，必须预先指定“库存现金”科目。具体步骤请参阅第三章第二节的讲解。

（三）现金日记账的查询

由具有“现金日记账查询”权限的操作员（03 孙出纳；口令：3）注册登录“信息门户”/打开“现金”菜单/指向“现金管理”弹出二级子菜单/在二级菜单上指向“日记账”弹出三级子菜单/在三级菜单上单击“现金日记账”，弹出“现金日记账查询”对话框，如图 4-1 所示/在对话框中

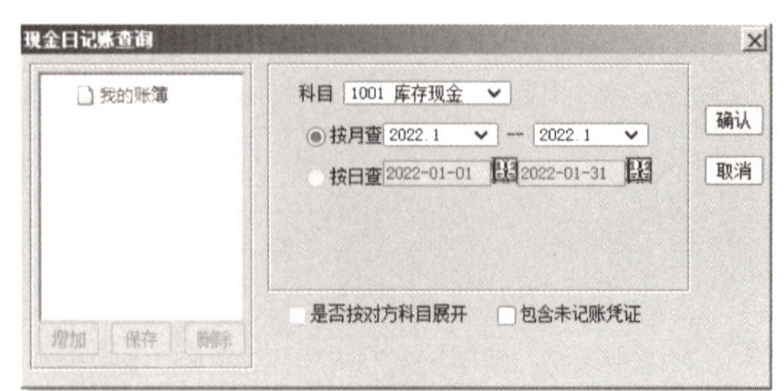

图 4-1　“现金日记账查询条件”对话框界面

设置好各项查询条件/单击对话框右部的[确认]按钮就可以打开"明细账内容"窗口进行查询/查询完毕单击"明细账内容"窗口工具栏上的[退出]按钮结束查询。

如果要查看包含未记账凭证在内的日记账,则可以勾选"包含未记账凭证"复选项。

显示查询结果的"现金日记账"窗口界面如图 4-2 所示。

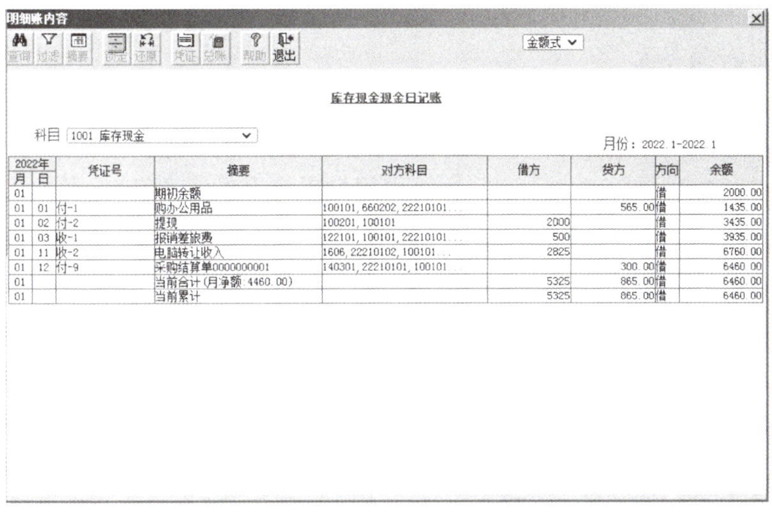
明细账内容

查询 过滤 摘要 锁定 还原 凭证 总账 帮助 退出　金额式

库存现金现金日记账

科目 1001 库存现金　　月份：2022.1-2022.1

2022年 月	日	凭证号	摘要	对方科目	借方	贷方	方向	余额
01			期初余额				借	2000.00
01	01	付-1	购办公用品	100101, 660202, 22210101...		565.00	借	1435.00
01	02	付-2	提现	100201, 100101	2000		借	3435.00
01	03	收-1	报销差旅费	122101, 100101, 22210101...	500		借	3935.00
01	11	收-2	电脑转让收入	1606, 22210102, 100101...	2825		借	6760.00
01	12	付-9	采购结算单0000000001	140301, 22210101, 100101...		300.00	借	6460.00
01			当前合计(月净额:4460.00)		5325	865.00	借	6460.00
01			当前累计		5325	865.00	借	6460.00

图 4-2　显示查询结果的"现金日记账"窗口界面

二、银行日记账

(一) 银行日记账的功能

"银行日记账"的功能用于查询和打印银行日记账。银行日记账的登记是在相关凭证记账时自动完成的。当然,其前提条件是在设置"银行存款"科目时勾选了"银行账"复选项。

(二) 指定银行科目

要使用"银行日记账"的功能,必须预先指定"银行存款"科目。具体方法和指定现金科目的方法大致相同,请大家自行完成。

(三) 银行日记账的查询

由具有"银行日记账查询"权限的操作员(03 孙出纳;口令:3)注册"信息门户"/打开"现金"菜单/指向"现金管理"弹出二级子菜单/在二级菜单中指向"日记账"弹出三级子菜单/在三级菜单中单击"银行日记账",弹出"银行日记账查询"对话框/在对话框中设置好各项查询条件/单击对话框右部的[确认]按钮,打开"明细账内容"窗口进行查询/查询完毕单击"明细账内容"窗口工具栏上的[退出]按钮结束操作。

本节小结

"现金日记账"的功能用于查询现金日记账。

"银行日记账"的功能用于查询银行日记账。

在使用"现金日记账"功能或"银行日记账"功能之前,要先由账套主管指定"库存现金"或"银行存款"科目。

实　验

查询 001 账套 2022 年 1 月的现金日记账和银行日记账(先恢复【案例 4-0】备份数据)。

第二节 银行对账

使用"银行对账"功能的前提条件是:必须在初始化时在"基础设置"中设置了结算方式,并且事先指定了银行科目。

一、银行对账期初录入

为了保证银行对账的正确性,在使用"银行对账"功能进行对账之前,必须先把单位银行日记账和银行对账单上的未达项录入到系统里面。这项工作称为"银行期初录入"。

小知识

银行对账即银行存款清查,是指将银行存款日记账的账面余额与开户银行转来的对账单的余额进行核对,以查明账实是否相符。

许多用户在使用总账系统时,通常先不使用"银行对账"功能。例如,某个企业 2021 年 1 月开始使用总账系统,可是"银行对账"功能却是在同年的 5 月开始使用,这样银行对账就应该有一个启用日期。这个启用日期应该是使用"银行对账"功能之前最后一次手工对账的截止日期。假设这个企业最后一次手工对账的截止日期是 2021 年 4 月 30 日,那么电算化银行对账的启用日期就是 2021 年 4 月 30 日。在设定了启用日期以后,还需要录入最后一次对账时的企业方与银行方双方调整前余额,以及启用日期之前的单位银行日记账和银行对账单上的未达项。所有未达账录入正确以后才能在会计信息系统中启用这个银行账户(科目),再开始记 5 月份凭证。在 5 月份的凭证记完账以后,使用"银行对账单"功能录入 5 月份的银行对账单,然后开始对账。

【案例 4-1】 001 账套最后一次手工对账的截止日期是 2021 年 12 月 31 日,数据如下,请完成银行对账期初录入。

单位日记账:调整前余额:406 100 元;加:银行已收企业未收 33 900 元;业务日期:2021 年 12 月 31 日;结算方式:银行电汇;票号 500005。

银行对账单:调整前余额 444 520 元;减:企业已付银行未付 4 520 元;业务日期:2021 年 12 月 24 日;结算方式:转账支票;票号 201000。

双方调整后余额应是:440 000 元。

4

操作步骤如下:

银行对账期初录入

由具有"银行对账期初录入"权限的操作员(03 孙出纳;口令:3;日期:2022 年 1 月 31 日)注册登录"信息门户"/打开"现金"菜单/指向"设置"弹出子菜单/在子菜单中单击"银行期初录入",弹出"银行科目选择"对话框/在对话框的"科目"下拉框中,选择需要录入期初数据的银行科目(工商银行),如图 4-3 左图所示/单击[确定]按钮弹出"银行对账期初"对话框。

单击"启用日期"日历按钮/在日历窗里选择录入这个银行账户的启用日期(2021 年 12 月 31 日)/在左半部"单位日记账"的"调整前余额"栏中录入企业银行日记账上的调整前余额(406 100)/在右半部"银行对账单"的"调整前余额"栏中录入银行对账单上的调整前余额(444 520)/单击下部左边[对账单期初未达项]按钮,打开"银行方期初"录入窗口/单击窗口工具栏上的[增加]按钮增加一个空白行,录入一笔银行对账单上的期初未达项(银行已收企业未收;日期:2021 年 12 月 31 日;结算方式:银行电汇;票号:500005;借方:33 900 元)/重复前一步操作直到全部银行期初未达项录入完成(本例只此一笔)/单击工具栏上的[保存]按钮,系统提示"保存成功!"/单击提示框上的[确定]按钮关闭提示框/再单击"银行方期初"窗口工具栏上的[退出]按钮返回"银行对账期初"对话框/单击下部右边[日记账期初未达项]按钮,打开"企业方期初"录入窗口/单击[增加]按钮增加一个空白行,录入一笔企业银行日记账上的期初未达项(企业已付银行未付;日期:2021 年 12 月 24 日;结算方式:转账支票;票号:201000;贷方:4 520 元)/重复前一步操作直到全部企业期初未达项录入完成(本例只此一笔)/单击工具栏上的[保存]按钮,系统提示"保存成功!"/单击提示框上的[确定]按钮关闭提示框/然后单击"企业方期初"窗口工具栏上的[退出]按钮返回"银行对账期初"对话框/系统根据调整前余额和期初未达项,自动计算出银行对账单与单位银行日记账的调整后余额(440 000 元),如图 4-3 右图所示/最后单击"银行对账期初"对话框上的[退出]按钮关闭"银行对账期初"对话框。

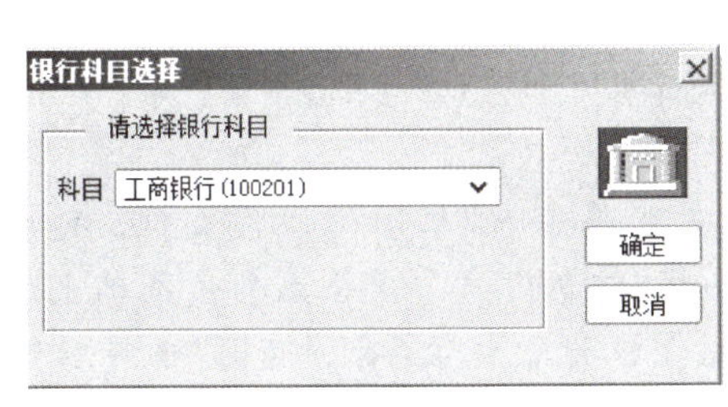

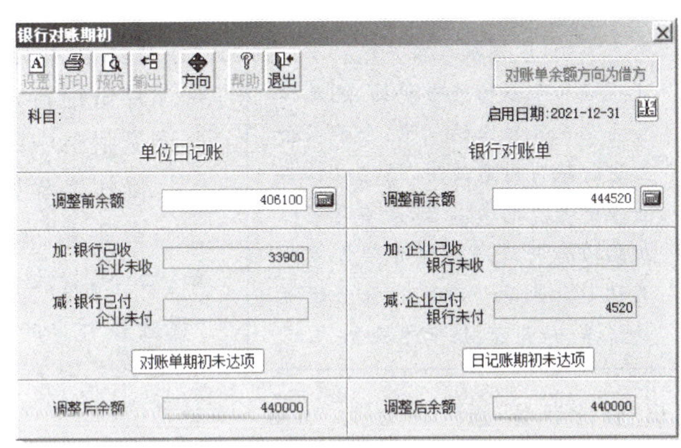

图 4-3　银行期初录入操作界面

在"银行方期初"和"企业方期初"窗口,单击[删除]按钮可以删除一笔银行对账单期初未达项或者企业银行日记账期初未达项。

注　意

如果科目有外币核算,就应该在这里录入外币余额和外币未达项。

企业银行日记账和银行对账单的"调整前余额"项的值,应该分别是启用日企业银行日记账上这个银行科目的余额和银行账户上的余额;"期初未达项"的值分别是上一次手工对账截止日期,也就是启用日以前的未达账项的值;"调整后余额"项的值分别是上次手工对账截止日期这个银行科目的科目余额和银行存款余额。如果录入正确,那么企业银行日记账和银行对账单调整后的余额应该平衡。

录入的银行对账单期初未达项和企业银行日记账的期初未达项的发生日期,不能大于这个银行科目的启用日期。

"银行期初录入"功能用于第一次使用银行对账功能以前,录入企业银行日记账上和银行对账单上的未达项。在开始使用银行对账以后一般不再使用。

如果在第一次开始使用总账系统的时候就开始使用银行对账功能,或者是在年初开始使用银行对账功能,那么在初始化中完成建立账套工作以后,还需要使用"银行期初录入"功能录入期初日记账未达项和期初银行对账单未达项,然后再开始制单记账。到月末再录入银行对账单开始对账。

在录入完企业银行日记账和银行对账单的期初未达项以后,请不要随意调整启用日期,尤其是不能向前调整。如果调整了启用日期,有可能会造成启用日期以后的期初数不能再参与对账而导致错误。例如,本来启用日期是 1 月 10 日,在录入了 1 月 1 日、5 日、8 日的几笔期初未达项后,又把启用日期由 1 月 10 日调整为 1 月 6 日,那么,1 月 8 日的那笔未达项在期初的银行对账单中就看不到了。

如果某个银行科目已经在会计信息系统中进行过对账,在期初未达项的录入过程中,对于已经勾对或者已经核销的记录就不能再进行修改。

银行对账单余额方向是借方的时候,借方发生表示银行存款增加,贷方发生表示银行存款减少;银行对账单余额方向是贷方的时候,借方发生表示银行存款减少,贷方发生表示银行存款增加。系统默认银行对账单的余额方向是借方。单击[方向]按钮可以调整银行对账单的余额方向。已经进行过银行对账勾对的银行科目不能调整银行对账单的余额方向。

在执行对账功能以前，应该把“银行对账期初”对话框中的“调整后余额”项的金额调平，使企业银行日记账的调整后余额等于银行对账单的调整后余额。如果“调整后余额”项的金额没有调平，在对账以后编制银行存款余额调节表的时候，会造成银行存款余额与单位银行账的账面余额不平。

二、银行对账单录入

小知识

银行对账单是银行定期出具给客户的，逐笔报告客户账户本月发生额和余额的一份单据，也是证实企业业务往来的记录；除了供企业进行银行对账使用，还可以作为企业资金流动的依据，必要时可以提供给有关政府部门和合作方作为认定企业某一时段的资金规模的依据，如验资、投资等场合。

“银行对账单”功能用于录入企业开户银行提供的对账单。

【案例 4-2】 1 月 31 日，收到中国工商银行月球支行 1 月份银行对账单，请予录入（银行对账单的具体数据请见附录中的实训项目十三）。

操作步骤如下：

由具有“银行对账单录入”权限的操作员（03 孙出纳；口令：3）注册登录“信息门户”/单击左部主菜单上的“现金银行”进入现金银行管理主界面/单击“银行对账单录入”图标弹出“银行科目选择”对话框，如图 4-4 所示。

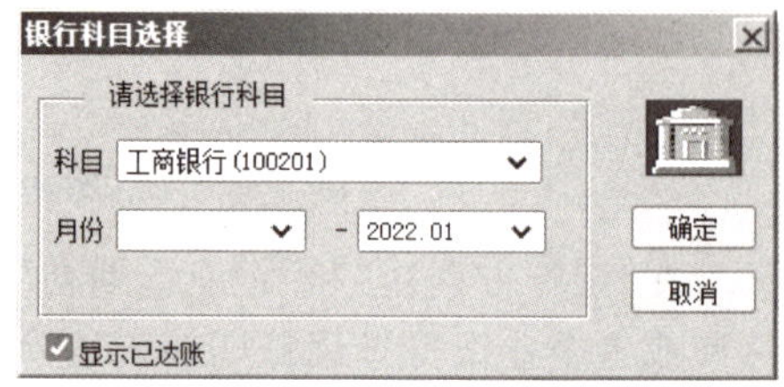

图 4-4 “银行科目选择”对话框界面

在对话框中选择对账的银行科目（100201 工商银行）和起止月份（起始月份框保持空白，截止月份 2022 年 1 月）/单击对话框上的［确定］按钮打开“银行对账单”窗口/单击“银行对账单”窗口工具栏上的［增加］按钮增加一个空白行，录入银行对账单上的一条记录/重复操作直到银行对账单上全部记录录入完成/单击［保存］按钮，系统提示“保存成功！”/单击提示框上的［确定］按钮关闭提示框/最后单击“银行对账单”窗口工具栏上的［退出］按钮结束操作。

录入完成的银行对账单如图 4-5 所示。

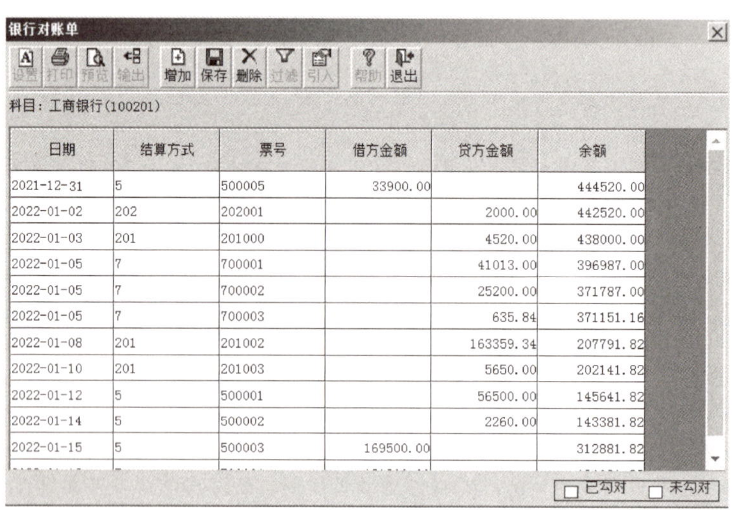

日期	结算方式	票号	借方金额	贷方金额	余额
2021-12-31	5	500005	33900.00		444520.00
2022-01-02	202	202001		2000.00	442520.00
2022-01-03	201	201000		4520.00	438000.00
2022-01-05	7	700001		41013.00	396987.00
2022-01-05	7	700002		25200.00	371787.00
2022-01-05	7	700003		635.84	371151.16
2022-01-08	201	201002		163359.34	207791.82
2022-01-10	201	201003		5650.00	202141.82
2022-01-12	5	500001		56500.00	145641.82
2022-01-14	5	500002		2260.00	143381.82
2022-01-15	5	500003	169500.00		312881.82

图 4-5 “银行对账单”窗口界面

“银行对账单”窗口刚打开的时候，显示的记录是在“银行期初录入”对话框中录入的期初未达项（银行已收企业未收）。

在“银行对账单”窗口单击工具栏上的[删除]按钮，可以删除一项录入的银行对账单记录。

三、银行对账

银行对账单录入完成以后，就可以进行银行对账了。

银行对账采用自动对账与手工对账相结合的方式。自动对账是计算机根据对账依据自动对企业银行日记账和银行对账单双方的记录进行核对、勾销。对账依据由用户根据需要选择，其中“方向相同、金额相同”是必选条件；其他可选条件是“结算票号相同”“结算方式相同”和日期相差天数。对于已经对上的银行业务，系统会自动在企业的银行存款日记账和银行对账单双方打上两清标志，并把它当作已达账项；对于“两清”栏上未打上两清标志的记录，系统把它当作未达账项。由于自动对账是以企业的银行日记账和银行对账单双方对账依据完全相同为条件的，所以有些企业的银行日记账和银行对账单双方属于同一笔业务的记录，可能会因为某一项条件不完全相符而没有对出来，如结算票号的位数不相同等；还有可能有一些特殊的已达账项在自动对账中对不出来。为了保证对账的完全正确，在自动对账之后，还需要用手工对账来进行补充调整。

由此可见，为了保证自动对账的正确和彻底，使用者必须保证对账数据的规范合理。例如，银行日记账和银行对账单的票号要统一位长等。如果对账双方不能统一规范，各自为政，系统就会因为无法识别已达账项而导致对账结果不准确。

【案例 4-3】 请完成 001 账套 2022 年 1 月份的银行对账，对账截止日期为 1 月 31 日。

操作步骤如下：

由具有“银行对账”权限的操作员（03 孙出纳；口令：3）在“信息门户”界面，单击左部主菜单上的“现金银行”进入现金银行管理主界面/单击“银行对账”图标弹出“银行科目选择”对话框/在对话框中选择要对账的银行科目（100201 工商银行）和起止月份（起始月份框保持空白，截止月份为 2022 年 1 月）/根据需要确定是否勾选“显示已达账”（本例勾选这一项）/单击对话框上的[确定]按钮打开“银行对账”窗口，如图 4-6 所示。 4

银行对账

对账 取消 过滤 对照 检查 帮助 退出

科目：工商银行(100201)

单位日记账

凭证日期	票据日期	结算方式	票号	方向	金额	两清	凭证号数	摘要
2021-12-24		201	201000	贷	4520.00		null-null	
2022-01-02	2022-01-02	202	202001	贷	2000.00		付-2	提现
2022-01-05	2022-01-05	7	700001	贷	41013.00		付-3	缴纳社保费
2022-01-05	2022-01-05	7	700002	贷	25200.00		付-4	缴纳公积金
2022-01-05	2022-01-05	7	700003	贷	635.84		付-5	代缴个税
2022-01-08	2022-01-08	201	201002	贷	84971.83		付-6	发放工资
2022-01-08				贷	78387.51		付-7	发放工资
2022-01-11	2022-01-11	201	201003	贷	5650.00		付-8	直接购入资产.
2022-01-12	2022-01-12	5	500001	贷	56500.00		付-10	核销
2022-01-14	2022-01-14	5	500002	贷	2260.00		付-11	核销
2022-01-15	2022-01-15	5	500003	借	169500.00		收-3	现结
2022-01-	2022-01-	5	500004	借	121200.00		收-4	核销

银行对账单

日期	结算方式	票号	方向	金额	两清
2021-12-31	5	500005	借	33900.00	
2022-01-02	202	202001	贷	2000.00	
2022-01-03	201	201000	贷	4520.00	
2022-01-05	7	700003	贷	635.84	
2022-01-05	7	700002	贷	25200.00	
2022-01-05	7	700001	贷	41013.00	
2022-01-08	201	201002	贷	163359.34	
2022-01-10	201	201003	贷	5650.00	
2022-01-12	5	500001	贷	56500.00	
2022-01-14	5	500002	贷	2260.00	
2022-01-15	5	500003	借	169500.00	
2022-01-18	5	500004	借	121200.00	

图 4-6 “银行对账”窗口界面

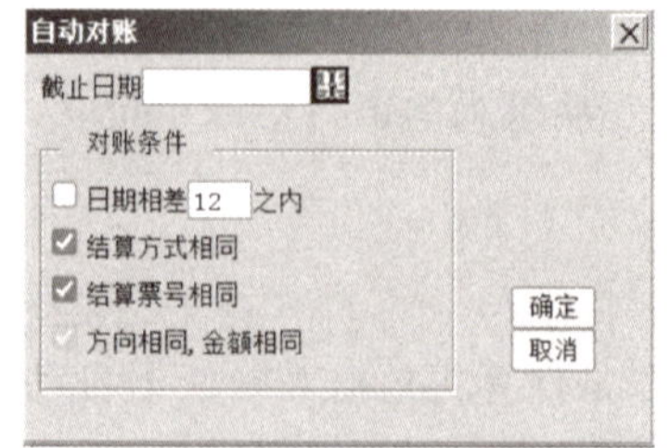

图 4-7 “自动对账”对话框界面

单击“银行对账”窗口工具栏上的[对账]按钮,弹出“自动对账”条件对话框/在对话框上设定对账截止日期(2022-01-31)/根据需要确定对账条件(本例去掉“日期相差 12 之内”项的对钩),如图 4-7 所示。

单击“自动对账”条件对话框上的[确定]按钮,系统进行自动对账,对账完毕以后显示对账结果,如图 4-8 所示。

银行对账

对账 取消 过滤 对照 检查 帮助 退出　科目:工商银行(100201)

单位日记账

凭证日期	票据日期	结算方式	票号	方向	金额	两清	凭证号数	摘要
2021-12-24		201	201000	贷	4520.00	0	null-null	
2022-01-02	2022-01-02	202	202001	贷	2000.00	0	付-2	提现
2022-01-05	2022-01-05	7	700001	贷	41013.00	0	付-3	缴纳社保费
2022-01-05	2022-01-05	7	700002	贷	25200.00	0	付-4	缴纳公积金
2022-01-05	2022-01-05	7	700003	贷	635.84	0	付-5	代缴个税
2022-01-08	2022-01-08	201	201002	贷	84971.83		付-6	发放工资
2022-01-08				贷	78387.51		付-7	发放工资
2022-01-11	2022-01-11	201	201003	贷	5650.00	0	付-8	直接购入资产.
2022-01-12	2022-01-12	5	500001	贷	56500.00	0	付-10	核销
2022-01-14	2022-01-14	5	500002	贷	2260.00	0	付-11	核销
2022-01-15	2022-01-15	5	500003	借	169500.00	0	收-3	现结
2022-01-	2022-01-	5	500004	借	121200.00	0	收-4	核销

银行对账单

日期	结算方式	票号	方向	金额	两清
2021-12-31	5	500005	借	33900.00	0
2022-01-02	202	202001	贷	2000.00	0
2022-01-03	201	201000	贷	4520.00	0
2022-01-05	7	700003	贷	635.84	0
2022-01-05	7	700002	贷	25200.00	0
2022-01-05	7	700001	贷	41013.00	0
2022-01-08	201	201002	贷	163359.34	
2022-01-10	201	201003	贷	5650.00	0
2022-01-12	5	500001	贷	56500.00	0
2022-01-14	5	500002	贷	2260.00	0
2022-01-15	5	500003	借	169500.00	0
2022-01-18	5	500004	借	121200.00	0

图 4-8 自动对账的结果界面

4

在图 4-8 中,我们可以看到,单位日记账上有两笔账,银行对账单上有一笔账还没有对出来,需要用手工对账来补充完成。

通过观察分析,单位日记账上的 84 971.83 元和 78 387.51 元两笔金额相加,刚好与银行对账单上的一笔金额为 163 359.34 元的账相等。自动对账没有对出来,是因为单位日记账上分计时工资和计件工资两笔入账,而且其中一笔没有票据日期、结算方式和票号(可参阅实训项目八中的 14#、15# 凭证);而开给银行的转账支票只有一张,把两笔账合并成了一笔账,同时又登记了票据日期、结算方式和支票号(201002)。由于我们在图 4-7 所示的“自动对账”条件窗里设置的对账条件要求“结算方式相同”和“结算票号相同”,所以这两笔账就无法对出了。

接下来用手工方式补充对账。分别双击双方属于同一笔业务的“两清”栏,打上手工对账标志“Y”/最后单击[退出]按钮结束操作。

完成对账以后的界面如图 4-9 所示。可以看到,自动对账的“两清”栏标志是红色的“○”;而手工对账的“两清”栏标志是红色的“Y”。已经两清的账都用绿底色显示。

用鼠标单击“银行对账”窗口工具栏上的[检查]按钮会弹出“对账平衡检查”对话框,可以在这里检查对账是否正确。如果有错,应该进行调整。

如果要取消对账标志,就只要双击要取消标志的这条记录的“两清”栏即可。用鼠标单击工具栏上的[取消]按钮,再单击弹出的提示框上的[确定]按钮,可以取消所有两清标志。

银行对账

对账　取消　过滤　对照　检查　帮助　退出　　科目：工商银行(100201)

单位日记账

凭证日期	票据日期	结算方式	票号	方向	金额	两清	凭证号数	摘要
2021-12-24		201	201000	贷	4520.00	0	null-null	
2022-01-02	2022-01-02	202	202001	贷	2000.00	0	付-2	提现
2022-01-05	2022-01-05	7	700001	贷	41013.00	0	付-3	缴纳社保费
2022-01-05	2022-01-05	7	700002	贷	25200.00	0	付-4	缴纳公积金
2022-01-05	2022-01-05	7	700003	贷	635.84	0	付-5	代缴个税
2022-01-08	2022-01-08	201	201002	贷	84971.83	Y	付-6	发放工资
2022-01-08				贷	78387.51	Y	付-7	发放工资
2022-01-11	2022-01-11	201	201003	贷	5650.00	0	付-8	直接购入资产.
2022-01-12	2022-01-12	5	500001	贷	56500.00	0	付-10	核销
2022-01-14	2022-01-14	5	500002	贷	2260.00	0	付-11	核销
2022-01-15	2022-01-15	5	500003	借	169500.00	0	收-3	现结
2022-01-	2022-01-	5	500004	借	121200.00	0	收-4	核销

银行对账单

日期	结算方式	票号	方向	金额	两清
2021-12-31	5	500005	借	33900.00	0
2022-01-02	202	202001	贷	2000.00	0
2022-01-03	201	201000	贷	4520.00	0
2022-01-05	7	700003	贷	635.84	0
2022-01-05	7	700002	贷	25200.00	0
2022-01-05	7	700001	贷	41013.00	0
2022-01-08	201	201002	贷	163359.34	Y
2022-01-10	201	201003	贷	5650.00	0
2022-01-12	5	500001	贷	56500.00	0
2022-01-14	5	500002	贷	2260.00	0
2022-01-15	5	500003	借	169500.00	0
2022-01-18	5	500004	借	121200.00	0

图 4-9　手工补充对账以后的“银行对账”窗口界面

四、银行存款余额调节表

在对银行账进行两清勾对以后，应该编制银行存款余额调节表。“余额调节表查询”的功能就是供用户查询银行存款余额调节表用的。其操作方法如下：

在“现金银行”管理界面单击“余额调节表”图标，打开“银行存款余额调节表”窗口，如图 4-10 所示。

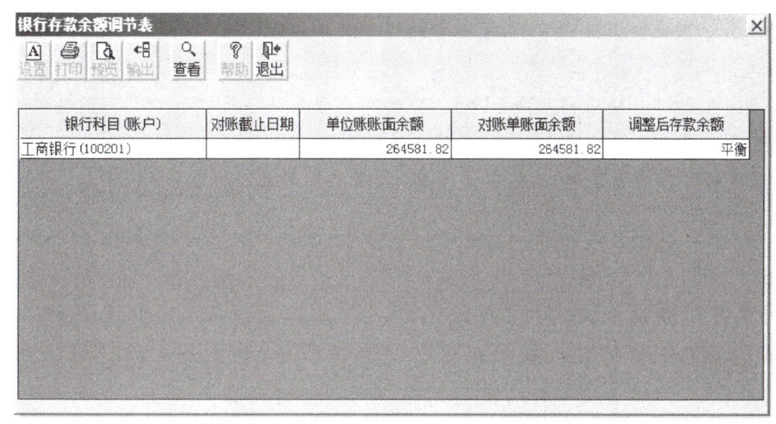

银行存款余额调节表

设置　打印　预览　输出　查看　帮助　退出

银行科目(账户)	对账截止日期	单位账账面余额	对账单账面余额	调整后存款余额
工商银行(100201)		264581.82	264581.82	平衡

图 4-10　“银行存款余额调节表”窗口界面

窗口中显示的是所有银行科目的账面余额以及调整以后的存款余额。可以看到“工商银行(100201)”科目的余额已经调整平衡。

如果要查看某一个银行科目的银行存款余额调节表数据，可以选中这个银行科目记录，再单击工具栏上的[查看]按钮；或者双击要查看科目的记录行，就可以打开这个银行账户的银行存款余额调节表。在打开的银行存款余额调节表中单击[详细]按钮，会打开“余额

> **小知识**
>
> 银行存款余额调节表是反映银行对账以后，在银行对账单余额与企业账面余额的基础上，各自加上对方已收、本单位未收账项数额，减去对方已付、本单位未付账项数额，双方余额达到一致的各项数据的表单。

4

调节表(详细)”窗口。窗口里显示的是如图 4-10 所示的界面中当前光标所在行的详细数据。

“余额调节表(详细)”窗口各栏目的意义如下：

科目、对账截止日期、企业账面存款余额、银行账面存款余额、银行已收企业未收、银行已付企业未付、企业已收银行未收、企业已付银行未付、调整后企业账面存款余额、调整后银行账面存款余额等十项数据，和原来的银行存款余额调节表里的数据一致。

窗口中的详细勾对情况分别从明细账表以及银行对账单取数。每组数据都按照日期、票号、金额进行排列显示。

如果对账单上的余额方向是借方，那么“银行已收企业未收”一栏中的数据，是对账截止日期以前，未两清的银行对账单上的借方发生额明细数据；“银行已付企业未付”一栏中的数据，是对账截止日期以前，未两清的银行对账单上的贷方发生额明细数据。如果对账单上的余额方向是贷方，那么“银行已收企业未收”一栏中的数据，是对账截止日期以前，未两清的银行对账单上的贷方发生额明细数据；“银行已付企业未付”一栏中的数据，是对账截止日期以前，未两清的银行对账单上的借方发生额明细数据。

“企业已收银行未收”一栏中显示的，是截止日期以前，未两清的企业银行日记账的借方发生额明细数据；“企业已付银行未付”一栏中显示的，是截止日期以前，未两清的企业银行日记账的贷方发生额明细数据。

注 意

这里查到的余额调节表是到对账截止日期为止的余额调节表；如果没有对账截止日期，那么就是最新的余额调节表。

如果余额调节表上显示账面余额不平，则请查看以下几个地方：

(1)“银行期初录入”对话框中的“调整后余额”项的金额是否平衡，如果不平衡则请再查看“调整前余额”“日记账期初未达项”及“对账单期初未达项”三项的金额录入是否正确。如果不正确请进行调整。

(2)银行对账单的录入是否正确，如果不正确请进行调整。

(3)银行对账中的勾对是否正确，对账是否平衡，如果不正确请进行调整。

4

本节小结

要使用银行对账功能，必须在初始化时，在“基础设置”环节中设置好结算方式，另外还需要事先指定银行科目。在启用银行对账功能时，要先录入银行对账期初数据。

银行对账的工作流程是：录入银行对账单、执行自动银行对账、手工补充对账、编制银行存款余额调节表。

实 验

完成【案例 4-1】【案例 4-2】和【案例 4-3】。

第三节 支 票 管 理

在出纳的日常工作中，有一项工作是对支票的管理。“支票管理”功能供出纳详细登记支票的领用情况，包括领用人、领用日期、支票用途、是否已经报销等项内容。

可以通过初始设置，在“支票管理”功能和“填制凭证”功能之间建立起联系。这种联系所起的作用是：在填制凭证时，凡是涉及银行科目，在屏幕提示下录入已经登记但还没有报销的某张支票的票号以后，系统会自动在支票登记簿中勾销这张支票，同时把凭证的制单日期作为支票的报销日期，填到支票登记簿里的“报销日期”一栏中；如果这张支票还没有在支票登记簿里进行登记，则系统会自动打开支票登记录入窗口，让用户把支票内容包括报销日期登记到支票登记簿上，同时勾销这张支票。

【案例 4-4】 请完成“总账”系统“选项”中的“支票控制”设置。

使用“支票管理”功能的初始设置步骤如下：

由账套主管(01 赵经理；口令：1)注册登录“信息门户”/打开“总账”菜单/指向“设置”弹出二级子菜单/在子菜单中单击“选项”打开“选项”对话框/在对话框的“凭证”页签中勾选“支票控制”项/单击对话框底部的[确定]按钮，系统提示“参数设置成功！”/单击提示框上的[确定]按钮关闭对话框。

注　意

要在填制凭证的时候使用“支票管理”功能，除了初始化的时候在总账系统中进行“选项”项目设置以外，还需要设置好结算方式，并且在设置的时候勾选相关结算方式的“票据管理方式”项。

【案例 4-5】 1 月 31 日，供应部吴采购领用工商银行转账支票一张，票号 201008，金额 10 000元，用于采购原材料。请完成支票登记。

由具有“支票登记”权限的操作员(03 孙出纳；口令：3)注册登录“信息门户”/单击左侧主菜单上的“现金银行”进入“现金银行管理”主界面/打开“现金”菜单/指向“票据管理”弹出子菜单/在子菜单上单击“支票登记簿”弹出“银行科目选择”对话框/在对话框中打开下拉框，选择要登记支票的银行科目(本例选“100201 工商银行”)/单击对话框上的[确定]按钮，打开“支票登记”窗口/单击窗口工具栏上的[增加]按钮增加一条空记录/从左到右依次录入领用日期(2022-01-31)、领用部门(供应部)、领用人(吴采购)、预计金额(10 000.00)、用途(采购原材料)(本例中这张支票未报销，“报销日期”一项留空)，如图 4-11 所示/最后单击工具栏上[保存]按钮保存登记内容/最后单击工具栏上的[退出]按钮关闭“支票登记”窗口。

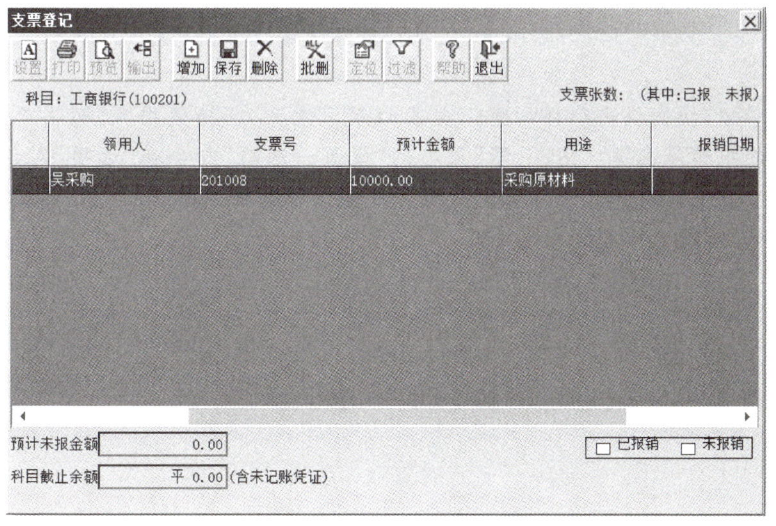

图 4-11　“支票登记”窗口界面

【案例 4-6】 1月31日，由财务部孙出纳经手，用现金支票（票号202010）从工商银行提取现金2 000元作为备用金。支票未登记。请填制凭证一张同时登记支票。

思考：这张凭证的会计分录应该怎么做？

凭证的填制方法前面已作了介绍。这里要说明的是，由于在进行账套初始化“基础设置”环节的“结算方式”设置时，勾选了转账支票和现金支票的“票据管理方式”项，又刚刚在总账系统的“选项”中设置了“支票控制”项，当在本案例凭证的第二条分录中填写“银行存款/工商银行”科目时弹出的“辅助项”对话框中，填上了结算方式（202 现金支票）和票号（202010），然后单击[确认]按钮时，会弹出提示“……此支票尚未登记，是否登记？”这时单击提示框上的[确定]按钮，会弹出“票号登记”对话框。接下来的操作如下：

在“票号登记”对话框上填写领用日期（2022-01-31）、领用部门（财务部）、姓名（孙出纳）、限额（2 000）、用途（备用金），如需要再填上备注（本例从略），如图4-12所示，单击对话框右上部位的[确定]按钮返回“填制凭证”窗口，如果需要再填上贷方金额（2 000.00），单击凭证界面工具栏上的[保存]按钮，系统提示“保存成功！”/单击提示框上的[确定]按钮关闭提示框/单击凭证界面工具栏上的[退出]按钮结束操作。

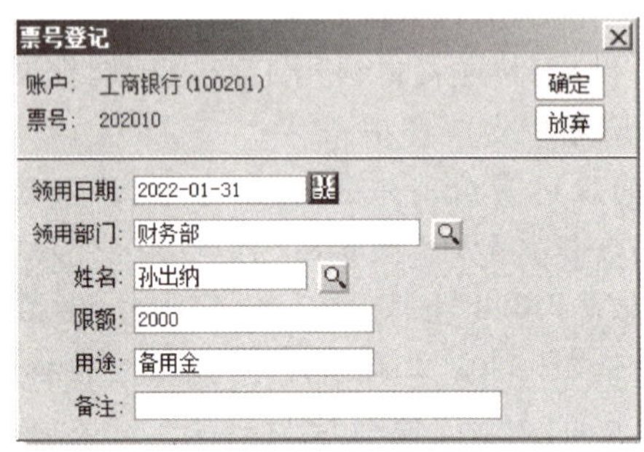

图4-12 “票号登记”对话框界面

现在到“现金银行”界面打开支票登记簿，就可以看到票号为202010的支票已经登记在支票登记簿里了，并且已经自动报销（绿底色表示支票已经报销；白底色表示支票尚未报销）。

本节小结

“支票管理”功能供出纳详细登记支票的领用情况，包括领用人、领用日期、支票用途、是否已经报销等内容。用“总账”菜单的“设置—选项”命令在“选项”对话框中设置（勾选）“支票控制”项，并且设置好结算方式及其票据管理方式，可以在“支票管理”功能和“填制凭证”功能之间建立起联系。

实 验

1. 用“总账”菜单的“设置—选项”命令，在“选项”对话框中设置（勾选）“支票控制”项。

2. 完成【案例 4-4】、【案例 4-5】和【案例 4-6】。

第五章　工资管理

工资管理系统的任务是：以单位员工个人的工资原始数据为基础，计算应发工资、应扣款项和实发工资等项目数据；代扣个人所得税；进行各种统计汇总工作；打印工资发放表、汇总表及个人工资条；提供各种方式的工资数据查询功能；根据工资核算数据进行转账处理。

第一节　基本概念

使用新道云平台工资管理系统，首先需要掌握相关的基本概念。

一、工资类别

一个企业，内部的员工是分布在各种不同的工作岗位上的。不同工作岗位的工资发放项目和计算方法往往也各不相同。例如，行政管理部门人员的工资往往采用计时制；生产人员的工资又可能采用计件制；而退休人员的工资一般又相对稳定。这种情况下，应该为上述三类人员分别设置三种工资类别，分别为计时工资类别、计件工资类别和退休工资类别。

> **小知识**
> 工资类别是对工资计算方法的归类，一种工资计算方法称作一个工资类别。

二、人员类别

我们可以根据员工的所在部门和工作性质来设置人员类别，如管理人员、生产人员、辅助生产人员、退休人员等。一般情况下，每个月发放了工资以后，需要对各个部门发放的工资进行汇总计算。系统提供“人员类别设置”功能，是为了方便工资数据的统计和汇总。

> **小知识**
> 人员类别是对企业员工属性的归类。

三、工资项目

每个员工的工资往往由多项内容构成，如基本工资、职务补贴、奖金、病假事假扣款、住房公积金扣款、养老保险扣款、个人所得税扣款、应发工资、实发工资等。工资项目是决定工资表结构的重要元素。

> **小知识**
> 组成一个员工工资的各项内容称为“工资项目”。

工资项目具有类型、长度、小数位数、增减项等属性。

(1) 类型。类型有字符型和数值型两种。例如，“姓名”项目的内容一般由汉字构成，类型就是字符型；又如，“基本工资”项目，内容是基本工资的金额，类型就是数值型。

(2) 长度。长度是指项目的内容在存储器内占几个字节。例如，“基本工资”项目，假设金额小于1万元，那么整数部分占4位，小数部分角和分共占2位，再加上小数点占1位，总长度就是7位。又如，“姓名”项目，一个汉字在机内要占2个字节，相应的长度就是2位；考虑到有的姓是复姓，如“欧阳”“诸葛”等，加上名字2个字，一般最长的姓名以4个汉字计算，所以“姓名”项目的长度应该设置成8位。少数民族和外籍人士的姓名的长度还要长一些。

（3）小数位数。小数位数只适用于数值型项目；字符型项目无小数。小数位数一般都设为2位。

（4）增减项。增减项是指项目的数据是作为加数还是减数用于“应发工资”项和“实发工资”项金额的计算。例如，“基本工资”“计件工资”“奖金”等项目属于增项；而“事假扣款”“病假扣款”“三险一金合计”等项目则属于减项。字符型项目以及其他间接用于工资计算的数值型项目，增减项一般可以定义成“其他”。

四、扣零

小知识

现金发放工资时，把某一级货币单位以下的金额（比如元以下的角和分）暂时扣下，叫作“扣零”。

使用“扣零”功能，可以把员工月工资中的零钱，如几角几分暂时扣下来，本月不予发放；等到下个月计算工资时，再把前个月扣下的零钱加入一起计算。也就是说，每个月的工资都是发放到元为止。当然，也可以设置成发放到十元，或者发放到角。这样可以在用现金发放员工工资时，避免找零这个麻烦。

例如，某位员工第一个月的计算实发工资为5 288.88元，运用扣零功能，暂时把0.88元扣下，先发放5 288元；到第二个月，这位员工的计算实发工资为5 208.32元，把上个月扣下的零钱加上，为5 209.20元，第二个月就实发5 209元，余下的0.20元再留到第三个月一并计算。

在本书模拟账套中，月宫桂花酒集团员工的工资由银行代发，所以不需要做扣零设置。

五、人员附加信息

小知识

人员附加信息是指附加的没有包括在人员档案中的信息。

人员档案中一般已经包括姓名、职工编号、所在部门、人员类别等信息。我们可以增加设置其他附加信息，例如，人员的性别、职务、民族、婚否等信息，用以丰富人员档案的内容，便于对人员进行更加有效的管理。

本节小结

新道云平台的工资管理系统按工资类别进行工资管理。工资类别是对工资计算方法的归类，所以，应该以计算方法作为划分工资类别的依据。不同计算方法的职工工资，应该纳入不同的工资类别进行管理。

人员类别是对企业员工属性的归类。划分人员类别的依据是员工的所在部门和工作性质。设置人员类别是为了方便工资的汇总计算。

工资的项目有增项、减项和其他三种属性。增项数值以加法参与工资计算；减项数值以减法参与工资计算；其他项是间接用于计算工资的过渡性项目。

讨论题

1. 什么是工资类别？划分工资类别的依据是什么？
2. 什么是人员类别？设置人员类别的目的是什么？划分人员类别的依据是什么？
3. 工资项目按照属性可以分成哪三类？每一类工资项目在工资计算中应怎样处理？

第二节 工资管理系统的初始化

与总账系统一样，工资管理系统在投入日常使用以前，也要先进行初始化。

在第二章学习账套初始化时，没有设置管理工资系统的操作员，另外，也只启用了总账和发票管理两个系统。因此，这里首先需要设置一个管理工资系统的操作员，同时启用“工资管理”系统。我们假设本节所有操作的日期都是 2022 年 1 月 1 日。

【案例 5-1】 启用工资管理系统，并设置相应操作员及其权限。相关参数如下：

操作员编号：04；姓名：李人事；口令：4；部门：人力部。分配李人事“工资管理”所有权限（admin 做；口令：空）。启用“工资管理”系统（账套主管做；01 赵经理；口令：1）。

设置操作员、分配权限和启用系统的操作前面已作了介绍，请自行完成这个案例。

设置好操作员并且分配了权限，启用了工资管理系统以后，就可以登录“信息门户”进行工资管理系统的初始化工作了。

工资管理系统的初始化，主要包括建立工资账套、建立工资类别和进行基础设置三部分内容。

一、建立工资账套

建立工资账套，实际就是建立一整套进行工资核算管理的规则。一套规则对应一个工资账套，同一个工资账套内的人员工资都按照同一套规则进行管理。例如，工资类别是单个还是多个；要不要代扣个人所得税；要不要扣零；人员编码的长度是几位等。建立工资账套可以通过系统提供的建账向导来完成。第一次运行工资管理系统时，系统会自动进入建账向导。

【案例 5-2】 请按照本案例给出的参数建立工资账套：

参数设置：工资类别个数：多个；币别：人民币。

扣税设置：是否从工资中代扣个人所得税：是。

扣零设置：不扣零。

人员编码长度设置：人员编码长度：3。

不预置工资项目。

操作步骤如下：

由具有“工资管理”权限的操作员（04 李人事；口令：4）注册登录“信息门户”/在窗口左部主菜单上单击“工资管理”（或者在菜单栏上单击“工资”），系统弹出“建立工资账套—参数设置”对话框/在对话框中选择工资类别个数（多个）/再选择工资的计算币种（人民币），如图 5-1 所示。

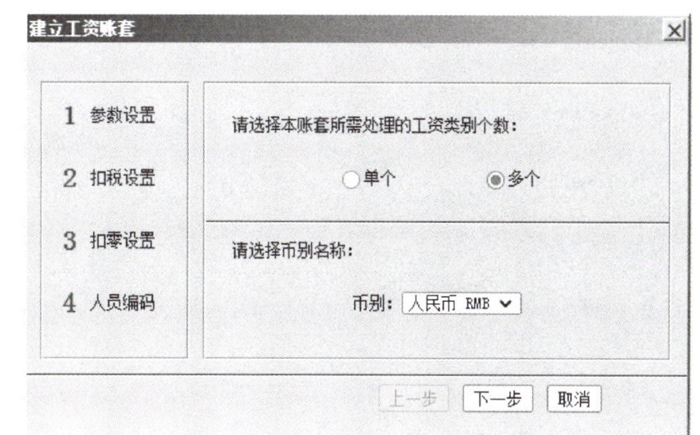

图 5-1 “建立工资账套”向导步骤之一——“参数设置”对话框界面

5

建立工资账套

单击[下一步]按钮转入"建立工资账套—扣税设置"对话框界面。

在"扣税设置"对话框中勾选"是否从工资中代扣个人所得税"/下半部"税率表选择"三项中，保持第三项(免征额 5 000，2019 年所得税税率表按年扣除)不变，如图 5-2 所示/单击[下一步]按钮转入"建立工资账套—扣零设置"对话框界面，如图 5-3 所示/直接单击[下一步]按钮(本例不设扣零)，转入"建立工资账套—人员编码"对话框界面。

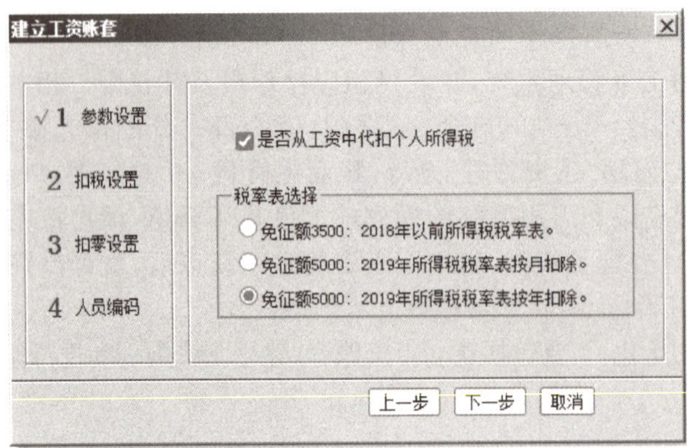

图 5-2 "建立工资账套"向导步骤之二——"扣税设置"对话框界面

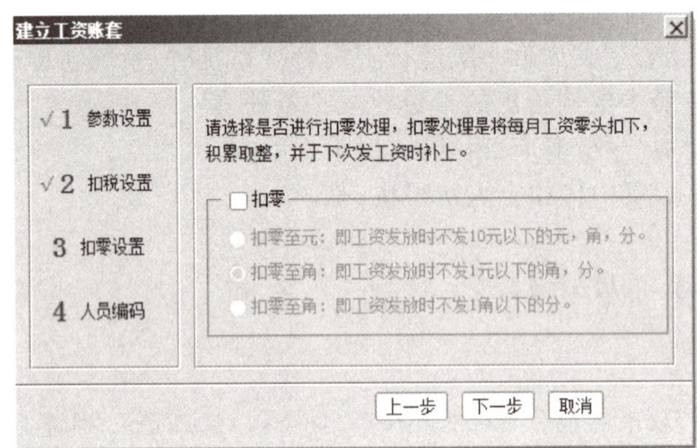

图 5-3 "建立工资账套"向导步骤之三——"扣零设置"对话框界面

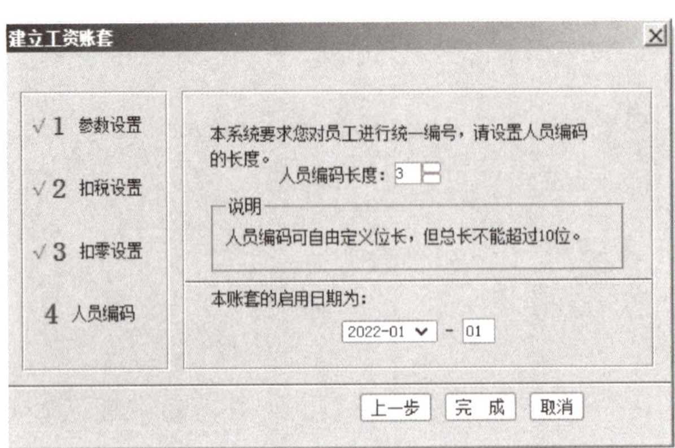

图 5-4 "建立工资账套"向导步骤之四——"人员编码"对话框界面

在“人员编码长度”增量框中设置人员编码的长度(本例为3),如图5-4所示/单击对话框底部的[完成]按钮就完成了工资账套的建立工作。这个时候系统弹出“工资类别向导”对话框,如图5-5所示(先不要退出)。

注 意

人员编码的长度最长不能超过10位。在建工资账套时,应该根据本企业员工的总数来决定人员编码的长度。如员工总数在百人以内,可以设置为2位;员工总数在百人以上千人以内,可以设置为3位;员工总数在千人以上万人以内,就可以设置为4位;以此类推。如果要设附加编码如人员类别码,要另外考虑加上适当的位数。

二、建立工资类别

【案例5-3】 按照本案例给出的参数建立工资类别:

工资类别:计时工资、计件工资。

计时工资的部门:董事会、经理室、财务部、人力部、资产部、供应部、销售部、物流部。

计件工资的部门:生产部。

新建工资类别

操作步骤如下:

在图5-5所示的“工资类别向导”对话框上单击[确定]按钮,弹出“新建工资类别”对话框/在“新建工资类别”对话框中录入一个工资类别的名称(计时工资),如图5-6所示/单击[下一步]按钮转入下一界面/在“请选择部门”窗格中,逐个单击选中实行计时工资的部门(董事会、经理室、财务部、人力部、资产部、供应部、销售部、物流部。勾选“销售部”以后,它的三个下级部门会自动选中),如图5-7所示/单击对话框底部的[完成]按钮,提示“是否以2022-01-01为当前工资类别的启用日期?”/单击提示框上的[确定]按钮进入工资管理主界面。

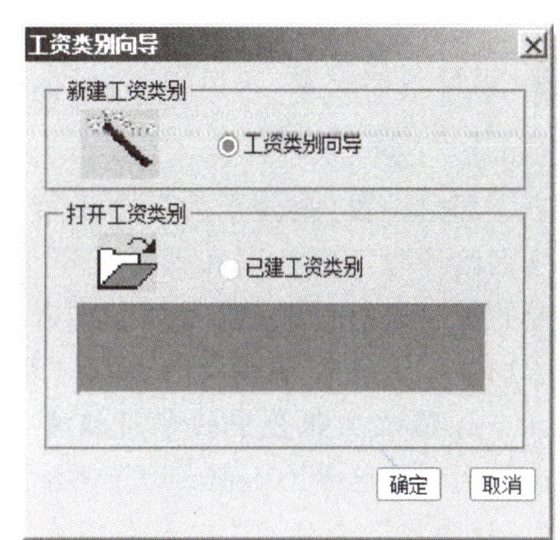

图5-5 “工资类别向导”对话框界面

图5-6 “新建工资类别—请录入工资类别名称”对话框

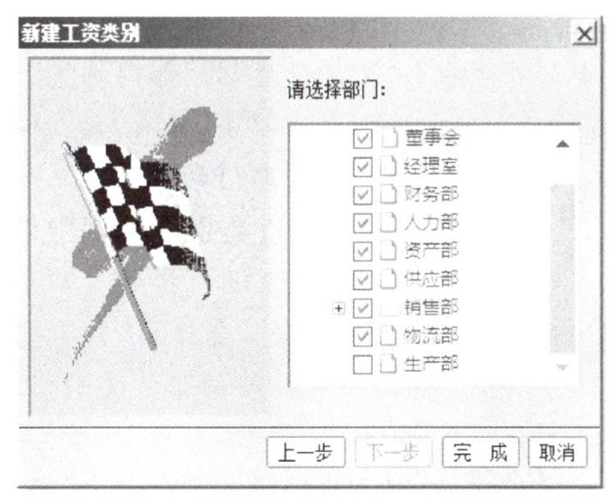

图5-7 “新建工资类别—请选择部门”对话框

如果在建立工资类别之前中止了工资管理系统的初始化工作,退出了“信息门户”,在再次注册登录“信息门户”,单击“工资管理”时,会与“工资类别向导”对话框同时弹出提示“未建立工资类别!”,这时要先单击提示框上的[确定]按钮把提示框关闭,然后按上面介绍的步骤操作。

5

在工资管理主界面打开"工资"菜单/指向"工资类别"弹出子菜单/单击子菜单上的"关闭工资类别"(或者单击界面上部菜单栏下方的"关闭类别:计时工资"按钮),把刚建立起来的"计时工资"类别关闭/再重新打开"工资"菜单/指向"工资类别"弹出子菜单/单击子菜单上的"新建工资类别"命令,重新打开"新建工资类别—请录入工资类别名称"对话框,继续建立其他工资类别(计件工资)。

请按照建立"计时工资"类别的方法,自己完成"计件工资"类别的建立。

注 意

一个工资类别建好以后,要先关闭这个工资类别,才可以再建立另一个工资类别。

选中一个部门以后,这个部门所属的下级部门会全部自动选中。也可以单击部门文件夹左边的[+]按钮展开下级部门,选择或者取消选择下级部门。只有选择了最末级明细部门,才能在人员档案设置中录入这个部门员工的个人信息。

三、基础设置

工资管理系统的基础设置包括部门设置、人员类别设置、人员附加信息设置、工资项目设置、银行名称设置、人员档案设置、工资计算公式设置、代扣个人所得税设置等八项内容。

(一) 部门设置

部门设置,是分别为各个工资类别设置相应的部门。实际上,在建立工资类别时,就已经分别给计时工资类别和计件工资类别选择(设置)了部门。这里,可以对建立工资类别时所设置的部门进行修改,或者对在主账套的"基础设置"环节中设置好的部门档案进行修改。例如,增加在工资管理中涉及的,而在"基础设置"环节的部门档案中还没有设置的部门。方法如下:

1. 修改主账套中的部门档案

由账套主管(01 赵经理;口令:1)注册登录"信息门户"/在主界面上单击左部主菜单上的"工资管理",会弹出"工资类别向导"对话框,并且自动选中"打开工资类别"的"已建工资类别"项。

单击对话框右下部位的[取消]按钮,退出工资类别的选择(就是不打开任何工资类别)/打开"工资"菜单/在"工资"菜单上指向"设置"弹出下级子菜单/在子菜单上单击"部门选择设置",系统会打开主账套"基础设置"的"部门档案"窗口/在"部门档案"窗口中增加工资管理中所需要增加的部门/完成增加以后单击[保存]按钮保存操作结果/最后单击[退出]按钮结束操作。

2. 改变工资类别中部门的原设置

也可以对在建立工资类别的过程中设置好的部门进行修改。方法如下:

由具有"工资管理"权限的操作员(04 李人事;口令:4)注册登录"信息门户"/单击界面左部主菜单上的"工资管理",会弹出"工资类别向导"对话框,并且自动选中"打开工资类别"的"已建工资类别"项/在下部窗格的工资类别列表中,选择需要修改部门设置的工资类别(计时工资)/单击对话框底部[确定]按钮/打开"工资"菜单/在"工资"菜单中指向"设置"弹出下级子菜单/在子菜单中单击"部门选择设置",会弹出"部门选择设置—请选择部门"对话框/在"请选择部门"对话框中修改原来的部门选择/修改完成以后单击对话框右部的[确认]按钮结束操作。

注 意

已经使用的部门,也就是已经录入了具体工资数据如人员等信息的部门不能取消选择。在选中部门结构树里的末级部门以前,应该先选中这个末级部门的上一级部门。如果要选择下级部门,就需要单击上级部门名称左边的[+]按钮展开部门结构树。

(二)人员类别设置

【案例 5-4】 设置“管理人员”和“生产人员”两个人员类别。

操作步骤如下：

由具有“工资管理”权限的操作员(04 李人事；口令：4)注册登录“信息门户”/单击左部主菜单上的“工资管理”，弹出“工资类别向导”对话框/在对话框上单击[取消]按钮，转入“工资管理”主界面/单击“工资管理”主界面菜单栏下方的“人员类别设置”，弹出“人员类别设置”对话框，如图 5-8 所示。

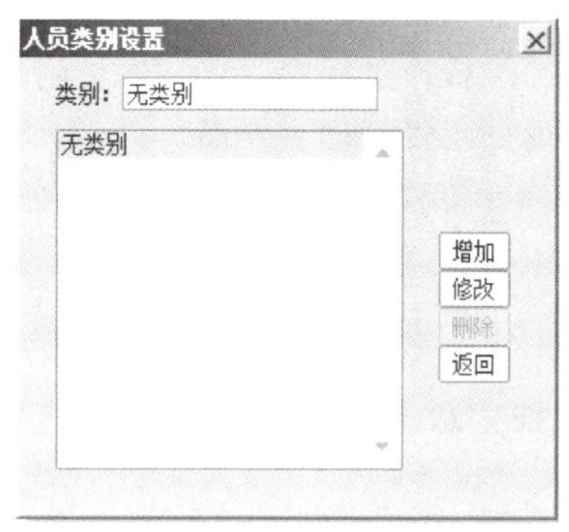

图 5-8 “类别设置”对话框界面

在图 5-8 所示的对话框中单击，把“类别：”文本框中的“无类别”三字改为“管理人员”/单击[增加]按钮把“管理人员”四字移入“类别：”框下方的窗格中/重复前两个步骤直到把需要设置的人员类别全部设置完成为止(本例需再设“生产人员”类别)/最后在“类别：”框下方窗格里选中“无类别”/单击[删除]按钮，系统提示“你确定删除吗?”/单击提示框上的[确定]按钮把它删除(如果有部分人员没有归属所设置的任何类别，可以把他们归属于“无类别”类，同时保留“无类别”不要删除)/最后单击[返回]按钮结束操作。

注 意

“人员类别设置”对话框中的“类别：”框不允许为空，否则在后续的操作中不能录入人员属性。系统初始默认“类别”框中有“无类别”一项。如果您的企业不对人员划分类别或单位中某些人员无具体类别，可以保留“无类别”项。

已经使用的人员类别不允许删除。

只剩一个人员类别的时候，这个人员类别无法删除。

(三)人员附加信息设置

【案例 5-5】 设置“身份证号”“学历”和“技术职称”三项人员附加信息。

操作步骤如下：

由具有“工资管理”权限的操作员(04 李人事；口令：4)注册登录“信息门户”/单击左部主菜单上的“工资管理”，弹出“工资类别向导”对话框，并自动选中“已建工资类别”项/单击[取消]按钮(不打开任何工资类别)进入“工资类别向导”主界面(如果是在设置人员类别以后直接进行人员附加信息设置操作，则不会出现“工资类别向导”对话框)/单击菜单栏下方的“人员附加信息”，弹出“人员附加信息设置”对话框/单击对话框右部的[增加]按钮/打开对话框底部的“参照”列表框/单击选择需要的附加信息项，使它出现在对话框上部的“信息名称”框和中间大窗格中(本例选择“身份证号”)/重复前面三个步骤直到把所有需要的人员附加信息项目加入为止(本例需要再增加“学历”和“技术职称”。如果“参照”列表框中没有所需要的附加信息项名称，可以直接在对话框上部的“信息名称”文本框中录入)，如图 5-9 所示/最后单击[返回]按钮结束操作。

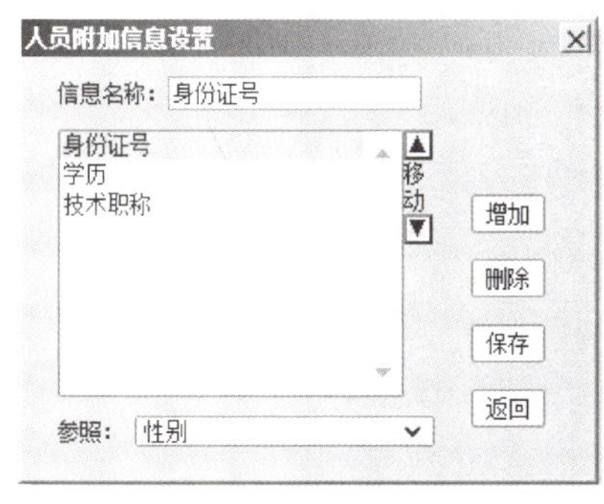

图 5-9 “人员附加信息设置”对话框界面

5

"人员附加信息设置"对话框使用说明如下：

在中间窗格里选中一项人员附加信息名称以后，单击[删除]按钮可以删除这一项人员附加信息名称。

操作过程中，单击"人员附加信息设置"对话框右下角的[返回]按钮，可以放弃本次操作，返回工资管理主界面。

要对人员附加信息项的名称进行修改时，可以在中间大窗格选中要修改的人员附加信息项名称，使它出现在上方的"信息名称"框中，然后在"信息名称"框中进行修改。

单击中间大窗格右边的▲和▼按钮可以调整附加信息项名称的顺序。

注　意

已使用人员的附加信息不允许删除。

（四）工资项目设置

新道云平台工资管理系统的工资项目分两个梯次。第一梯次是企业工资管理中所用到的所有工资项目，包括所有工资类别所使用的工资项目；第二梯次是每一个工资类别分别使用的工资项目。相应地，工资项目设置也要进行两次操作。第一次是设置企业工资管理中所用到的所有工资项目；第二次是分工资类别，从第一次设置的所有工资项目中，选择设置各个工资类别的工资项目。

1. 第一梯次工资项目设置

【案例 5-6】 请按附录中实训项目四给出的参数，设置第一梯次工资项目。

操作步骤如下：

由具有"工资管理"权限的操作员(04 李人事；口令：4)注册登录"信息门户"/单击左部主菜单上的"工资管理"，弹出"工资类别向导"对话框并且自动选中"已建工资类别"项/单击[取消]按钮(不打开任何工资类别)进入工资管理主界面/单击菜单栏下方的"工资项目"，弹出"工资项目设置"对话框，如图 5-10 所示。

5

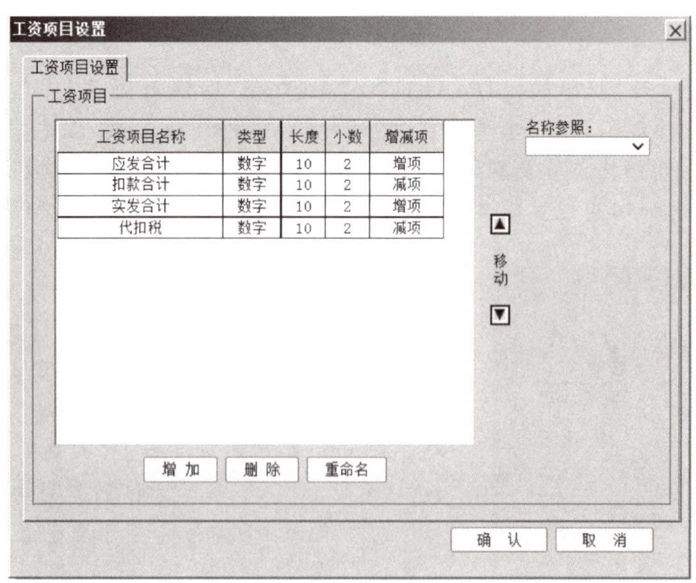

图 5-10 "工资项目设置"对话框界面

单击对话框下部的[增加]按钮，在“工资项目”窗格中增加一个空行/打开右部“名称参照”列表框/在列表框中单击需要的项目名称（基本工资），把它送入“工资项目”窗格新增的空行中/检查新增加的“基本工资”这一行自动设置的“类型”和“长度”是否符合要求，如果不符合要求，则可以双击“类型”或者“长度”栏把它激活后进行调整/双击同一行的“小数”栏激活它/调整新设置项目的小数位数（2）/双击同一行的“增减项”栏出现一个 ⌄ 按钮/单击 ⌄ 按钮打开列表框选择增减项（增项）/重复操作直到把所有第一梯次工资项目设置完成/最后单击“工资项目设置”对话框底部的[确认]按钮，返回工资管理系统主界面。

说明：

“工资项目设置”对话框刚打开时，显示的工资项目是系统预置的，其中“代扣税”项，是因为在“建立工资套”向导步骤二“扣税设置”对话框中勾选了“是否从工资中代扣个人所得税”项而产生的。

“名称参照”列表框里没有的工资项目名称，可以在单击[增加]按钮以后，直接在新增空行的“工资项目名称”栏中录入。

选中一个工资项目，单击▲按钮或▼按钮，可以调整这个项目的排列位置。一般情况下，先进行计算的工资项目应该排在前面；后进行计算的工资项目应该排在后面；个人所得税专项附加扣除各项应该排在“实发合计”项的后面；系统预置项目按照原顺序排列。

选中一个工资项目以后，单击[删除]按钮可以把它删除。系统预置的工资项目不能删除，也不能修改名称。

2. 第二梯次工资项目设置

【案例 5-7】 请按附录中实训项目四给出的参数，设置第二梯次工资项目。

操作步骤如下：

在“工资管理”主界面上打开“工资”菜单/指向“工资类别”弹出下级子菜单/单击子菜单中的“打开工资类别”弹出“打开工资类别”对话框/在“打开工资类别”对话框中选择本次要设置工资项目的工资类别（计时工资）/单击[确认]按钮返回主界面。

第二梯次工资项目设置

注　意

第二梯次工资项目是各个工资类别的工资项目。在设置工资项目以前，一定要先打开相应的工资类别。

如果是注册登录以后第一次单击“工资”菜单，系统会自动弹出“工资管理”对话框，供用户进行打开工资类别操作。凡是和工资类别有关的操作，都要先打开工资类别；如果要做的是全局性的，不针对具体工资类别的操作，可以单击“打开工资类别”或者“工资管理”对话框的[取消]按钮返回主界面。

打开计时工资类别以后，就可以进行计时工资类别的工资项目设置了。第二梯次工资项目的设置操作和第一梯次工资项目的设置操作基本相同，只是在“工资项目设置”对话框的“名称参照”列表框中，列出的是设置好的所有第一梯次工资项目，操作时从其中选择本次打开的工资类别所需要的工资项目即可。选择一个工资项目以后，会自动把在设置第一梯次工资项目时设定的类型、长度、小数和增减项等属性带过来。本案例中，“应发合计”“扣款合计”“实发合计”和“代扣税”四项是系统预置的工资项目。 5

在本案例中，系统预置的“代扣税”项，用于存放按分月预扣法扣缴个税的计件工资类别员工的本期个税税额。计时工资类别采用累计预扣法扣缴个人所得税，另行设置了“本期预扣税额”项用以存放员工的本期个税税额。

请自己完成计时工资和计件工资两个工资类别工资项目的设置。

重要提醒：

本书模拟账套中，计件工资类别采用分月预扣法代扣个人所得税；计时工资类别采用（全年）累计预扣法代扣个人所得税。两个工资类别在工资项目的设置上，除了计时和计件上的区别以外，还在与扣缴个税相关的工资项目的设置上有着显著的区别。请务必仔细比较，深刻领会，并请注意本节后面的工资计算公式设置部分的具体讲解。

注 意

完成工资项目设置后，一定要单击“工资项目设置”对话框底部的[确认]按钮保存设置结果，否则会丢失所有的设置。

完成一个工资类别的工资项目设置以后，一定要先到“工资”菜单的子菜单中，或者菜单栏下方，单击“关闭工资类别”，就是把打开的工资类别关闭掉，然后再用“打开工资类别”命令打开下一个工资类别，进行下一个工资类别的工资项目设置。设置完成以后同样需要关闭工资类别，以免在后续操作中，造成工资类别的混乱。

工资项目的名称必须唯一。工资项目一旦使用，名称就不能再进行修改。系统提供的固有工资项目名称不允许修改。

如果需要修改工资项目的名称，一定要先关闭工资类别，再按第一梯次工资项目进行修改。

（五）银行名称设置

工资由银行代发的企业，需要在工资管理系统中进行银行名称设置。

新道云平台的工资管理系统中，可以设置多个代发工资的银行，以适应不同的需要。例如，同一个工资类别中的人员分别处于两个不同的工作地点，需要在邻近工作地点的两个不同的银行网点领取工资；又如，不同的工资类别由不同的银行代发工资等。

【案例 5-8】 月宫桂花酒集团公司的工资委托中国工商银行月球支行代发；账号定长；个人账号长度 11 位。请完成代发银行设置。

操作步骤如下：

由具有“工资管理”权限的操作员（04 李人事；口令：4）注册登录“信息门户”/在窗口左部主菜单上单击“工资管理”，弹出“工资类别向导”对话框/在“工资类别向导”对话框上单击[取消]按钮转入“工资管理”主界面/在“工资管理”主界面上单击菜单栏下方的“银行名称”弹出“银行名称设置”对话框。

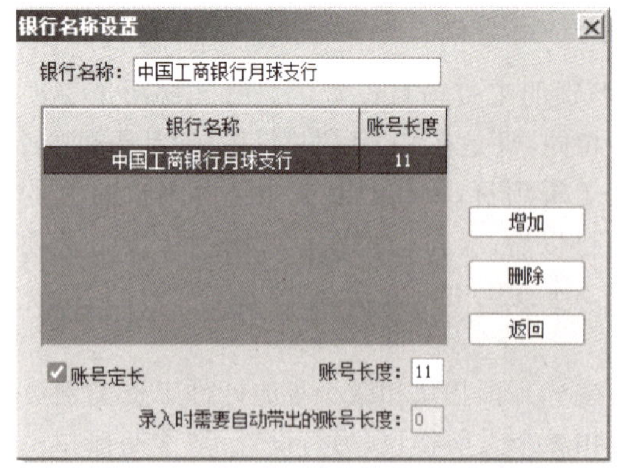

图 5-11 “银行名称设置”对话框界面

在对话框的中间窗格里选中“工商银行”使之显示在上部“银行名称”文本框中/在“工商银行”的“工”字左边单击把光标定位/录入“中国”（“工商银行”修改为“中国工商银行”）/用类似的方法在“工商银行”四字的右边加上“月球支行”四字/在中间窗格选中“建设银行”/单击[删除]按钮/再单击弹出的提示框上的[确定]按钮把它删除/用同样的方法把其他多余银行名称删除/在“账号长度”框中，修改设置账号长度（本例保持 11 不变），如图 5-11 所示/最后单击[返回]按钮结束操作。

如果本企业工资发放银行的名称需要全新录入，可以单击对话框中的[增加]按钮，然后在“银行名称”框录入需要的银行名称，完成以后同样单击[返回]按钮结束操作。

这里的“账号”是指个人的工资账户账号。账号长度默认是11位，应该根据银行的要求进行修改。系统允许的最大长度是30位。

“账号定长”是指所有人员的账号长度全部相同。如果银行账号不定长，那就要指定最长账号的长度；没有指定的时候，系统默认为30位。

点击“银行名称设置”对话框右上角的 ☒（关闭）按钮，可以放弃本次操作，返回系统主界面。

注 意

删除银行名称的时候，和这个银行有关的所有设置信息都会一同删除，包括：银行代发文件格式的设置、磁盘文件输出格式的设置以及所有使用这个银行代发工资人员的银行名称和账号等信息，所以一定要谨慎。

（六）人员档案设置

人员档案设置就是登记在本企业领取工资的人员的相关信息。这里的人员档案和主账套“基础设置”中的职员档案的概念是不同的。主账套“基础设置”中的职员档案，是用于存放企业中和财务部门有报销等资金往来业务发生的人员的信息，一般是采购员、销售员等经常出差的人员，只是企业全体员工中很少的一部分；而工资管理系统中的人员档案，是用于存放所有在本企业领取工资的人员信息，档案中的人员信息内容也和前者有所不同。在建立工资账套的人员档案时，可以用“批量引入”的方法，引入主账套“基础设置”中的人员档案信息，以便减少工作量，避免重复劳动。

工资管理系统的人员档案是从属于各个工资类别的，必须要分工资类别进行设置。

【案例5-9】 请完成001账套工资管理系统的人员档案设置。人员档案的具体数据请参见附录中的实训项目四。

1. 计时工资人员档案设置

先用“批量引入”的方法，把在主账套初始化的“基础设置”环节中已经设置在主账套职员档案里面的人员信息引入到工资管理系统的人员档案中来。操作步骤如下：

由具有“工资管理”权限的操作员（04 李人事；口令：4）注册登录“信息门户”/在“工资管理”主界面菜单栏下方单击“打开类别”，弹出“打开工资类别”对话框/在“打开工资类别”对话框里选中需要打开的工资类别（计时工资）/单击[确认]按钮，对话框消失/再单击菜单栏下方的“人员档案”，打开“人员档案”窗口，如图5-12所示。

在“人员档案”窗口的工具栏上单击[批增]按钮，弹出“人员批量增加”对话框/在“人员批量增加”对话框左窗格的部门列表中，依次单击各个部门左侧的“选择”栏选择部门（选择所有部门），如图5-13所示，可以看到右窗格中会随着显示选中部门的人员信息/单击“人员批量增加”对话框底部的[确定]按钮返回“人员档案”窗口，可以看到在“人员批量增加”对话框里选择的所有部门的人员信息都已经出现在这里了。

下一步需要把每位员工的信息补充完整（银行账号、学历、技术职称）。

在“人员档案”窗口中选中一条人员信息记录（吴刚）/单击工具栏上的[修改]按钮，弹出“修改”对话框。

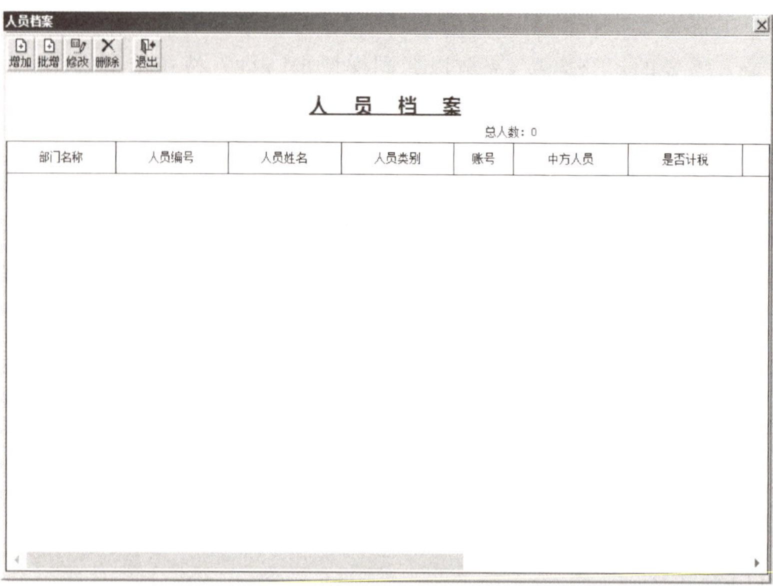

图 5-12　“人员档案”窗口界面

人员批量增加

选择	部门
✓	董事会
✓	经理室
✓	财务部
✓	人力部
✓	资产部
✓	供应部
✓	东海区
✓	南海区
✓	北海区
✓	物流部

选择	薪资部门	编码	姓名	人员类别
✓	董事会	101	吴刚	管理人员
✓	经理室	201	赵经理	管理人员
✓	财务部	301	钱会计	管理人员
✓	财务部	302	孙出纳	管理人员
✓	人力部	401	李人事	管理人员
✓	资产部	501	周资产	管理人员
✓	供应部	601	吴采购	管理人员
✓	东海区	701	郑销东	管理人员
✓	南海区	702	郑销南	管理人员

确定　取消　全选　全消

批量增加人员档案

图 5-13　“人员批量增加”对话框界面

5

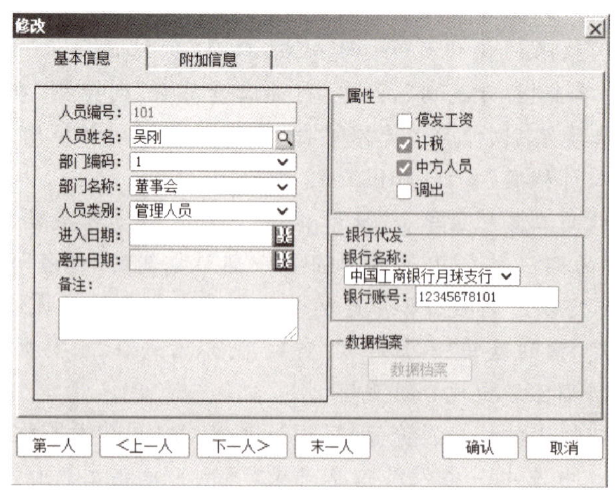

现场录入人员档案

图 5-14　“人员档案”卡片对话框界面

在“修改”对话框的“基本信息”页签界面打开“银行名称”下拉框/选择银行(中国工商银行月球支行)/录入账号(12345678101),如图5-14所示/打开“附加信息”页签/录入学历(博士)和技术职称(高级经济师)(身份证号省略)/单击[确认]按钮保存这位职员的信息/单击对话框底部的[下一人]按钮,显示下一位人员信息/重复操作直到所有人员信息补充完整/最后单击“人员档案”窗口工具栏上的[退出]按钮结束操作(最后要记得关闭工资类别)。

2. 计件工资人员档案设置

对于不在批量引入人员中的职工,可以单独录入。操作步骤如下:

先打开本次要设置的人员档案从属的工资类别(计件工资)/然后单击菜单栏下方的“人员档案”,打开“人员档案”窗口/在窗口中单击工具栏上的[增加]按钮,弹出“增加”对话框,类似图5-14所示界面/录入或者参照录入人员编号、人员姓名、部门编码、部门名称、人员类别、银行名称、银行账号、附加信息等项内容,身份证号省略(901、工人壹、9、生产部、生产人员、中国工商银行月球支行、12345678901、大专、技师)/单击[确认]按钮保存这位员工的信息/重复操作,直到完成所有人员档案的设置/最后单击“人员档案”窗口的[退出]按钮结束操作(完成操作后要记得关闭工资类别)。

注 意

人员编号必须唯一;人员编号与人员姓名必须一一对应。

部门编码和部门名称必须是末级部门的编码和名称。

在录入人员基础信息的时候,“人员类别”是必选项,必须参照选择录入。如果用户单位不对人员划分类别或者部分人员不属于具体类别,则应该参照录入“无类别”项。

只有在前一小节所述的“银行名称设置”操作中设置了银行名称,这里才能选择银行名称进行录入。

人员的进入日期,是指人员进入本企业的日期。进入日期不能大于(超前于)当前的系统注册日期。

完成当前工资类别的人员档案设置以后,要在“工资”菜单的“工资类别”命令项的子菜单中单击“关闭工资类别”命令,把当前打开的工资类别关闭,再打开新的工资类别进行人员档案设置。

说明:

如果在使用工资管理系统之前,已经使用过其他子系统,如总账系统,并且已经设置了职员档案,那么在这里设置人员档案的时候,“人员姓名”“部门编码”“部门名称”“人员类别”等项都可以单击各项右端的放大镜按钮或者 ⌄ 按钮来参照或选择录入。

“进入日期”一项可以单击右边的日历按钮参照录入。

如果工资是银行代发的,则可以单击“银行名称”栏的 ⌄ 按钮打开下拉框,选择代发的银行。

“增加”或“修改”对话框中的“中方人员”栏,主要是为实行个人所得税代扣代缴,并且有外方人员的单位而设置的。由于中方人员和外方人员个人所得税扣缴的计算方法可能不同,所以扣税金额也可能不同。

可以在“备注”框里录入人员的备注信息。

(七)工资计算公式设置

工资计算公式用于计算每位员工的工资。工资计算公式应该分工资类别进行设置。

【案例5-10】 请完成001账套的工资计算公式设置。各工资类别的工资计算公式请参见附录中的实训项目四。

操作步骤如下:

5

由具有“工资管理”权限的操作员(04 李人事;口令:4)注册登录“信息门户”/单击左部主菜单上的“工资管理”,弹出“工资类别向导”对话框,并自动选中“打开工资类别”的“已建工资类别”项/选择要进行计算公式设置的工资类别(计时工资)/单击[确定]按钮转入“工资管理”主界面/单击菜单栏下方的“工资项目”弹出“工资项目设置”对话框/单击“公式设置”页签把它打开,如图 5-15 所示。

工资计算公式设置

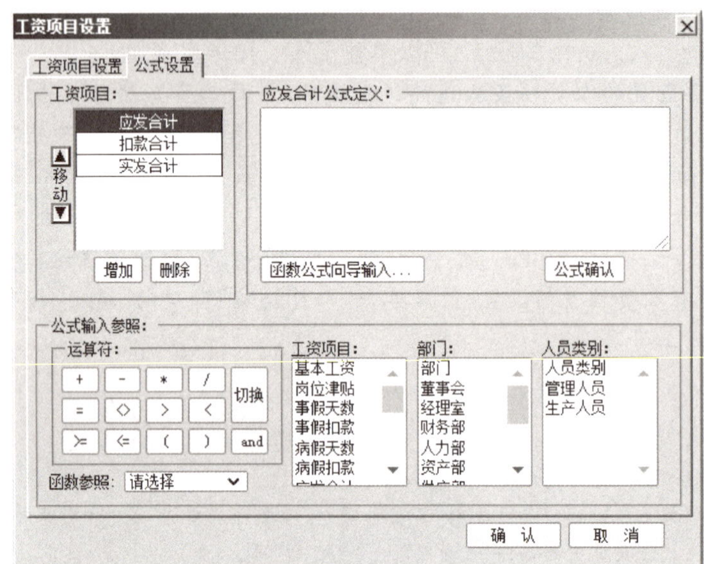

图 5-15 工资计算公式设置界面

这时候在“工资项目”窗格中看到的“应发合计”“扣款合计”“实发合计”三项是系统预设的工资项目。这三项中,“应发合计”“扣款合计”两项,金额的计算公式需要用户设置,“实发合计”项和其他未显示的系统预置项目的金额计算公式,由系统自动产生。

下面介绍事假扣款金额计算公式的设置方法。其他项目以及计件工资类别的各工资项目的金额计算公式,请参照附录中实训项目四所列的公式自己完成。

在“公式设置”页签上面一半左部“工资项目”小窗格下面,单击[增加]按钮,在小窗格中会增加一个新工资项目(不一定是需要的工资项目)/如果不是需要的工资项目,可单击项目右端的⌄箭头,打开工资项目列表/单击“事假扣款”把它加入工资项目列表/再在“工资项目”小窗格中单击一下刚选入的“事假扣款”,右部大窗格上方的标题变换为“事假扣款公式定义”/在“事假扣款公式定义”窗格中单击把它激活/在对话框下部“工资项目”窗格中,单击“基本工资”,使它显示在“事假扣款公式定义”窗格中/在对话框左下部位的“运算符”框中,单击[/]按钮使除法符号“/”显示在“基本工资”四字右边/在“/”符右边录入“22”/在“运算符”框中单击[*]按钮使乘法符号“ * ”显示在“22”的右边/再在“工资项目”窗格中单击“事假天数”使它显示在“ * ”符右边/单击“事假扣款公式定义”窗格下面的[公式确认]按钮保存这道公式/重复操作完成所有公式设置/最后单击对话框底部的[确认]按钮结束操作。

公式理解:

事假扣款金额计算公式中的“22”是月工作天数;“基本工资/22”是计算出每个工作日的工资额,再乘以事假天数就得到事假扣款的金额。

计时工资的“累计收入”项的公式“累计收入=累计收入+应发合计”中,等号是一个赋值符号，其作用是把等号右边计算所得结果送入等号左边的变量“累计收入”项中。在执行这条公式之前，“累计收入”项中存放的是到上月为止的累计收入额（本例中的月份是 1 月，本次执行运算前“累计收入”项的值为零）。执行这条公式时，把“本月应发”项中的金额加到上月为止的累计收入额中，得到本月为止的累计收入额，然后通过赋值号送回“累计收入”项中。公式执行以后，“累计收入”项中的金额更新为本月为止的累计收入额。

“累计专项扣除”“累计附加扣除”“累计减除费用”“累计已扣税额”等项的计算公式，运算原理也和“累计收入”项公式的运算原理相同。

公式“累计已纳税额＝累计已扣税额”中，变量“累计已扣税额”中这时存放的还是到上月为止的累计已扣税额（“累计已扣税额”公式还未执行）。对于 1 月份来说，其值为 0。执行完下一道公式“累计已扣税额＝累计已扣税额＋本期预扣税额”后，其中的值才更新为到本月为止的累计已扣税额，供下个月计算使用。所以，变量“累计已纳税额”中存放的，始终是到本月前一个月为止的累计已纳税额。

要注意公式的排列顺序。需要先执行计算的公式要排在后执行计算的公式的前面。例如，“应发合计”项金额的计算需要用到“事假扣款”项和“病假扣款”项的金额。因此，“事假扣款”项和“病假扣款”项的计算公式要排在“本月应发”项计算公式的前面。调整公式顺序，就是调整带公式的工资项目的顺序。调整的方法是在公式设置界面选中相应的工资项目，单击▲和▼两个箭头按钮来上移或者下移计算公式。

在对话框左上部“工资项目”小窗口中选中某个工资项目，点击［删除］按钮，可以删除这个工资项目及其计算公式。删除了一个工资项目及其计算公式以后，要注意检查和修改和这个工资项目相关的其他计算公式。系统预置的工资项目，计算公式设定以后不允许删除，但可以修改。

在设置工资项目计算公式的操作过程中，单击对话框右下部位的［取消］按钮，可以取消设置工资项目计算公式的操作。

注　意

设置公式以前一定要先完成人员档案的设置。

计算公式中的所有字符必须在半角状态下录入。

（八）代扣个人所得税设置

在计算职工工资时，需要代扣个人所得税。

随着社会发展水平和居民收入水平的提高，国家会对个人所得税的起征点以及计缴方法适时地作出调整，在会计上就需要相应地对会计信息系统的工资管理子系统中，与个税扣缴相关的设置予以修改。其中关键是修改系统预置的个税税率表，还可能需要修改相关的扣税设置，调整工资项目及相关的计算公式。工资项目及计算公式的设置在前面已经讲过了。这里讲解新道云平台上与扣缴个人所得税相关的其他项目的设置方法。

小知识

个人所得税是对个人（自然人）取得的各项所得（收入）征收的一种所得税。个人所得税的纳税义务人，既包括居民纳税义务人，也包括非居民纳税义务人。居民纳税义务人负有完全纳税的义务，必须就其来源于中国境内、境外的全部所得缴纳个人所得税；而非居民纳税义务人仅就其来源于中国境内的所得，缴纳个人所得税。

1. 累计预扣法的扣税设置

本书 001 账套中的计时工资类别，采用累计预扣法扣缴职工个人所得税。新道云平台的工资管理系统已经提供了按累计预扣法自动计算个人所得税的功能。用户只要设置好用以计税的对应工资项目，再对预置税率表上的基数值作出修改，系统就会自动计算出个人所得税税额。

【案例 5-11】 请按如下要求完成 001 账套计时工资类别个人所得税的扣税设置：

设置个人所得税计税对应工资项目为“累计应税所得”；

修改系统预置个税税率表上“基数”项的值为 0。

（1）设置个人所得税应税所得对应工资项目。

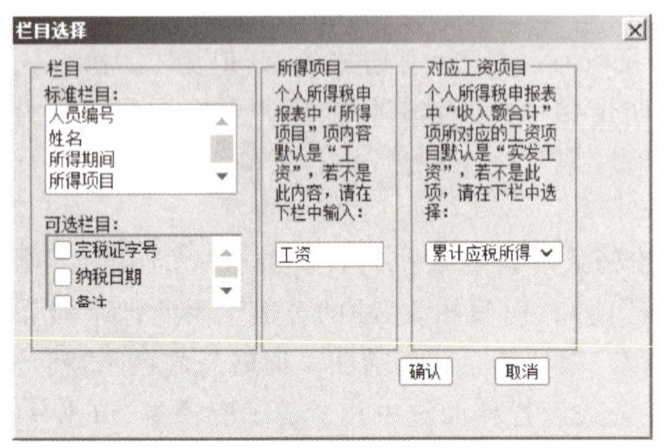

图 5-16 “栏目选择”对话框界面

由具有工资管理权限的操作员（04 李人事；口令：4）注册登录“信息门户”/进入“工资管理”主界面并打开计时工资类别/单击“扣缴个人所得税”图标，弹出“栏目选择”对话框/打开对话框右部“对应工资项目”下拉框，选择“累计应税所得”，如图 5-16 所示/单击对话框底部［确认］按钮，系统提示“是否重算数据？”单击［取消］按钮（未录入具体数据，暂不计算）打开“个人所得税扣缴申报表”窗口（先不要退出）。

说明：“累计应税所得”是我们设置的工资项目，其中存储的是累计收入减去所有税前扣除项后的金额，也就是应纳税所得额，是系统计算个税税额的依据。这里的设置操作，是把“累计应税所得” 这个工资项目中的金额，指定为系统计算个人所得税税额的依据。

（2）修改系统预置个税税率表。

小知识

非居民个人是指在中国境内无住所又不居住，或者无住所而一个纳税年度内在中国境内居住累计不满一百八十三天的个人。

在“个人所得税扣缴申报表”窗口工具栏上单击［税率］按钮，打开“个人所得税申报表—税率表”对话框，如图 5-17 所示/把“基数”框中的金额改为 0/单击对话框底部的［确认］按钮，系统提示“调整税率表后，个人所得税需要重新计算。是否重新计算？”/单击提示框上的［取消］按钮（还未输入具体工资数据，暂不计算）关闭提示框和税率表对话框/单击“个人所得税扣缴申报表”窗口工具栏上的［退出］按钮完成操作/最后关闭计时工资类别。

2. 分月预扣法的扣税设置

本书 001 账套中的计件工资类别，采用分月预扣法扣缴职工个人所得税，而新道云平台上的工资管理系统中预置的是累计预扣法，所以需要我们进行修改设置。

【案例 5-12】 请按如下要求完成 001 账套计件工资类别个人所得税的扣税设置：

设置个人所得税计税对应工资项目为“应税月工资所得”；

按照附录中实训项目四的表附-22“2019 年个人所得税税率表三（非居民个人工资、薪金所得适用）”中的数据修改系统中的个人所得税税率表。

设置个人所得税应税所得对应工资项目的方法，在前面【案例 5-11】中已经介绍过，这里着重介绍修改系统预置的个人所得税税率表的方法。

操作步骤如下：

小知识

居民个人是指在中国境内有住所，或者无住所而一个纳税年度内在中国境内居住累计满一百八十三天的个人。

把个人所得税应税所得对应工资项目设置为“应税月工资所得”以后，单击对话框底部的［确认］按钮，系统提示“是否重算数据？”时，单击提示框上的［取消］按钮，打开“个人所得税扣缴申报表”窗口/单击窗口工具栏上的［税率］按钮，打开“个人所得税申报表—税率表”对话框/在税率表中间大窗格中，双击第一行（1 级）的“应纳税所得额上限”栏激活它/把上限金额修改为 3 000.00，可以看到 2 级下限金额也随之自动修改/如果需要再用相同方法修改这一级的税率（本例不需修改）/修改 1 级的“速算扣除数”（本例中保持“0”不变）/重复以上操作把 2 级到 6 级的上限金额和速算扣除数都修改好，如图 5-17 所示/单击对话框底部的［确认］按钮，系统提示“调整税率表后，个人所得税需要重新计算。是否重新计算个人所得税？”/单击提示框上的［否］按钮（还未输入具体工资数据）关闭提示框和税率表对话框/单击“个人所得税扣缴申报表”窗口工具栏上的［退出］按钮完成操作。

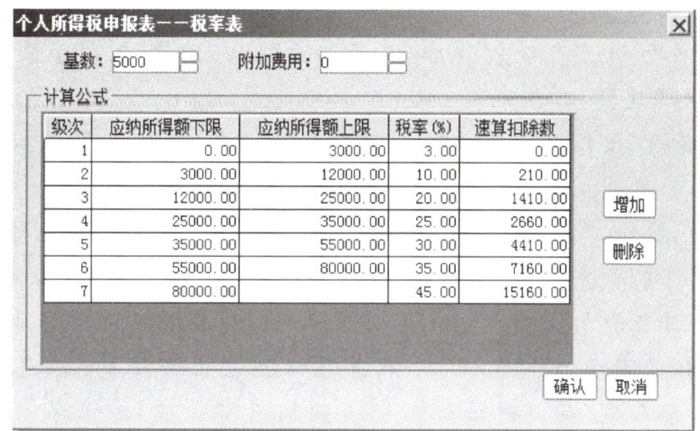

级次	应纳所得额下限	应纳所得额上限	税率(%)	速算扣除数
1	0.00	3000.00	3.00	0.00
2	3000.00	12000.00	10.00	210.00
3	12000.00	25000.00	20.00	1410.00
4	25000.00	35000.00	25.00	2660.00
5	35000.00	55000.00	30.00	4410.00
6	55000.00	80000.00	35.00	7160.00
7	80000.00		45.00	15160.00

图 5-17　“个人所得税申报表—税率表”界面

修改个人所得税税率表

税率表中的“附加费用”是对外方人员设置的，其数值（金额）应为外方人员起征点和中方人员起征点之间的差额。现行个人所得税法规定外方人员的起征点和中方人员的相同，所以这里设置为 0。

“速算扣除数”是用于快速计算个人所得税税额的参数。应纳税所得额乘以税率，再减去速算扣除数，就得到应纳税额。例如，在本例中，工人壹的应纳税所得额是 9 000－1 113（三险一金）－2 300（附加扣除）－5 000（起征点）＝587 元，乘以适用税率 3%，得到 17.61 元，减去这一级的速算扣除数 0 元，最后得到他的纳税额为 17.61 元。

新增加一级税率的时候，系统会自动把新增加这一级的下限改为等于它上一级的上限。

修改了税率表以后，如果已有工资数据，要注意重新计算代扣税额。

5

注　意

如果修改了“税率表”（费用基数或税率），就需要到“工资变动”功能中执行“计算”功能，不然的话系统仍然保留税率修改前的个人所得税税额数据，会使个人所得税的扣缴和工资的发放发生错误。

税率表中的级数标志以及各级的下限金额用户不能修改。

用户在删除税率表中某一级税率的时候，一定要注意不能跨级删除，必须从最末级开始删除。

税率表中的级次只剩一级的时候不允许再删除。

（九）设置“工资类别主管”权限

在进行工资日常管理操作之前，还必须先给从事这项工作的操作员分配“工资类别主管”权限，同时指定他可以管理（改动）哪些工资项目的数据。

在一些规模较大的企业里，由于员工众多，不同的工资类别可能分别由不同的操作员负责管理；同一个工资类别中的不同部门或者不同的工资项目，也有可能分别由不同的操作员管理。工资类别主管就是管理某一个或者某几个工资类别的操作员。“工资类别主管”权限设置，就是指定某个操作员管理哪一个或者哪几个工资类别；或者是管理某个工资类别中的哪几个部门或者哪些工资项目。“工资类别主管”权限的设置要由账套主管来做。

【案例 5-13】 设置李人事为计时工资、计件工资两个工资类别的主管，授予他两个工资类别中所有部门和所有工资项目的管理权限。

操作步骤如下：

由账套主管（01 赵经理；口令：1）注册登录“信息门户”/单击左部主菜单上的“工资管理”，弹出“工资类别向导”对话框/在“工资类别向导”对话框里单击[取消]按钮（不打开任何工资类别）转入工资管理主界面/打开“工资”菜单/在菜单上指向“设置”弹出子菜单/在子菜单上单击“权限设置”，弹出“权限设置”对话框。

在对话框左窗格的“操作员”列表中，选中要担任工资类别主管的操作员（04 李人事）/打开右上部位的“工资类别主管”下拉框/选择这个操作员主管的工资类别（计时工资）/单击工具栏上的[修改]按钮，“工资类别主管”六字变亮/在“工资类别主管”六字左侧复选框里单击打上“√”，这个时候中间“部门管理权限”窗格里的所有部门，以及右部“项目管理权限”窗格里的所有项目都会打上“√”，如图 5-18 所示，表示指定的操作员获得了对这个工资类别所有部门和所有工资项目的管理权/单击对话框左上部位的[保存]按钮/用同样的方法让指定的操作员（李人事）获得对计件工资类别的所有管理权/保存以后单击[退出]按钮结束操作。

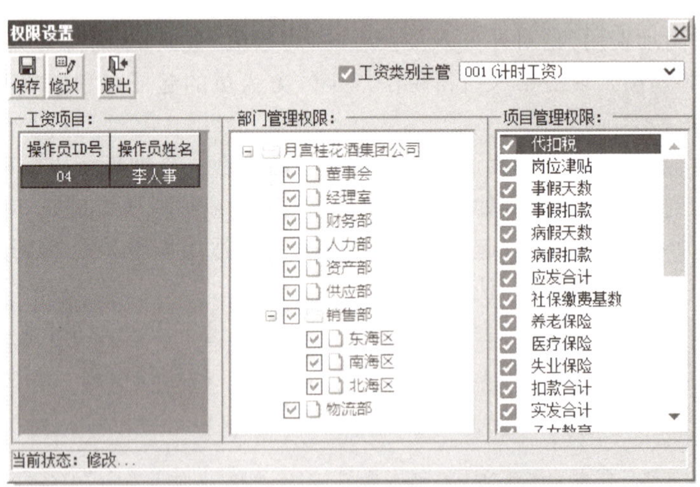

图 5-18 工资类别主管“权限设置”对话框界面

如果不准备让不是类别主管的操作员具有对当前工资类别中的某个部门或者某个工资项目的管理权限，那么只要在相应的部门或者工资项目左侧的方框中单击，把“√”去掉即可。

本节小结

工资管理系统的初始化，主要有建立工资账套、建立工资类别和进行基础设置三项工作。

其中建立工资账套包括参数设置、扣税设置、扣零设置和人员编码长度设置四项内容；建立工资类别包括录入工资类别名称和指定管理的部门两项内容；基础设置包括部门设置、人员类别设置、人员附加信息设置、工资项目设置、银行名称设置、人员档案设置、工资计算公式设置、代扣个人所得税设置等八项内容；另外还需要由账套主管进行工资类别主管的权限设置。

实　　验

完成附录中的实训项目四。

第三节　工资日常管理

工资日常管理包括工资变动，扣缴个人所得税，工资分摊、费用计提和发放工资等内容。

一、工资变动

职工的工资数据中，有些是基本不变的，如人员编号、姓名等；有些是在一段时间内基本不变的，如计时工资中的基本工资、岗位津贴，计件工资中的计件工价等；还有一些是每个月都会变动的，如计时工资中的事假、病假天数，计件工资中的计件产量等。"工资变动"就是在每个月计算各位员工的实发工资金额时，录入每个月都会变动的工资数据，而相对不变的数据，可以直接从上个月的工资数据中转入。另外，工资变动管理还包括工资项目的增加或者减少、人员的调入或者调出、基本工资标准或者计件工价的调整等项工作。

【案例 5-14】 1月5日，录入001账套计时工资类别1月份的工资变动数据，并且完成计算。具体数据请参见附录中的实训项目八。

操作步骤如下：

由具有"工资管理"权限的操作员(04 李人事；口令：4)注册登录"信息门户"/单击窗口左部主菜单上的"工资类别向导"，弹出"工资类别向导"对话框/在对话框中选择要录入工资数据的工资类别(计时工资)/单击[确认]按钮进入"工资管理"主界面/在主界面上单击"工资变动"图标打开"工资变动"窗口/在"工资变动"窗口里录入所有员工的工资数据/单击工具栏上的[计算]按钮，系统计算出所有员工的各项工资数据，如图5-19所示/单击工具栏上的[退出]按钮退出，同时结束操作(也可以先单击[汇总]按钮进行汇总后再退出)。

5

二、扣缴个人所得税

向员工发放工资的单位，是员工个人所得税的扣缴义务人，需要履行预扣员工个人所得税的义务，在发放工资时计算每位员工当期的应纳税额，并向税务机关申报。

"个人所得税扣缴申报表"显示员工当期应纳个人所得税的主要数据，可以据此向税务机关申报本单位员工当期的个人所得税。这里介绍"个人所得税扣缴申报表"的查询方法。

由具有"工资管理"权限的操作员(04 李人事；口令：4)注册登录"信息门户"/单击左部主菜单上的"工资管理"，弹出"工资类别向导"对话框/在对话框中选中需要查询个人所得税数据

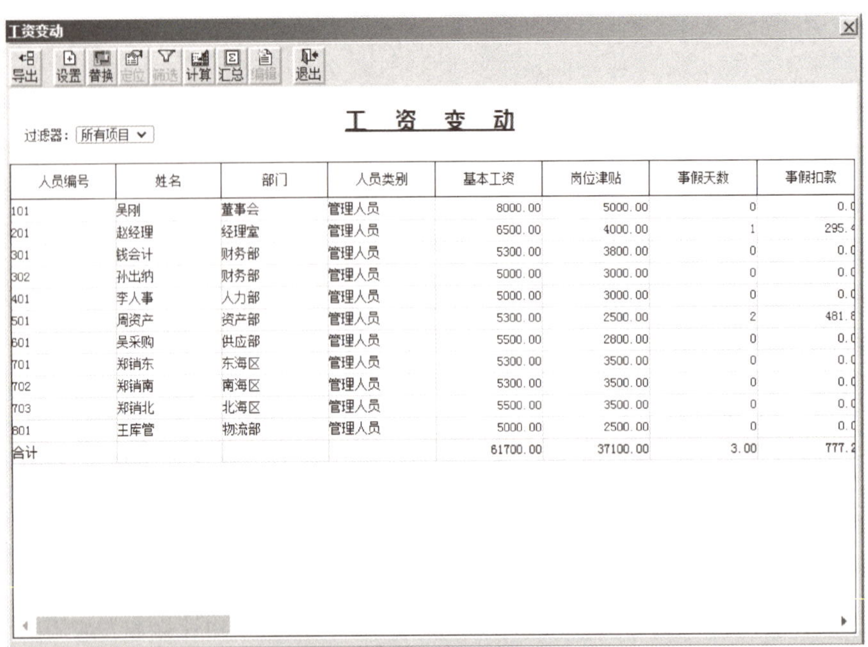
工资变动

导出 设置 替换 定位 筛选 计算 汇总 编辑 退出

工 资 变 动

过滤器：所有项目

人员编号	姓名	部门	人员类别	基本工资	岗位津贴	事假天数	事假扣款
101	吴刚	董事会	管理人员	8000.00	5000.00	0	0.0
201	赵经理	经理室	管理人员	6500.00	4000.00	1	295.4
301	钱会计	财务部	管理人员	5300.00	3800.00	0	0.0
302	孙出纳	财务部	管理人员	5000.00	3000.00	0	0.0
401	李人事	人力部	管理人员	5000.00	3000.00	0	0.0
501	周资产	资产部	管理人员	5300.00	2500.00	2	481.8
601	吴采购	供应部	管理人员	5500.00	2800.00	0	0.0
701	郑销东	东海区	管理人员	5300.00	3500.00	0	0.0
702	郑销南	南海区	管理人员	5300.00	3500.00	0	0.0
703	郑销北	北海区	管理人员	5500.00	3500.00	0	0.0
801	王库管	物流部	管理人员	5000.00	2500.00	0	0.0
合计				61700.00	37100.00	3.00	777.2

图 5-19 “工资变动”窗口界面

的工资类别（计时工资）/单击对话框底部的[确定]按钮转入工资管理主界面/单击“扣缴个人所得税”图标，弹出“栏目选择”对话框/单击对话框底部的[确认]按钮弹出提示：“是否重算数据？”/单击提示框上的[取消]按钮（没有修改相关设置，无需重算数据），转入“个人所得税扣缴申报表”界面，如图 5-20 所示。

个人所得税

栏目 税率 退出

个人所得税扣缴申报表

2022年01月

□只显示需要纳税人员　　总人数：11

人员编号	姓名	所得期间	所得项目	收入额合计	减费用额	应纳所得额
101	吴刚	1	工资	6887.00	0.00	6887.00
201	赵经理	1	工资	4091.55	0.00	4091.55
301	钱会计	1	工资	2746.09	0.00	2746.09
302	孙出纳	1	工资	-1913.00	0.00	0.00
401	李人事	1	工资	1387.00	0.00	1387.00
501	周资产	1	工资	-2294.82	0.00	0.00
601	吴采购	1	工资	-1713.00	0.00	0.00
701	郑销东	1	工资	-813.00	0.00	0.00

制单：李人事

5

图 5-20 “个人所得税扣缴申报表”界面

屏幕上“个人所得税扣缴申报表”界面显示的是简略形式的申报表，可用于核对个人所得税主要数据使用。其中“收入额合计”栏显示的金额，是我们在进行个人所得税扣缴设置时，指定的计税对应工资项目中的金额。对于本例中的计件工资类别，是工资项目“应税月工资所得”的金额；对于本例中的计时工资类别，是工资项目“累计应税所得”的金额。

“个人所得税扣缴申报表”中“减费用额”栏显示的，是设置系统税率表中“基数”项中的金额。对于本例中的计时工资类别，由于我们在设置税率表时把“基数”项的金额设置成了 0，所以计时工资类别的“个人所得税扣缴申报表”中，“减费用额”栏里显示的也是0，相应的减费用额已经体现在“累计减除费用”项的计算公式里了。还有一点，“个人所得税扣缴申报表”中，应纳税所得额＝收入额合计－减费用额，而系统税率表中计时工资类别的费用额为0，所以应纳税所得额＝收入额合计。

需要注意的是：对于本例中的计时工资类别，“个人所得税扣缴申报表”中的“扣缴所得税额”栏中的金额，是到本期为止的累计预扣税额。这个金额减去到上月为止的累计已扣税额，才是本月当期的预扣税额。

单击这个界面工具栏上的[税率]按钮，可以查询税率和速算扣除数。

三、工资分摊、费用计提和发放工资

每个月度终了，财务部门应该根据工资费用分配表，把工资费用按照用途进行分配，计入有关成本费用。如生产人员的工资需要计入生产成本；车间管理人员的工资需要计入制造费用；企业管理人员的工资需要计入管理费用等。另外，还要进行有关费用的计提，如工会经费、职工教育经费的计提等。最后编制转账会计凭证，传送到总账系统。工资管理系统的工资分摊功能，就用于处理这些业务。

工资分摊必须按工资类别进行，也就是说，在进行工资分摊操作时，要一个一个按照工资类别分开操作。在做每一个工资类别的工资分摊时，首先都要打开这个工资类别。

（一）工资费用分配

【案例5-15】 1月8日，进行001账套1月份计时工资的分摊设置。把董事会、经理室、财务部、人力部、资产部、供应部、物流部等部门人员的应发工资分摊到管理费用；把销售人员的应发工资分摊到销售费用；并且生成凭证传送到总账系统。

1. 工资计提费用类型的设置

第一次在工资管理系统里进行工资费用的分摊时，需要先进行工资计提费用类型的设置；也可以在工资管理系统初始化时完成工资计提费用类型的设置。操作步骤如下：

由具有“工资管理”权限的操作员（04李人事；口令：4）注册登录“信息门户”/在窗口左部的主菜单上单击“工资管理”，弹出“工资类别向导”对话框/在“工资类别向导”对话框里选中要分摊工资的工资类别（计时工资）/单击[确定]按钮转入“工资管理”主界面/单击“工资分摊”图标弹出“工资分摊”对话框，如图5-21(a)所示。

在“工资分摊”对话框中单击底部的[工资分摊设置]按钮，弹出“分摊类型设置”对话框，如图5-21(b)所示/单击“分摊类型设置”对话框的[增加]按钮，又弹出“分摊构成设置”对话框第一界面/在“计提类型名称”文本框中录入计提类型名称（工资分摊）/在“分摊计提比例”增量框中设置计提的比例（100%），如图5-21(c)所示/单击[下一步]按钮弹出“分摊构成设置”对话框第二界面。 5

在“分摊构成设置”对话框第二界面中双击“部门名称”栏显示放大镜按钮/单击放大镜按钮打开“部门名称参照”窗口/在参照窗口中选择部门（董事会、经理室、财务部、人力部、资产部、供应部、物流部）/单击参照窗底部[确认]按钮返回“分摊构成设置”对话框/双击“人员类别”栏显示✔箭头/单击✔箭头打开下拉框选择人员类别（管理人员）/双击“项目”栏显示✔箭头/单击✔箭头打开下拉框，选择作为分摊基数的工资项目（应发合计）/（人员类别和项目已经显示时前两步可以省略）/双击“借方科目”栏显示放大镜按钮/单击放大镜按钮打开“科目参照”窗/在“科目参照”窗里选择借方科目（66020101管理费用——应付职工薪酬——工资）/

工资分摊

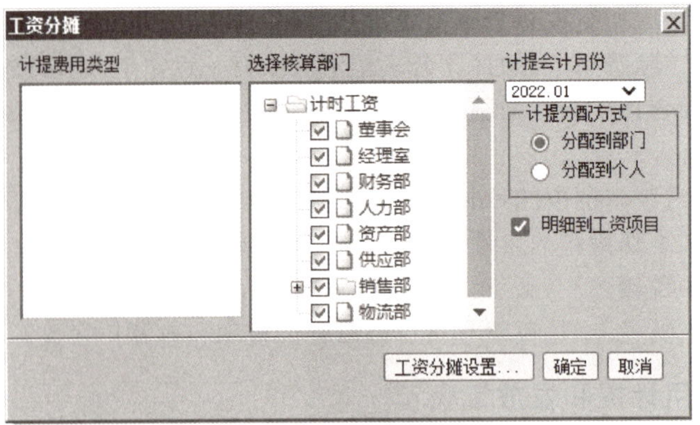

图 5-21(a)

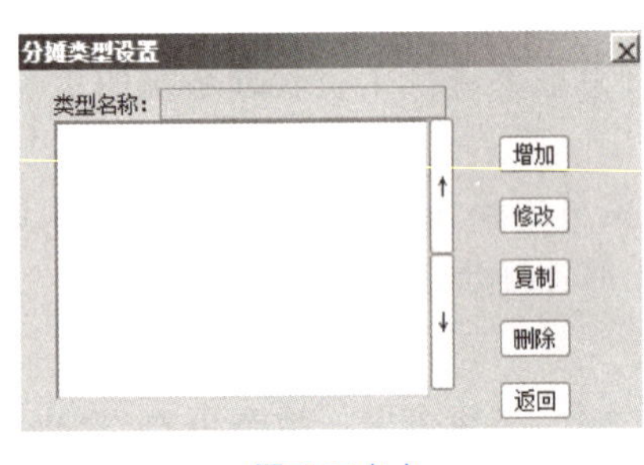

图 5-21(b)

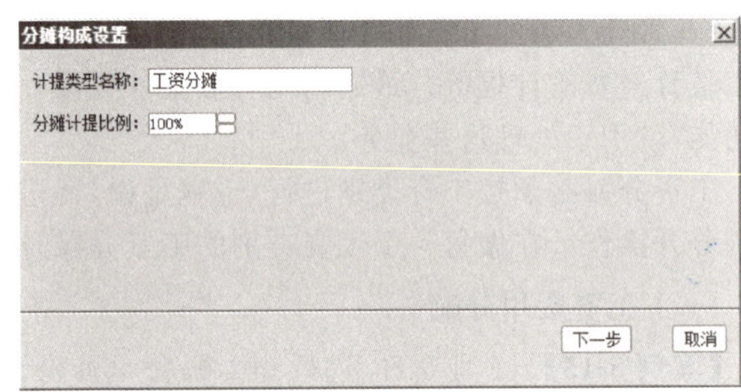

图 5-21(c)

图 5-21 工资分摊操作界面

单击参照窗右部的[确定]按钮把这个科目填入/双击"贷方科目"栏显示放大镜按钮/单击放大镜按钮打开"科目参照"窗口/在"科目参照"窗口里选择贷方科目(221101 应付职工薪酬——工资),如图 5-22 所示/双击第二行的"部门名称"栏,打开参照窗选择部门(东海区、南海区、北海区)/设置借方科目(6601 销售费用)和贷方科目(221101 应付职工薪酬——工资)/单击对话框底部的[完成]按钮回到"分摊类型设置"对话框/在"分摊类型设置"界面单击[返回]按钮回到"工资分摊"对话框,这时在"工资分摊"对话框左部"计提费用类型"窗格中,可以看到刚刚设置的计提费用类型。

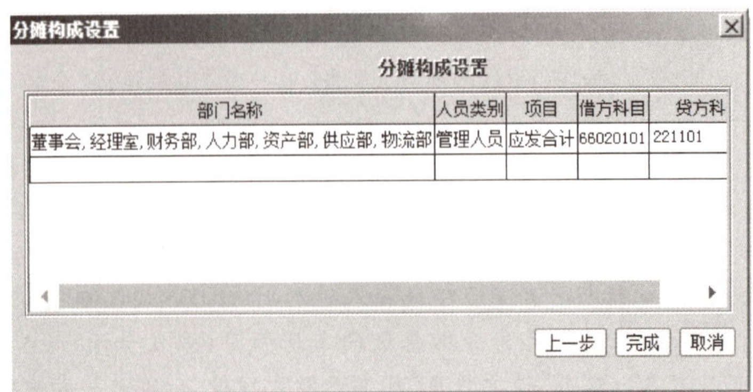

分摊构成设置

部门名称	人员类别	项目	借方科目	贷方科
董事会,经理室,财务部,人力部,资产部,供应部,物流部	管理人员	应发合计	66020101	221101

图 5-22 "分摊构成设置"对话框第二界面

在图 5-21(b)所示的“分摊类型设置”对话框中选中一个分摊类型，单击[修改]按钮可以修改这个分摊类型的具体设置；单击[删除]按钮可以删除这个分摊类型。

小技巧

在“分摊构成设置”对话框某一行上右击，可以打开快捷菜单，单击快捷菜单上的“删除当前行”命令，可以删除选中的一行。

2. 工资费用分摊的执行

设置好了工资计提费用类型，就可以执行以下具体的工资费用分摊操作了。

在“工资分摊”对话框左部“计提费用类型”窗格里，勾选一个计提费用类型(工资分摊)/在中间“选择核算部门”窗格里选择这个计提费用类型对应的核算部门(董事会、经理室、财务部、人力部、资产部、供应部、销售部、物流部)/在“选择核算部门”窗格右边选择计提分配方式(分配到部门)/勾选“明细到工资项目”复选项/单击[确定]按钮转入“工资分摊明细”窗口/在“工资分摊明细”窗口里打开“类型”下拉框选择计提费用类型(工资分摊)，如图 5-23 所示/勾选工具栏下方“合并科目相同、辅助项相同的分录”项/单击工具栏上的[制单]按钮生成凭证/把凭证类别字设置为“转”/检查其他数据确认正确以后，单击凭证界面工具栏上的[保存]按钮保存凭证，凭证左上部位显示红色的“已生成”标志，系统提示“保存成功!”/单击提示框上的[确定]按钮关闭提示框/单击凭证界面工具栏上的[退出]按钮返回“工资分摊明细”窗口/再单击“工资分摊明细”窗口工具栏上的[退出]按钮结束操作/最后要记得关闭工资类别。

说明：

在“分摊构成设置”对话框第二界面中，同一个计提费用类型里，一次可以在“部门名称”栏设置多个部门；在“分摊构成设置”对话框第二界面和“工资分摊明细”窗口中，也可以直接录入借方科目和贷方科目的科目代码。

在“工资分摊明细”窗口中，如果选中“合并科目相同、辅助项相同的分录”项，那么在制单的时候，会按相同科目和相同的辅助项把分录进行合并。

工资分摊明细

重选　制单　批制　退出

工资分摊一览表

☑合并科目相同、辅助项相同的分录

类型：工资分摊

计提会计月份：2022.01

部门名称	人员类别	工资项目	工资分摊				
			计提基数	计提比例	计提金额	借方科目	贷方科目
董事会	管理人员	应发合计	13000	100	13000	66020101	221101
经理室	管理人员	应发合计	10204.55	100	10204.55	66020101	221101
财务部	管理人员	应发合计	16859.09	100	16859.09	66020101	221101
人力部	管理人员	应发合计	8000	100	8000	66020101	221101
资产部	管理人员	应发合计	7318.18	100	7318.18	66020101	221101
供应部	管理人员	应发合计	8300	100	8300	66020101	221101
东海区	管理人员	应发合计	8800	100	8800	6601	221101
南海区	管理人员	应发合计	8800	100	8800	6601	221101
北海区	管理人员	应发合计	9000	100	9000	6601	221101
物流部	管理人员	应发合计	7386.36	100	7386.36	66020101	221101

记录数：10　　□已经制单

图 5-23　“工资分摊明细”窗口界面

凭证生成以后，重新进入“工资分摊明细”窗口，会看到所有数据记录的底色显示成鲜绿

5

色，表示当前显示的计提费用类型已经完成了制单。

注 意

制单日期必须大于或者等于总账系统中已有凭证的最大日期。

工资凭证生成后，要记得由具有相关权限的操作员在总账系统中完成审核和记账。出纳凭证还应由出纳员完成签字。

(二) 费用计提和发放工资

费用计提设置和执行的操作方法，与工资费用分摊设置及执行的操作方法基本相同，区别主要在于计提比例的设置上。例如，国家规定工会经费按应付工资总额的 2%计提。进行工会经费计提设置时，在图 5-21(c)所示的“分摊构成设置”对话框的“计提类型名称”框录入“计提工会经费”，把“分摊计提比例”增量框中的计提比例调整为 2%；在图 5-22 所示的“分摊构成设置”对话框界面，把借方科目设置成“66020104 管理费用——工会经费”，把贷方科目设置成“221104 应付职工薪酬——工会经费”即可。

【案例 5-16】 1 月 8 日，计提 001 账套 1 月份计时工资类别的工会经费和职工教育经费。工会经费按职工当月应发工资总额的 2%计提；职工教育经费按职工当月应发工资总额的 2.5%计提。

请自己完成这个案例。

【案例 5-17】 1 月 8 日，开出转账支票一张(支票号 201002)，连同工资发放清单交给工商银行月球支行，委托代发工资。请填制(生成)发放工资凭证。

这项工作，也用工资管理系统的“工资分摊”功能来完成，操作步骤可以参照前面【案例 5-15】中的讲解。需要注意的主要有两点：一是在做工资分摊类型设置时，要选择“实发工资”项目作为分摊基数；二是分摊计提比例应该设置为 100%。借方科目是 221101 应付职工薪酬/工资；贷方科目是 100201 银行存款/工商银行；摘要可以用“发放工资”；支票存根和银行进账单附到计时工资类别凭证上，所以计时工资凭证附单据数是 3(支票存根、银行进账单、工资表)，计件工资凭证附单据数是 1(工资表)；再就是要按计时、计件工资类别分两次做。

这个案例也请自行完成。

凭证生成后，要记得由具有相关权限的操作员在总账系统中分别完成审核和记账。

本节小结

本章介绍的工资日常管理功能包括工资变动，扣缴个人所得税，工资分摊、费用计提和发放工资等项内容。

实 验

完成附录中的实训项目八。

5

第四节 工资报表和凭证管理

工资报表包括工资发放签名表、工资发放条、工资卡、部门工资汇总表和人员类别汇总表。这些报表是系统提供的原始工资表，用于本月工资的发放和统计。

在新道云平台上，除了工资发放签名表，其他工资报表都处于关闭状态。下面介绍工资发放签名表，其他几种工资报表的相关操作和工资发放签名表的操作类同。

一、工资发放签名表

工资发放签名表是在发放工资时供领取人员签名使用的工资表。在工资发放签名表中，每位员工的工资数据占用一行，每行的最后有“签名”项。员工领到工资并且确认无误后，亲手在“签名”栏签下自己的姓名，证明已经领到工资。对于用现金发放工资的单位，每个月完成工资计算以后都需要打印出工资发放签名表供工资发放工作人员使用。

操作步骤如下：

由具有“工资管理”权限的操作员(04 李人事；口令：4)注册登录“信息门户”/单击菜单栏上的“工资”，弹出“工资类别向导”对话框/在“工资类别向导”对话框中选择本次要打印工资发放签名表的工资类别(计时工资)/单击对话框底部[确定]按钮进入工资管理主界面/打开“工资”菜单/指向“统计分析”弹出二级子菜单/在二级子菜单上指向“账表”弹出三级子菜单/在三级子菜单上单击“工资表”，弹出“工资表”对话框，如图 5-24 底层所示/在对话框中点选“工资发放签名表”/单击对话框右部的[查看]按钮弹出“工资发放签名表”对话框/在“工资发放签名表”对话框的“请选择若干部门”窗格中，勾选需要打印工资发放签名表的部门，如图 5-24 顶层所示/单击[确认]按钮，系统就会显示指定部门的工资发放签名表/查询结束后，单击“工资发放签名表”窗口工具栏上的[退出]按钮关闭窗口。

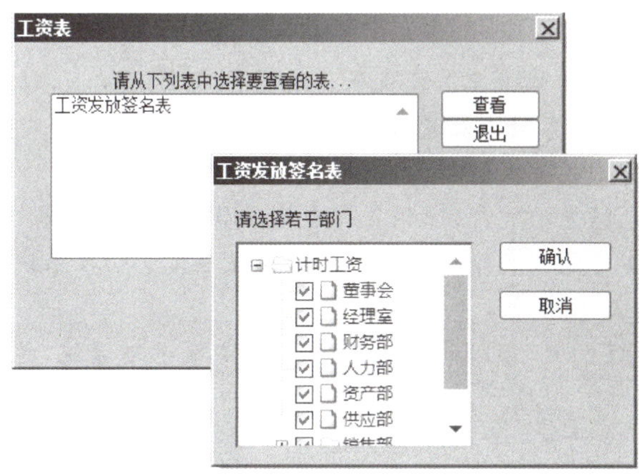

图 5-24 “工资表”和“工资发放签名表”对话框界面

在“工资发放签名表”窗口，打开“部门”下拉框，可以选择要查询或者打印工资发放签名表的部门；打开“会计月份”下拉框，可以选择是查询或者打印当月的工资发放签名表，还是查询打印其他某个月份的工资发放签名表；单击工具栏上的[输出]按钮，可以把工资发放签名表输出为 Excel 数据表文件保存到本地机硬盘上，供线下查询或打印使用。

5

二、工资凭证管理

在工资管理系统中，可以查询由这个系统生成并且传送到总账系统的凭证，也可以冲销或者删除由这个系统生成的凭证。

(一) 查询凭证

查询凭证必须按工资类别进行，所以在查询前要先打开需要查询凭证所属的工资类别。

操作步骤如下：

打开本次要查询凭证所属的工资类别(计时工资)/打开“工资”菜单/指向“统计分析”弹出子菜单/单击子菜单上的“凭证查询”进入“凭证查询”界面。

分别打开“期间”的两个下拉框,选择要查询凭证的起始月和终止月/系统按每张凭证一行的形式把所选期间的所有凭证在中间大窗格中列出/在凭证记录列表中选中一张凭证的记录/单击工具栏上的[查看]按钮就可以看到这张凭证的全貌。

(二) 冲销凭证

在“凭证查询”界面选择需要冲销的已记账凭证记录/单击工具栏上的[冲销]按钮,系统提示“是否要对当前凭证作红字冲销?”/单击[确定]按钮就可以自动生成所选凭证的红字冲销凭证/保存这张红字凭证(审核和记账在总账系统中完成)。

(三) 删除凭证

在“凭证查询”界面选择要删除的凭证记录/单击工具栏上的[删除]按钮,就可以删除所选凭证。

注 意

冲销凭证操作只适用于已经记账的凭证。删除凭证操作只适用于未审核的凭证。

畅捷通云平台上,“凭证查询”界面工具栏上[冲销]和[删除]按钮已经关闭(灰色显示),不能使用。

本节小结

各种工资报表是工资管理工作的成果。工资报表上的数据,对于企业决策层了解本企业的工资结构、工资总额以及变动情况,调整和控制用工成本,起着关键的作用。会计人员要注意掌握好相关操作。

工资凭证管理包括查询凭证、冲销凭证和删除凭证,其相关操作只对工资管理系统生成的凭证有效。工资凭证的修改、冲销和删除,要在工资管理系统中进行。

实 验

引入教学资源中【案例 5-17】的备份数据,进入工资管理系统,练习查询工资发放签名表和工资凭证。

第五节 期 末 处 理

在月末,需要把当月数据经过处理以后结转到下个月。除了 12 月份,每个月工资数据处理完毕以后,都可以进行月末结转。12 月份的月末结转要通过年末结转来实现。

职工的工资数据中,有一些数据在某个阶段是相对稳定的,如基本工资、岗位津贴这些项目的金额;还有工资的计算公式,一般也是相对稳定的。在进行后一个月工资数据处理时,可以利用前一个月的工资数据,只需要把其中每个月要变动的数据,如事假天数、病假天数等项目清零以后重新录入,其他项目的数据保持不动。这样,可以减少工作量,提高工作效率。“月末处理”功能就是用于这项工作的。

【案例 5-18】 1 月 31 日,完成 001 账套 2022 年 1 月工资账的月末结转。

由具有“工资管理”权限的操作员(04 李人事;口令:4)注册登录“信息门户”/在菜单栏上单击“工资”,弹出“工资类别向导”对话框/在对话框里选中要作月末处理的工资类别(计时工资)/单击对话框底部的[确定]按钮,进入工资管理系统主界面/打开“工资”菜单/指向菜单上的“业务处理”命令项,弹出下级子菜单/单击子菜单上的“月末处理”弹出“月末处理”对话框,如图 5-25(a)所示。

核对当前会计期间,确认正确无误以后单击[确认]按钮,弹出“选择清零项目”对话框,如图 5-25(b)所示。

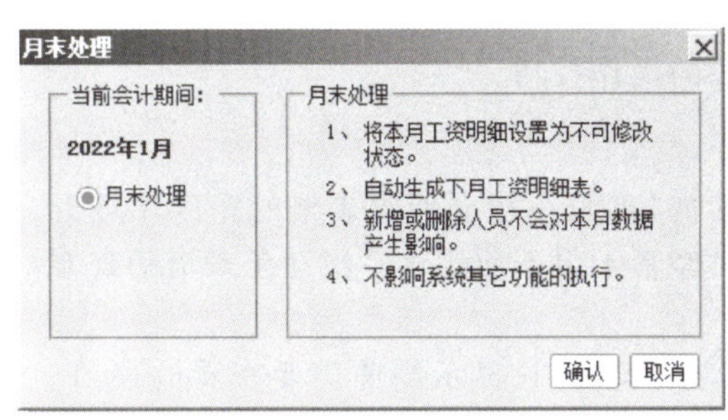

图 5-25(a)

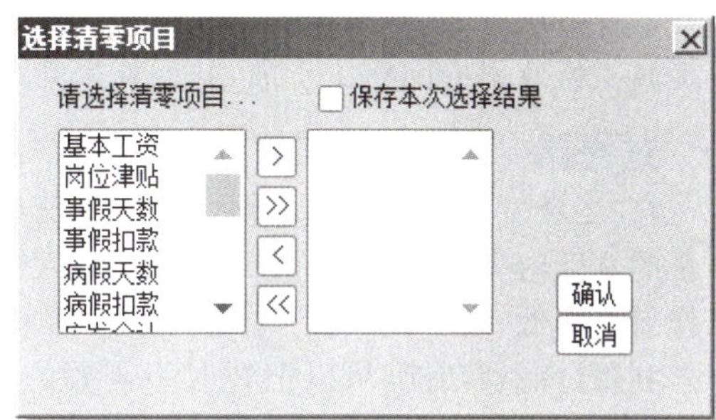

图 5-25(b)

图 5-25　月末处理界面

在“选择清零项目”对话框的左窗格中选中要清零的项目(事假天数)/单击两个窗格中间的 > 按钮把它送入右窗格/重复前两步,把其他清零项目选入(事假扣款、病假天数、病假扣款、应发合计、扣款合计、实发合计、本期预扣税额)/勾选右窗格上方“保存本次选择结果”项/单击对话框右下部位[确认]按钮,系统提示“工资类别[001]月末处理完毕!”/单击提示框上的[确定]按钮完成操作。

当在第二个月(2 月 1 日)注册进入工资管理系统进行“工资变动”操作时,就可以看到选择清零的工资项目中原来的数据已经被清空了,而其他工资项目都保持前个月的数据不变。我们只需要录入本月新的变动数据,执行[计算]就行了(请自己完成计件工资月末处理)。

注　意

月末结转只有在当月工资数据处理完毕以后才可以进行,而且只在会计年度的 1 月至 11 月进行,12 月的月末结转是在年末结转中完成的。

如果有多个工资类别,应该依次打开所有各工资类别,由各个工资类别的主管分别完成月末结转。

期末处理以后当月数据不允许再作变动。

在一个年度内,对本例中按累计预扣法预扣个税的计时工资类别,清零设置中要注意不能把几个存放累计值的工资项目中的金额清零;而在做年末结转时,则必须把所有存放累计值的工资项目中的金额清零。

在练习中计算本月数据出现错误需要重做时,也需要把所有存放累计值的工资项目中的金额清零,方法是使用“数据替换”功能,具体请参阅本章第六节第二小节的内容。

月末结账以后,系统会保存用户的清零项目设置。以后各月系统会自动执行清零,不用重新设置。

本节小结

月末结转必须在本月数据全部处理完毕以后才可以进行。

在月末结转时,可以通过设置“清零”项,以减少下月的工作量。

实　　验

把 001 账套 2022 年 1 月工资数据结转到 2 月,并依据不同工资类别所采用的工资计算和个税预扣法的特点设置清零项。

第六节 工资管理系统的其他功能

在一个新的会计期间，有时候由于单位人事的变动（新招、调入或者调出），基本工资或者计件工资标准的调整等原因，还需要对清零项以外的工资数据进行修改。另外，即使在清零项以外的数据没有变动，只需要录入事假天数、病假天数等变动数据的情况下，也还有一个进一步提高工作效率的问题。下面，我们就来介绍相关的操作技巧。

一、过滤器

在“工资变动”界面可以看到，由于工资项目多的原因，往往会使得表格的宽度比较大，在屏幕的宽度内无法看到所有工资项目，录入数据时经常不得不使用水平滚动条来滚动查看，使工作效率降低。

利用过滤器功能，可以把暂时不需要的项目隐藏起来，只显示当前需要查看的项目。例如，在经过前一个月的月末处理以后，本月只需要录入事假天数和病假天数（事假扣款和病假扣款及其他相关项目的数据由系统根据计算公式计算），就可以把其他不需要重复录入数据的项目如基本工资、岗位津贴等筛选掉，只在屏幕上留下事假天数、病假天数两个项目和人员编号、姓名、部门、人员类别四个系统固定项目。具体步骤如下：

以新月份的第一天（本例为 2022 年 2 月 1 日）为操作日期登录“信息门户”/打开一个工资类别/打开“工资变动”窗口/打开“过滤器”下拉框/在下拉框里选择“过滤设置”，弹出“项目过滤”对话框，如图 5-26 所示。

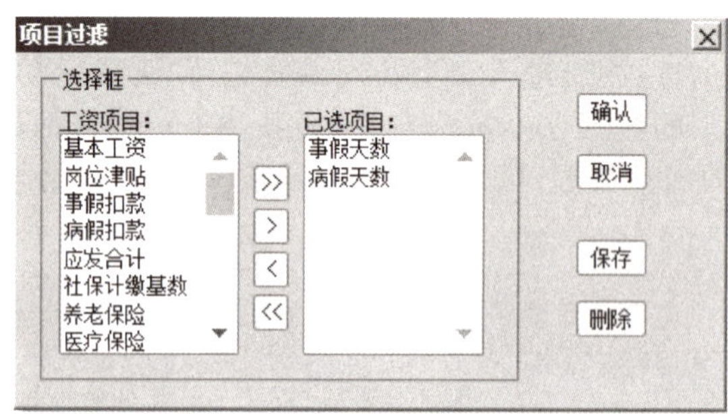

图 5-26 “项目过滤”对话框界面

在对话框的左窗格工资项目列表中选择需要保留的项目（本例是“事假天数”）/单击两个窗格之间的 [>] 按钮把选择的工资项目送入“已选项目”窗格里/重复前两步操作直到把所有需要保留的工资项目选择完成（本例是“病假天数”）/最后单击对话框右部的[确认]按钮返回。

这时候可以看到在“工资变动”窗口中，除了人员编号、姓名、部门、人员类别四个固定项目，其他项目中就只剩下了过滤出来的项目（“事假天数”和“病假天数”两项）。

二、数据替换

有时，需要对所有人员的某项数据进行统一的修改，例如，所有管理人员的基本工资增加 300 元；又如，计件工资中的单件工资标准提高 0.10 元等。可以利用系统提供的“数据替换”功能来进行这项工作，避免一个一个地重复修改工资数据。操作步骤如下：

在“工资变动”窗口的工具栏上单击[替换]按钮，弹出“数据替换”对话框，如图 5-27 所示。

打开对话框的“将项目”下拉框/选择要替换数据的工资项目（基本工资）/在“替换成”窗格里录入替换公式（基本工资＋300）/在“条件”组中打开左段下拉框/选择一个项目（人员类别）/打开

同一行右段的下拉框/选择人员类别(管理人员),如图 5-27 所示/单击对话框右上部位的[确认]按钮,系统提示"替换成功,共替换 * * 条记录,是否刷新工资变动数据?"/确认替换公式和条件设置正确以后,单击提示框上的[确定]按钮,系统会替换所有符合条件员工的基本工资金额。

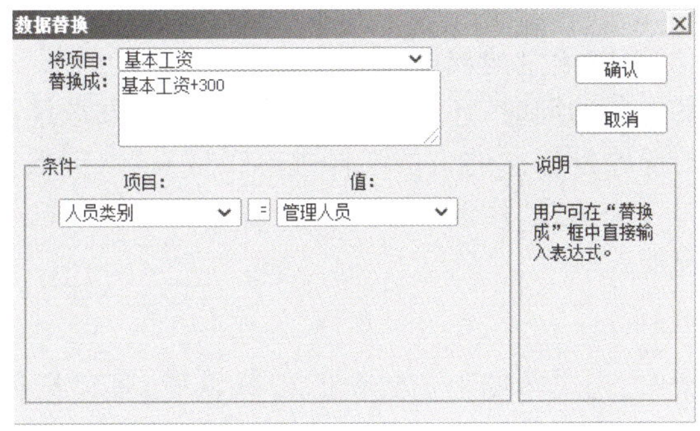

图 5-27 "工资项数据替换"对话框界面

注 意

对于采用累计预扣法代扣个人所得税的工资类别,数据替换操作应在上月工资数据结转,并且本月工资变动数据录入以后,计算之前进行,否则可能会发生工资数据计算错误。

三、人员档案管理

人员档案是按工资类别管理的,所以要由具有"工资管理"中"人员档案"权限的操作员注册登录,打开需要的工资类别以后再进行相关操作。

(一) 删除人员的操作

在"工资"菜单上指向"设置"弹出下级子菜单/在子菜单中单击"人员档案"打开"人员档案"窗口/选中要删除的人员记录/单击工具栏上的[删除]按钮。

注 意

删除一名员工以后,这名员工的所有档案信息都会被删除。

(二) 人员调出的处理

在"人员档案"窗口选中调出的人员/用鼠标单击工具栏上的[修改]按钮打开这位员工的工资档案卡片/勾选"基本信息"页签中的"调出"复选项,这个时候卡片上所有项目都会变成暗淡显示,同时"离开日期"项转成可录入状态/鼠标单击这一栏右端的日历按钮/选择或者直接录入人员调出的日期/单击对话框底部的[确认]按钮保存人员调出信息/单击[取消]按钮完成操作。

此时可以看到"人员档案"中这个人员的"工资停发"一栏中注明了"调出"。

员工退休和离休也可以按调出的方法处理。

5

注 意

调出人员在调出的当月,系统就不再计算他的工资。

可以在加上调出标志的当月,还没有做月末结算以前,取消调出人员的调出标志。做完月或者年的结算处理以后,调出标志就无法取消。

(三) 人员档案的修改

在"人员档案"窗口中把光标定位到需要修改信息的人员记录行上/鼠标单击工具栏上的[修改]按钮(或者单击鼠标右键,选择右键菜单中的"修改")弹出"修改"对话框/在"修改"对话框中修改相关信息/鼠标单击[确认]按钮/再单击[取消]按钮完成操作。

说明：

可以对人员的姓名进行更改。

分别单击[第一人][＜上一人][下一人＞][末一人]等按钮，可以找到其他需要修改信息人员的档案卡片，进行人员档案信息的修改。

用户在填写人员档案信息的同时，还可以根据员工的工资发放情况，为某些特殊人员的工资实行“工资停发”。有工资停发标志的人员不再进行工资发放，但保留人员档案，以后可以恢复发放。停发工资的操作方法是在“修改”对话框的“基本信息”页签上勾选停发工资员工档案信息中的“停发工资”复选框。

四、导出工资数据

在执行“工资变动”操作、完成本期工资数据的计算以后，可以把得到的计算结果，从云端系统中导出（下载）存放到本地机的硬盘上，方便日后需要时查询或打印。

导出工资数据的操作步骤如下：

在“工资变动”窗口，单击工具栏上的[导出]按钮，系统生成当期的工资数据文件，存放到本地机硬盘上，同时在浏览器窗口的左下角显示文件名（工资变动表.xls）/单击文件名右侧的^按钮，弹出菜单/单击菜单上的“在文件夹中显示”命令，打开工资变动表.xls文件所在的文件夹/在文件夹中选中“工资变动表.xls”文件/把它复制或移动到永久保存的位置（本例中保存到“D:\账套备份”文件夹）/单击浏览器窗口右下角的×按钮取消文件名显示。

打开保存好的“工资变动.xls”文件，就可以查看当期的工资数据，并且可以用Excel的打印功能把它打印出来。

注　意

上述导出工资数据文件的操作，以谷歌浏览器环境下的界面为依据。如果使用的是其他浏览器，操作界面可能会略有差异。

本节小结

本节介绍了工资项目过滤、数据替换、人员档案管理、工资变动表导出等功能及其操作方法。熟练掌握这些功能的使用，对工资档案和数据的管理会有很大帮助。

实　验

进行本节介绍的各项功能的操作练习。

第六章 固定资产管理

固定资产是企业生产经营不可缺少的物质条件，是企业的重要物质技术基础。固定资产管理系统的任务就是要在保证固定资产完整无损的前提下，充分发挥它的效能，达到增加产品产量、提高产品质量、降低生产成本、提高经济效益的目的。

固定资产管理的主要内容有：系统初始化、固定资产变动、固定资产折旧、固定资产的增加和减少、固定资产凭证管理、固定资产管理的月末处理。

第一节 固定资产管理系统的初始化

在前面几章中，我们还没有设置管理固定资产系统的操作员，另外，也只启用了总账、发票管理和工资管理三个子系统；因此，这里首先需要增加设置一位管理固定资产系统的操作员，同时启用固定资产管理系统。

【案例 6-1】 设置固定资产系统的操作员，编号：05；姓名：周资产；口令：5；部门：资产部。分配周资产具有"固定资产"管理的所有权限（系统管理员 admin）；并且启用"固定资产"系统（账套主管 01 赵经理；口令：1；启用日期：2022 年 1 月 1 日）。

设置操作员、分配权限和启用系统的操作前面已经学过。请自己完成这个案例。

设置好操作员并且分配了权限，启用了固定资产系统以后，就可以到固定资产管理系统里面进行模块的初始化工作了。

固定资产系统初始化，是根据单位的具体情况，建立一个符合企业财务工作要求的固定资产账套的过程。固定资产系统在初次使用时，必须经过初始化，才能用于固定资产的日常管理。

固定资产系统初始化工作的内容包括建立固定资产账套和基础设置。其中，建立固定资产账套包括账套的启用日期、主要折旧方法和折旧汇总分配周期、资产编码等项设置；基础设置包括卡片项目和样式、折旧方法、部门、资产分类、使用状况、增减方式等项设置。

一、建立固定资产账套

【案例 6-2】 001 账套的固定资产子账套参数如下，请完成建账工作。

账套启用月份：2022 年 1 月。

本账套计提折旧。

主要折旧方法：平均年限法（一）。

折旧汇总分配周期：1 个月。

资产级别编码方式（编码长度）：2112。

固定资产编码方式：自动编码；类别编码＋部门编号＋序号；序号长度：3。

固定资产对账科目：1601 固定资产；累计折旧对账科目：1602 累计折旧。

不勾选“对账不平衡情况下允许固定资产月末结账”。

操作步骤如下：

由具有“固定资产”管理权限的操作人员（05 周资产；口令：5；日期：2022 年 1 月 1 日）注册登录“信息门户”/在窗口左部的主菜单上单击“固定资产”，系统提示“这是第一次打开此账套，还未进行过初始化，是否进行初始化？”/单击提示框上的［确定］按钮，弹出“固定资产初始化向导”界面之一“约定及说明”对话框。

建立固定资产账套

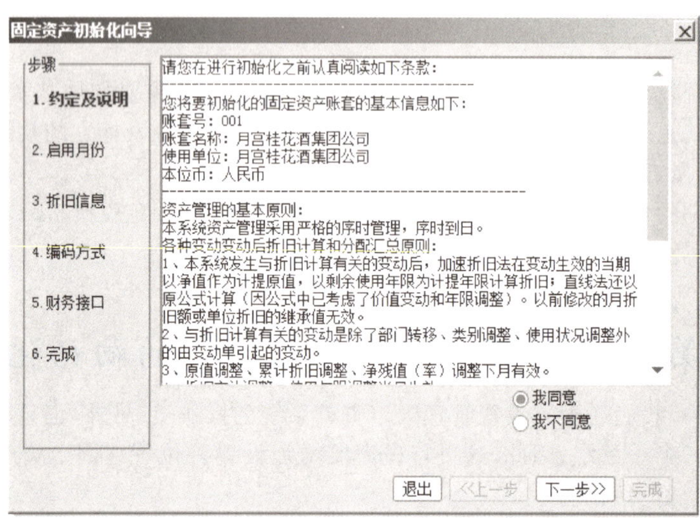

图 6-1 “固定资产初始化向导”界面之一——“约定及说明”对话框

在“约定及说明”对话框右下部位点选“我同意”单选项，如图 6-1 所示/单击［下一步］按钮转入“2.启用月份”对话框，如图 6-2 所示。可以看到在“账套启用月份”下拉框里已经显示“2022.01”。

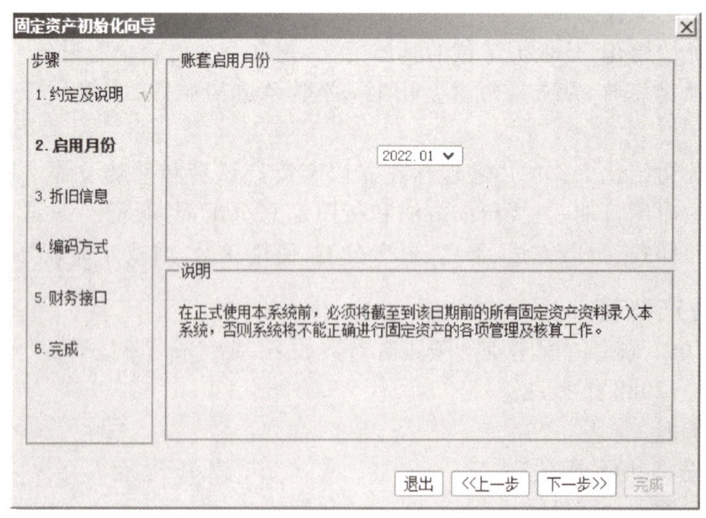

图 6-2 “固定资产初始化向导”界面之二——“启用月份”对话框

直接点击[下一步]按钮转入"3.折旧信息"对话框/打开"主要折旧方法"下拉框/选择企业使用的主要折旧方法(平均年限法(一)),如图 6-3 所示/其他选项保持系统默认设置不变/单击[下一步]按钮转入"4.编码方式"对话框。

在"编码方式"对话框,依次把鼠标指向"资产类别编码方式"中第 1、2、3、4 级的编码长度框,使用 ÷ 按钮调整确定各级编码长度("2112"国家规定方案)/在"固定资产编码方式"组中选择编码方法(自动编码)/打开右部下拉框选择编码结构(类别编号+部门编号+序号)/在"序号长度"增量框中设置序号长度(3),如图 6-4 所示/单击[下一步]按钮转入"5.财务接口"对话框。

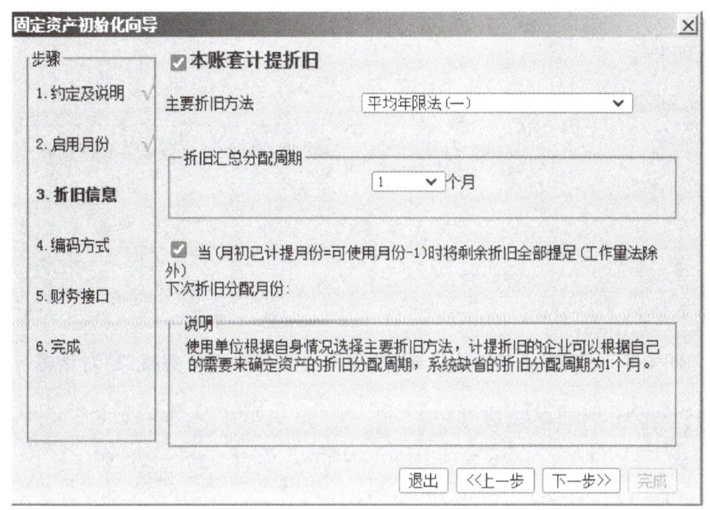

图 6-3　"固定资产初始化向导"界面之三——"折旧信息"对话框

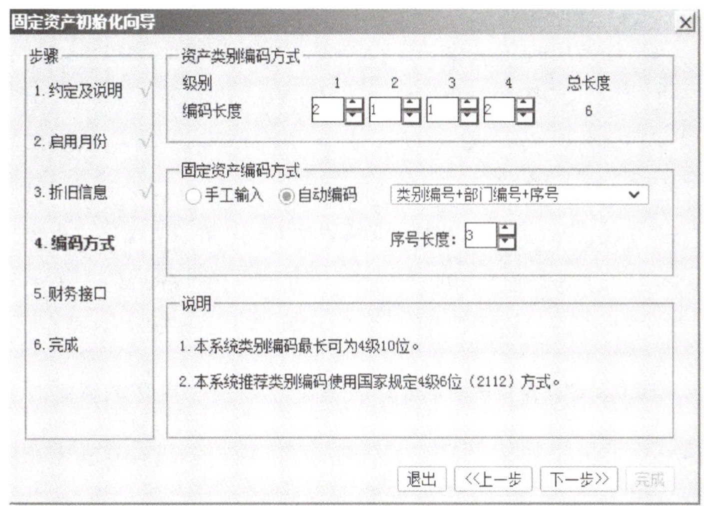

图 6-4　"固定资产初始化向导"界面之四——"编码方式"对话框

在"5.财务接口"对话框,单击"对账科目"分组中"固定资产对账科目"一项右端的放大镜按钮,打开"科目参照"窗口/在"科目参照"窗口中单击"资产"图标,展开资产类科目列表/拉动滚动条找到"1601,固定资产"科目/选中"固定资产"科目以后单击"科目参照"窗口右部的[确定]按钮,把它选入"固定资产对账科目"框里/用同样的方法选择"累计折旧对账科目"(1602,

累计折旧)/检查是否已经去掉“在对账不平衡情况下允许固定资产月末结账”项的“√”,如图 6-5 所示/单击[下一步]按钮转入“6.完成”对话框,如图 6-6 所示。

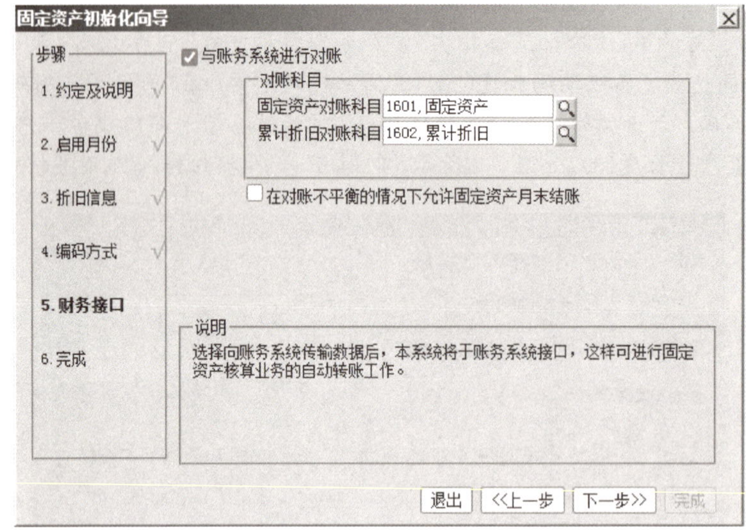

图 6-5 “固定资产初始化向导”界面之五——“账务接口”对话框

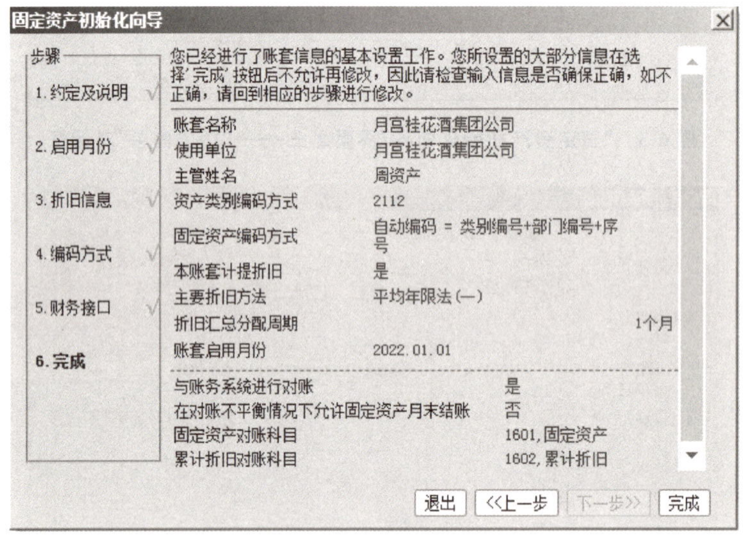

图 6-6 “固定资产初始化向导”界面之六——“完成”对话框

在“完成”对话框中列出了初始化设置的各项信息,用户可以在这里对设置结果进行检查,如果发现有错误可以单击[上一步]按钮返回修改。

确认设置正确以后,单击对话框右下角的[完成]按钮,进入固定资产系统主界面。

注 意

固定资产账套的开始使用日期,不能早于主账套的建账日期。

资产类别编码方式设定以后,如果某一级设置了具体的资产类别,那么这一级的编码长度就不能再修改。没有使用过的各级编码的长度可以修改。

说明：

小知识

固定资产的分类，可以参照现行的企业所得税法，分为房屋建筑物、机器设备、运输设备、电子设备等。

资产类别编码方式：资产类别是企业根据管理和核算的需要，对资产所作的分类。可以参照国家标准分类；也可根据企业需要自行分类。本系统类别编码最多可以设置4级10位。用户可以设定级数和每一级的编码长度。系统推荐采用国家规定的4级6位(2112)方式。

固定资产编码方式：固定资产编码是资产的管理者给资产所编的代号。“固定资产编码方式”是指在录入固定资产卡片的时候，卡片上的固定资产编号用哪一种方式录入。系统提供了“手工输入”和“自动编码”两种方式给用户选择。选择“自动编码”的时候，还需要进一步设置编码方案。系统提供“类别编号＋序号”“部门编号＋序号”“类别编号＋部门编号＋序号”“部门编号＋类别编号＋序号”四种方案由用户选择。可以根据本单位的具体情况选择其中的一种方案。这里的“类别编号”是指用户给固定资产分类以后，按照资产类别编码方式，为各类固定资产规定的编号。类别编号在后续的“资产类别设置”操作中进行。“部门编号”是指在主账套初始化的时候，进行基础设置中的部门档案设置的时候设定的部门编号。“序号”是指各个部门内的固定资产的编号。例如，某个部门一共有5项固定资产，就可以分别编为001、002、003、004、005。选择自动编码的好处是，除了录入卡片的时候方便快捷以外，更重要的是便于资产管理。在资产管理过程中，使用资产编码很容易了解资产的基本情况。

序号长度可以自由设定为1至5位。序号长度应该根据单个部门拥有固定资产的最大数量来决定。如果单个部门中拥有固定资产最多不超过99项，就可以把序号长度定为2位。

“财务接口”只有在存在对应的账务系统的情况下才可以操作。“对账”是指把固定资产系统内所有资产的原值、累计折旧金额同总账系统中的“固定资产”科目以及“累计折旧”科目的余额互相核对，看金额是否相等。可以在系统运行中的任何时机执行对账功能，如果对账不平，应注意予以调整。“财务接口”界面的其他部分不能人为设置。

固定资产和累计折旧的对账科目只能选择一级科目。

二、基础设置

在电算化固定资产管理中，可以沿用手工记账时采用的方案，但必须在初次使用固定资产系统时对固定资产账套进行设置。这些基础设置是使用固定资产系统进行资产管理和核算的基础。

固定资产系统的各个基础设置项目中，除资产分类必须完全由用户设置以外，其他各个项目都已经预先有默认的设置。如果默认设置可以满足企业对固定资产管理的需要，就不需要再作设置；如果默认设置还不能完全满足需要，则可以在系统默认设置的基础上进行修改。本小节就介绍修改的方法。

（一）部门对应折旧科目设置

固定资产计提折旧以后，必须把折旧费归入成本或者费用。根据固定资产的使用情况，有按使用部门归集的，也有按资产类别归集的。按使用部门归集时，一个部门所使用的固定资产折旧费用，一般都归集到一个比较固定的科目。部门对应折旧科目设置就是给部门指定一个折旧科目。当录入固定资产卡片时，这个科目就会自动填入到卡片中，不需要用户临时录入，这样就提高了固定资产卡片录入的工作效率；还有，部门对应折旧科目也是折旧费用的入账科目，在生成部门折旧分配表时，每一个部门内部的固定资产折旧费，会自动按照这里设置的折旧科目进行汇总，从而方便了记账凭证的制作。

做部门对应折旧科目设置以前，如果还没有在主账套的基础设置环节中完成部门档案的设置，那么就应该先用“固定资产”菜单“设置”命令项下的“部门档案”命令设置好部门档案。部门档案的设置要由账套主管来操作。

【案例 6-3】 001 账套中，生产部固定资产的对应折旧科目为“5101 制造费用”；销售部及其下级部门的对应折旧科目为“6601 销售费用”；其他所有部门固定资产的对应折旧科目均为“660204 管理费用——折旧费”。请进行部门对应折旧科目设置。

操作步骤如下：

由固定资产系统管理员(05 周资产；口令：5)注册登录“信息门户”/在左部主菜单上单击“固定资产”进入固定资产系统主界面/打开“固定资产”菜单/指向“设置”弹出子菜单/在子菜单上单击“部门对应折旧科目”，打开“部门对应折旧科目”窗口，如图 6-7 所示。

部门折旧科目设置

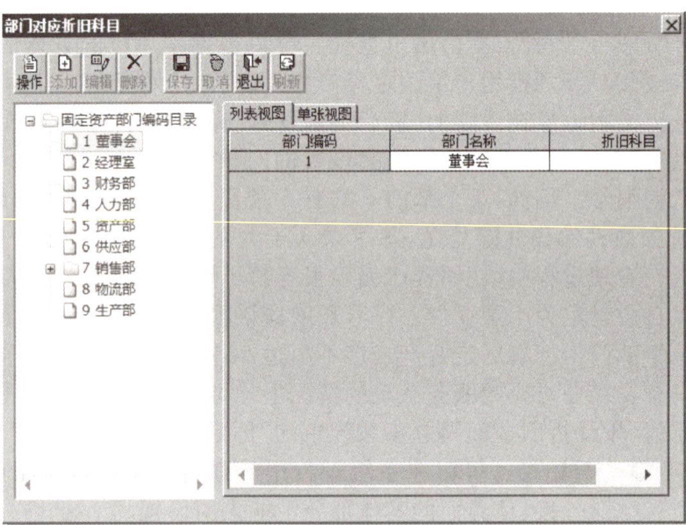

图 6-7 “部门对应折旧科目”窗口界面

在左窗格部门编码目录树中选择需要设置对应折旧科目的部门(董事会)/单击工具栏上的[操作]按钮转入“单张视图”界面，如图 6-8 所示。

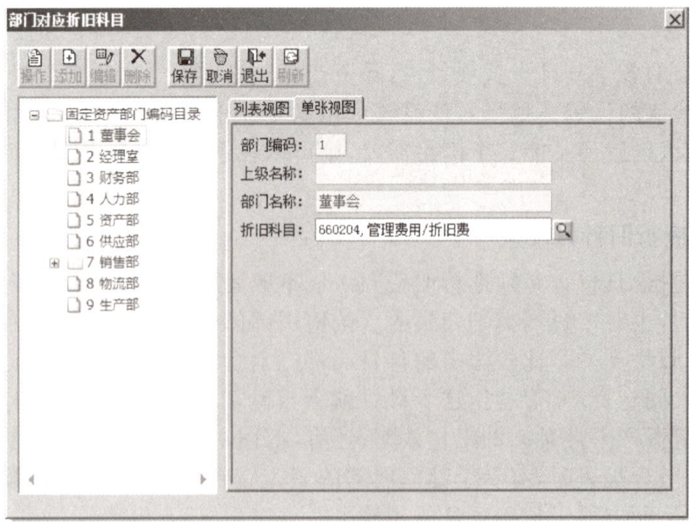

图 6-8 “部门对应折旧科目——部门编码表”窗口的“单张视图”界面

在"单张视图"界面上，单击"折旧科目"框右端的放大镜按钮，打开"科目参照"窗/在"科目参照"窗中选择折旧科目(660204 管理费用——折旧费)/单击对话框右部的[确定]按钮回到"单张视图"界面/单击工具栏上的[保存]按钮保存本项设置，同时回到"列表视图"界面/重复以上步骤，完成所有部门的对应折旧科目设置/最后单击工具栏上的[退出]按钮结束操作。

如果正在设置对应折旧科目的部门有下级部门，如本书案例里面的销售部，那么在设置好一级部门的对应折旧科目以后，单击[保存]按钮时，系统会提示"是否将[销售部]部门的所有下级部门的折旧科目替换为[折旧费用]？如果选择"是"，那么请在成功保存后点[刷新]查看。"这时要单击提示框上的[是(Y)]按钮，再单击工具栏上的[刷新]按钮，就可以看到下级部门(东海区、南海区、北海区)都设置好了和一级部门相同的折旧科目。

(二) 资产类别设置

固定资产的种类繁多，规格不一。要强化固定资产管理，及时准确做好固定资产核算，就必须科学地做好固定资产的分类，为核算和统计管理提供依据。企业可以根据自身的特点和管理要求，确定一个较为合理的资产分类方法。

资产类别的设置应该在折旧方法定义和卡片项目、卡片样式的设置以后进行。

【案例 6-4】 001 账套的资产类别如表 6-1 所示，请完成设置。

表 6-1　　001 账套资产类别设置方案

类别编码	类别名称	计提属性	折旧方法	卡片样式
01	生产设备	正常计提	平均年限法(一)	通用样式
02	办公设备	正常计提	平均年限法(一)	通用样式
03	房　　屋	正常计提	平均年限法(一)	通用样式
04	运输设备	正常计提	工作量法	通用样式

操作步骤如下：

由具有"固定资产"管理权限的操作人员(05 周资产；口令：5)注册登录"信息门户"/单击左部主菜单上的"固定资产"进入固定资产系统主界面/在菜单栏下方单击"资产类别"打开"资产类别"窗口，如图 6-9 底层所示/单击工具栏上的[添加]按钮转入"单张视图"界面/录入或者参照录入类别编码(01)、类别名称(生产设备)、使用年限(略)、净残值率(略)、计量单位(略)、计提属性(正常计提)、折旧方法(平均年限法(一))、卡片样式(通用样式)等项内容，如图 6-9 顶层所示/单击[保存]按钮保存这项设置/重复以上步骤完成其他资产类别的设置/最后单击[退出]按钮结束操作。

注　意

资产类别编码不能重复。同一个资产类别的下级资产类别，名称不能相同。

类别编码、名称、计提属性、卡片样式四项不能为空；其他各项内容是准备在录入固定资产卡片的时候作为缺省内容使用的，可以为空。

(三) 增减方式设置

资产的增减方式用于确定资产的计价原则以及处理原则。固定资产的增减方式包括增加方式和减少方式两类。增加方式一般有：直接购入、投资者投入、捐赠、盘盈、在建工程转入、融资租入等；减少方式一般有：出售、盘亏、投资转出、捐赠转出、报废、毁损、融资租出等。

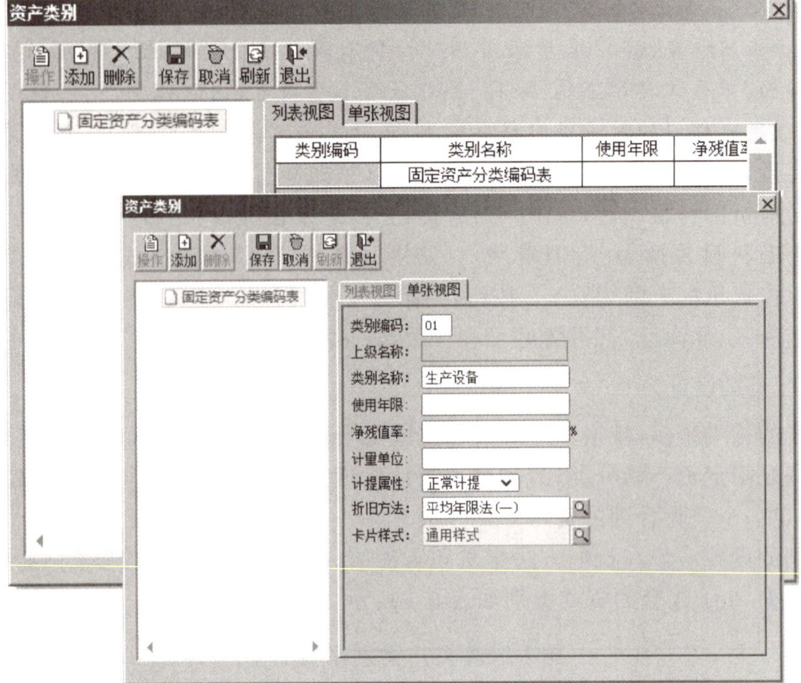

图 6-9　“资产类别”窗口界面

资产类别设置

系统已经提供了上面所讲的几种增减方式。用户可以在系统提供的增减方式的基础上，自己定义需要的增减方式。固定资产的增减方式可以设置两级。本书的实例 001 账套使用系统的默认设置。这里对增减方式对应科目的设置作一个介绍。

【案例 6-5】 001 账套固定资产增减方式对应科目如表 6-2 所示，请完成设置。

表 6-2　　001 账套固定资产增减方式对应科目

增加方式	对应科目		减少方式	对应科目	
直接购入	100201	工商银行	出售	1606	固定资产清理
投资者投入	4001	实收资本	盘亏	190102	待处理固定资产损溢
捐赠	6301	营业外收入	投资转出	1606	固定资产清理
盘盈	6901	以前年度损益调整	捐赠转出	671102	捐赠
在建工程转入	1604	在建工程	报废	1606	固定资产清理
融资租入	2701	长期应付款	毁损	1606	固定资产清理
			融资租出	1531	长期应收款

小知识

融资通常是指货币资金的持有者和需求者之间，直接或间接地进行资金融通的活动。

操作步骤如下：

由具有“固定资产”管理权限的操作人员(05 周资产；口令：5)注册登录“信息门户”/单击左部主菜单上的“固定资产”，进入固定资产系统主界面/在主界面上部(菜单栏下方)单击“增减方式”打开“增减方式”窗口，如图 6-10 所示。

"增减方式"窗口的左窗格里是系统原有增减方式的树状列表。窗口刚打开的时候，只能看到"增减方式目录表"。单击"增减方式目录表"左侧的⊞按钮，可以看到"增加方式"和"减少方式"两个一级目录。分别单击"增加方式"或者"减少方式"左边的⊞按钮，可以展开第二级目录。

"增减方式"窗口的右窗格里是增减方式名称和对应入账科目的清单。设置增减方式的对应入账科目，是为了在生成相关凭证时可以自动填入相应科目。例如，资产增加的"直接购入"方式，对应科目可以设置成"银行存款"；"投资者投入"方式的对应科目可以设置成"实收资本"。制作有关凭证时，这两个科目都会自动出现在贷方。资产减少时，对应科目可以设置成"固定资产清理"。制单时这个科目会自动出现在借方。接下来的操作如下：

小知识

盘盈和盘亏：财务会计中为了保证账面记录的金额与实际拥有的资产的价值相一致，要求在期末进行财产清查，称为"盘点"。盘点结果实物多于账面余额称作"盘盈"；实物少于账面余额称作"盘亏"。

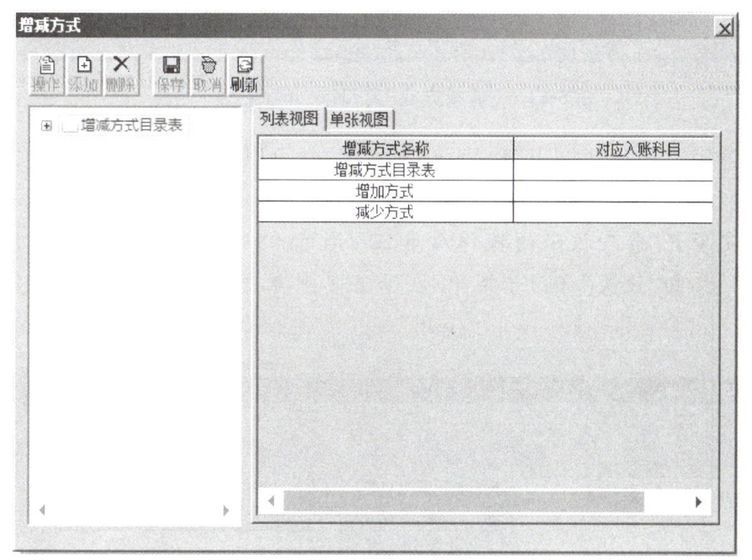

图 6-10　"增减方式"窗口界面

在"增减方式"窗口左窗格展开增减方式目录表/选中要设置对应入账科目的增减方式(直接购入)/单击工具栏上的[操作]按钮转入"单张视图"界面/在"单张视图"界面，单击"对应入账科目"框右端的放大镜按钮打开"科目参照"窗口/在"科目参照"窗口中选择入账科目(100201 工商银行)/单击"科目参照"窗口右上部位的[确定]按钮返回"单张视图"界面，如图6-11 所示/单击"增减方式"窗口工具栏上的[保存]按钮保存设置/重复以上步骤一直到所有增减方式的对应入账科目设置完成/最后单击"增减方式"窗口标题栏右端的 ☒(关闭)按钮关闭窗口，结束操作。

(四) 使用状况设置

明确固定资产的使用状况，可以正确地计算和计提折旧，同时也便于统计固定资产的使用状况，提高固定资产的利用效率。

系统预置的固定资产使用状况有"使用中""未使用""不需要"三大类；其中"使用中"又分

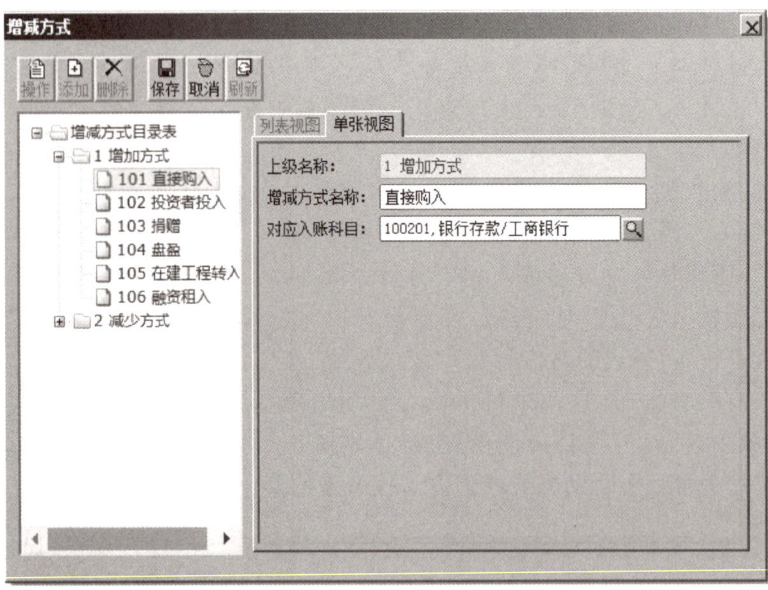

图 6-11 “增减方式”窗口的“单张视图”界面

“在用”“季节性停用”“经营性出租”和“大修理停用”。可以在系统预置的基础上定义新的使用状况。操作步骤如下：

由具有“固定资产”管理权限的操作人员(05 周资产；口令:5)注册登录“信息门户”/打开“固定资产”菜单/指向“设置”弹出子菜单/在子菜单上单击“使用状况”打开“使用状况”窗口，如图 6-12 所示。

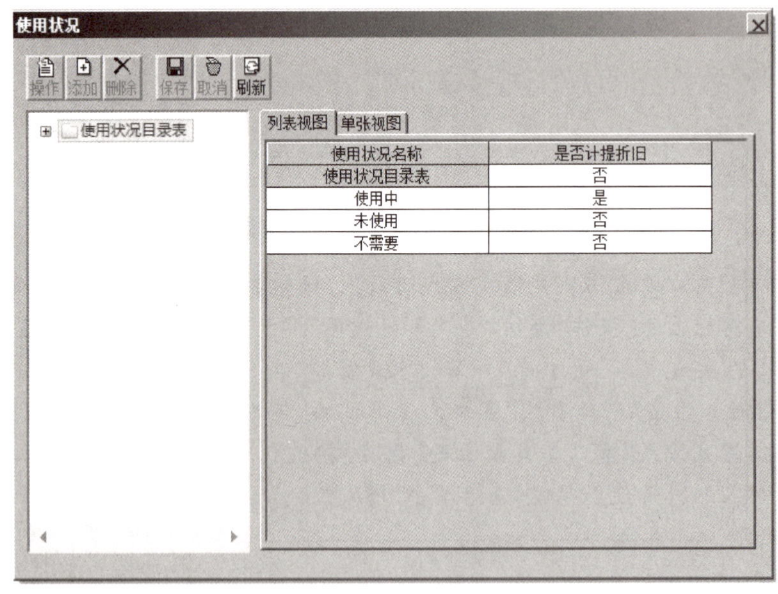

图 6-12 “使用状况”窗口界面

在“使用状况”窗口的左窗格展开“使用状况目录表”/选中要增加的使用状况的上一级目录(如要在“使用中”下面增加“外借”，就选中“使用中”)，这时[添加]按钮高亮显示/单击[添加]按钮转入“单张视图”界面/在“使用状况名称”框中录入使用状况的名称(外借)/打开“是否计提折旧”下拉框/选择“要计提折旧”,如图 6-13 所示/单击“使用状况”窗口工具栏上的[保存]按钮保存设置结果,然后再进行新的使用状况设置/如果不再设置新的使用状况,在保存所做的设置以后,单击标题栏右端的 ☒(关闭)按钮退出操作(因为已经保存过了),返回固定资产管理主界面。

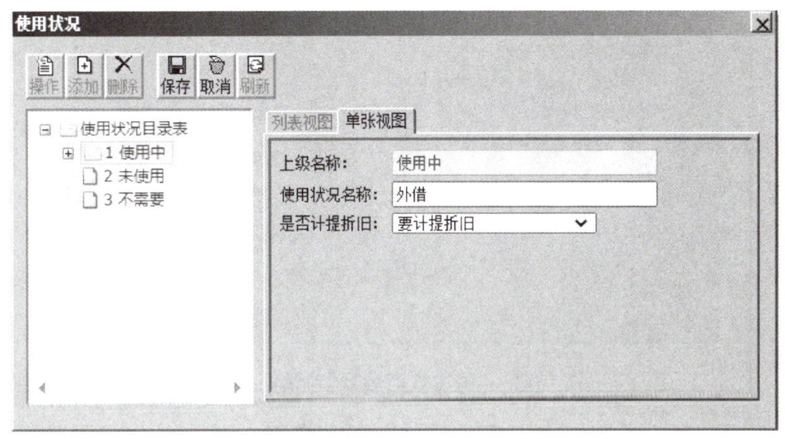

图 6-13 “使用状况”窗口的“单张视图”界面

系统预置的使用状况不能修改,只能修改用户自己定义的使用状况。

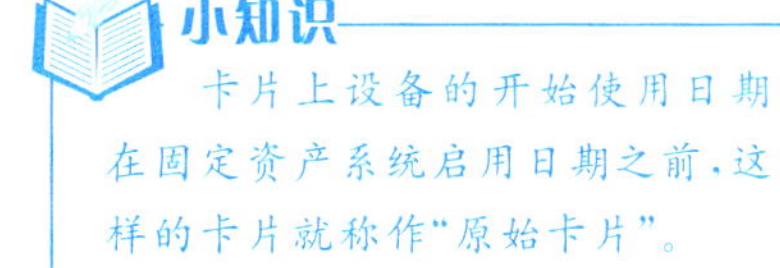

小知识

卡片上设备的开始使用日期在固定资产系统启用日期之前,这样的卡片就称作“原始卡片”。

(五)与账务系统接口设置

【案例 6-6】 请设置 001 账套固定资产管理系统与账务系统的数据接口,参数如表 6-3 所示。

表 6-3 001 账套固定资产管理系统与账务系统数据接口

可纳税调整的增加方式	固定资产入账科目	累计折旧入账科目	可抵扣税额入账科目
直接购入、投资者投入、捐赠	1601,固定资产	1602,累计折旧	22210101,进项税额

由具有“固定资产”管理权限的操作人员(05 周资产;口令:5)注册登录“信息门户”/打开“固定资产”菜单/指向“设置”弹出子菜单/在子菜单上单击“选项”弹出“固定资产选项”对话框/在对话框中单击“与账务系统接口”页签打开它/单击“可纳税调整的增加方式”文本框右端的放大镜按钮,打开“可纳税调整的增加方式”参照窗/在参照窗中依次选中“直接购入”“投资者投入”“捐赠”三项(这三项左侧复选框中打上对钩)/单击参照窗底部的[确认]按钮返回“固定资产选项”对话框/设置好“固定资产”和“累计折旧”两项缺省入账科目(分别为 1601 固定资产和 1602 累计折旧)/单击“可抵扣税额入账科目”文本框右端的放大镜按钮,打开“科目参照”窗/在参照窗中选中需要的科目(22210101 进项税额)/单击参照窗右部的[确定]按钮返回“固定资产选项”对话框,如图 6-14 所示/最后单击“固定资产选项”对话框底部的[确定]按钮关闭对话框并结束操作。

6

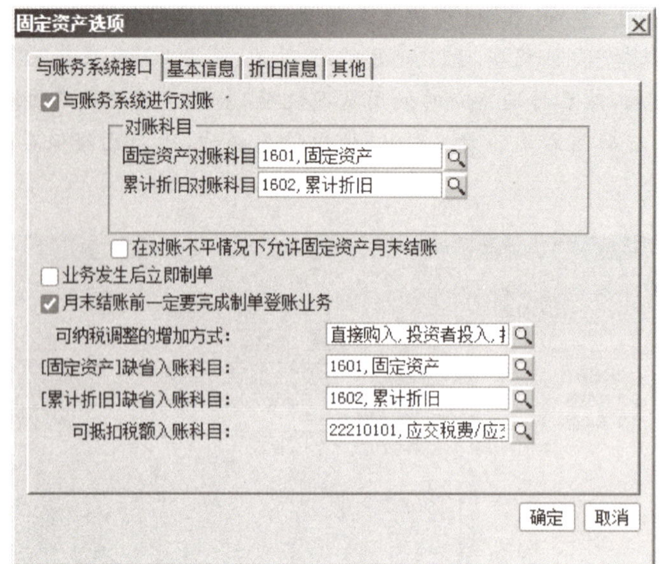

与账务系统接口设置

图 6-14 “固定资产选项”对话框界面

小知识

资产卡片是登记固定资产各种资料的卡片，是对固定资产进行明细分类核算的一种账簿形式。固定资产从进入企业开始到退出企业的整个生命周期所发生的全部情况，都要在卡片上予以记载。

三、原始卡片录入

为了保证云平台固定资产管理和手工固定资产管理的连续性，在使用固定资产系统进行资产的日常管理以前，必须先把原始卡片资料录入到系统里面。

【案例 6-7】 请在 001 账套中录入电脑和月球车的原始卡片，如表 6-4 所示。增值税额均已在购入当期抵扣。

表 6-4　001 账套两项固定资产参数

名　称	规格型号	分　类	开始使用日　　期	折旧方法	原　值	年限	工作总量	净残值
电　脑	台式	办公设备	2021-10-01	平均年限法(一)	3 400 元	5 年		400 元
月球车	2 吨	运输设备	2021-10-01	工作量法	122 000 元	10 年	120 000 千米	2 000 元

操作步骤如下：

由具有“固定资产”管理权限的操作人员(05 周资产；口令：5)注册登录“信息门户”/在左部主菜单上单击“固定资产”，进入固定资产系统主界面/单击“原始卡片录入”图标，弹出“资产类别参照”窗口，如图 6-15 所示。

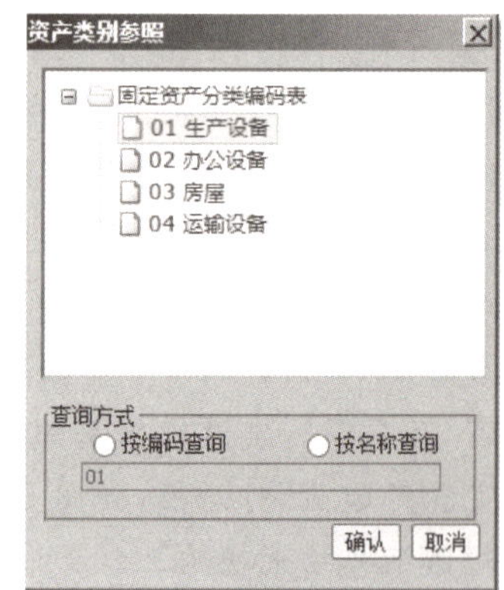

图 6-15 “资产类别参照”窗口

在“资产类别参照”窗口选择资产类别(办公设备)/单击参照窗底部的[确认]按钮，打开“录入原始卡片”窗口，系统显示对应于所选资产类别的卡片样式，如图 6-16 所示。

系统已经自动填上卡片编号(001)，并且把注册登录的日期填在“日期”项上/“固定资产编号”一项用户不必录入。系统会按照在“资产类别参照”窗口选择的资产类别，以及稍后录入

6

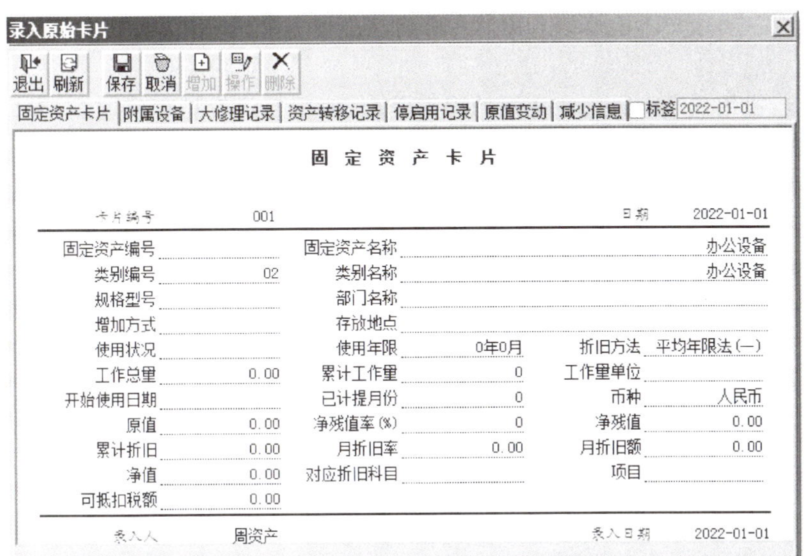

图 6-16　“录入原始卡片”窗口界面

原始卡片录入

的部门名称和录入顺序，自动按照建立固定资产账套的时候规定的编码方案(类别编号＋部门编号＋序号)填入/“固定资产名称”项显示的，是在“资产类别参照”窗口选择的类别名称，把它修改为具体的资产名称(电脑)/“类别编号”和“类别名称”两项，已经按照在“资产类别参照”窗口里的选择自动填上/在“规格型号”项填上规格型号(台式)/在“部门名称”项单击，该项左侧出现[部门名称]按钮/单击按钮打开“部门参照”窗口/在参照窗里选择部门(经理室)/单击参照窗底部的[确认]按钮返回/单击“增加方式”项出现[增加方式]按钮/单击按钮打开“增减方式参照”窗/在参照窗里选择增加方式(直接购入)/单击参照窗底部的[确认]按钮返回/在“存放地点”项单击/直接从键盘录入存放地点(经理室)/在“使用状况”项单击出现[使用状况]按钮/单击按钮打开“使用状况参照”窗/在参照窗里选择使用状况(在用)/单击参照窗底部的[确认]按钮返回/在“使用年限”项里填入使用年限(5 年 0 月)/单击“折旧方法”项出现[折旧方法]按钮/单击[折旧方法]按钮打开“折旧方法参照”窗/在参照窗里选择这项资产的折旧方法(平均年限法(一))/在“开始使用日期”项录入开始使用日期(2021-10-01)/系统自动按照卡片的填写日期和开始使用日期，计算出“已计提月份”是 2 个月(第 1 个月不计提折旧；2022 年 1 月份还没有计提折旧)/“币种”项自动填上了“人民币”/录入原值(3 400.00)/“残值率”项先空着/录入净残值(400.00)，系统自动算出残值率并填在前面“残值率”项里，这时系统已经自动算出“月折旧率”和“月折旧额”/在“累计折旧”项里填上累计折旧额(100.00)，系统自动算出净值并填入“净值”项/“对应折旧科目”项已经按照先前的设置自动填上相应科目/如果这项资产属于某个项目，就在“项目”项填上(本例不用填)/在卡片的底部可以看到，系统自动填上了录入人(周资产)和录入日期(2022-01-01)/单击“录入原始卡片”窗口工具栏上的[保存]按钮，系统提示“原始卡片录入成功”/单击提示框上的[确定]按钮，会自动转入下一张空白卡片/接着录入其他原始卡片/最后一张原始卡片录入完成并保存以后，单击“录入原始卡片”窗口工具栏上的[退出]按钮结束操作。

部分卡片项目和操作要领介绍如下：

卡片编号：是指固定资产卡片的编号，不是固定资产的编号。卡片编号由系统按照卡片的 6

录入次序自动编定,用户不能修改。删除一张非末张卡片以后,系统会把这张卡片的编号作为空号保留。

存放地点:由用户录入。正在使用的固定资产,使用部门就是存放地点;未用或封存的固定资产,应该填入存放的仓库(或地点)。

折旧方法:系统自动填入在设置资产类别时给各类固定资产设定的折旧方法。当这项固定资产改用另一种折旧方法时,可以进行修改。

开始使用日期:录入格式为年年年年-月月-日日。

在卡片项目中,凡是在基础设置中做过设置的,如类别编号、类别名称、部门名称、增加方式、使用状况、折旧方法、币种等项,用鼠标单击相应项目时,左边都会出现和卡片项目同名的按钮。点击按钮可以打开和卡片项目对应的参照窗。用户可以在参照窗内选择需要的数据。

系统自动填写的卡片项目,如果内容不符合实际情况,用户可以通过参照窗进行修改。

注　意

系统自动计算出“月折旧额”的数值以后,应该把这个数值和手工计算的数值作一次比较,检查是否正确。所有卡片录入完成以后,要用“固定资产”菜单里“处理”项下的“对账”功能做一次对账。

“原值”“累计折旧”“累计工作量”三项,录入的一定要是卡片录入这个月月初的金额或者数据;否则会出现计算错误。

“已计提月份”一项,必须严格按照实际已经计提的月数录入,不能包括使用期间停用等不计提折旧的月份;否则不能正确计算折旧。

本节小结

固定资产管理系统的初始化,主要有建立固定资产账套、基础设置和原始卡片录入三项工作。其中,建立固定资产账套又包括账套启用月份的确定、主要折旧方法和折旧汇总分配周期设置、资产编码设置;基础设置又包括折旧科目设置、资产类别设置、增减方式设置、使用状况设置、与账务系统接口设置等五项内容。

实　　验

完成附录中的实训项目五。

第二节　固定资产变动

固定资产卡片上,和固定资产的价值(折旧)计算以及和报表汇总有关的项目的调整,称为资产变动操作。

固定资产变动和固定资产的增加、减少,两者在概念上是不同的。固定资产的变动是指固定资产在使用过程中所发生的原值变动、部门转移、使用状况变动、使用年限调整、折旧方法调整、净残值(率)调整、工作总量调整、累计折旧调整、资产类别调整、计提固定资产减值准备等情况。固定资产变动不改变企业使用的固定资产的数量;而固定资产的增加、减少则是指企业使用的固定资产在数量上的变化。

固定资产变动以后,相应地应该修改卡片上的对应项目。这一类操作必须留下原始凭证。操作中制作的原始凭证称为“变动单”,相应的就有变动单管理操作。其他如卡片上的资产名称、编号、自定义项目等资产信息的修改,可以直接在卡片上进行。

一、固定资产变动的业务处理

（一）原值变动

固定资产在使用过程中发生下列情况时，应该作原值变动处理：根据国家的规定对固定资产重新估价；增加补充设备或改良设备；把固定资产的一部分拆除；根据实际价值调整原来的暂估价值；发现原来所记的固定资产价值有错误。

除了上面讲到的几种情况，其他情况下都不允许对固定资产的原值作任何变动。

原值变动包括原值增加和原值减少两种情况，相应的操作就是制作“原值增加”变动单或者“原值减少”变动单。

在原值减少变动单中，必须保证变动后的净值大于等于变动后的净残值。

小知识

“原值”是“固定资产原始价值”的简称，指企事业单位建造、购置固定资产时实际发生的全部应计入固定资产入账价值的费用支出，包括建造费、买价、运杂费、安装费等。

（二）部门转移

固定资产在使用过程中，因为企业内部调配而发生固定资产使用部门的变动，称作“部门转移”。例如，有一台原来财务部使用的电脑，调给供应部使用。发生部门转移以后，应该制作“部门转移”变动单。固定资产使用部门的变动可能会引起对应折旧科目的变动，要注意检查；必要时要对原来设置的对应折旧科目作相应改变。

（三）使用状况变动

未使用的固定资产调拨给某部门使用，使用状况从“未使用”变为“在用”；或者正在使用的固定资产停用进行大修理，使用状况从“在用”变为“停用”等情况，都属于固定资产使用状况的变动。固定资产使用状况变动，需要制作“使用状况调整”变动单进行处理。

（四）工作总量调整

使用工作量法计提折旧的固定资产，在使用过程中发生工作总量的变动，应该制作“工作总量调整”变动单。

调整以后的工作总量不能小于已经使用的累计工作量。

各种变动单的界面以及录入方法都大致相同，在业务处理流程上，都有录入变动单和制作凭证两个环节。这里以“原值增加”变动单为例，介绍资产变动单的录入方法。

小知识

固定资产发生损坏、技术陈旧或者其他经济原因，导致其可收回金额低于账面价值，称为固定资产减值。在这种情况下，应按可收回金额与账面价值的差额计提减值准备，并计入当期损益。

由具有“固定资产”管理权限的操作人员（05 周资产；口令：5）注册登录“信息门户”/在窗口左部的主菜单上单击“固定资产”，进入固定资产系统主界面/单击“资产变动”图标弹出菜单/在菜单上单击“原值增加”打开“固定资产变动单——原值增加”窗口，如图 6-17 所示。

录入这项固定资产在原来固定资产卡片中的卡片编号或者固定资产编号，系统自动列出固定资产名称、开始使用日期、规格型号、变动前净残值率、变动前原值和变动前净残值/录入原值的增加金额/系统自动显示汇率，并且自动计算出变动的净残值、变动后原值、变动后净残值/如果默认的变动的净残值率或者变动的净残值不正确，可以手工修改其中的一个（另一个自动计算）/录入变动原因/单击变动单窗口工具栏上的［保存］按钮，系统提示“数据成功保存！”/单击提示框上的［确定］按钮关闭提示框/单击变动单窗口标题栏右端的 ✕（关闭）按钮/关闭变动单窗口并结束操作。

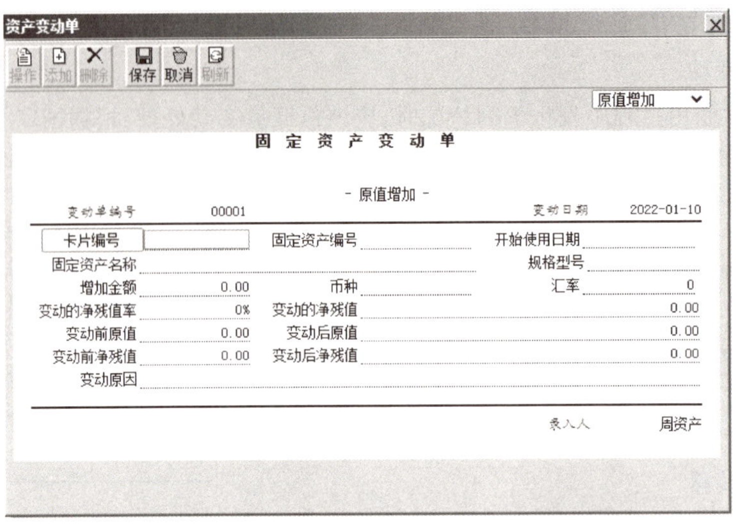

图 6-17 “固定资产变动单——原值增加”窗口界面

原值增加的这项固定资产，原来卡片上的原值、净残值、净残值率等项目数据，会根据变动单上的数据自动改变。

如果在“固定资产”菜单的“设置—选项”的“与账务系统接口”页签中勾选了“业务发生后立即制单”项，则在变动单界面录入相关变动数据后单击[保存]按钮时，会转入生成凭证界面。把凭证上的数据补充完整或修改正确以后保存凭证，系统就会自动把生成的凭证传送到账务系统中去。

注 意

变动原因必须录入。

固定资产变动单不能修改，只能在当月删除重做，所以完成变动单录入以后，一定要仔细检查，确认没有错误以后再保存。本节后面提到的各种固定资产变动单也一样，这里不再作重复说明。

二、变动单管理

“变动单管理”功能是对系统制作的变动单进行综合管理的场所。变动单管理包括查看变动单、自定义查询表和删除变动单等三项工作。操作方法如下：

在固定资产系统主界面单击“资产变动”图标弹出菜单/在菜单上单击“变动单管理”打开“变动单管理”窗口。

“变动单管理”窗口左窗格顶部下拉框里，是查看方式的列表；右窗格里是左部当前选定的查看方式下(如按部门、类别、卡片号、自定义查询)所有可以查看的变动单列表。

(一) 查看变动单

使用“查看变动单”功能，可以实现对单张变动单查看、按发生变动固定资产的所属部门查看、按变动的类型查看、按单项固定资产查看、按固定资产类别查看等。操作方法如下：

1. 查看单张变动单

在“变动单管理”窗口的变动单列表中选中要查看的变动单记录行/双击这个记录行(或单击变动单窗口工具栏上的[打开]按钮)，系统就会显示这张变动单。

2. 按发生变动固定资产的所属部门查看

按部门查询变动单是指按部门查询所有属于这个部门的固定资产发生的变动情况。

在“变动单管理”窗口，打开工具栏下方左窗格顶部的查询方式下拉框/选择“按部门查询”，在左窗格中显示出部门目录/在部门目录中选择要查询的变动资产所属的部门，右窗格里就会显示属于这个部门的所有固定资产变动单记录。

3. 按变动的类型查看

使用按变动类型查看变动单功能，可以查询所有属于某一种变动类型的变动单。

在“变动单管理”窗口，打开左窗格顶部的查询方式下拉框/选择查询方式/再打开右窗格变动单列表上方的变动单类型下拉框/选择要查看的变动单类型(如“部门转移”)/在右窗格里就会列示出属于左窗格顶部下拉框中选定的查询方式，并且变动类型是变动单类型下拉框中选定的(如“部门转移”)变动单。

4. 按单项固定资产查看

按单项固定资产查看变动单是指查看和某一单项固定资产相关的所有变动单。

在“变动单管理”窗口打开左窗格顶部查询方式下拉框/选择“按卡片号查询”/左窗格里出现“卡片编号”和“资产编号”两个文本框/录入或者参照录入要查看固定资产的资产卡片编号或者资产编号，右窗格里就会显示对应于这项固定资产的所有变动单。

5. 按固定资产类别查看

按固定资产类别查看是指查看属于某个资产类别的所有固定资产所发生的变动情况。

在“变动单管理”窗口打开左窗格顶部查询方式下拉框/选择“按类别查询”，在左窗格里显示出固定资产分类编码表/在固定资产分类编码表中选择要查询的固定资产所属的类别，右窗格里就会显示出属于这个资产类别的固定资产变动单。

如果查看的是原值变动单或累计折旧调整变动单，可以在“固定资产”菜单的“处理”子菜单上单击“凭证查询”命令查看相关变动单的记账凭证。

(二) 删除变动单

在“变动单管理”窗口中双击要删除的变动单记录，打开变动单/单击工具栏上的[删除]按钮可以删除这张变动单。

如果要删除已经制作凭证的变动单，则必须先删除对应的凭证。

注　意

畅捷通云平台上，固定资产变动单的查询，只开放了“按部门查询”一种方式，其他几种方式处于关闭状态。

本节小结

本节介绍的固定资产的变动处理有：原值变动、部门转移、使用状况变动、工作总量调整等。

固定资产变动操作必须留下原始凭证。相关的原始凭证称为“变动单”。固定资产卡片上的资产名称、自定义项目等资产信息的修改，可以直接在卡片上进行。

实　　验

练习固定资产变动处理操作。

第三节　固定资产折旧

固定资产的折旧操作，具体又包括计提折旧、制作折旧清单和折旧分配表、对账、制作凭证等项工作。

一、录入工作量

如果存在使用工作量法计提折旧的固定资产，必须在每个月计提折旧以前，录入这些固定资产当月的工作量。

【案例 6-8】 月球越野车 1 月份工作量 1 000 千米，请录入工作量。

操作步骤如下：

由具有“固定资产”管理权限的操作人员(05 周资产；口令：5；日期：1 月 10 日)注册登录“信息门户”/在窗口左部主菜单上单击“固定资产”，进入固定资产系统主界面/单击“工作量录入”图标打开“工作量录入”窗口，如图 6-18 所示。

在“工作量录入”窗口中，系统显示当月需要计提折旧的，并且折旧方法是工作量折旧法的所有固定资产的工作量信息/选择资产记录(月球越野车)/在“本月工作量”栏里录入工作量(1 000)/单击“工作量录入”窗口工具栏上的[保存]按钮/单击“工作量录入”窗口标题栏右端的 ☒(关闭)按钮，关闭窗口并结束操作。

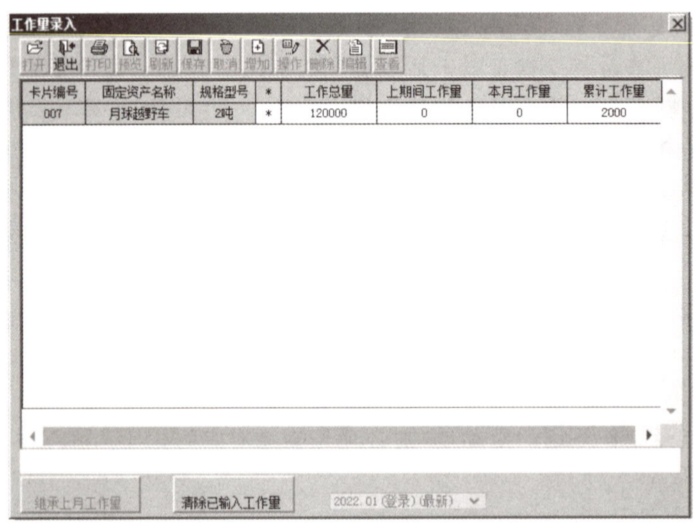

图 6-18 “工作量录入”窗口界面

“工作量录入”窗口中，“累计工作量”一栏中显示的是包括本次录入工作量在内的累计工作量。

注 意

录入的本期工作量必须保证使累计工作量小于或等于工作总量。

二、计提折旧

自动计提折旧是固定资产系统的主要功能之一。系统每期计提折旧一次。计提折旧时，会根据用户在原始卡片上录入的资料自动计算每项资产的折旧，并自动生成折旧分配表，然后制作记账凭证，把本期的折旧费用自动登记到固定资产账套里面，并传送凭证至总账系统。

【案例 6-9】 1 月 10 日，对所有固定资产作本月折旧处理，并且制作记账凭证。

计提折旧的操作步骤如下：

在固定资产系统主界面上单击“计提本月折旧”图标，系统提示“请您确定在继续操作之前，是否已经正确录入了工作量！如果没有请退出（否），并进行工作量录入！继续？”/确认已经录入工作量以后，单击提示框上的［确定］按钮，继续提示“本操作将计提本月折旧，并花费一定时间，是否要继续？”/单击提示框上的［确定］按钮，系统自动计提折旧/计提完毕以后显示“是否要查看折旧清单？”/单击提示框上的［确定］按钮，屏幕上显示折旧清单，如图 6-19 所示。

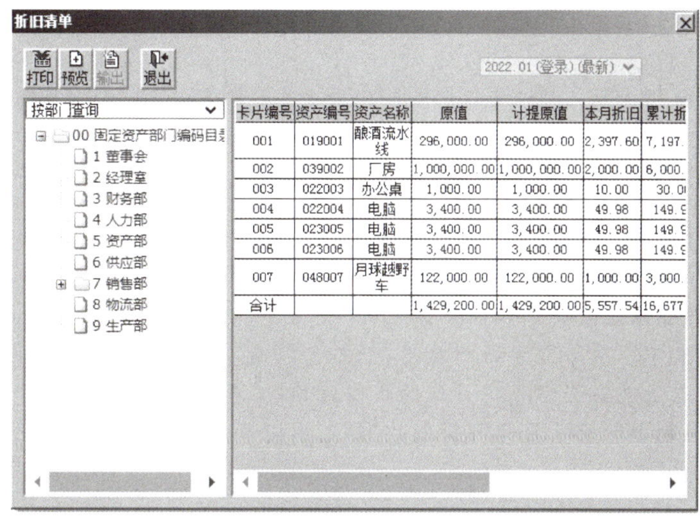

卡片编号	资产编号	资产名称	原值	计提原值	本月折旧	累计折
001	019001	酿酒流水线	296,000.00	296,000.00	2,397.60	7,197.
002	039002	厂房	1,000,000.00	1,000,000.00	2,000.00	6,000.
003	022003	办公桌	1,000.00	1,000.00	10.00	30.0
004	022004	电脑	3,400.00	3,400.00	49.98	149.9
005	023005	电脑	3,400.00	3,400.00	49.98	149.9
006	023006	电脑	3,400.00	3,400.00	49.98	149.9
007	048007	月球越野车	122,000.00	122,000.00	1,000.00	3,000.
合计			1,429,200.00	1,429,200.00	5,557.54	16,677

图 6-19　“折旧清单”界面

单击“折旧清单”界面工具栏上的［退出］按钮，自动转入“折旧分配表”对话框，如图 6-20 所示。

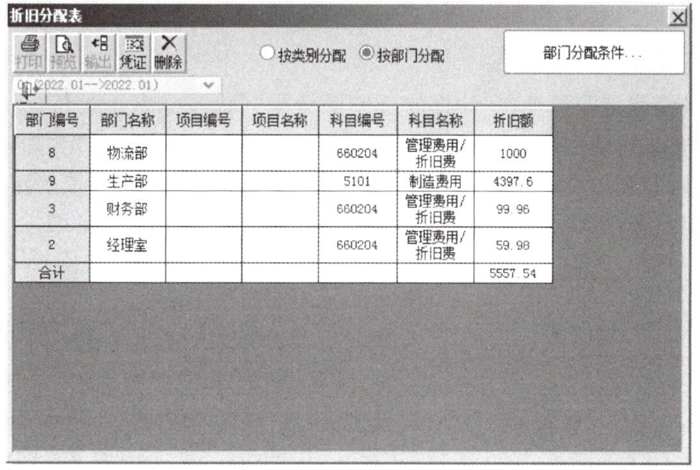

部门编号	部门名称	项目编号	项目名称	科目编号	科目名称	折旧额
8	物流部			660204	管理费用/折旧费	1000
9	生产部			5101	制造费用	4397.6
3	财务部			660204	管理费用/折旧费	99.96
2	经理室			660204	管理费用/折旧费	59.98
合计						5557.54

图 6-20　“折旧分配表”对话框界面

工作量录入和计提折旧

在“折旧分配表”对话框中选择“按类别分配”还是“按部门分配”（本例选“按部门分配”）/单击工具栏上［凭证］按钮转入“填制凭证”窗口/在凭证上进行修改或者补充（修改凭证类别字为“转”；如果需要的话再补充贷方科目“1602，累计折旧”）/单击“填制凭证”窗口工具栏的［保存］按钮，系统提示“保存成功！”/单击提示框上的［确定］按钮关闭提示框，凭证左上部位显示带红框的“已生成”标志/单击“填制凭证”窗口工具栏上的［退出］按钮返回“折旧分配表”对话框/单击“折旧分配表”对话框标题栏右端的 ☒（关闭）按钮，系统提示“计提折旧完成！”同时显示计提的开始时间和结束时间/单击提示框上的［确定］按钮关闭提示框并结束操作。

6

注　意

本系统在一个会计期间内可以多次计提折旧。每次计提折旧以后，只是把计提的折旧额累加到月初的累计折旧额上，不会重复累计。重新计提时，不会自动弹出“折旧分配表”对话框，需要单击“固定资产”菜单的“处理”子菜单上的“折旧分配表”命令项弹出“折旧分配表”对话框。

如果上次计提折旧以后已经制作凭证并传递到总账系统，则必须删除这张凭证才能重新计提折旧。

如果计提折旧以后又对账套进行了影响折旧计算或者折旧分配的操作，那就必须重新计提折旧，不然的话不允许结账。

固定资产折旧凭证生成以后，要记得由具有相关权限的操作员在总账系统中完成审核和记账。

三、折旧清单查询

折旧清单显示所有应计提折旧的资产的折旧信息。单月的折旧清单中列出资产名称、原值、计提原值、本月折旧、累计折旧、净残值、折旧率、单位折旧、本月工作量、累计工作量等信息；全年的折旧清单列出各项资产每月折旧额、本年累计折旧额等信息。

在固定资产管理系统主界面，打开“固定资产”菜单/指向“处理”命令项弹出子菜单/在子菜单上单击“折旧清单”，屏幕显示折旧清单，如图 6-19 所示/打开界面顶部的日期下拉框选择要查看的月份，屏幕上就会显示选定月份的折旧清单（本例只有 2022 年 1 月一个月的数据）。

受界面宽度限制不能够看到全部折旧数据时，可以拖动水平滚动条来查看。

注　意

默认情况下，折旧清单中列出的是这个账套最近一次折旧的计提数据。

日期选择下拉列表中附有“登录”字样的期间是本次登录的期间；附有“最新”字样的期间是最近一次计提折旧的期间。

可以在左窗格顶部的下拉列表框中选择按部门查询或者按类别查询。

四、折旧分配表查询

折旧分配表是编制记账凭证，把计提的折旧额分配到成本和费用的依据。什么时候生成折旧分配表，要根据您在初始化或者“选项”中选择的折旧分配汇总周期确定，如果选定的折旧分配汇总周期是一个月，那么每月计提折旧以后会自动生成折旧分配表；如果选定的是三个月，那么只有到三的倍数的期间，也就是第 3、6、9、12 期间计提折旧以后才会自动生成折旧分配表。折旧分配表有部门折旧分配表和类别折旧分配表两种类型，只能选择一种来制作记账凭证。

小知识

部门折旧分配表是按照部门汇总并且分配折旧额的列表，显示了各个部门内所有属于某一辅助核算项目，并且对应某一折旧科目的所有固定资产的计提折旧额。

查询折旧分配表的操作步骤如下：

在“固定资产”菜单当中指向“处理”弹出子菜单/在子菜单上单击“折旧分配表”，弹出“折旧分配表”对话框，在图 6-20 所示的“折旧分配表”对话框中选择“按部门分配”就可以查看到折旧分配表。

本节小结

固定资产的折旧，具体包括计提折旧、制作折旧清单和折旧分配表、对账、制作凭证等项工作。

实　验

完成【案例 6-8】和【案例 6-9】，并查询折旧清单和折旧分配表。

第四节 固定资产的增加和减少

一、固定资产增加

固定资产增加，是指固定资产管理系统启用以后，企业新增加了固定资产，反映到操作上，就是新卡片的录入。新卡片和原始卡片的区别在于：新卡片的录入日期中的年份和月份一定是等于资产开始使用日期的年份和月份，同时晚于系统启用日期的；而原始卡片的录入日期中的年份或者月份是晚于资产开始使用日期的，同时资产开始使用的日期也早于系统启用的日期。

【案例6-10】 1月10日，经理室购入笔记本电脑一台，价值5 000元，增值税税率13%，使用年限5年，净残值率为5%。货税款用工商银行转账支票支付（票号201003）。取得增值税专用发票和支票存根两张原始凭证。请进行资产增加处理。

操作步骤如下：

由具有“固定资产”管理权限的操作人员（05周资产；口令：5）注册登录“信息门户”/在窗口左部主菜单上单击“固定资产”，进入固定资产系统主界面/单击“资产增加”图标，弹出“资产类别参照”窗/在“资产类别参照”窗里选择所增加固定资产所属的类别（办公设备）/单击参照窗底部的[确认]按钮转入“资产增加——固定资产卡片”窗口。

在卡片上录入固定资产名称（电脑）、规格型号（笔记本）、部门名称（经理室）、增加方式（直接购入）、存放地点（经理室）、使用状况（在用）、使用年限（5年）、开始使用日期（2022-01-10）、原值（5 000）、净残值率（5%）、可抵扣税额（650），其他各项数据由系统自动产生或者省略/单击“资产增加——固定资产卡片”窗口工具栏上的[保存]按钮保存这张卡片，系统提示“资产增加成功”/单击提示框上的[确定]按钮关闭提示框/单击[退出]按钮结束操作。

可以看到，新增固定资产卡片的界面和原始卡片录入的界面是一样的；录入操作也和原始卡片的录入操作基本相同；但是有三点区别在操作中应该予以注意：

(1) 系统自动把本次操作注册登录的日期作为这项固定资产的开始使用日期。用户不能修改。也就是说，增加的固定资产，必须在开始使用的当月录入卡片。

(2) 2007年实施的《〈企业会计准则第4号——固定资产〉应用指南》规定：新增加的固定资产第一个月不提折旧。所以，在操作时间上，以放在当月计提折旧以后进行处理为好。

(3) 新增加的固定资产需要入账，因此，录入新增固定资产卡片比录入原始卡片多了一项制单操作。新增固定资产的制单操作有以下两种方式：

第一种方式是业务发生以后立即制单。

在这种方式下，当录入完卡片上的各项信息以后，单击工具栏上[保存]按钮的时候，系统会立即显示反映这项业务的凭证。如果凭证数据不完整，把数据补充完整以后单击[保存]按钮即可。

要采用业务发生后立即制单方式，需要在“选项”中进行设置，具体方法如下：

打开“固定资产”菜单/指向“设置”弹出子菜单/在子菜单上单击“选项”弹出“选项”对话框/在对话框中单击“与账务系统接口”页签打开它/勾选“业务发生后立即制单”项/单击[确定]按钮完成设置。

勾选了“业务发生后立即制单”以后，当用户执行资产增加（录入新卡片）、资产减少、卡片修改（修改原值或累计折旧）、原值变动、累计折旧调整、计提折旧以及折旧分配、计提减值准备等操作以后，都会自动转入“填制凭证”窗口。

第二种方式是批量制单。

在这种方式下，业务发生后不立即制单，而是在累积了多笔固定资产处理业务以后，再一起完成制单。

考虑到固定资产减少业务的处理必须在当月计提折旧之后进行，在固定资产减少业务发生之前并且计提折旧之后如果发生了其他业务，就需要重新计提折旧。假设计提折旧时采用的是“业务发生后立即制单”方式，也就是说，已经生成了计提折旧的凭证，那么这时就需要先删除凭证，然后再重新计提折旧，最后才可以作固定资产减少处理。这样会增添一些本可以避免的麻烦。由于固定资产方面业务的发生并不频繁，为了避免不必要的麻烦，建议实际工作中采用在月末所有固定资产业务处理完毕后，再用“批量制单”方式完成各项固定资产业务的制单。本案例中固定资产增加业务的制单就按此原则，安排在下一案例（资产减少）的处理以后再一起进行。

注 意

固定资产增加卡片中，录入的原值一定要是卡片录入月月初的价值，否则将会出现计算错误。

如果录入的“累计折旧”“累计工作量”项目的数据不是零，就说明是旧的固定资产（二手货），累计折旧或者累计工作量是进入本企业以前的值。这时“已计提月份”项目的数据必须严格按照这项固定资产在原单位已经计提或者估计已经计提的月份数来录入，数据中不能包括使用期间停用或者不计提折旧的月份，否则不能正确计算折旧额。

二、固定资产减少

（一）固定资产减少的操作

固定资产减少是指固定资产在使用过程中，由于毁损、出让、盘亏等原因而退出企业经营活动。固定资产减少的操作可以批量进行，一次可以清理一批资产，从而为用户提供了方便。

【案例 6-11】 1 月 11 日，把经理室原来使用的台式电脑一台转让出售，售价 2 500 元，增值税税额 325 元，收入现金 2 825 元，账面净值为 3 250.02 元。请进行固定资产减少处理。

操作步骤如下：

由具有“固定资产”管理权限的操作人员（05 周资产；口令：5）注册登录“信息门户”/在窗口左部主菜单上单击“固定资产”，进入固定资产系统主界面/单击“资产减少”图标，打开“资产减少”窗口（图 6-21 是已经填入数据的“资产减少”窗口界面）。

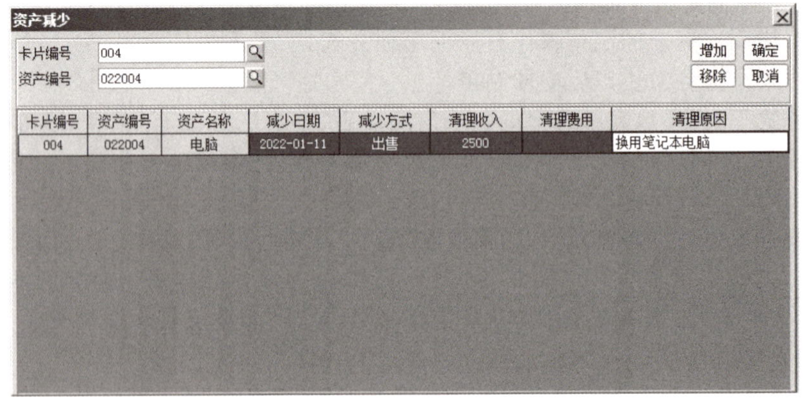

图 6-21 “资产减少”窗口界面

6

在窗口中单击“卡片编号”框右端的放大镜按钮，打开“卡片参照”窗/在参照窗里选择本次减少的固定资产的卡片编号(004)/单击参照窗底部的[确认]按钮,"资产编号"框里自动填入资产编号(022004)/单击窗口右上部位的[增加]按钮把这项固定资产信息添加到下面减少资产的列表中/在列表中选中要减少的固定资产的记录/录入或者参照录入减少日期(2022-01-11)、减少方式(出售)、清理收入(2500)、清理费用(留空),在"清理原因"栏双击后录入清理原因(换用笔记本电脑)等信息/单击窗口右上部位的[确定]按钮,系统提示"所选卡片已经减少成功"/单击提示框上的[确定]按钮关闭提示框/再单击窗口标题栏右端的 ☒(关闭)按钮结束操作。

注　意

固定资产的减少,必须在每月计提折旧以后进行。如果当月还没有计提折旧,在固定资产系统主界面上单击"资产减少"图标的时候,系统会提示"本账套需要进行计提折旧后,才能资产减少"。

如果要查看已经减少的资产,则可以在"卡片管理"窗口中,从右窗格卡片记录列表上方的下拉框里选择"已减少资产",屏幕上列出已经减少的资产清单,双击要查看资产的记录,就可以查看这项资产的卡片。

可以通过固定资产卡片上的附属页签"减少信息"查看所录入的固定资产清理信息。

【案例 6-12】　1月11日,完成【案例 6-10】和【案例 6-11】两项业务的制单。

在固定资产系统主界面上单击"批量制单"图标,弹出"批量制单"对话框/在对话框"制单选择"页签的业务列表中,在需要制单业务的记录行的右端"制单"栏双击(本例两条记录都选),显示红色的"Y",如图 6-22 所示/再单击"制单设置"页签,转入"制单设置"页签界面。

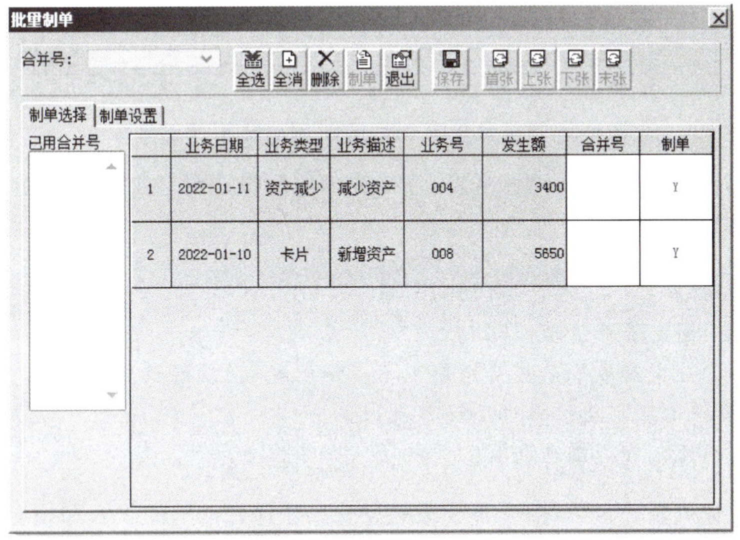

图 6-22　"批量制单"对话框的"制单选择"页签界面

固定资产业务制单

检查两项业务记录中的科目是否正确或缺失,如果错误把它修改正确,如果缺失把它补充完整(单击工具栏上的[上张][下张]按钮在两项业务记录之间进行转换。"资产减少"业务的借方科目应该是"1602 累计折旧"和"1606 固定资产清理",贷方科目应该是"1601 固定资产";"资产增加"业务的借方科目应该是"1601 固定资产"和"22210101 进项税额",贷方科目应该是"100201 工商银行"),如图 6-23 所示/单击工具栏上的[制单]按钮转入"填制凭证"窗口,系统显示生成的凭证/单击填制凭证窗口工具栏上的[上张][下张]按钮在两张凭证之间进行转换,修改或者补充凭证内容(调整资产减少凭证的类别字为"转",附单据数1(发票),三条分录的摘要都为"资产减少";资产增加凭证的类别字为"付",附单据数为2(发票和支票存根),三条分录的摘要都为“直接购入资产”)/在资产增加凭证上选中贷方科目分录，在凭证左下部位“票号”处双击，弹出“辅助项”对话框/在对话框中录入结算方式(201)和票号(201003)/单击“辅助项”对话框上的[确认]按钮返回凭证界面/确认凭证正确以后，单击“填制凭证”窗口工具栏上的[保存]按钮保存凭证(有两张凭证，注意不要遗漏)，凭证左上部位显示带红框的“已生成”标志/单击“填制凭证”窗口工具栏上的[退出]按钮关闭“填制凭证”窗口，返回“批量制单”对话框/单击“批量制单”对话框上的[退出]按钮结束操作。

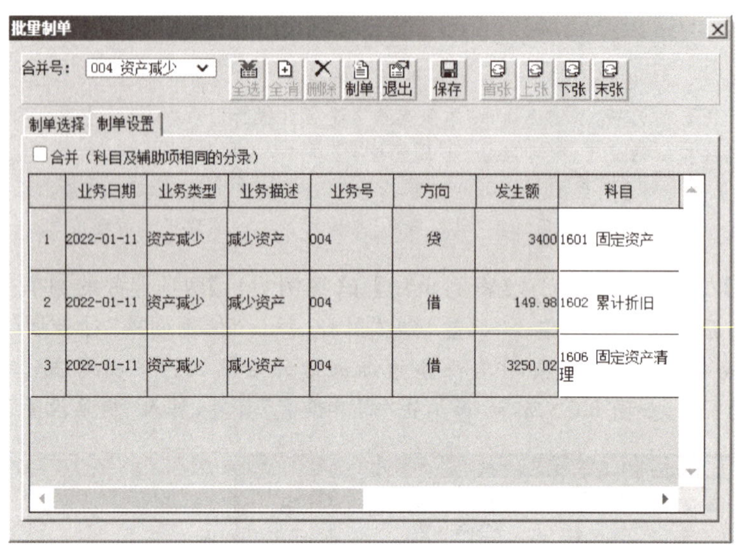

	业务日期	业务类型	业务描述	业务号	方向	发生额	科目
1	2022-01-11	资产减少	减少资产	004	贷	3400	1601 固定资产
2	2022-01-11	资产减少	减少资产	004	借	149.98	1602 累计折旧
3	2022-01-11	资产减少	减少资产	004	借	3250.02	1606 固定资产清理

图 6-23 “批量制单”对话框的“制单设置”页签界面

实际上，我们还需要再制作两张凭证，才能全面地反映这两笔业务中的资产减少业务。这两张凭证的分录如下：

1# 借：银行存款——人民币(100101) 2 825.00
　　贷：固定资产清理(1606) 2 500.00
　　　　应交税费——应交增值税——销项税额(22210102) 325.00
2# 借：资产处置损益——办公设备(611502) 750.02
　　贷：固定资产清理(1606) 750.02

上面两张凭证五条分录中，前三条分录是反映出让这台电脑的收入和相应的纳税情况(附单据数为“1”)；后两条分录是对这项资产出让损失(账面价值和出让收入之间 750.02 元差额)的处理。

这两张凭证要由财务部门的会计员在总账系统中录入，最后还要对本次两笔业务的四张凭证进行审核和记账，出纳凭证还需要进行出纳签字，工作中请注意不要遗漏。

注 意

固定资产管理系统制作的所有凭证，必须保证借方以及贷方的合计数与原始单据的数值相等。

(二) 恢复减少的固定资产

如果固定资产减少操作错误，可以通过“恢复减少”功能恢复这项固定资产。操作步骤如下：

在主界面上单击“卡片管理”图标打开“卡片管理”窗口/打开右窗格上方的下拉框/选择

"已减少资产",系统列出已经做过减少处理的资产清单/在清单中选中要恢复的固定资产的记录/打开主界面上的"固定资产"菜单/指向"卡片"弹出子菜单/在子菜单上单击"撤销减少",系统提示"确实要恢复[×××× 号]卡片的资产吗?"/在提示框中单击[是(Y)]按钮就可以把减少的资产恢复回来/最后单击"卡片管理"窗口的[退出]按钮结束操作。

注　意

只能恢复当月减少的固定资产。

如果固定资产减少以后已经制作了凭证,则必须删除对应凭证以后才能恢复减少的固定资产。

本节小结

固定资产增加的处理,有录入卡片和制作凭证两个环节。新增的固定资产第一个月不提折旧。

固定资产减少的处理,必须在每月计提折旧以后进行。在进行固定资产出让或者清理时,要注意不要遗漏操作环节和应该在总账系统中制作的凭证。

实　　验

完成【案例 6-10】【案例 6-11】和【案例 6-12】,并在总账系统中完成出纳签字、凭证审核和记账。

第五节　固定资产凭证管理

固定资产系统产生并且传输到总账系统的反映固定资产业务的记账凭证,可以在固定资产系统里通过凭证查询功能查看和删除。

一、凭证的查询

在固定资产管理系统中,可以用两种方法查看凭证:

由具有"固定资产"管理权限的操作员(05 周资产;口令:5)注册登录"信息门户"/打开"固定资产"菜单/指向"处理"弹出子菜单/在子菜单上单击"凭证查询"打开"凭证查询"对话框,如图 6-24 所示。

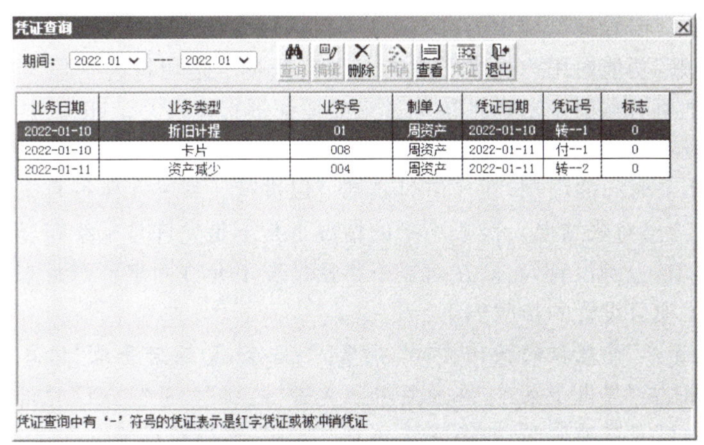

图 6-24　固定资产子系统中的"凭证查询"对话框界面

6

在“凭证查询”对话框中，显示的是注册登录的这个会计期间的第一天，到注册登录日期为止的，由固定资产系统产生的全部凭证的记录清单。

双击凭证记录清单当中的某一行(或者选中凭证记录后单击工具栏上的[查看]按钮)，可以看到对应凭证的全貌/查看完毕以后，单击凭证窗口上的[退出]按钮回到“凭证查询”对话框/如果不再查看其他凭证，可以单击“凭证查询”对话框上的[退出]按钮结束操作。

打开“凭证查询”对话框左上部位的两个“期间”下拉框，可以选择要查看凭证的日期范围。系统默认是注册登录的会计期间。

二、凭证的删除

固定资产管理系统中所制作的凭证的删除，只能在固定资产管理系统内进行。总账系统无权删除由固定资产系统产生的凭证。

在“凭证查询”对话框中选择要删除的凭证/单击[删除]按钮。

注　意

如果要删除已经制作了凭证的原始单据(如卡片、变动单、评估单)，或者要重新计提和分配折旧，进行固定资产减少的恢复等操作，必须先删除相应的凭证。

只有未审核的凭证才能删除。

本节小结

固定资产凭证管理包括查询凭证和删除凭证，但只对固定资产管理系统生成的凭证有效。

实　　验

引入教学资源中实训项目九的备份数据；进入固定资产系统，练习固定资产凭证的查询，并把这张凭证删除。

第六节　固定资产管理的月末处理

一、对账

应该保证固定资产管理系统中的有关数据，和总账系统中固定资产相关科目中的数据始终保持一致。“对账”功能向用户提供了检查双方数据是不是相符的手段。在对账以前，必须先到总账系统中把所有从固定资产系统传过来的凭证进行审核并记账。

只有在固定资产系统初始化时在选项中勾选了“与账务系统进行对账”，才能使用“对账”功能。对账操作不受时间的限制，在任何时候都可以进行。系统在执行月末结账时，会自动进行一次对账，并且给出对账结果。对账不平的情况下是不是允许月末结账，取决于固定资产系统初始化时在“选项”中有没有勾选“在对账不平衡情况下允许固定资产月末结账”。

“选项”中相关项目设置的步骤如下：

由具有“固定资产”管理权的操作员(05 周资产；口令：5)注册登录“信息门户”/打开“固定资产”菜单/指向“设置”弹出子菜单/在子菜单上单击“选项”打开“选项”对话框/在对话框中单击“与账务系统接口”页签进入“与账务系统接口”页签界面进行设置。

建议在“与账务系统接口”页签界面中，保持“与账务系统进行对账”一项的“√”不变，而去掉“在对账不平衡情况下允许固定资产月末结账”一项的“√”。

对账操作的具体方法如下：

在固定资产管理系统主界面，打开“固定资产”菜单/指向“处理”弹出子菜单/在子菜单上单击“对账”，屏幕显示对账结果。

二、月末结账

月末结账是把当月数据结算后转到下个月。月末结账每月进行一次。结账以后，当期的数据不能再修改。

在固定资产系统进行月末结账以前，总账系统应该先对从固定资产系统传递过来的凭证进行审核记账，出纳凭证还要先由出纳签字；不然的话，会出现固定资产系统里的数据和总账系统的数据对账不平的情况。如果在“选项”里去掉了“在对账不平衡情况下允许固定资产月末结账”一项的“√”，那么此时就无法通过结账。

（一）月末结转

月末结账以前，要进行以下检查：

（1）是不是已经正确录入了所有固定资产的原始卡片和本月新增固定资产的卡片；

（2）是不是已经录入了本月的所有变动单；

（3）是不是进行了本月应该做的资产评估，资产评估的相关数据是不是已经录入；

（4）是不是正确录入了所有用工作量法计提折旧的固定资产在本月的工作量。

在做完以上检查并且确认没有错误以后，还应该先做数据的备份。完成数据备份以后再进行结账。万一在结账以后发现有错误，可以用备份数据把机内数据恢复到结账以前的状态。

【案例 6-13】 1 月 31 日，完成 001 账套中固定资产账套 2022 年 1 月份的结账工作。

操作步骤如下：

在固定资产管理主界面单击“月末结账”图标，弹出“月末结账”对话框，如图 6-25 所示/阅读所有提示内容并确认没有问题以后，单击“月末结账”对话框上的[开始结账]按钮，系统开始结账，完成以后系统会弹出“与账务对账结果”提示框/单击对账结果界面的[确定]按钮，系统提示“月末结账成功完成！”，同时显示结账操作的开始时间和结束时间/单击提示框上的[确定]按钮，系统又弹出提示，如图 6-26 所示/再单击这个提示框上的[确定]按钮结束操作。

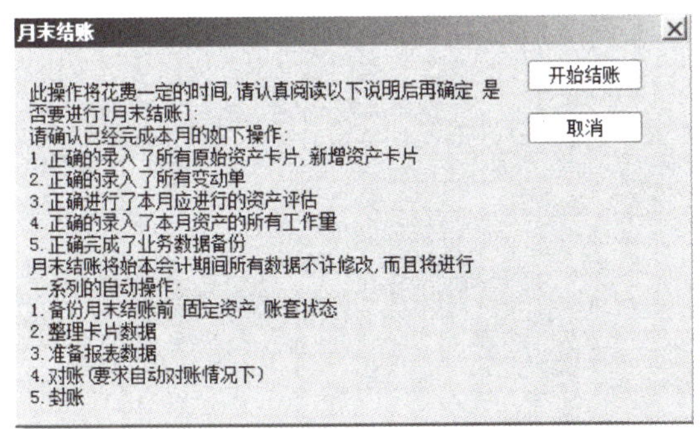

图 6-25 “月末结账”对话框界面

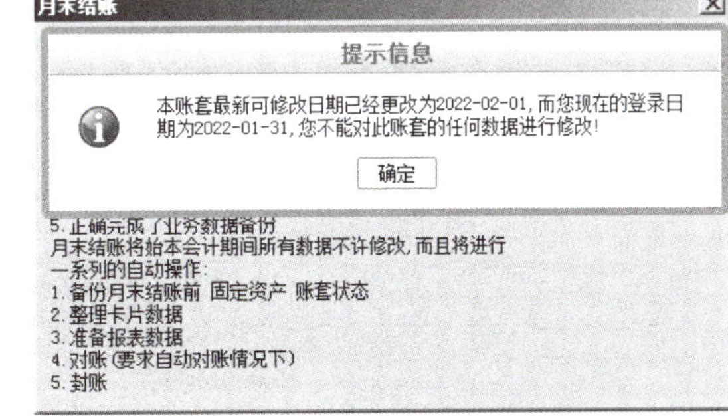

图 6-26 结账操作的结束提示界面

（二）恢复结账前状态

如果在月末结账以后发现已经结账的会计期间有数据错误，必须加以修改，可以使用“恢复结账前状态”功能，把账套数据恢复到月末结账前的状态，然后对数据进行修改。修改完毕 6

以后，重新进行月末结转。操作步骤如下：

以当前会计期的下一个会计期为登录日期(本例是 2 月 1 日)，注册登录“信息门户”/在左部主菜单上单击“固定资产”进入固定资产系统主界面/打开“固定资产”菜单，指向“处理”弹出子菜单/在子菜单上单击“恢复结账前状态”，弹出提示“当前可反结账的日期为 **** 年 ** 月，确定进行反结账吗?”(本例中“ **** 年 ** 月”为“2022 年 1 月”)/单击提示框上的[确定]按钮，系统接着提示“ **** 年 ** 月已反结账成功。请使用 ** 月登录再进行操作。”(本例中“ **** 年 ** 月”为“2022 年 1 月”，“请使用 ** 月登录……”中的“ ** 月”为“1 月”)/单击提示框上的[确定]按钮，弹出信息门户的注册对话框/再以前一个会计期(1 月 31 日)为注册日期，重新注册登录“信息门户”，进行相关修改操作。

注　意

以当前会计期的下一个会计期为登录日期进行登录操作时，可能会弹出提示“登录年月与账套期间不符，你确定继续登录吗?”这时可以忽略提示，单击提示框上的[确定]按钮关闭提示框，并完成登录操作。

本节小结

每个月的月末，都必须进行结账处理。结账前要先进行对账，并且进行下列检查：是不是已经正确录入了所有固定资产的原始卡片和本月新增固定资产的卡片；是不是已经录入了本月的所有变动单；是不是进行了本月应该做的资产评估，资产评估的相关数据是不是已经录入；是不是正确录入了所有用工作量法计提折旧的固定资产在本月的工作量。除了对账，还要进行数据备份。

实　　验

完成 001 账套固定资产管理系统 2022 年 1 月份的结账工作。

第七章　供销存、核算和发票管理系统的初始化

与已经学过的总账、工资、固定资产三个子系统一样，供应链中的采购、销售、库存、核算和发票管理这五个子系统，也必须在正式开始使用之前进行初始化。

第一节　购销存和核算管理系统的操作员及权限设置

在前面几章中，我们还没有设置采购、销售、库存和核算系统的操作员。另外，也还只启用了总账、发票管理、工资管理和固定资产四个子系统（模块）。因此，这里首先需要设置相关的操作员，并启用购销存管理和核算系统。

这一节介绍的各项基础设置操作，均需要由担任账套主管的操作员来做。

【案例 7-1】　请按表 7-1 给出的参数增加操作员，给每位操作员分配相应的权限，并且启用购销存管理和核算子系统。

一、增加操作员（由系统管理员 admin 注册登录；口令：空；日期：2022 年 1 月 1 日）

表 7-1　　001 账套操作员设置参数

编号	姓　名	口令	部　门	编号	姓　名	口令	部　门
06	吴采购	6	供应部	08	王库管	8	物流部
07	郑销售	7	销售部				

二、分配权限（这里只是部分权限。完整的权限分配方案请参阅附录中的实训项目六）

（1）给 06 吴采购分配：

“采购管理”“应付管理”和“发票管理”下的所有权限。

另外再加“公用目录设置”下的采购入库单查询、采购入库单录入、采购发票查询、采购发票录入、采购发票审核等权限。

（2）给 07 郑销售分配：

“销售管理”“应收管理”和“发票管理”下的所有权限。

另外再加“公用目录设置”下的销售专用发票查询、销售专用发票录入、销售专用发票审核、销售专用发票作废、销售专用发票弃审、根据发货单生成发票等权限。

（3）给 08 王库管分配：

“库存管理”下的所有权限。

另外，给 02 钱会计增加：

“核算”下的所有权限。

三、启用子系统

以账套主管(01 赵经理；口令：1)的身份注册登录〖系统管理〗，启用购销存管理和核算子系统，启用日期：2022 年 1 月 1 日。

增加操作员，设置权限以及启用子系统的具体操作方法，在第二章第一节“系统管理模块的初始化”部分已经学过了，这里不再重复。请大家自己完成这个案例。

注　意

启用子系统的时候，必须遵守先启用购销存系统，后启用核算系统这个操作顺序。

在给操作员设置“采购入库单录入”“采购入库单审核”“采购入库单弃审”权限的时候，必须同时给同一位操作员设置“采购入库单查询”权限，不然的话，“采购入库单录入”“采购入库单审核”“采购入库单弃审”权限无法生效。

在给操作员设置“采购发票审核”权限的时候，必须同时给同一位操作员设置“应付管理”下的“单据记账”权限，不然的话，“采购发票审核”权限无法生效。

在给操作员设置“应付管理”下的“发票制单”权限的时候，必须同时给同一位操作员设置“应付现结制单”权限，不然的话，“发票制单”权限无法生效。

采购、销售、库存和核算四个子系统的管理权限设置，除了给相关操作员分配他所负责管理子系统的全部权限以外，还需要给他分配“公用目录设置”“应收管理”“应付管理”的相关权限。【案例 7-1】中的权限设置并不完整。具体请参阅本书附录中的实训项目六。

本节小结

每个模块都有负责管理它的操作员。在启用一个模块之前，要注意先把操作员及其权限设置好。

增加使用一个模块，需要由账套主管注册登录〖系统管理〗，通过“系统”菜单的“启用”功能来启用相关模块。子模块启用的日期，不能早于主账套的建立日期。

实　验

完成附录中实训项目六规定的实训内容第 1、2、3 三项。

第二节　基础设置

第二章中，我们已经在总账系统中完成了基础设置中的机构、往来单位、财务、付款方式、开户银行、常用摘要设置等项操作。现在要启用“购销存”以及“核算”子系统，只做这些初始化工作是不够的，还要补充完成存货设置和购销存各子系统的相关设置。这里所做的基础设置是全局性的。相关数据将由各个子系统共享。相关操作均需要由担任账套主管的操作员来做。

一、存货设置

存货设置包括存货类别设置和存货档案设置。存货档案是把每一种存货归类、编号，然后连同存货的名称录入到系统中，以满足日常业务的管理需要。

（一）存货类别设置

> **小知识**
> 存货是指企业在日常活动中持有的以备出售的产成品或商品、处在生产过程中的在产品、在生产过程或提供劳务过程中耗用的材料、物料等。

存货类别设置是规定存货分作哪几类，每一类的编码、名称以及所属的经济分类等。例如，工业企业的存货可以分作原材料、产成品和应税劳务三类。用户可以在这个基础上继续分类。如原材料大类下面又可以按材料属性分成钢材类、木材类等；产成品大类下又可以按照产成品属性分成紧固件、传动件、箱体等。商业企业存货分类的第一级一般可以分成商品和应税劳务两类，其中商品又可以按商品属性分成日用百货、家用电器、五金工具等；也可以按仓库分类，例如一仓库、二仓库等。存货类别最多可以分成 8 级。8 级编码加在一起的总长度不能超过 12 位，每级编码的长度用户可以自由定义。

【案例 7-2】 请按表 7-2 所列参数设置存货类别。

表 7-2　　001 账套存货类别设置参数

分类编码	类别名称	分类编码	类别名称	分类编码	类别名称
01	原料	03	产成品	05	其他
02	材料	04	应税劳务		

操作方法如下：

1. 增加存货类别

由账套主管（01 赵经理；口令：1；日期：2022 年 1 月 1 日）注册登录"信息门户"/打开"基础设置"菜单/指向"存货"弹出子菜单/单击子菜单上"存货分类"打开"存货分类"窗口。

"存货分类"窗口各项目说明：

类别编码：是指每一类存货的编码。类别编码必须唯一；必须按先 1 级，后 2 级，再 3 级……的先后次序建立。类别编码可以用数字符号 0～9 或者字母 A～Z 表示。

类别名称：是指存货的类别名称。构成类别名称的符号可以是汉字或者英文字母。类别名称最多可用 10 个汉字或者 20 个半角字符。

类别编码和类别名称中都禁止使用"&、"、'、："等特殊字符。

编码原则：编码原则是在系统初始化时，建立账套的过程中，在最后弹出的"编码级次"对话框中设定的。

接下来按下面的步骤操作：

在"存货分类"窗口中单击工具栏上的[增加]按钮/在"类别编码"框中录入当前分类级别的编码（01）/在"类别名称"框中录入类别的名称（原料）/单击工具栏上的[保存]按钮把刚设置的类别信息送入左窗格/重复以上步骤，直到所有分类信息都录入为止/最后单击窗口工具栏上的[退出]按钮结束操作/完成以后的界面如图 7-1 所示。

2. 修改存货类别

在左半部分类列表窗格里，选中要修改的存货类别/单击工具栏上的[修改]按钮，激活右半部"类别名称"文本框/对类别名称进行修改/修改完以后单击[保存]按钮保存修改结果（类别编码不允许修改）。

3. 删除存货类别

在左半部分类列表窗格里选中要删除的存货类别/单击工具栏上的[删除]按钮。

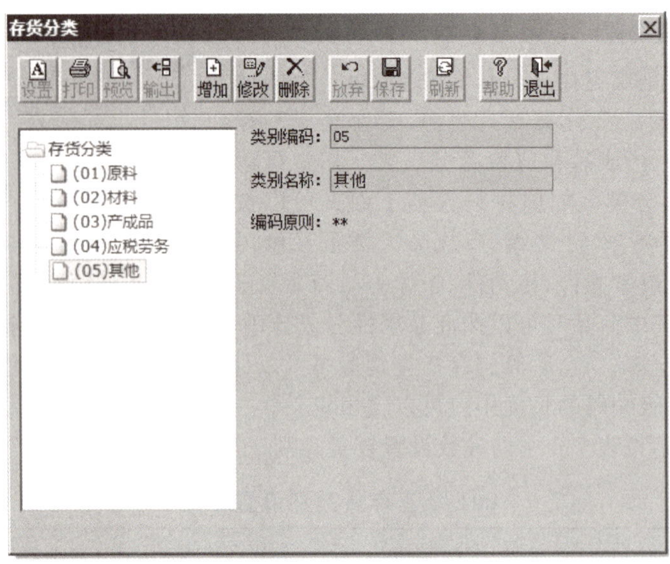

图 7-1 “存货分类”窗口界面

注　意

已经使用的存货类别不能删除。“已经使用”是指在这一个存货类别下，已经录入了具体的货物信息。

(二) 存货档案设置

存货档案就是企业仓库里面所存放货物的具体信息。随同发货单或者发票一起开具的应税劳务也应该设置在存货档案中。存货档案包括存货基本信息、成本控制等内容。

【案例 7-3】 请设置存货桂花的档案，具体参数如表 7-3 所示。

表 7-3　存货(桂花)档案参数(“基本”和“发票”页签)

存货编码	存货代码	存货名称	规格型号	计量单位	所属分类码	税率/%
001	GH	桂花	一级	千克	01 原料	13
存货属性	开票名称	税收分类编码	税收分类名称	税收分类简称	享受优惠政策	优惠政策类型
销售、外购、生产耗用	桂花	1010204	林产品	林业产品	否	(留空)

操作步骤如下：

1. 增加存货档案

打开“基础设置”菜单/指向“存货”弹出子菜单/在子菜单上单击“存货档案”，打开“存货档案”窗口/在“存货档案”窗口左窗格里的存货类别列表中，选中本次要增加的存货所属的类别(01 原料)/单击[增加]按钮弹出“存货档案卡片”并默认打开“基本”页签/在“基本”页签上录入存货编号(001)、存货代码(GH)、存货名称(桂花)/系统自动产生助记码/再录入规格型号(一级)、计量单位(千克)、所属分类码(01 原料)、税率(13)等各项信息/在下部六个“存货属性”复选框当中，勾选存货的属性(销售、外购、生产耗用)/打开“发票”页签/录入开票名称(桂花)/单击“税收分类编码”框右侧的放大镜按钮，转入“税收分类编码参照”窗口/在窗口左窗格的税收分类编码目录中，单击“货物”展开二级目录/在二级目录中单击“农、林、牧、渔业类产品”展开三级目录/在三级目录中单击“林业产品”展开四级目录/在右窗格中双击需要的“1010204 林产品”，选择的税收分类编码填入“税收分类编码”框中/系统自动填上税收分类名称和税收分类简称/打开“享受优惠政策”下拉框，根据需要点选“是”或“否”(本例保持默认的“否”不变)/“优惠政策类型”框保持空置/单击对话框上部的[保存]按钮，设置的存货档案信息显示在“存货档案”窗口的右窗格中/重复以上步骤直到这一类别所有存货的档案设置完成，如图 7-2 所示/单击“存货档案卡片”对话框上部的[退出]按钮返回“存货档案”窗口/在窗口左窗格的存货类别列表中选中下一种存货类别/单击[增加]按钮重新弹出“存货档案卡片”对话框/按录入前一类别存货档案的方法，录入新选类别存货的档案/照此步骤操作一直到所有存货档案设置完成，如图 7-2 所示。

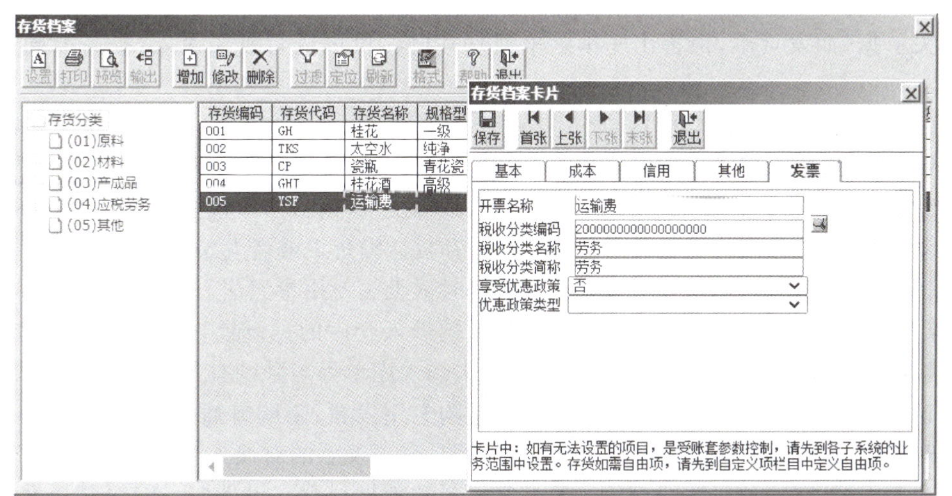

图 7-2 “存货档案”窗口和“存货档案卡片”对话框界面

存货档案设置

“存货档案卡片”“基本”页签的各项目说明如下：

存货编号：存货编号必须唯一，而且必须录入。存货编号可以用数字 0～9 或者字母 A～Z 表示；和号“&”、百分号“%”、井号“#”和艾特号“@”等符号禁止使用。

存货代码：存货代码必须唯一。存货代码可以用数字 0～9 或者字母 A～Z 表示；和号“&”、百分号“%”、井号“#”和艾特号“@”等符号禁止使用。存货代码可以空缺。

存货名称：可以使用汉字或者英文字母。存货名称最多可以使用 30 个汉字或者 60 个半角字母。存货名称必须录入。

规格型号：可以是汉字或者英文字母。规格型号最多可以使用 15 个汉字或者 30 个半角字母。规格型号可以空缺。

计量单位：计量单位可以用任何汉字或者字符表示，如“千克”“吨”“平方米”等。计量单位必须录入。

辅计量单位：辅计量单位可以用任何汉字或者字符表示，如“条”“件”“块”等。有些存货可以用两种计量单位计量，其中第二种计量单位就可以作为辅计量单位。例如，鱼既可以按“千克”计量，又可以按“条”计量；砖头既可以按“千克”计量，又可以按“块”计量；木板既可以按“平方米”计量，又可以按“片”计量等。辅计量单位可以空缺。

换算率：指辅计量单位和计量单位之间的换算比。例如，假设一块砖头的重量是 2 千克，那么2就是辅计量单位“块”和计量单位“千克”之间的换算比。这里“千克”是计量单位；“块”是辅计量单位。计量单位、辅计量单位和换算率之间的关系如下：

按辅计量单位计量的数量×换算率＝按计量单位计量的数量

所属分类码：系统根据用户增加存货以前所选择的存货分类自动填写。用户也可以通过单击这一项右端的放大镜按钮，用参照选择的方法进行修改。

税率：指存货的增值税税率。存货销售的时候，这个税率就作为专用发票或者普通发票上这种存货的默认销项税税率；采购这种货物的时候，这个税率就是专用发票、运费发票等可抵扣的进项发票上默认的进项税税率。税率不能小于零。

存货属性：是指存货的来源或者用途。存货属性一共有六种，分别是销售、外购、生产耗用、自制、在制和劳务费用。同一种存货可以设置多种属性。设置存货属性的目的是在开具相关单据（如发货单、销售出库单等单据）的时候，可以进行参照录入，提高准确性和工作效率。

下面对存货属性作具体说明：

销售：具有这种属性的存货一般是本企业生产的产品，也可以是采购的材料。设置“销售”属性的存货可以用于销售业务的处理。发货单、销售发票、销售出库单等和销售有关的单据参照录入存货的时候，参照的都是具有这种属性的存货。发货单或者发票上的应税劳务，也应该设置“销售”属性，不然在填发货单或者开发票的时候无法使用参照法。

外购：具有这种属性的存货一般都是通过采购进入仓库的。设置“外购”属性的存货可以用于采购业务的处理。采购订货单、采购发票、采购入库单等与采购有关的单据参照录入存货的时候，参照的都是具有“外购”属性的存货。采购专用发票、采购普通发票、运费发票等票据上的采购费用，也应该设置为“外购”属性；不然开具采购发票的时候无法使用参照法。

生产耗用：具有这种属性的存货一般是原材料和辅助材料。设置“生产耗用”属性的存货可以用于库存业务的处理。材料出库单等和材料领用有关的单据在参照录入存货的时候，参照的都是具有“生产耗用”属性的存货。

自制：具有这种属性的存货一般是企业自己生产制造的产成品或者半成品。具有“自制”属性的存货可以用于产成品或者半成品业务的处理。在产成品入库单、销售出库单上参照录入存货的时候，参照的都是具有“自制”属性的存货。

在制：具有这种属性的存货是产品生产过程中的半成品。

劳务费用：指开具在采购发票上的运费、包装费等采购费用，或者开具在销售发票、以及发货单上的应税劳务、非应税劳务等项费用。

是否折扣：是指付款或者收款的时候，货款是不是折扣计算。如果选择“是”，那么在采购发票和销售发票当中录入的就会是折扣额。设置了这种属性的存货，在开发票的时候可以没有数量，只有金额。

“成本”“控制”“其他”三个页签的内容本书不作要求，在此不再赘述。

2. 修改存货档案

在“存货档案”窗口左窗格的存货类别列表中，选中要修改档案的存货所属的分类/在右窗格的存货列表中，选中要修改档案的存货/单击窗口工具栏上的［修改］按钮，弹出被选中存货的“存货档案卡片”对话框/对存货档案进行修改/完成修改以后单击“存货档案卡片”上的［保存］按钮保存修改结果。

7

3. 删除存货档案

在“存货档案”窗口左窗格的存货类别列表中，选中要删除的存货所属的类别/在右窗格的存货列表中选中要删除的存货/单击[删除]按钮。

注　意

已经使用的存货不能删除。

二、购销存设置

（一）仓库档案设置

存货一般是存放在仓库里面进行保管的。要对存货进行核算管理，首先需要对仓库进行管理。仓库档案设置就是把本企业使用的所有仓库的信息录入到系统中，以备在库存业务处理中随时调用。

【案例 7-4】 请设置仓库档案，部门均为物流部；负责人为王库管。具体参数如表 7-4 所示。

表 7-4　　001 账套仓库档案设置参数

仓库编码	仓库名称	计价方式	仓库编码	仓库名称	计价方式
01	原料 1 库	移动平均法	03	材料库	移动平均法
02	原料 2 库	移动平均法	04	成品库	移动平均法

操作步骤如下：

由账套主管(01 赵经理；口令：1；日期：2022 年 1 月 1 日)注册登录“信息门户”/打开“基础设置”菜单/指向“购销存”弹出子菜单/在子菜单上单击“仓库档案”打开“仓库档案”窗口/在“仓库档案”窗口的工具栏上单击[增加]按钮，弹出“仓库档案卡片”对话框/在对话框上录入仓库编码(01)、仓库名称(原料 1 库)、所属部门(物流部)、负责人(王库管)、计价方式(移动平均法)等信息，其他几项本例省略/单击对话框上部的[保存]按钮保存设置的内容/重复操作直到所有仓库档案设置完成，如图 7-3 所示/最后单击[退出]按钮结束操作。

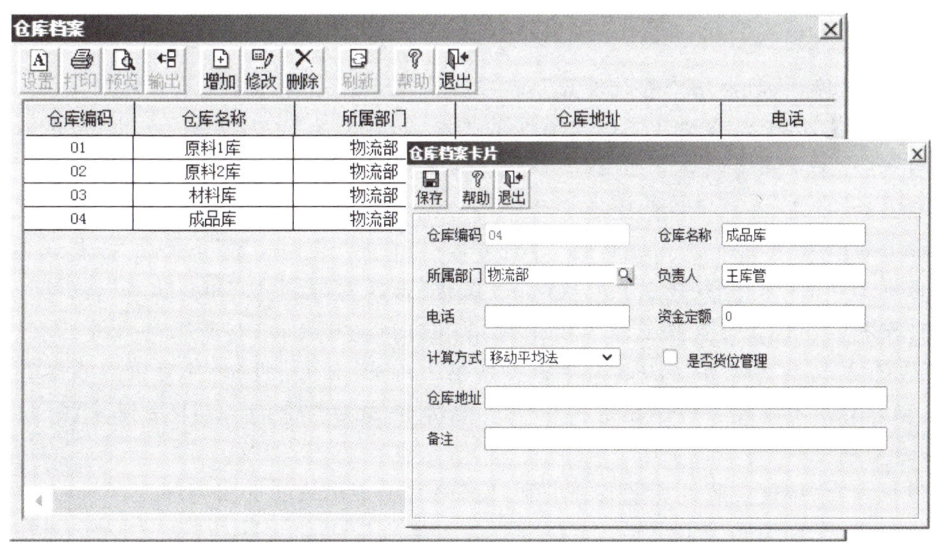

图 7-3 “仓库档案”窗口和“仓库档案卡片”对话框界面

“仓库档案卡片”对话框各栏目说明如下：

仓库编码：仓库编码必须录入，而且必须唯一。

仓库名称：最长 20 位(10 个汉字)。仓库名称必须录入。

所属部门：指这个仓库属于哪个部门管理。如果核算系统中选择了“按部门核算”，这一项就必须录入。

仓库地址、电话、负责人三项可以录入也可以省略。

计价方式：指存货成本的计价方法。系统提供全月平均法、移动平均法、先进先出法三种计价方式供用户选择。

是否货位管理：“货位”是指货物在仓库中存放的位置。这一项可以选也可以不选。不选的时候默认为不进行货位管理。

资金定额：可以为空。

备注：可以为空。

(二) 收发类别设置

收发类别表示材料的出入库类型，如“原料采购入库”“产品销售出库”等。设置收发类别是为了方便用户对材料的出入库情况进行分类、汇总和统计。用户可以根据各自单位的实际需要灵活地进行设置。

【案例 7-5】 请设置 001 账套的收发类别。具体参数如表 7-5 所示。

表 7-5　001 账套收发类别设置参数

编码	类别名称	收发标志	编码	类别名称	收发标志
1	入库类别	收	2	出库类别	发
11	原料采购入库	收	21	销售出库	发
12	材料采购入库	收	22	原料领用出库	发
13	成品入库	收	23	材料领用出库	发
14	调拨入库	收	24	调拨出库	发
15	盘盈入库	收	25	盘亏出库	发
16	其他入库	收	26	其他出库	发

操作步骤如下：

登录“信息门户”后，打开“基础设置”菜单/指向“购销存”弹出子菜单/单击“收发类别”打开“收发类别”窗口，可以看到系统已经预置了收发类别/保留“入库类别”中的“采购入库”，把其他各项删除(选中一项以后单击[删除]按钮，系统提示“确实要删除选中的收发类别吗?”单击提示框上的[确定]按钮可以删除选中的一项)/完成删除以后在左窗格选中“采购入库”/单击工具栏上的[修改]按钮/在右窗格的“类别名称”框中把“采购入库”修改成“原料采购入库”/单击对话框上部的[保存]按钮保存修改结果/保留“出库类别”中的“销售出库”，把其他各项删除/单击[增加]按钮/在右窗格里录入类别编码(12)和类别名称(材料采购入库)/在“收发标志”项的两个单选框中选择一个(收)/单击对话框上部的[保存]按钮，保存设置内容到左窗格中/重复操作把所有收发类别设置完成，如图 7-4 所示/最后单击[退出]按钮结束操作。

“收发类别”窗口各项说明如下：

收发标志：系统规定收发类型有“收”和“发”两种。用户只能选择一种。

类别编码：类别编码必须录入。系统规定收发类别最多可以分成三级，三级的编码长度合计不能超过 5 位；单级最大长度也是 5 位，但必须服从系统初始化的时候，在“编码方案”里面

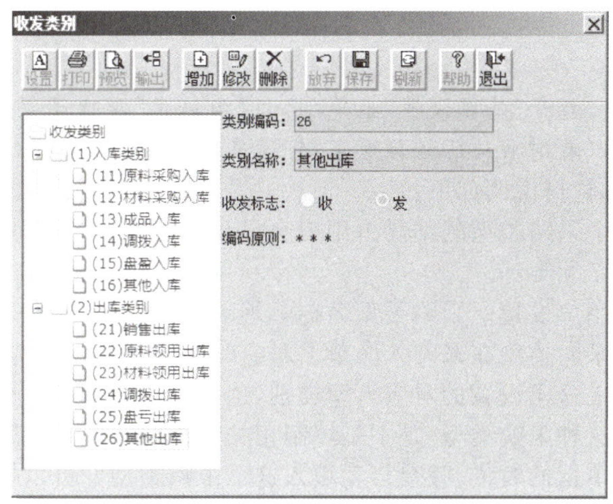

图 7-4 “收发类别”窗口界面

设置的分级和各级位数。类别编码必须按一级、二级……的次序逐级定义。

类别名称:类别名称必须录入。最大长度为 12 位(6 个汉字)。同一级收发类别下面的下一级类别,类别名称不能相同。

编码原则:编码原则是在系统初始化的时候,建立账套过程当中,在最后弹出的“编码级次”对话框里设定的。这里显示的 3 个“ * ”符,每个“ * ”符中间有一个空格,说明类别编码最多可以有 3 级,每级用 1 位编码。在操作中录入类别编码的时候,必须遵循这个原则。

注　意

修改收发类别的时候,只能修改收发类别名称,不能修改收发类别编码。

要修改收发标志(“收”或者“发”)的时候,必须先修改上级的收发标志。

已经使用的收发类别不允许删除;系统预置的“采购入库”和“销售出库”两项不允许删除,但可以修改名称。

只能删除末级收发类别。如果要删除的收发类别有下级收发类别,一定要先删除下级的收发类别。

(三) 采购类型设置

用户可以根据企业的实际需要,自行设定采购类型。在使用采购管理系统填制采购入库单等单据时,会涉及采购类型。如果企业需要按照采购类型进行统计,那就应该建立采购类型项目。

小知识

采购类型是对采购业务的分类,如原材料采购、设备采购、工程采购等。

采购类型不限制级数,企业可以根据实际需要进行分级。

【案例 7-6】 按所列参数设置 001 账套的采购类型,如表 7-6 所示。

表 7-6 001 账套采购类型设置参数

编　码	采购类型名称	入库类别	是否默认值
1	原料采购	原料采购入库	是
2	材料采购	材料采购入库	否
3	其他采购	其他入库	否

设置方法如下：

1. 增加采购类型

登录“信息门户”后，打开“基础设置”菜单/指向“购销存”弹出子菜单/单击“采购类型”打开“采购类型”窗口/可以看到系统已经预置了“普通采购”类型。

“采购类型”窗口各栏目说明如下：

采购类型编码：每个采购类型的编码由用户自己确定。采购类型编码最长4位。采购类型编码必须录入，而且必须唯一。

采购类型名称：由用户设置。采购类型名称必须录入，而且必须唯一。

入库类别：指这种采购类型在采购入库单上对应的入库类别。填制入库单的时候，录入采购类型以后，会自动填上这里设置的对应入库类别，这样可以加快入库单的录入速度。

是否默认值：是指这种采购类型，是不是填制相关单据的时候系统默认的采购类型。如果选择“是”，在填制相关单据的时候，就会自动填入这个采购类型。可以把使用最多的采购类型设置成默认的采购类型。

接下来的操作步骤如下：

先双击第二行的“采购类型编码”栏激活它/录入采购类型的编码(1)/双击激活“采购类型名称”栏/录入采购类型名称(原料采购)/双击“入库类别”栏，栏目右端显示放大镜按钮/单击放大镜按钮打开“收发参照”窗/在“收发参照”窗里，双击这种采购类型对应的入库类别(原料采购入库)把它选入/双击“是否默认值”栏目，右端显示下拉框箭头/单击下拉框箭头打开下拉框，选择“是”或“否”(本例选“是”)/在工具栏上单击[增加]按钮，窗口中增加一个空白行/重复以上操作直到所有采购类型录入完成/选中预置的“普通采购”/单击窗口工具栏上的[删除]按钮把它删除，如图7-5所示/单击窗口工具栏上的[退出]按钮结束操作。

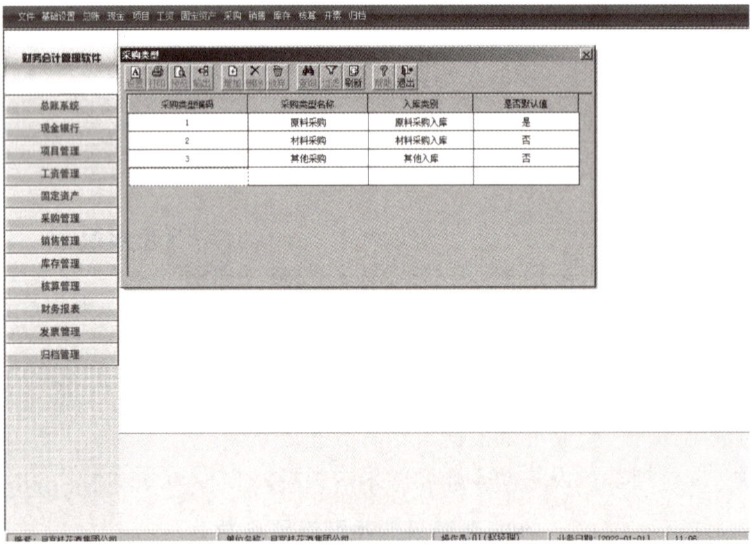

采购类型编码	采购类型名称	入库类别	是否默认值
1	原料采购	原料采购入库	是
2	材料采购	材料采购入库	否
3	其他采购	其他入库	否

图7-5 “采购类型”窗口界面

注 意

采购类型编码最多只能有2位长度。编码可以使用数字或者英文字母。编码必须录入，而且必须唯一。使用英文字母编码的时候，要注意大小写。

最后一个采购类型录入完成以后，一定要再增加一个空行，要不然的话，录入的最后一个采购类型可能会丢失。

2. 修改采购类型

把光标移到要修改的采购类型栏目上/按空格键(或者双击)激活这个栏目/进行修改操作。

3. 删除采购类型

把光标移到要删除的采购类型记录上/单击[删除]按钮删除当前选中的采购类型。

注 意

已经使用的采购类型不能修改和删除。

(四) 销售类型设置

用户可以根据企业的实际需要自行设定销售类型。在使用销售管理系统,填制销售出库单等单据时,会涉及销售类型。如果企业需要按照销售类型进行统计,就应该建立销售类型项目。

小知识

销售类型是对销售业务的分类,如成品销售、半成品销售等。

销售类型不分级次,企业可以根据实际需要进行分级。

【案例 7-7】 请按所列参数设置 001 账套的销售类型,如表 7-7 所示。

表 7-7 001 账套销售类型设置参数

编　码	销售类型名称	出库类别	是否默认值
1	产品销售	销售出库	是
2	其他销售	其他出库	否

操作步骤如下:

登录“信息门户”后,打开“基础设置”菜单/指向“购销存”弹出子菜单/单击“销售类型”打开“销售类型”窗口。

“销售类型”窗口各个栏目说明如下:

销售类型编码:每个销售类型的编码由用户自行确定。销售类型编码最长 4 位。销售类型编码必须录入,而且必须唯一。

销售类型名称:由用户设置。销售类型名称必须录入,而且必须唯一。

出库类别:是指这种销售类型在销售出库单上对应的出库类别。填制销售出库单的时候,录入销售类型以后,会自动填上这里设置的出库类别,加快出库单的录入速度。销售业务的数据传递到库存管理系统和核算管理系统,进行出库统计和财务制单处理的时候,也要用到这里设置的出库类别。

是否默认值:是指这个销售类型,是不是填制相关单据的时候系统默认的销售类型。如果选择“是”,在填制相关单据的时候,这个销售类型就会自动填入。可以把使用最多的销售类型设置成默认的销售类型。

销售类型的设置操作界面和采购类型的设置操作界面类似;销售类型的增加设置、修改以及删除的操作方法以及注意事项,也和采购类型的增加、修改以及删除的操作方法以及注意事项相同。请自己完成这个案例。

(五) 非合理损耗类型设置

对非合理损耗,应该根据不同情况,作出相应的账务处理。因此,企业应该在这里事先设置好可能发生的非合理损耗类型,以便在采购结算时根据具体的业务情

小知识

“非合理损耗”是指生产经营过程中正常损耗以外的损失,包括因管理不善而造成的被盗、丢失、霉烂变质和其他非正常损失。

况选择相应的非合理损耗类型。

【案例 7-8】 请设置 001 账套的非合理损耗类型，具体参数如表 7-8 所示。

表 7-8 001 账套非合理损耗类型设置参数

非合理损耗编码	非合理损耗名称	是否默认值
01	自然灾害	是
02	过期报废	否

非合理损耗类型设置的操作界面以及操作方法，和采购类型、销售类型设置的界面以及操作方法类似。请自己完成这个案例。

本节小结

使用采购、销售、库存和核算四个子系统时，必须在"基础设置"环节中做好存货和购销存设置。其中存货设置主要包括存货类别和存货档案的设置；购销存设置主要包括仓库档案、收发类别、采购类型、销售类型、非合理损耗类型的设置以及本书没有涉及的其他设置。

实 验

完成附录中实训项目六规定的实训内容第 4、5 两项。

第三节 采购管理系统的初始化

采购管理系统的初始化要考虑以下几个方面：

一是上个会计期（或手工处理的最后一个会计期）会有尚未处理完毕的暂估业务和在途业务；二是系统启用之前，和供应商之间会有还未结清的应付款、预付款。这些数据都需要录入系统中，用以保持会计电算化系统的数据和手工账数据的连续性。

一、期初暂估入库录入

小知识

"月初回冲"是在每个月的月初，对上个月还没有报销的暂估单自动在核算系统的明细账中生成红字回冲单，等收到发票后再按实际价格录入蓝字入库单。

小知识

"单到回冲"是收到发票后对上个月还没有报销的暂估入库货物录入红字回冲单，然后按实际价格录入蓝字入库单。

"暂估入库"是指采购的材料已经到货，但是到当月月底还没有拿到供货单位开具的采购发票，暂时无法进行采购结算、确定实际采购成本的采购业务。这种情况下，一般先按一个暂时估计的进价办理验收入库手续，并按暂估价入账；下一个月收到发票以后，再按实际成本进行结算。结算的方法又有月初回冲、单到回冲、单到补差三种。本书的案例 001 账套采用的是月初回冲法。

在本书中，把暂估业务的前半段（货到）放到初始化中进行讲解。假设会计电算化采购管理系统启用前的一个月，有一批采购的材料已经到货入库，但是到采购管理系统启用日为止，还没有拿到这批货的发票。这样，就要把这笔暂估业务作为采购系统的期初数据，录入到系统中来，这项操作叫作"期初采购入库"。期初采购入库数据通过"采购入库单"功能录入。

采购入库单是采购的货物到货以后，根据实收数量签收填制的单据；是企业给供应商的收货凭据；是采购收货业务的执行载体；更是采购管理的核心单据。

小知识

"单到补差"是在收到发票时，不对暂估入库的货物作红字回冲，而是按照实际价格和暂估价之间的差额填制调整单。

采购入库单按照进出库方向划分为"采购入库单"和"采购入库单（红字）"，其中"采购入库单（红字）"就是退货单。

采购入库单可以直接从键盘录入，也可以由采购订单或者采购发票产生。下面介绍直接从键盘录入的方法。

从键盘录入采购入库单时，可以根据到货清单，直接在计算机上填制采购入库单（称作前台处理）；也可以先人工填制入库单，然后再集中录入（称作后台处理）。采用哪一种方式，应该根据本单位的实际情况来定。一般来说，业务量不多或者操作比较熟练，或者使用云上方式的用户可以采用前台处理方式；如果是使用会计电算化采购管理系统的第 1 年，操作不是很熟练，或者还处于人机并行阶段，宜采用后台处理方式。

【案例 7-9】 2021 年 12 月 20 日，向土星瓷器厂采购的瓷瓶 300 只到厂入库；到 12 月 31 日发票未到，按暂估单价 48 元入账（不含税）；款未付。请完成期初采购入库录入。

操作步骤如下：

由采购管理员（06 吴采购；口令：6；日期：2022 年 1 月 1 日）注册登录"信息门户"/在左部主菜单上单击"采购管理"转入采购管理主界面，如图 7-6 所示/单击"采购入库单"图标打开"采购入库单—期初采购入库单"窗口（图 7-7 所示是录入完成的期初采购入库单）。

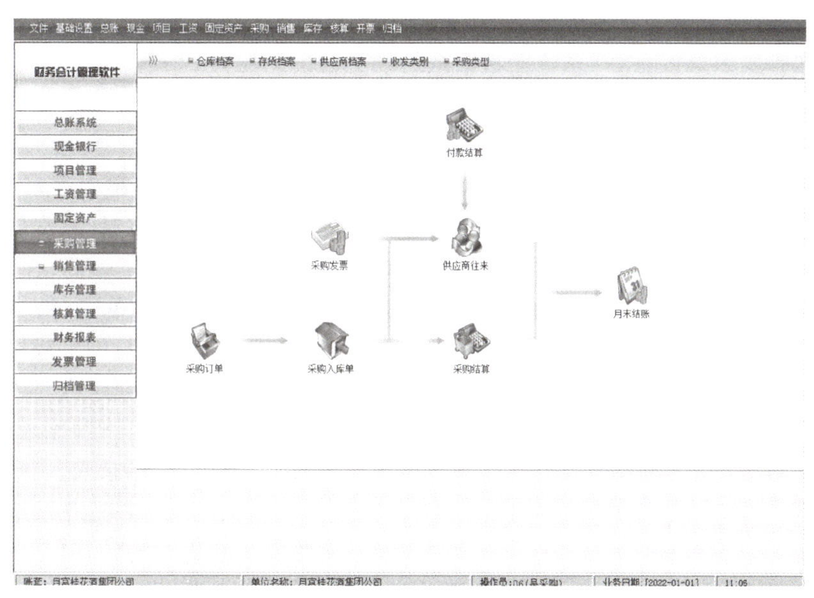

图 7-6　采购管理系统主界面

"期初采购入库单"窗口的各个项目介绍如下：

仓库：指这批货物存放的仓库，必须录入，不过可以参照录入。在下部单据体中录入存货的具体信息以后，"仓库"项内容就不能修改了；除非先把单据体中各行的存货数据删除。

入库单号：系统按照当前已有入库单中的最大编号，再加上 1 自动给出一个入库单编号。

用户可以修改。

期初采购入库录入

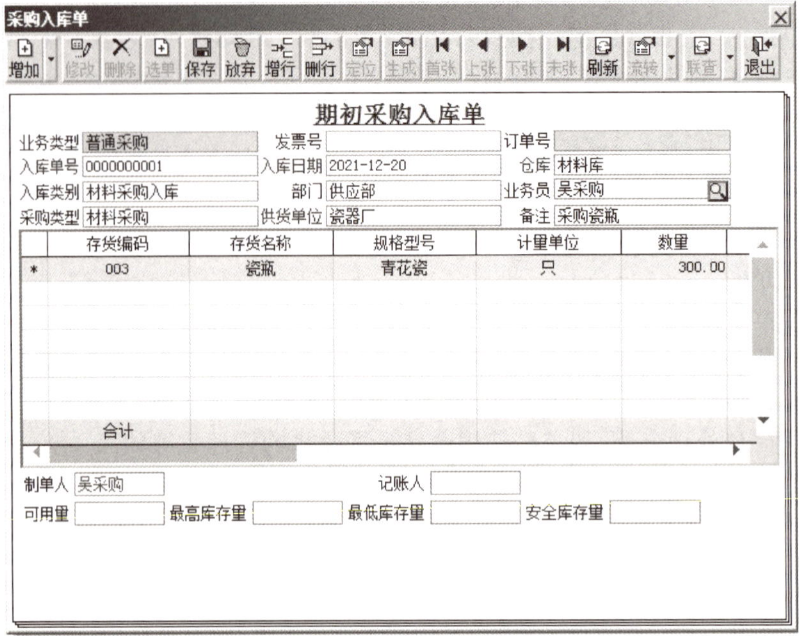

图 7-7 “采购入库单—期初采购入库单”窗口界面

入库日期：计算机自动取注册登录日期作为入库日期。用户可以修改，但不能为空。

发票号：在期初采购入库单界面，录入一个发票号，系统会检查这个发票号的发票是不是已经存在。如果发票已经存在，系统会自动把发票上的信息拷贝到采购入库单上，也就是参照发票生成入库单。在期初暂估入库操作中，没有发票已经存在这个问题。

订单号：可以录入也可以不录入。录入的时候可以参照录入，但是只能参照已经审核、还没有关闭的订单。录入的订单号必须是已有的采购订单的编号。入库单上有订单号，才可以统计订单执行情况。如果先录入了供货单位，那么参照录入订单号的时候，只提供参照所录入的供货单位的订单号，以便缩小选择范围，加快录入速度。

供货单位：必须录入，也可以参照录入。根据采购订单填制的入库单中，供货单位一项不能修改；根据发票编制的入库单，供货单位可以修改为发票上原供货单位的下级供货单位。

部门：指采购业务的经手部门。可以录入也可以不录入；也可以参照录入。

业务员：指单据上这笔业务的经办人，可以录入也可以不录入；也可以参照录入。

采购类型：可以直接录入采购类型代码，也可以参照录入，也可以不录入。

入库类别：入库类别是为了库存管理和核算系统对货物的出入库情况进行分类汇总统计的需要而设置的，也可以不录入。采购管理中虽然不按收发类别进行统计，但是由于采购入库单是在采购管理系统里录入的，因此，在账套初始化的“基础设置”环节中，必须设置收发类别。

备注：可以录入也可以不录入，也可以参照录入。

存货编码和存货名称：存货编码和存货名称必须录入。可以直接录入；也可以参照录入。可以录入相同存货。

规格型号：系统自动从存货档案中带入。

计量单位：系统自动从存货档案中带入，用户不能修改。

数量：数量必须录入。蓝字入库单的存货数量必须大于零；红字入库单的存货数量必须小于零；批次管理的存货出库数量必须小于等于该批次的结存数量。由订单填制入库单的时候，计算机会按照订单上的订购数量，自动填上入库数量。用户可以修改。

单价：可以录入也可以不录入。采用在期初暂估入库的时候录入暂估价的方法。单价不能是负数。

金额：可以录入也可以不录入。这里录入的金额不是最终确定的采购成本金额。采购成本以结算金额为准。实际上在录入了单价和数量的情况下，系统会自动计算得出金额。

如果用户录入了数量和单价，系统会自动计算金额；如果用户录入了数量和金额，系统会自动反算出单价；如果单价改变，系统会随着自动改变金额；如果金额改变，系统也会自动改变单价，数量不变；如果数量改变，系统会自动改变金额，单价不变。

接下来的操作如下：

单击工具栏上的[增加]按钮，系统自动填写业务类型、入库单号、入库日期等项（期初暂估业务，还没有拿到发票，所以“订单号”一项不可用，“发票号”一项为空）/双击“入库类别”文本框激活它，单击文本框右端的放大镜按钮打开“收发类别参照”窗口/在参照窗口中双击需要的入库类别（材料采购入库）把它填入/同样用参照法在“采购类型”文本框中填入采购类型（材料采购）/把入库日期修改成业务发生日期（2021 年 12 月 20 日）/单击“仓库”栏，右端显示放大镜按钮/单击放大镜按钮打开“参照”窗/在“参照”窗里选择这批货物的存放仓库（材料库）/单击“参照”窗上的[返回]按钮回到入库单界面/用同样的方法录入部门（供应部）、业务员（吴采购）、供货单位（太空瓷器厂）、备注（采购瓷瓶）等项内容/在单据体中录入存货编码（003）/单击“存货名称”栏，系统自动带出存货名称（瓷瓶）、规格型号（青花瓷）和计量单位（只）/在“数量”栏录入数量（300）/在“单价”栏录入暂估的单价（48）/“税额”栏保持“0”不变，系统自动填入金额（14 400.00）、含税单价（48.00）（实际是无税单价）和价税合计额（14 400.00）/单击[保存]按钮/在弹出的提示框上单击[确定]按钮/最后单击窗口工具栏上的[退出]按钮结束操作。

如果单据录入有错误，可以用鼠标单击要修改的数据项，直接进行修改。

在保存入库单以后，如果发现数据有错误，或者这张入库单审核结算的时候，发现有需要修改之处，可以单击工具栏上的[修改]按钮，然后进行修改。

注　意

系统规定凡是没有结算的入库单都是暂估入库单。

已经在核算系统记账的入库单不能修改和删除。

二、期初在途录入

在途物资又有两种情况。一种情况是票和货都在同一个月里收到，不过票要比货早些日子收到；另一种情况是前一个月收到发票，后一个月到货。两种情况的业务处理办法是一样的。具体做法是收到发票时，先把发票录入系统，但是不进行结算；等货到并且验收入库以后，再进行采购结算。

小知识

“在途”是指已经收到供货单位开具的采购发票，但是采购的材料还在运输途中，还没有验收入库，无法进行结算的采购业务。

在本书中，把跨月在途业务的前面部分（票到）放到初始化中进行讲解。假设会计信息系统的采购子系统启用前的一个月（在本案例里面是 2021 年 12 月），已经收到一批采购材料的

7

发票，但是到采购系统启用日（2022 年 1 月 1 日）为止，这批货还在运输途中，无法验收入库。这样，就要把这笔在途业务作为期初数据，录入到采购系统中来。这批货就叫作“期初在途存货”。期初在途存货的数据通过“采购发票”功能录入。

采购发票分采购普通发票、采购专用发票、普通运费发票、专用运费发票以及它们的红字发票，一共八种。这里使用采购专用发票。

普通发票和专用发票的区别是：普通发票的单价和金额都是含税的。如果发票符合税法抵扣增值税的规定，需要进行增值税抵扣，就必须在税率栏里录入税率。系统会按照录入的税率，自动计算出税额予以抵扣，然后把税后金额记作采购成本。

【案例 7-10】 2021 年 12 月 25 日，向水星太空水厂采购太空水 1 吨，单价为 2 000 元，价税合计 2 260 元，发票已经收到（发票号 65401201），货未到，款未付。请完成期初在途录入。

操作步骤如下：

进入采购管理系统主界面/单击“采购发票”图标打开“采购发票”窗口/单击工具栏上［增加］按钮右侧的 ▾ 按钮打开下拉框/在下拉框里选择发票种类（本例用专用发票），转入所选种类发票界面（图 7-8 所示是录入完成的“期初采购专用发票”窗口界面）。

“期初采购专用发票”界面各项目说明如下：

发票类型：系统在“增加”下拉框中提供四种发票类型让用户选择。这四种发票是：普通发票、专用发票以及这两种发票的红字发票。

期初采购发票录入

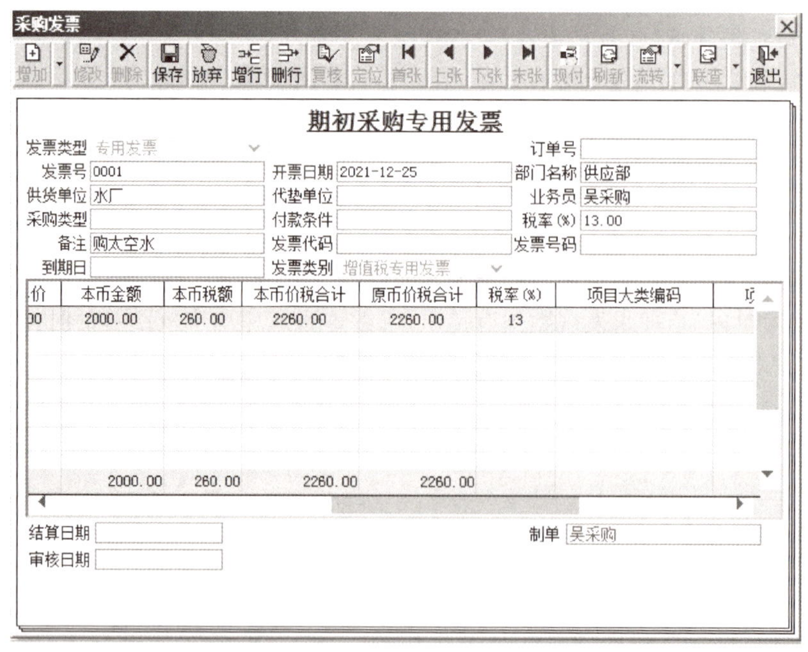

图 7-8 “采购发票—期初采购专用发票”窗口界面

发票号：发票号必须录入，两张不同类型发票的发票号可以相同，但是发票类型＋发票号必须保证唯一，也就是同一类型发票的发票号必须唯一。

开票日期：必须录入。系统自动取操作日期作为开票日期。用户可以修改。

订单号：可以录入也可以不录入，还可以参照对应的订单录入，但是只能参照已经审核、还没有关闭的订单。录入的订单号必须是已经存在的采购订单的编号。只有在入库单上有订单号的情况下，才可以统计订单执行情况。

部门名称：可以录入也可以不录入，也可以参照录入。如果不录入部门名称，就不能按采购部门进行采购统计。录入供应商以后，系统会自动带出分管部门。用户可以进行修改。

供货单位：必须录入，不过可以参照录入。

代垫单位：代本企业支付有关款项的单位。可以录入也可以不录入；也可以参照录入。设置代垫单位，一是为了对运输发票的处理，例如，有时由供应商（代垫单位）代垫运输费用，收到运输单位开具的运输发票；二是为了集团企业采购管理，即向货物提供单位采购（供货单位），而对这个单位的上级主管单位（代垫单位）结算的采购业务。

业务员：可以录入也可以不录入，也可以参照录入。如果不录入业务员，就不能按业务员进行采购统计。

采购类型：可以录入也可以不录入。录入的时候可以直接录入采购类型代码；也可以参照录入。如果不录入采购类型，就不能进行采购类型统计。

付款条件：录入供应商编号以后，自动带出付款条件（如果有的话）。用户可以修改。

税率：支持一张发票多个税率，主要解决如普通发票既有材料又有运费，但材料不可抵扣税额，运费要抵扣进项税这一类问题。

备注：可以录入也可以不录入，也可以从系统初始化时候定义的常用摘要中选取。

存货编码：必须录入，不过可以参照录入。同一张采购发票可以录入多笔同一种存货的业务。

规格型号：系统自动依据存货编码从存货档案中带入，不需要用户录入。

计量单位：系统自动依据存货编码从存货档案中带入。用户不能修改。

数量：数量必须录入，不能为零，但是可以是负数。

原币（本币）单价：对专用发票是不含税单价；对普通发票是含税单价。单价可以录入也可以不录入。单价不能为负数。当有数量和金额时，系统会自动计算单价。

原币（本币）金额：对专用发票来讲是不含税金额；对普通发票来讲是含税金额。金额可以录入也可以不录入。录入数量和单价以后，系统会自动计算得出金额（金额＝单价×数量）。没有单价，但是有价税合计额时，也会自动计算出金额。

税率：单据体中的税率可以和单据头上的税率不相同。税率必须是正整数。税率可以参照录入，也可以直接录入、修改。

原币（本币）税额：不必录入，由系统计算得出。用户可以修改。

原币（本币）价税合计：录入金额时，会自动计算价税合计；当录入或者修改价税合计金额时，会自动计算出金额。但是这一点只适用于增值税专用发票，不适用于普通发票。如果修改税额，货物金额按金额相等，方向相反改变，也就是价税合计金额不变，只是税率改变。

接下来的操作如下：

把自动带出的开票日期修改成实际的开票日期（2021 年 12 月 25 日）/录入发票号（65401201）/单击“部门名称”栏，这一栏的右端显示放大镜按钮/单击放大镜按钮打开“参照”窗/在“参照”窗左窗格里选择部门（供应部）/在右窗格双击这个部门的记录把它填入发票/单击“供货单位”栏，这一栏的右端显示放大镜按钮/单击放大镜按钮打开“参照”窗/在“参照”窗里双击供应商（太空水厂）/“代垫单位”项留空/在“业务员”一栏里直接录入业务员的编码（601），自动转换成业务员姓名（吴采购）/“付款条件”项留空/录入税率（13）/单击“备注” 7

栏，录入备注内容（购太空水）/双击单据体里“存货编码”栏，这一栏的右端显示放大镜按钮/单击放大镜按钮打开“参照”窗/在“参照”窗里选中存货（002）/双击这条发票记录把它填入发票/在“存货名称”栏单击，自动带出存货名称（太空水）、规格型号（纯净）和计量单位（吨）/录入数量（1）/在“原币单价”栏录入单价（2 000）/单击“原币金额”栏，系统自动填入原币金额（2 000.00）、原币税额（260.00）、本币单价（2 000.00）、本币金额（2 000.00）、本币税额（260.00）、本币价税合计（2 260.00）和原币价税合计（2 260.00）/单击窗口工具栏上的[保存]按钮保存这张期初采购发票/单击窗口工具栏上的[退出]按钮结束操作。

三、供应商往来期初录入

“供应商往来期初”功能用于录入采购系统启用以前应付账款和预付账款的余额。

在主账套的初始化过程中录入期初余额时，已经在“应付账款”和“预付账款”两个科目中录入了期初余额；但是为了保证总账系统和采购管理系统双方数据一致，还需要在采购管理系统初始化时，把期初应付款和期初预付款的余额录入采购管理系统。

（一）录入期初预付款

【案例 7-11】 2021 年 12 月 22 日，由供应部吴采购经手用银行承兑汇票预付太空瓷器厂 10 000 元，作期初预付款录入采购系统。

操作步骤如下：

由采购系统管理员（06 吴采购；口令：6；日期：2022 年 1 月 1 日）注册登录“信息门户”/在左部主菜单上单击“采购管理”进入采购管理主界面/单击“供应商往来”图标弹出菜单/在菜单上单击“供应商往来期初”，弹出“期初余额—查询”对话框，如图 7-9 所示。

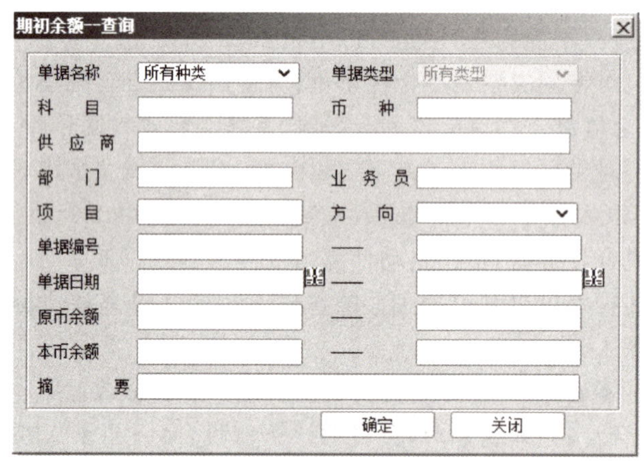

图 7-9 “期初余额—查询”对话框界面

直接单击对话框上的[确认]按钮（因为还没有任何单据，不需要录入查询条件）打开“期初余额”窗口（图 7-10 所示是填制完成的“期初余额”窗口界面）。

在“期初余额”窗口工具栏上单击[增加]按钮弹出“单据类别”选择对话框/在对话框中打开“单据名称”下拉框选择单据名称（预付款），“单据类型”下拉框里自动填上对应的单据类型（付款单）/打开“方向”下拉框选择方向（本例保持“正向”不变），如图 7-11 左图所示/单击对话框底部的[确定]按钮转入“预付款期初”窗口。

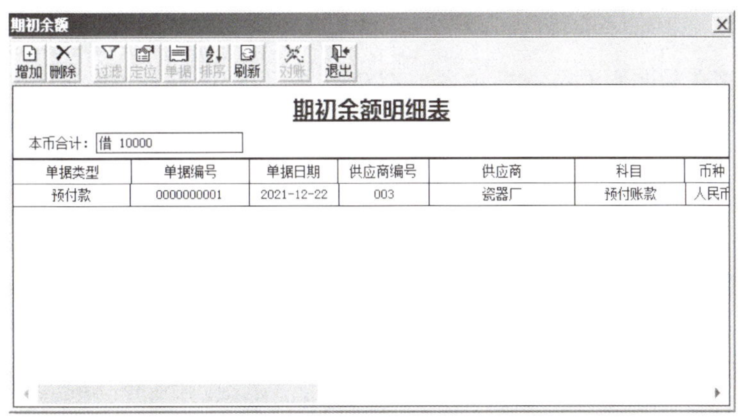

图 7-10 “期初余额”窗口界面

在“预付款期初”窗口，结算单号已经自动填上/用参照法填上结算日期(2021-12-22)、供应商(太空瓷器厂)、部门(供应部)、业务员(吴采购)、结算方式(银行承兑汇票)、科目(1123 预付账款)、币种(人民币)、金额(10 000)等项内容，如图 7-11 右图所示/单击“预付款期初”窗口工具栏上的[保存]按钮，系统提示“预付款保存成功!”/单击提示框上的[确定]按钮关闭提示框/单击“预付款期初”窗口工具栏上的[退出]按钮返回“期初余额”窗口(先不要关闭“期初余额”窗口)。

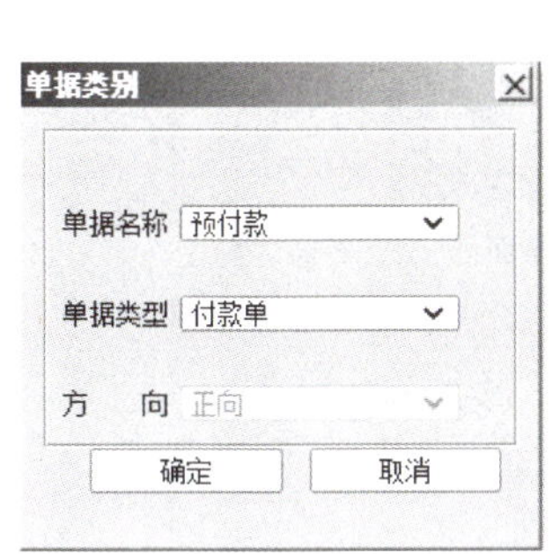

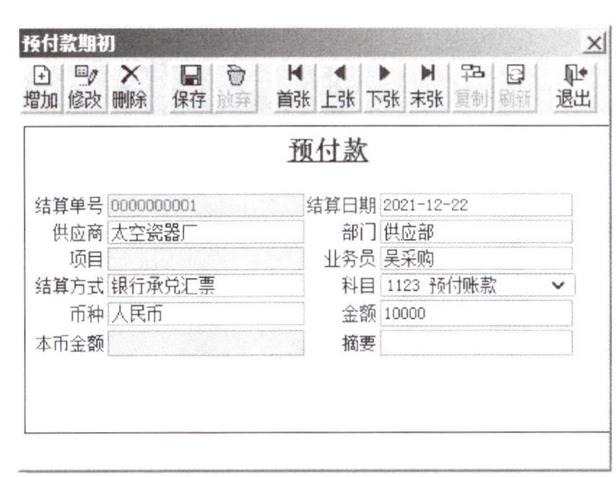

图 7-11 “单据类别”对话框和“期初录入—预付款”窗口界面

(二) 录入期初应付款

【案例 7-12】 2021 年 12 月 25 日，由供应部吴采购经手，购入水星太空水厂太空水 1 吨，价税合计 2 260 元，款未付，作期初应付款录入采购系统(科目 2202 应付账款)。

操作步骤如下：

在图 7-10 所示的“期初余额”窗口单击[增加]按钮，弹出“单据类别”选择对话框/在对话框中打开“单据名称”下拉框，选择单据名称(应付单)，“单据类型”下拉框里自动填上对应的单据类型(其他应付单)/打开“方向”下拉框选择方向(本例保持“正向”不变)/单击[确定]按钮，打开“其他应付单——期初”窗口。

“其他应付单——期初”窗口各项数据的录入方法，和“预付款期初”窗口各项数据录入方法相似，这里不再赘述。请自己按照题中给出的数据完成操作。

(三) 对账

对账，就是把在采购管理系统里录入的期初数据，和总账科目里对应的期初数据进行核对。在完成了供应商往来期初数据的录入以后，必须进行对账。如果对账以后的差额不是零，说明采购管理系统和总账系统双方肯定有一方出现了错误，一定要把错误找出来，予以改正，直到对账差额为零为止。

对账的操作方法很简单，在“期初余额”窗口的工具栏上单击[对账]按钮，系统就会显示期初对账结果/对完账后单击[关闭]按钮关闭“期初对账”窗口。

（新道云平台上，采购管理系统的“期初余额”窗口工具栏上，[对账]按钮处于关闭状态，不能使用。）

四、采购期初记账

采购期初记账是把采购系统的期初数据，如期初暂估入库、期初在途、供应商往来期初等数据记入采购账中。期初记账以后，期初数据就不能再修改，也就是不能再录入期初暂估和在途数据以及供应商往来期初的数据。如果要修改，必须先取消期初记账。

采购日常业务的处理，必须在采购期初记账以后才能进行。

操作步骤如下：

在“采购管理”界面打开“采购”菜单/在菜单上单击“期初记账”命令项弹出“期初记账”提示框，如图 7-12 所示。

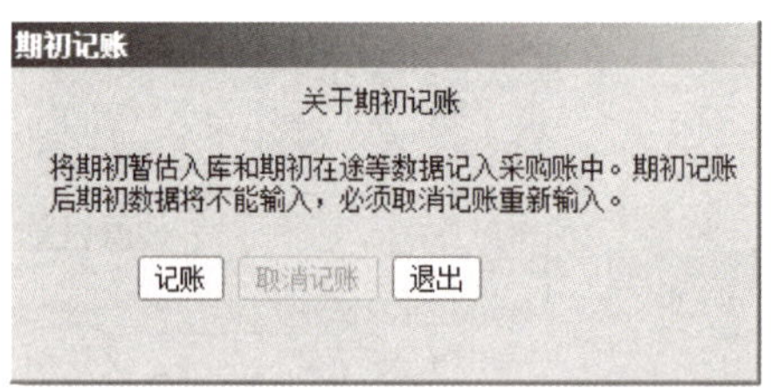

图 7-12 “期初记账”提示框界面

单击提示框上的[记账]按钮完成记账。

注 意

没有期初数据的时候，也要进行一次期初记账。只有经过了期初记账，才能录入日常采购单据中的数据。

在已经期初记账的情况下，单击“期初记账”提示框上的[取消记账]命令按钮，可以取消期初记账，回到期初记账以前的状态。

月末结账处理以后，不能取消期初记账；除非先取消月末结账。

本节小结

采购管理系统的初始化，主要有期初暂估入库录入、期初在途录入、供应商往来期初录入和采购期初记账四项工作。

实 验

完成附录中实训项目六规定的实训内容第 6、7 两项。

第四节 销售管理系统的初始化

与总账、发票管理、工资管理、固定资产、采购管理等子系统一样，销售管理系统在初次使用时，也要进行初始化。销售管理系统的初始化工作，主要是把系统启用以前手工账上的应收款和预收款余额录入会计信息系统，用以保持会计信息系统和手工会计系统数据的连续性，同时保证销售管理系统和总账系统对应数据的一致。

在销售子系统中，期初数据是通过“客户往来期初”功能录入系统的，具体来说又分为期初应收款录入和期初预收款录入两项。

一、期初应收款录入

【案例 7-13】 2021 年 12 月 25 日，由郑销北经手，销售给北海龙宫桂花酒 10 箱（每箱 10 瓶），单价为 3 000 元，合计 30 000 元，税款 3 900 元，总计 33 900 元。货已发款未收，作为期初应收款录入（发票号 65401202）。

期初应收款录入要通过录入销售发票来实现。操作步骤如下：

由销售系统管理员（07 郑销售；口令：7；日期：2022 年 1 月 1 日）注册登录“信息门户”/在窗口左部主菜单上单击“销售管理”进入销售管理系统主界面，如图 7-13 所示。

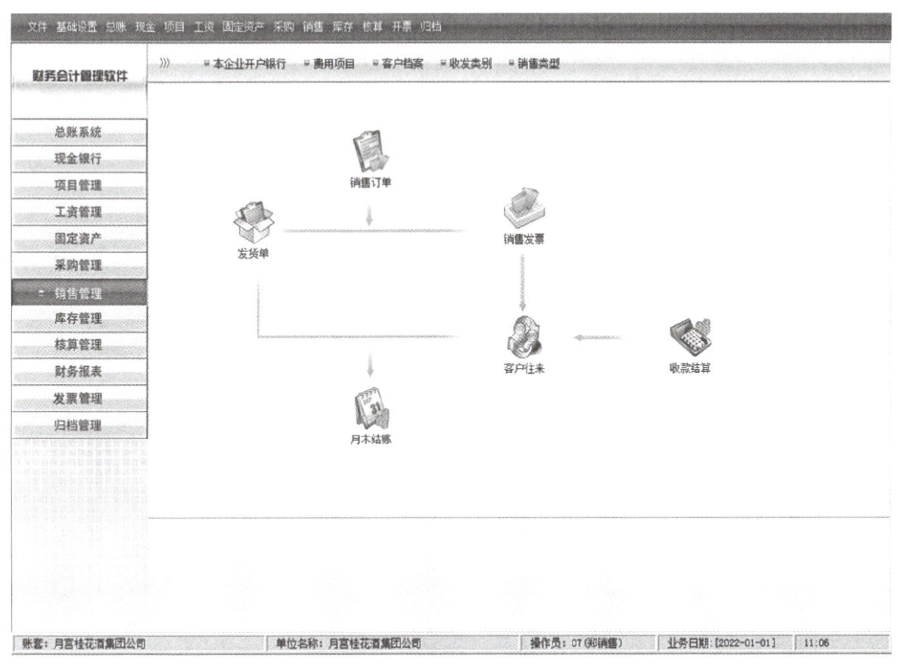

图 7-13 销售管理系统主界面

在主界面上单击“客户往来”图标弹出菜单/在菜单上单击“客户往来期初”，弹出“期初余额—查询”对话框，如图 7-14 底层所示/直接单击对话框底部的[确定]按钮（因为还没有任何单据，不需要查询条件），转入“期初余额”窗口（图 7-14 中间层所示是录入完成的“期初余额”窗口界面）/在“期初余额”窗口单击工具栏上的[增加]按钮，弹出“单据类别”对话框。如图 7-14 顶层所示。

7

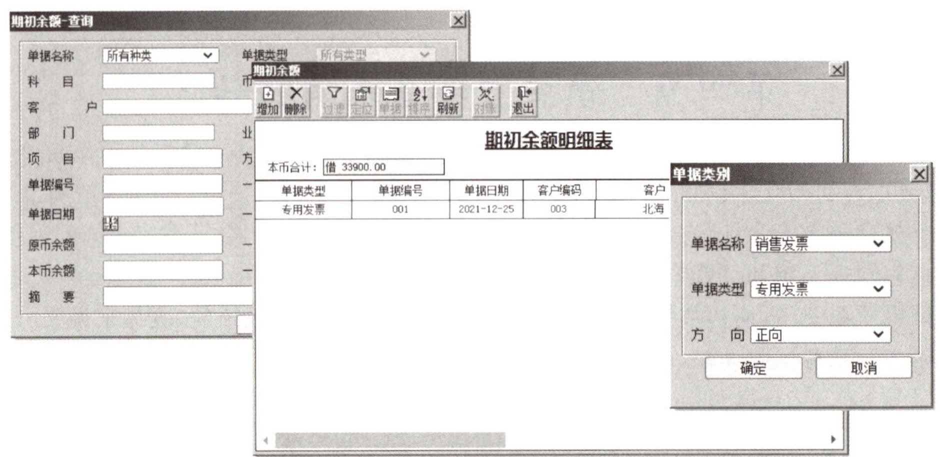

图 7-14 客户往来期初操作界面

在“单据类别”对话框中打开“单据名称”下拉框/选择单据名称（销售发票）/打开“单据类型”下拉框/选择单据类型（专用发票）/打开“方向”下拉框/选择记账方向（正向），如图 7-14 顶层所示/单击对话框底部的［确定］按钮转入“期初录入——销售专用发票”窗口。

系统自动把登录日期（2022-01-01）作为到期日期填入“到期日”项，并填上币种（人民币）/用参照法录入开票日期（2021-12-25）/直接录入发票号（65401202）/用参照法录入客户名称（北海），自动带出客户地址/录入订单号（本例无）/再用参照法依次录入销售部门（北海区）、备注（销售产品）、付款条件（本例无）、科目（1122 应收账款）、联系电话（本例省略）、业务员（郑销北）等（“账期管理”项本例省略）。

在单据体中，用参照法录入货物名称（桂花酒），自动带出规格型号（高级）、计量单位（箱）和税率（13）/录入数量（10）和单价（3 000），系统自动计算并填上金额（30 000）、税额（3 900）和价税合计金额（33 900.00），如图 7-15 所示/单击“期初录入——销售专用发票”窗口工具栏上

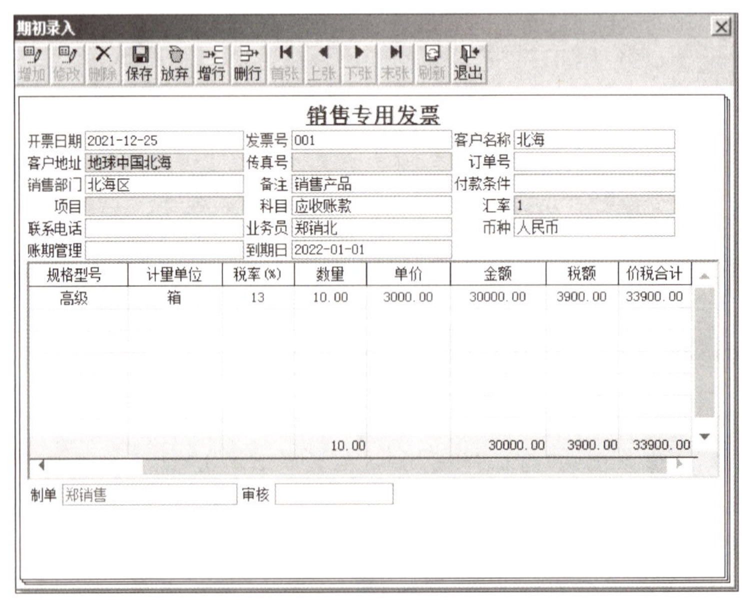

图 7-15 “期初录入—销售专用发票”窗口界面

的[保存]按钮，系统提示“销售发票期初添加成功！”/单击提示框上的[确定]按钮关闭提示框/再单击“期初录入——销售专用发票”窗口工具栏上的[退出]按钮，关闭窗口返回“期初余额”窗口界面，可以看到刚刚录入的数据（先不要关闭“期初余额”窗口）。

注　意

初始单据上的日期必须早于这个账套的启用日期。

发票中的“科目编号”栏，供用户录入这笔业务的入账科目。这个栏目可以为空，但建议在录入期初单据的时候，最好录入科目信息，这样不仅可以执行和总账的对账功能，而且可以查询正确的科目明细账和总账。这里录入的入账科目，一定要是在“基础设置”中设置科目的时候，指定“受控系统”为“应收”的科目。不然的话，期初录入的数据无法和总账进行对账。

销售管理系统的发票是和采购管理系统的发票分开编号的。货物编号和货物名称都应该是末级编号。

二、期初预收款录入

【案例 7-14】　2021 年 12 月 28 日，由东海区郑销东经手，预收东海龙宫用银行承兑汇票交付的购货款 150 000 元，作为期初预收款录入系统。

操作步骤如下：

在“期初余额”窗口界面单击[增加]按钮，弹出“单据类别”对话框/在“单据类别”对话框里打开“单据名称”下拉框/选择单据名称（预收款）/“单据类型”下拉框里自动显示对应的单据类型（收款单），并且自动确定“方向”为“正向”/单击“单据类别”对话框上的[确定]按钮，转入“预收款期初”窗口。

在图 7-16 所示的“预收款期初”窗口，结算单号由系统自动产生（0000000001）；用户不能修改。“本币金额”框也显示为灰色，如果“币种”栏里录入的是某种外币名称，当在“金额”栏录入外币金额以后，系统会自动按预先设置好的汇率计算出本位币金额填到“本币金额”栏目中。当币种是人民币的时候，金额录入到“金额”栏里。

仿照期初应收款的录入方法，在“预收款期初”窗口录入结算日期（2021-12-28）、客户（001 东海龙宫）、部门（701 东海区）、业务员（701 郑销东）、结算方式（银行承兑汇票）、科目（2203 预收账款）、币种（人民币）、金额（150 000）、摘要（预收东海龙宫款）等项数据，如图 7-16 所示/单击“预收款期初”窗口工具栏上的[保存]按钮，系统提示“预收款保存成功！”/单击提示框上的[确定]按钮关闭提示框/再单击“预收款期初”窗口工具栏上的[退出]按钮回到“期初余额”窗口。这时候可以看到窗口中增加了刚刚录入的数据（先不要关闭“期初余额”窗口）。

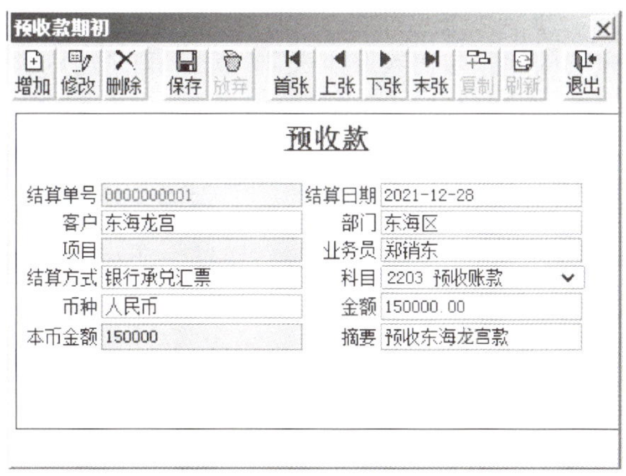

图 7-16　“期初录入—预收款”窗口界面

注 意

在"单据类别"对话框中，如果选择的是"预收款"，那就不用选择方向；系统默认是正向。

三、期初对账

期初对账，是把销售管理系统中的应收款期初金额和总账系统"应收账款"科目的期初余额，销售管理系统中预收款期初金额和总账系统"预收账款"科目的期初余额进行核对，检查两个子系统中的数据是否一致。只有在销售管理系统中的应收期初金额和总账系统"应收账款"科目中的期初余额一致，预收期初金额和总账系统"预收账款"科目的期初余额也一致，最后显示差额是零的时候，才算完成了销售管理系统的期初录入。如果差额不是零，说明录入有错误。一定要找出错误所在，纠正以后重新对账，直到差额是零为止。

对账操作的具体步骤如下：

在"期初余额"窗口，选中任何一项数据/单击工具栏上的[对账]按钮进行对账，系统显示对账结果。

（新道云平台上的销售期初对账功能处于关闭状态，不能使用）

本节小结

销售管理系统的初始化，主要是把期初应收款余额和期初预收款余额录入系统。期初应收款通过销售发票录入；期初预收款通过收款单录入。录入完毕以后要进行对账。

实 验

完成附录中实训项目六规定的实训内容的第 8 项。

第五节 库存管理系统的初始化

库存管理系统的初始化，主要是把系统启用以前手工账上的数据移植到会计信息系统中来，以保证会计信息系统库存数据和手工会计系统库存数据的连续性。初次使用库存管理系统时，应该先录入全部存货的期初数据。

一、库存期初录入

【案例 7-15】 001 账套的库存期初数据如表 7-9 所示，请录入到系统中。

表 7-9　001 账套库存期初数据

仓 库	存货编码	存货名称	规格型号	计量单位	数 量	单 价	金 额
01 原料 1 库	001	桂 花	一 级	千克	500	50.00	25 000.00
02 原料 2 库	002	太空水	纯 净	吨	5	2 000.00	10 000.00
03 材 料 库	003	瓷 瓶	青花瓷	只	1 000	50.00	50 000.00
04 成 品 库	004	桂花酒	高 级	箱	200	1 500.00	300 000.00

操作步骤如下：

7

由库存管理系统管理员（08 王库管；口令：8；日期：2022 年 1 月 1 日）注册登录"信息门户"/在菜单栏上单击"库存"，打开"库存"菜单，进入库存管理系统主界面，如图 7-17 所示/在

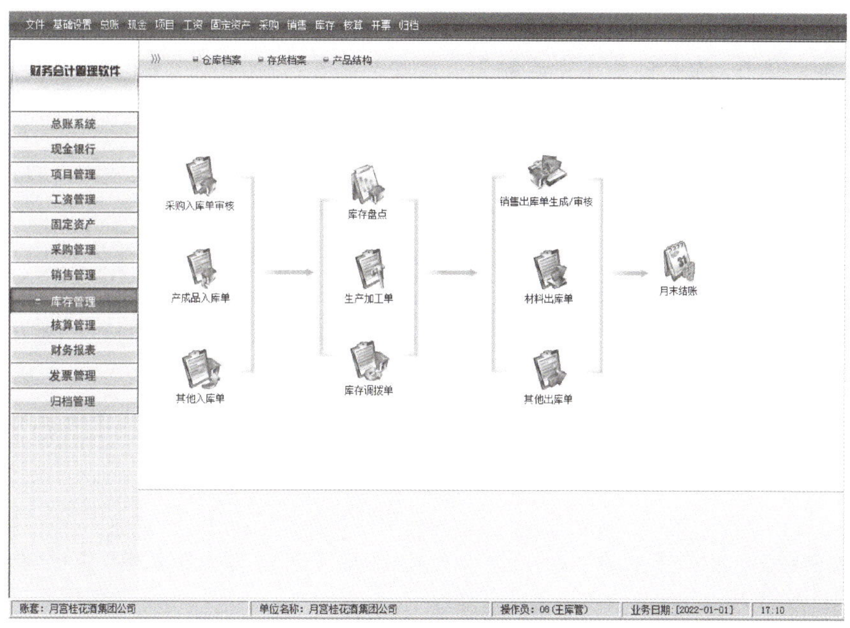

图 7-17 库存管理系统主界面

“库存”菜单上指向“期初数据”弹出子菜单/在子菜单上单击“库存期初”打开“期初余额”窗口/在“期初余额”窗口打开“仓库”下拉框显示仓库列表/在仓库列表中选择本次录入存货所在的仓库(01 原料 1 库)/系统自动显示这个仓库存货的计价方式(移动平均法)/单击工具栏上的[增加]按钮增加一条新的空白记录/双击空白记录的“存货编码”栏，在这一栏右端显示放大镜按钮/用参照法录入存货编码(001)/系统自动带出存货代码(GH)、存货名称(桂花)、规格型号(一级)、计量单位(千克)等项信息/双击“数量”栏激活它/录入数量(500)/双击激活“单价”栏/录入单价(50)/系统自动计算出金额(25 000)/双击激活“入库日期”栏，用参照法录入实际入库日期(2021-12-30)/用同样方法录入供应商(桂花种植场)、部门(供应部)、业务员(601 吴采购)等信息/再单击[增加]按钮录入下一项期初存货信息/重复以上操作，直到这个仓库所有期初存货信息录入完毕，如图 7-18 所示/单击窗口工具栏上的[保存]按钮，系统提示“保存成功!”/

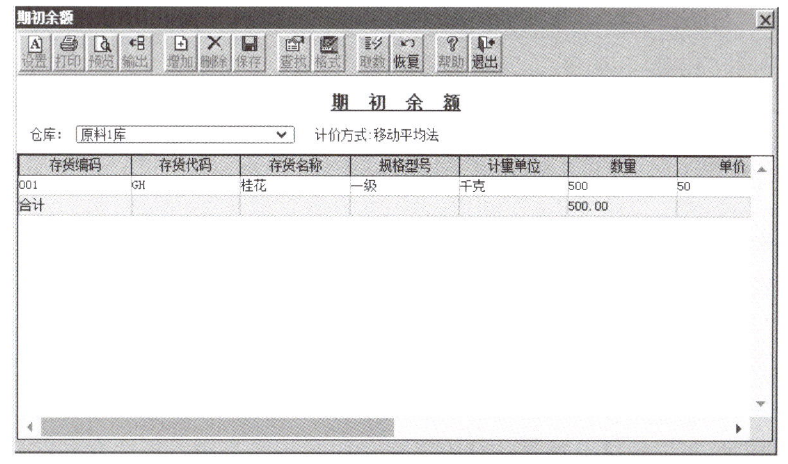

存货编码	存货代码	存货名称	规格型号	计量单位	数量	单价
001	GH	桂花	一级	千克	500	50
合计					500.00	

库存期初录入

图 7-18 库存管理系统的“期初余额”窗口界面

单击提示框上的[确定]按钮关闭提示框/打开“仓库”下拉框重新选择其他仓库,录入相关期初存货信息并加以保存/所有仓库存货信息录入完成并保存以后,单击[退出]按钮结束操作。

二、库存期初记账

库存期初数据录入完成以后,要进行期初记账。期初记账就是把用户录入的各种存货的期初数据记入库存台账、批次台账等账簿中。操作步骤如下:

在“期初余额”窗口单击工具栏上的[记账]按钮,系统开始记账/记账完成以后系统提示“期初记账成功!”/单击提示框上的[确定]按钮结束记账操作。

记账以后,工具栏上原来的[记账]按钮变成[恢复]按钮。如果发现期初余额有错误,而且还没有录入日常业务单据,就可以通过单击[恢复]按钮,把期初数据恢复到记账以前的状态,来重新录入或者修改期初数据。如果已经录入日常业务单据,那就不能再作恢复记账操作了。库存期初记账也可以在核算管理系统初始化的最后再操作。

注 意

期初数据是按仓库录入的,每当完成一个仓库期初数据的录入以后,都必须进行保存,然后重新选择仓库。

期初数据录入完毕后,必须经过期初记账才能开始日常业务的操作。库存管理系统期初记账以前,必须先完成采购管理系统期初记账。

期初数据记账是对所有仓库的期初数据进行操作。用户在进行期初记账以前,必须检查各个仓库的所有期初数据是不是全部录入完毕,确认正确无误以后,才可以进行期初记账。

在没有期初数据的情况下,也必须执行一次期初记账操作,不然的话无法开始日常业务的操作。

本节小结

库存管理系统的初始化,主要有库存期初录入和库存期初记账两项工作。库存系统期初记账以前,必须先完成采购管理系统期初记账。没有期初数据的用户,也必须执行一次期初记账操作。期初记账也可以在核算管理系统初始化的最后再做。

实 验

完成附录中实训项目六的实训内容第 9 项。

第六节 核算管理系统的初始化

本书介绍的总账、工资、固定资产、财务报表、采购、销售、库存、核算、发票管理九个模块中,总账、工资、固定资产和财务报表四个模块组成财务管理系统;采购、销售、库存、核算、发票管理五个模块则组成业务管理系统。

核算管理系统是业务管理系统和财务管理系统之间的接口。它的功能是把各种出入库单据进行记账,核算出库成本,然后生成凭证传送到总账管理系统中。采购、销售、库存三个管理系统所有业务的凭证,都在核算管理系统里生成。

核算管理系统初始化的内容有:期初余额录入、存货科目设置、存货对方科目设置、客户往来科目设置、供应商往来科目设置等。其中期初余额录入就是录入各个仓库的期初存货数据。这项数据可以在库存子系统中录入,也可以在核算模块中录入。其操作方法在第五节介绍库存管理系统初始化时已介绍过了，这里不再重复。

一、存货科目设置

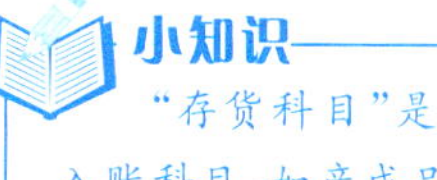

小知识

“存货科目”是指各种存货的入账科目，如产成品的存货科目就是“库存商品”。

设置存货科目，是因为制作凭证（制单）的需要。如果没有在初始化时正确地把存货科目设置周全，在制单时就不能自动产生科目完备的凭证。

【案例 7-16】 001 账套存货科目如表 7-10 所示，请完成设置。

表 7-10　001 账套存货科目设置参数

仓库编码	仓库名称	存货分类编码	存货分类名称	存货科目编码	存货科目名称
01	原料 1 库	01	原　料	140301	桂　花
02	原料 2 库	01	原　料	140302	太空水
03	材 料 库	02	材　料	140303	瓷　瓶
04	成 品 库	03	产成品	1405	库存商品

操作步骤如下：

由具有“核算管理”以及“科目设置”相关权限的操作人员（02 钱会计；口令：2；日期：2022 年 1 月 1 日）注册登录“信息门户”/在菜单栏上单击“核算”，打开“核算”菜单，同时进入核算管理系统主界面/在“核算”菜单上指向“科目设置”，弹出子菜单，如图 7-19 所示/在子菜单上单击“存货科目”进入“存货科目”设置界面（图 7-20 是录入完成的“存货科目”设置界面）。

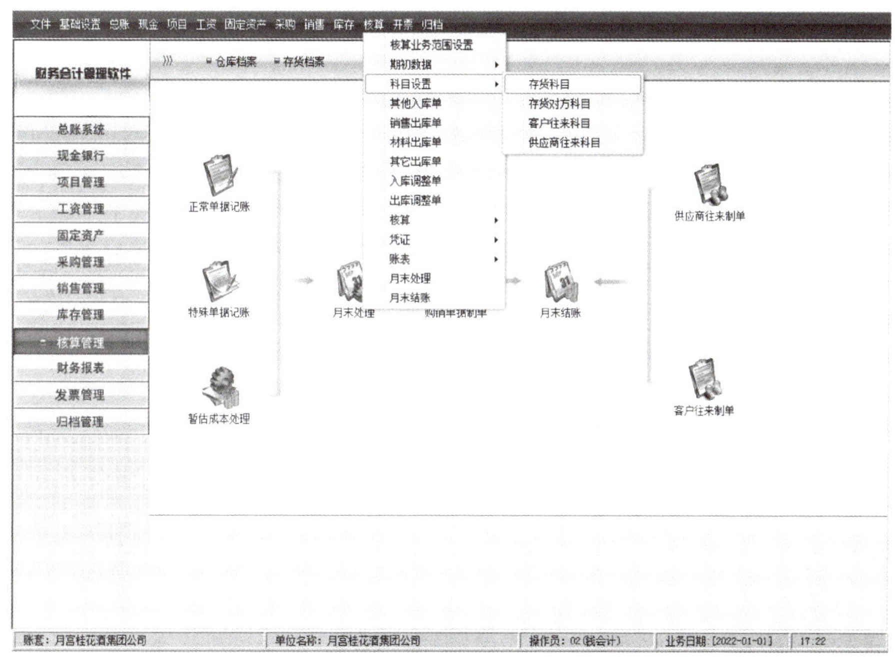

图 7-19　核算管理系统主界面以及“核算”菜单

存货科目设置

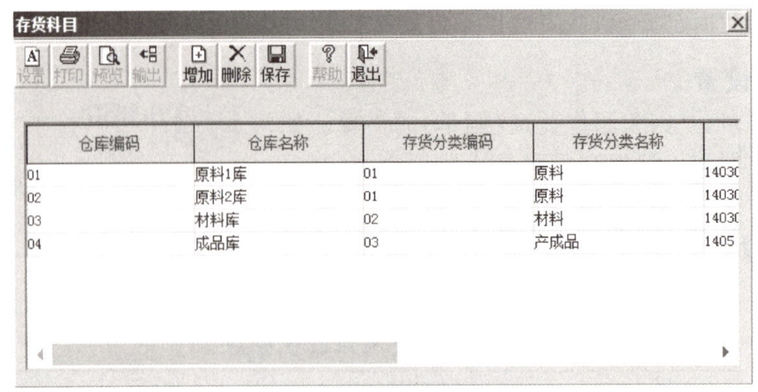

图 7-20 存货科目设置界面

存货科目设置界面各个栏目说明如下：

仓库：可以录入也可以不录入；如果录入，应该录入仓库档案中已经设置的仓库。

存货分类：可以录入也可以不录入；如果录入，应该录入存货分类中已经设置的存货分类。

存货科目：必须录入。应该录入科目表中已经设置的科目；不能录入科目表中没有的科目。参照录入存货科目的时候，只显示在设置科目的时候设置为受控系统是“核算”系统的科目；其他系统控制的科目在参照窗里不显示。

差异科目：可以录入也可以不录入。录入的时候应该录入科目表中已经设置的科目，不能录入科目表中没有的科目。参照录入差异科目的时候，只显示在设置科目的时候设置为受控系统是“核算”系统的科目；其他系统控制的科目在参照窗里不显示。

注 意

仓库信息和存货分类信息二者不可以同时为空。

在存货科目设置界面，双击“仓库编码”栏激活它，用参照法录入仓库编码，系统自动带出仓库名称（原料 1 库）/用同样的方法录入存货分类编码（01），系统自动带出存货分类名称（原料）/录入存货科目编码（140301），系统自动带出存货科目名称（原材料/桂花）/单击工具栏上的[增加]按钮，增加一条新的空白记录，重复以上步骤直到所有存货科目设置完成/单击“存货科目”界面工具栏上的[保存]按钮保存设置结果/最后单击[退出]按钮结束操作。

如果要把录入的记录删除，可以在选中要作废的记录以后单击[删除]按钮。

小知识

“存货对方科目”是指与存货科目相对应的、记账方向相反的科目。例如，存货科目“库存商品”的对方科目就可以设为“基本生产成本”。

二、存货对方科目设置

设置存货对方科目的目的和设置存货科目的目的一样，都是为了在制单时能够自动生成尽可能完整的凭证。

【案例 7-17】 001 账套存货对方科目如表 7-11 所示，请完成设置。

操作步骤如下：

在核算管理系统主界面打开“核算”菜单/指向“科目设置”弹出子菜单/在子菜单上单击“存货对方科目”打开“对方科目设置”窗口。

在“对方科目设置”窗口双击“收发类别编码”栏，右端显示放大镜按钮/单击放大镜按钮打开“收发类别参照”窗/在参照窗里双击需要的收发类别编码（11）把它填入栏目中，系统自动带

表 7-11 001 账套存货对方科目设置参数

收发类别编码	收发类别名称	存货分类编码	存货编码	存货分类名称	对方科目编码	对方科目名称
11	原料采购入库	01	001	原料(桂花)	1401	材料采购
11	原料采购入库	01	002	原料(太空水)	1401	材料采购
12	材料采购入库	02	003	材料(瓷瓶)	1401	材料采购
13	成品入库	03	004	产成品(桂花酒)	500101	基本生产成本

出收发类别名称(原料采购入库)/用同样的方法录入存货分类编码(01),带出存货分类名称(原料)/录入存货编码(001),带出存货名称(桂花)/录入部门编码(6),带出部门名称(供应部)/“项目大类编码”“项目大类名称”“项目编码”“项目名称”等几项本例省略/拉动窗口底部的水平滚动条,使“对方科目编码”等几项能够看到/双击“对方科目编码”栏,在这一栏的右端显示放大镜按钮/单击放大镜按钮打开“科目参照”窗/在“科目参照”窗里双击需要的科目编码(1401)把它填入,系统自动带出科目名称(材料采购)/“暂估科目编码”(1401)和“暂估科目名称”(材料采购)本例省略/单击窗口工具栏上的[增加]按钮,继续录入其他存货的对方科目/完成所有存货对方科目设置以后的界面如图 7-21 所示,单击窗口工具栏上的[退出]按钮结束操作。

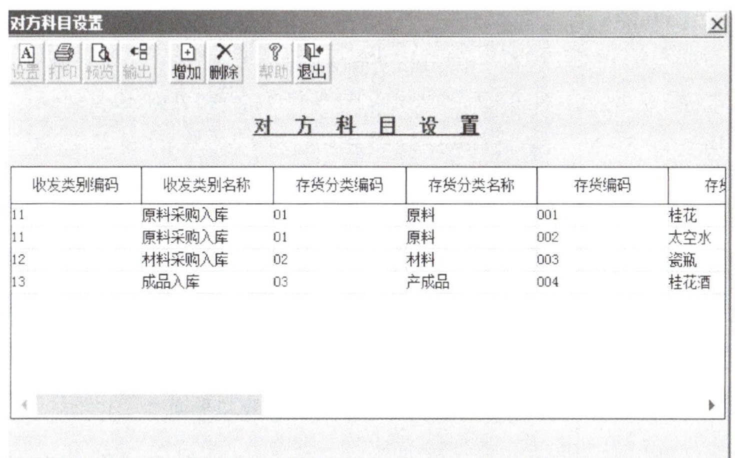

图 7-21 “对方科目设置”窗口界面

存货对方科目设置

注 意

收发类别必须要选择末级收发类别;存货分类、存货、部门等项可以参照录入,也可以用键盘直接录入;单击对方科目参照按钮,可以参照录入核算科目。

对方科目必须录入。对方科目可以根据收发类别、存货类别、部门和存货四项中的任何一项来设置。

三、客户往来科目设置

客户往来科目设置包括基本科目设置、控制科目设置、产品科目设置和结算方式科目设置四项。这里以基本科目设置和控制科目设置为例,介绍客户往来科目的设置方法。其他几类科目的设置,重点介绍有关的概念和相关的前导操作,具体的科目设置方法就不介绍了。大家可以依据附录中实训项目六里给出的客户往来科目参数,仿照基本科目和控制科目的设置方

7

法自己完成。

(一) 基本科目设置

【案例 7-18】 001 账套客户往来科目中的基本科目规定如下，请完成设置。

应收科目——本币：1122 应收账款　　应交增值税科目：22210102 销项税额

预收科目——本币：2203 预收账款　　现金折扣科目：6603 财务费用

销售收入科目：6001 主营业务收入　　汇兑损益入账科目：6603 财务费用

操作方法如下：

小知识 在核算应收、预收款项的时候最经常用到的科目称作"基本科目"。

由具有"核算管理"以及"科目设置"相关权限的操作员(02 钱会计；口令：2；日期：2022 年 1 月 1 日)注册登录"信息门户"/打开"核算"菜单/指向"科目设置"弹出子菜单/在子菜单上单击"客户往来科目"打开"客户往来科目设置"窗口。

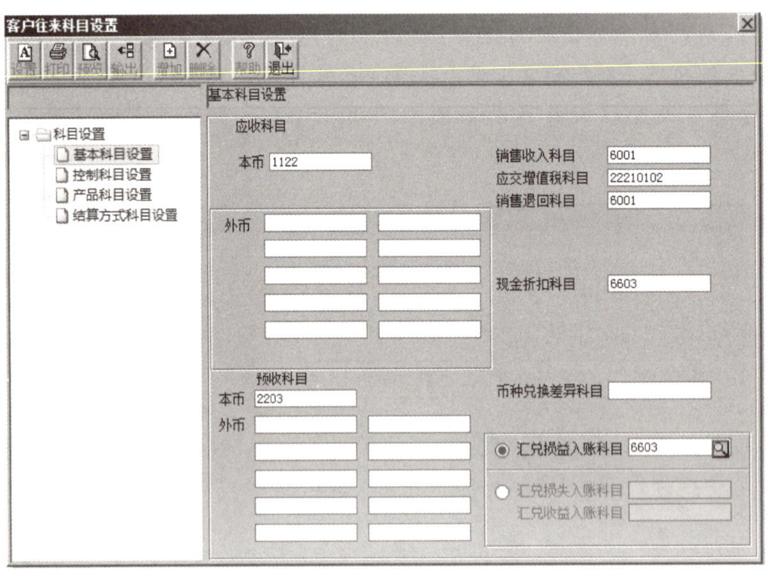

客户往来基本科目设置

图 7-22 "客户往来科目设置"窗口界面

"客户往来科目设置"窗口分成左右两部分。左窗格里是科目属性结构列表，可以看到一共有四种属性的科目；右窗格里是等待设置的各个具体科目。

接下来的操作如下：

在"客户往来科目设置"窗口左窗格里的科目属性结构列表中，选中"基本科目设置"/在右部"基本科目设置"窗格里，单击"应收科目"的"本币"文本框，该框右端显示放大镜按钮/单击放大镜按钮打开"科目参照"窗/在"科目参照"窗里选中需要的科目(1122 应收账款)/单击"科目参照"窗右部的[确定]按钮把它送入"本币"文本框/用同样的方法，分别设置销售收入科目(6001 主营业务收入)、应交增值税科目(22210102 应交税费——应交增值税——销项税额)、销售退回科目(6001 主营业务收入)/再用同样的方法，设置预收科目——本币(2203 预收账款)、现金折扣科目(6603 财务费用)、汇兑损益入账科目(6603 财务费用)，如图 7-22 所示(其他科目本例不作设置，保留空白)。

7

注 意

设置的所有科目必须是最末级明细科目。

如有多个应收科目，核算币种应该互不相同。如果企业没有外币核算业务，可以不录入外币科目。

如果使用同一个科目来核算应收账款和预收账款，那么预收账款科目可以和应收账款科目相同。

应收科目和预收科目必须是已经在科目设置的时候指定受控系统为“应收”的科目。

销售收入科目应该设置成核算销售收入的时候最常用的科目，如“主营业务收入”科目。

销售退回科目应该设置成核算销售退回的时候最常用的科目，也可以和销售收入科目相同。

如果给不同的客户（客户分类、地区分类）分别设置了应收款核算科目和预收款核算科目，在这里可以不录入这些科目，改到系统提供的针对不同客户分别设置科目的“控制科目设置”中进行设置。

如果给不同的存货（存货分类）分别设置了销售收入核算科目，那么在这里可以不录入这些科目，改到系统提供的针对不同存货分别设置科目的“产品科目设置”中进行设置。

币种兑换差异科目是指录入异币种核销的时候形成的币种兑换差异的科目，一般为本位币核算科目。由于本系统只支持本位币票据，因此不能核算有外币辅助核算的科目。币种兑换差异科目用来登记异币种核销的时候产生的本币差异账。本书不涉及相关业务。

（二）控制科目设置

本书的案例中，没有对不同客户分别设置不同的应收款和预收款科目。为了读者能够掌握相关操作，仍然对控制科目设置的操作方法作一下介绍。

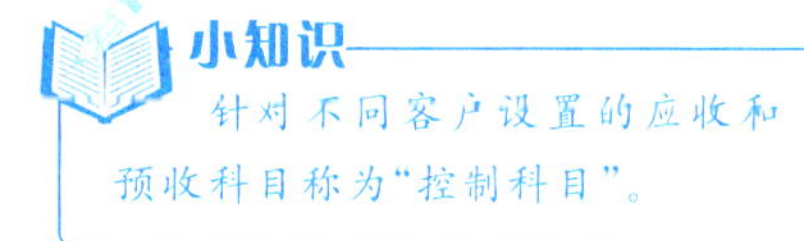

针对不同客户设置的应收和预收科目称为“控制科目”。

【案例 7-19】 001 账套中，除其他客户之外，东海、南海、北海客户的应收科目都规定为“1122 应收账款”，预收科目都规定为“2203 预收账款”。请完成控制科目设置。

操作步骤如下：

在“客户往来科目设置”窗口的左窗格里选中“控制科目设置”，右窗格显示客户编码和客户简称列表/双击一个客户（东海）记录行的“应收科目”栏，栏目右端显示放大镜按钮/单击放大镜按钮打开“科目参照”窗/在“科目参照”窗里选中这个客户的应收账款科目（1122 应收账款）/单击“科目参照”窗的[确定]按钮把它送入栏目/用同样的方法录入这个客户的预收科目（2203 预收账款）/重复以上步骤，设置好其余需要设置科目的客户的应收科目和预收科目，如图 7-23 所示/最后单击窗口工具栏上的[退出]按钮结束操作。

客户往来控制科目设置

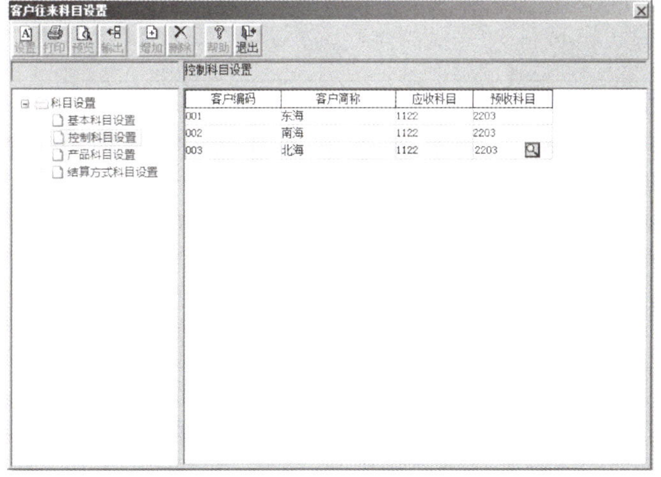

图 7-23 “客户往来科目设置—控制科目设置”窗口界面

注 意

应收科目和预收科目必须是在账套初始化中，科目设置的时候已经指定受控系统为“应收”的科目。

（三）产品科目设置

客户往来产品科目设置

小知识

与出售商品包括产成品、原材料等相关的科目称为“产品科目”，如销售收入、销项税及销售退回的入账科目。

如果针对不同的存货或者存货分类，分别设置了不同的销售收入科目、应交销项税科目和销售退回科目，那么可以在这里进行产品科目的设置。

产品科目设置的界面和操作方法，分别和控制科目设置的界面以及操作方法相仿。请依据附录中实训项目六给出的参数自己完成。

注 意

存货销售科目不能是在账套初始化过程中进行科目设置时，指定“受控科目”为“应收”或者“应付”的科目。

销售收入科目和销售退回科目可以是同一个科目。

（四）结算方式科目设置

“结算方式科目设置”功能用于为每种结算方式设置一个默认的科目。结算方式科目设置中需要注意以下几点：

客户往来结算方式科目设置

小知识

与结算方式相关的科目，如“库存现金”科目、“银行存款”科目等，称为“结算方式科目”。

（1）这里设置的币种，必须和“基础设置”环节中设置科目的时候所设置的币种一致。

（2）设置的所有科目必须是最末级的明细科目。

（3）结算科目不能是在账套初始化过程中，进行科目设置时指定受控系统为“应收”或者“应付”的科目。

请依据附录中实训项目六给出的参数自己完成。

四、供应商往来科目设置

供应商往来科目设置和客户往来科目设置一样，也是包括基本科目设置、控制科目设置、产品科目设置和结算方式科目设置四项。其操作界面、操作方法、注意事项也都和客户往来科目设置的基本相同，这里不再详细介绍了。请参照客户往来科目的设置方法，依据附录中实训项目六给出的参数自己完成。

五、暂估方式设置和期初记账

核算管理系统的期初记账和库存管理系统的期初记账所起的作用是相同的。实际上，库存的期初数据也可以在核算管理中录入。操作方法如下：

打开“核算”菜单/指向“期初数据”弹出子菜单/在子菜单上单击“期初余额”打开“期初余额”窗口。

核算管理系统中的“期初余额”窗口界面，和库存管理系统中的“期初余额”窗口界面是相同的，录入方法也相同。期初数据录入完成以后，单击工具栏上的[记账]按钮，就可以完成期初记账。

需要说明的是：如果要进行暂估方式的设置，那么在完成期初数据的录入以后，就不能进行期初记账，因为期初记账以后，就不允许再进行暂估方式的设置了。要对暂估方式进行设置，必须在期初数据录入完成以后，先进行暂估方式的设置，然后再做期初记账。

下面介绍暂估方式的设置步骤：

打开“核算”菜单/单击“核算业务范围设置”弹出“核算业务范围设置”对话框，并且默认打开“核算方式”页签/在页签中“暂估方式”选项组的三个单选项里选择需要的暂估方式（月初回冲），如图 7-24 所示/单击“核算业务范围设置”对话框底部的［确认］按钮结束操作。

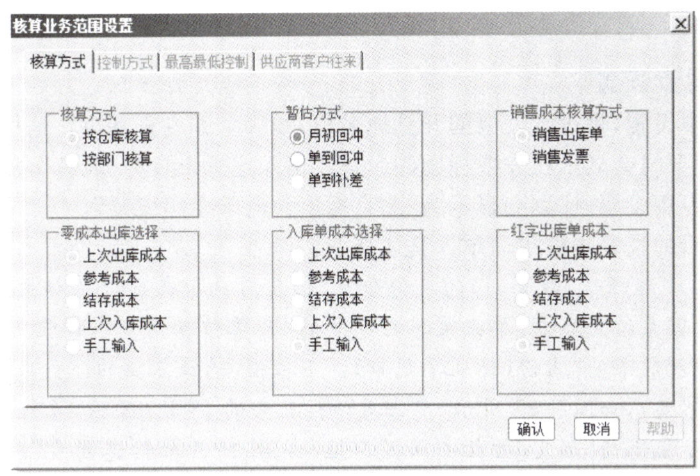

图 7-24　“核算业务范围设置”对话框的“核算方式”页签界面

建议在库存期初数据录入完成以后，先不要执行期初记账；或者把库存期初数据安排在核算管理系统中录入。如果已经在库存管理系统里完成了库存期初数据的录入并且执行了记账，而又需要在核算管理系统里进行暂估方式的设置，可以在核算管理系统的“期初余额”窗口单击工具栏上的［恢复］按钮取消记账。完成暂估方式的设置以后，一定要记得再重新记账。

本节小结

核算管理系统的初始化，主要有期初余额录入、存货科目设置、存货对方科目设置、客户往来科目设置、供应商往来科目设置、暂估方式设置、期初记账等工作。其中期初余额录入和期初记账也可以在库存管理系统里完成。

实　　验

完成附录中实训项目六的实训内容第 10、11 两项。

第七节　发票管理系统的初始化

使用发票管理系统，可以实现由销售订单生成纸质或电子发票；从云端一键取票；上传 PDF 格式电子发票；导入进项或销项电子发票等项功能。

和其他子系统一样，发票管理系统在使用之前，也要先进行初始化。发票管理系统初始化的内容包括：开票信息同步设置、开票商品同步设置、开票客户同步设置、电票凭证科目设置、参数设置和开票仓库设置六项内容。

【案例 7-20】　001 账套的发票开票省份（计划单列市）为北京；开票商品全部同步；开票客户除其他客户，其余客户全部同步；开票人为郑销售；审核人为赵经理；收款人为孙出纳；拆分规则按默认设置；电票凭证科目参数如表 7-12 所示；开票仓库为成品库。请完成发票管理系统的初始化。

表 7-12 电票凭证科目设置参数

采购科目	进项税额科目	应付科目	应收科目	销项税额科目	销售收入科目
1401 材料采购	22210101 进项税额	2202 应付账款	1122 应收账款	22210102 销项税额	6001 主营业务收入

一、开票信息同步设置

开票信息同步设置，是设置发票的开具地名称，如哪个省或直辖市。这里设置的发票开具地名称，在开具发票时会显示在发票标题的起首。例如这里设置为“北京”，那么在发票管理系统中开具的电子专用发票，标题会显示为“北京增值税电子专用发票”。

开票信息同步的设置步骤很简单。具体如下：

以账套主管(01 赵经理；口令：1)的身份登录“信息门户”/在窗口左部主菜单上单击“发票管理”进入发票管理系统主界面/单击菜单栏下方的“开票信息同步”，弹出“开票信息同步”对话框/打开对话框最底下的“省份(计划单列市)：”下拉框，选择需要的省份或计划单列市(本例取默认的“北京”不变)，如图 7-25 所示/单击对话框底部的[确认]按钮，系统提示“开票信息同步成功”/单击提示框上的[确定]按钮关闭提示框/再单击“开票信息同步”对话框标题栏右端的 ☒(关闭)按钮结束操作。

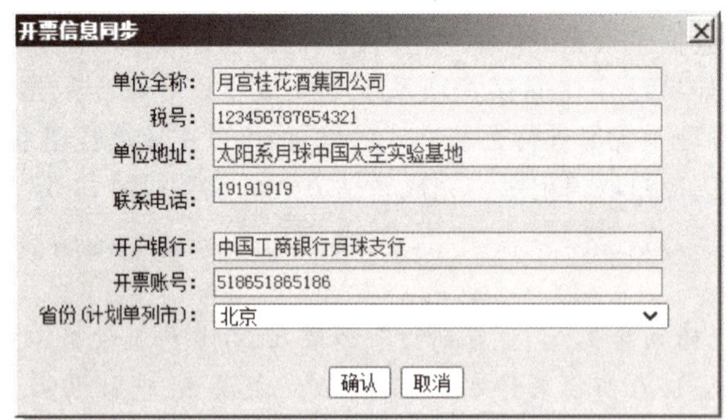

图 7-25 开票信息同步对话框界面

说明：

按照本书模拟账套，这里应该设置为“月球”，由于新道云平台系统中只能从预设的省份和计划单列市的名称中选择，而预设的省份和计划单列市名称中又没有“月球”，所以用“北京”来代替，取账套中虚拟的月球中国太空实验基地从属于国家之意。

二、开票商品同步设置

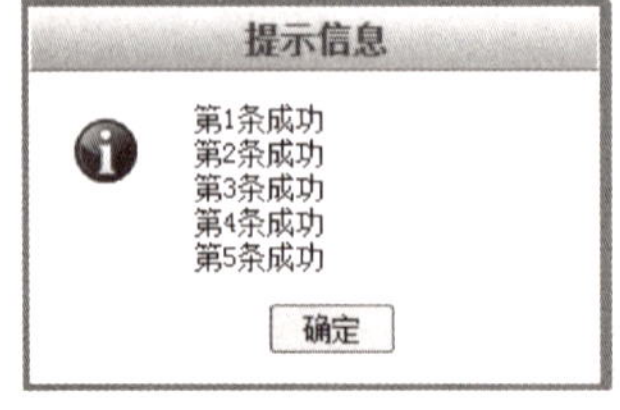

图 7-26 开票商品同步全部成功提示界面

开票商品同步设置，是把需要在发票管理系统中开具发票的商品的档案信息，同步到发票管理系统中来，以便需要时在发票管理系统中为这些商品开具发票。

开票商品同步设置的步骤也比较简单。具体如下：

在“发票管理”主界面菜单栏的下方，单击“开票商品同步”，打开“开票商品同步”窗口/单击窗口工具栏上的[全选]按钮，主窗格中所有商品记录左端的“选择标志”栏都打上选中标志/单击工具栏上的[同步]按钮，系统提示同步操作成功，如图 7-26 所示/单击提示框上的[确定]按钮关闭提示框/单击窗口工具栏上的[退出]按钮结束操作。

如果某种或某几种商品同步不成功，在单击[同步]按钮后，弹出的提示框类似图 7-27 所示。

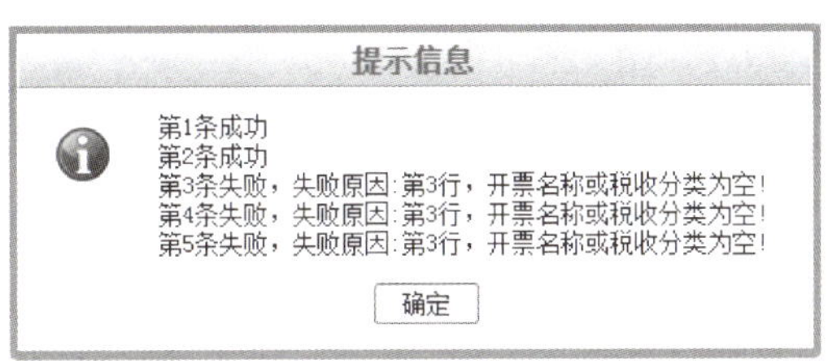

图 7-27　开票商品同步部分失败提示界面

这说明在设置存货档案时，同步失败的存货，开票名称或者税收分类信息没有设置完备。关闭提示框，向右拉动“开票商品同步”窗口底部的水平滚动条，可以从“同步状态”栏中查看同步成功或同步失败的商品，如图 7-28 所示。

图 7-27 和图 7-28 所示的界面，说明“开票商品同步”窗口里列出的商品中，后三种商品（瓷瓶、桂花酒和运输费）的存货档案信息不完备，导致同步失败。拉动“开票商品同步”窗口底部的水平滚动条，可以了解到所缺的信息是开票名称和税收分类两项。这时应该先把存货档案中，同步失败存货的开票名称和税收分类信息补充设置好，然后再重新进行开票商品同步操作。

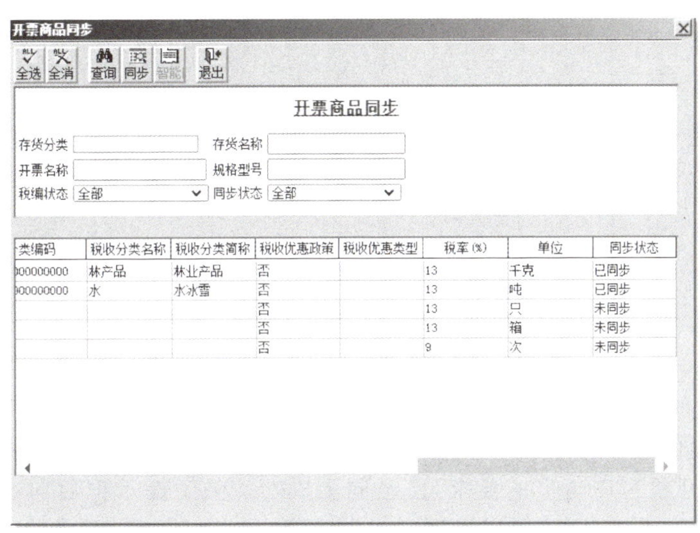

图 7-28　开票商品同步部分失败时窗口界面

三、开票客户同步设置

开票客户同步设置，是把需要在发票管理系统中开具发票的客户的档案信息，同步到发票管理系统中来，以便需要时在发票管理系统中向这些客户开具发票。

和开票信息同步及开票商品同步一样，开票客户同步的设置步骤也比较简单。具体如下：

在“发票管理”主界面菜单栏的下方，单击“开票客户同步”，

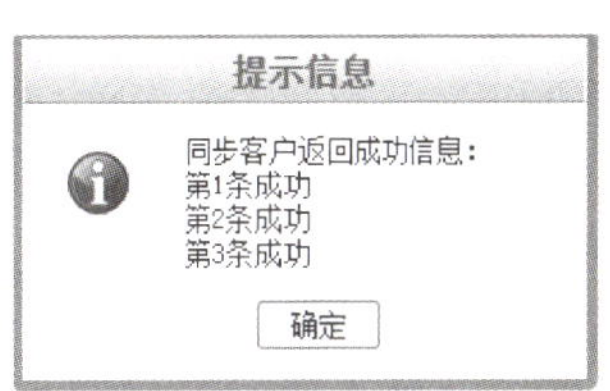

图 7-29　开票客户同步成功提示界面

7

打开“开票客户同步”窗口/在需要同步的客户(东海龙宫、南海龙宫、北海龙宫)的记录“选择标志”栏中双击,打上选中标志/单击工具栏上的[同步]按钮,系统提示同步操作成功,如图 7-29 所示/单击提示框上的[确定]按钮关闭提示框/单击窗口工具栏上的[退出]按钮结束操作。

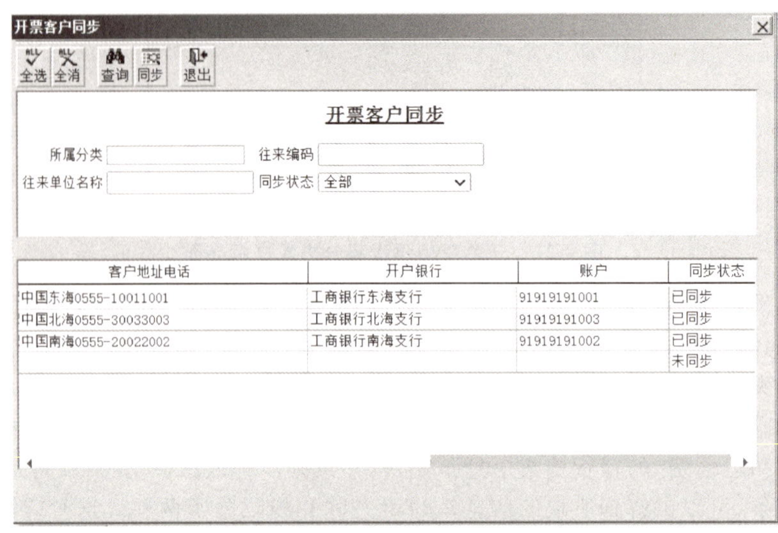

图 7-30 “开票客户同步”窗口界面

如果某家客户同步不成功,在单击[同步]按钮后,弹出的提示框上显示的内容类似图 7-31 所示。

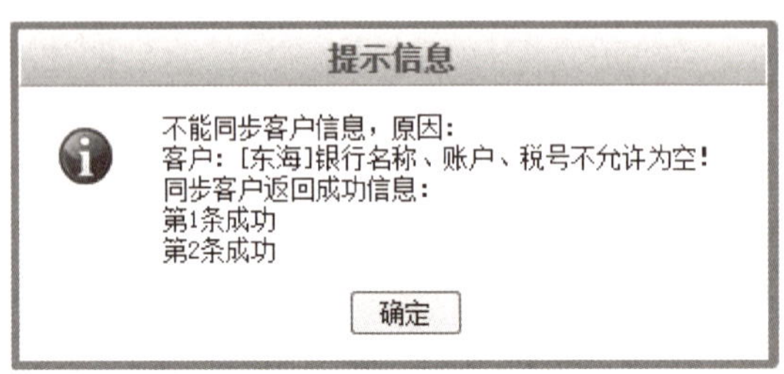

图 7-31 开票客户同步部分失败提示界面

图 7-31 所示的提示内容,说明“开票客户同步”窗口里列出的客户中,第一家客户(东海龙宫)的客户档案信息不完备,导致同步失败;而其他两家客户(南海龙宫和北海龙宫)的客户档案信息满足开票客户同步的要求,已经同步成功。关闭提示框后向右拉动“开票客户同步”窗口底部的水平滚动条,可以看到同步失败客户(东海龙宫)记录的“同步状态”栏中,显示的是“未同步”;而同步成功客户(南海龙宫和北海龙宫)记录的“同步状态”栏中,显示的是“已同步”。这时应该按照提示框上所提供的信息,检查客户档案中同步失败这家客户的相关内容(银行名称、账号、税号),把缺漏的信息补充设置好,然后再重新进行开票客户同步操作。

四、电票凭证科目设置

电票凭证科目设置,是设置好电子发票制单时最常用的科目,供系统在生成凭证时使用。

在“发票管理”主界面菜单栏的下方,单击“电票凭证科目”,弹出“电票凭证科目设置”对话框/在对话框上单击“采购科目:”框右侧的放大镜按钮,弹出“科目参照”窗/在“科目参照”窗中按需要展开科目列表/点选需要的科目(1401 材料采购)/单击“科目参照”窗右部的[确定]按钮,所选科目填入“采购科目:”框中/重复以上步骤,把所有电票凭证科目都设置好,如图 7-32 所示/单击“电票凭证科目设置”对话框底部的[确认]按钮,系统提示“科目设置成功”/单击提示框上的[确定]按钮关闭提示框/最后单击“电票凭证科目设置”对话框标题栏右端的 ☒(关闭)按钮结束操作。

电票凭证科目设置

采购科目:	材料采购
进项税额科目:	进项税额
应付科目:	应付账款
应收科目:	应收账款
销项税额科目:	销项税额
销售收入科目:	主营业务收入

确认　取消

图 7-32　电票凭证科目设置对话框界面

五、参数设置

参数设置是设置开票人、审核人和收款人。参数设置好了以后,系统在生成发票时,会自动在发票底部的相关项目位置,填上开票人、审核人和收款人的姓名,避免手工录入,借以提高工作效率。

参数设置的操作步骤如下:

在“发票管理”主界面菜单栏上,打开“开票”菜单/单击“参数设置”命令,弹出“参数设置”对话框/在“开票人”文本框中单击,光标闪动/录入开票人姓名(郑销售)/用同样的方法录入审核人(赵经理)和收款人(孙出纳)的姓名/超限额拆分规则保持系统默认设置不变,如图 7-33 所示/单击对话框右下部位的[保存]按钮保存设置/系统在对话框顶部显示提示“更新成功”,数秒后提示消失/单击对话框标题栏右端的 ☒(关闭)按钮结束操作。

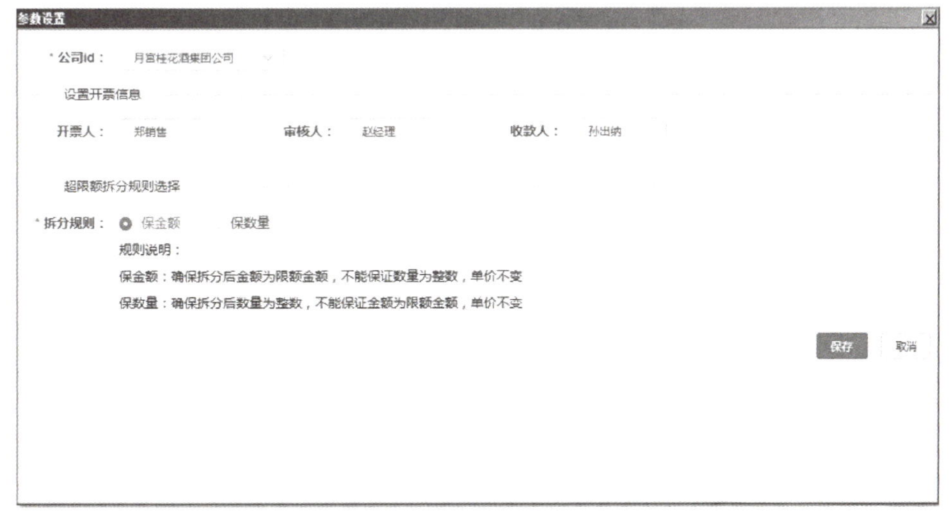

图 7-33　“参数设置”对话框界面

六、开票仓库设置

开票仓库设置，是设置销售业务中，开出的电子发票上商品的对应发货仓库。操作方法如下：

在"发票管理"主界面菜单栏下方，单击"开票仓库设置"，弹出"开票仓库设置"对话框/单击"仓库："文本框右端的放大镜按钮，打开"仓库参照"窗/在"仓库参照"窗里双击开票最多的商品的发货仓库（成品库），把它填入"仓库："文本框，如图 7-34 所示/单击"开票仓库设置"对话框上的[确认]按钮，系统提示"开票仓库设置成功"/单击提示框上的[确定]按钮关闭提示框/单击"开票仓库设置"对话框标题栏上的 ☒（关闭）按钮结束操作。

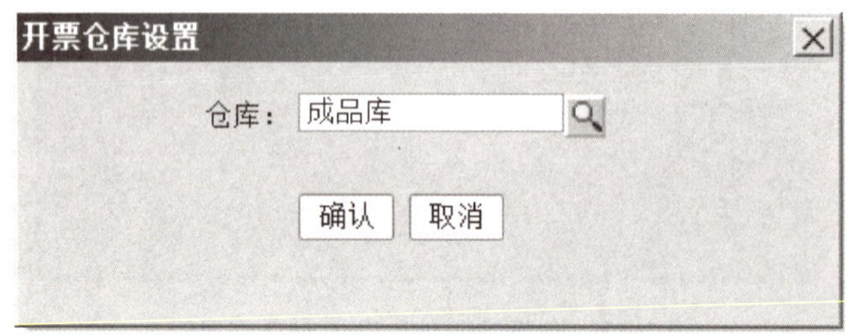

图 7-34 "开票仓库设置"对话框界面

如果在开票时用到这里设置的仓库以外的其他仓库，可以临时进行修改设置。

注　意

开票商品同步、开票客户同步和参数设置三项的设置内容，在做账套备份时不能带出到备份文件中。在用备份文件进行账套的恢复以后，需要重新进行这三项的设置。

本节小结

发票管理系统的初始化，主要有：开票信息同步设置、开票商品同步设置、开票客户同步设置、电票凭证科目设置、参数设置和开票仓库设置六项工作。其中开票商品同步设置、开票客户同步设置和参数设置三项，在使用账套备份文件进行账套恢复操作以后，需要重新进行设置。

实　　验

完成附录中实训项目六的实训内容第 12 项。

第八章　采购及相关应付和库存业务处理

购、销、存业务及其核算处理是企业经营管理的重要环节。在会计信息系统中，一般都把相关业务的处理系统做成采购、销售、库存、核算、发票管理五个相对独立的模块。然而，在业务的处理中，这五个模块又往往紧密相关，交叉操作；模块之间数据传递频繁，计算复杂。例如，采购的材料到货，需要进行材料入库处理，并核算采购成本；销售的成品发货，需要进行成品出库处理，并核算成品的销售成本；无论采购材料还是销售成品，最终都要生成记账凭证传送给账务系统，而在新道云平台上，采购和销售业务的制单是在核算模块里完成的。

小知识

采购成本，是指企业物资从采购到入库前所发生的全部支出，包括购买价款、相关税费、运输费、装卸费、保险费及其他应该计入的费用。

小知识

销售成本，是指已销售产品的生产成本或已提供劳务的劳务成本以及其他销售业务成本。包括主营业务成本和其他业务成本两部分。

为了让读者能够系统地掌握购、销、存业务的处理流程，本书打破采购、销售、库存、核算和发票管理五个子系统的界限，以业务的流程作为线索来进行讲解。在章节的安排上，按照采购业务处理、销售业务处理、库存和核算的其余业务处理三章来讲解。这一章讲解采购以及相关的应付、库存业务和电子发票的处理流程和操作方法。

第一节　采购订单

采购订单是企业和供应商双方签订的一种协议。它可以是采购合同中有关货物部分的明细内容，也可以是一种订货的意向。采购订单的内容主要包括采购的货物名称、采购数量、供货单位、到货日期、到货地点、运输方式、价格、运费等项信息。供应商根据采购订单组织货源。企业对采购订单的执行情况进行跟踪控制。

采购订单不能完全代替采购合同。在新道云平台上采购管理系统的业务流程中，它也不是必需的环节。操作人员可以按照实际业务情况，决定是否执行采购订单的录入。

一、采购订单录入

企业与供货单位签订采购意向协议时，可以把采购订单录入会计信息系统，然后打印出来报采购主管审批。

【案例 8-1】　1 月 4 日，采购部向桂花种植场订购桂花 1 000 千克，每千克 50 元，总价

50 000 元；增值税税率 13%，税额 6 500 元；要求 1 月 12 日到货。请录入采购订单。

操作步骤如下：

由采购管理系统管理员(06 吴采购；口令：6)注册登录“信息门户”/在窗口左部主菜单上单击“采购管理”，进入采购管理系统主界面/在采购管理系统主界面上单击“采购订单”图标打开“采购订单”窗口。

单击工具栏上的[增加]按钮增加一张空白采购订单，系统自动填入订单编号，同时用注册登录的日期作为订单日期/单击“供货单位”文本框，显示放大镜按钮/单击放大镜按钮打开“参照”窗/在“参照”窗中双击这笔业务的供应商(桂花种植场)记录/用同样的方法录入部门(供应部)、业务员(吴采购)/用键盘直接录入到货地址(月宫桂花酒集团)/“运费”“订金”“运输方式”三项本例省略/录入备注(订购桂花)、税率(13)、付款条件(本例略)/双击单据体第一行的“存货编码”栏，显示放大镜按钮/单击放大镜按钮打开“参照”窗/在“参照”窗里双击订购货物的编号(001)把它填入订单，自动带出存货名称(桂花)、规格型号(一级)、计量单位(千克)/在“数量”栏录入订购的数量(1 000)/双击“原币单价”栏把它激活/录入单价(50)/系统自动算出原币金额(50 000.00)、原币税额(6 500.00)、本币单价(50.00)、本币金额(50 000.00)、本币税额(6 500.00)、本币价税合计(56 500.00)和原币价税合计(56 500.00)等项数据填上/双击“计划到货日期”栏把它激活，录入要求的到货日期(2022-01-12)/系统自动按单据头“税率”栏的数据填入税率(13)，如图 8-1 所示/如果还有其他订货可以在后续行录入/所有订货信息录入完成以后单击[保存]按钮，系统提示“保存成功”/单击提示框上的[确定]按钮关闭提示框/最后单击“采购订单”窗口工具栏上的[退出]按钮返回主界面。

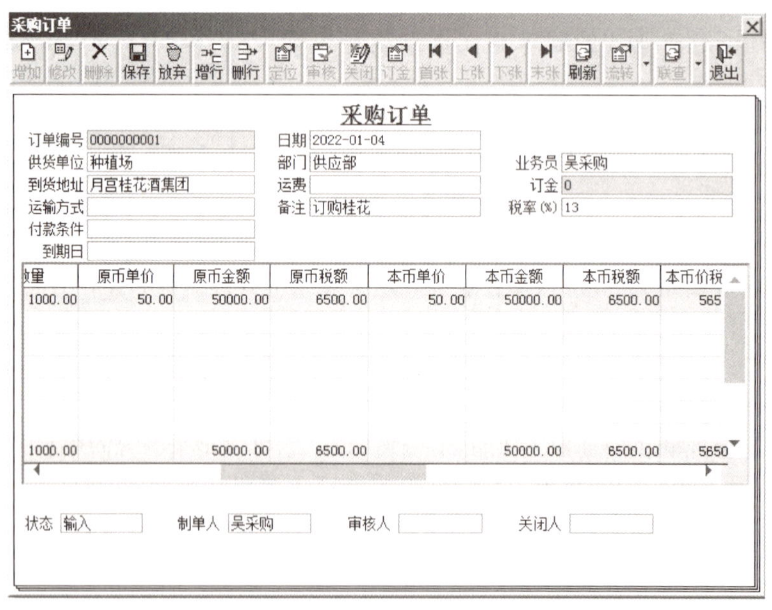

图 8-1 “采购订单”窗口界面

在录入过程中如果发现有录入错误，可以在双击要修改的数据项以后，直接录入正确的数据。

在保存订单以后，如果发现数据有错误，或者这份订单在执行过程中需要调整，可以单击工具栏上的[修改]按钮修改订单。修改以后一定要记得重新保存。

注　意

如果企业要按部门进行采购考核，则必须录入部门。

如果企业要按业务员进行采购业务考核，则必须在"业务员"栏录入业务员名称或编码。

已经审核和已经关闭的订单不能修改和删除。

二、采购订单审核

采购订单录入以后，必须经过审核，才能用于后续业务处理。采购订单的审核可以在以下三种情况下进行：

(1) 录入系统以后，经过供货单位确认的订单。

(2) 如果订单是由专职录入员录入的，则由订单的经办业务员进行数据审核。

(3) 经过采购主管批准了的订单。

用户可以根据企业的实际需要，决定在上述一种或者多种情况下，对订单执行审核。

【案例 8-2】　审核在【案例 8-1】中录入的采购订单。

操作步骤如下：

在采购管理系统主界面上单击"采购订单"图标，打开"采购订单"窗口，如图 8-1 所示/根据需要单击[首张][上张][下张][末张]等按钮找到需要审核的订单(本例只有一张订单，不需要翻页)/单击工具栏上的[审核]按钮完成审核/单击工具栏上的[退出]按钮返回。

实际上，在录入订单以后，不退出"采购订单"窗口，紧接着就可以进行审核操作。当然，如果订单录入和审核分别是由不同的操作人员负责，就需要在完成录入以后先退出系统，再由审核人员重新注册登录，再进行订单审核。

注　意

审核过的订单不能修改。除非取消审核。

订单的审核不具备数据修改功能。如果在审核过程中发现订单数据有错，则可以在单击[修改]按钮以后对订单进行修改。修改以后单击[保存]按钮保存订单，然后再完成订单审核。

如果需要修改审核过的订单，则可以在找到这张订单以后单击[弃审]按钮，把订单从已审核状态恢复到未审核状态，然后再进行订单修改。修改以后要重新保存并审核。

本节小结

录入采购订单是处理采购业务的第一环节。这个环节是可选的，可以不做。采购订单录入以后需要经过审核才能用于后续业务的处理。

实　　验

完成【案例 8-1】和【案例 8-2】。

第二节　单货同到采购业务的处理

采购业务分单货同到、暂估和在途三种情况。"单货同到"是指发票和货物同时收到的情况；"暂估"是指货物已到，发票未到，先按暂估价格入库的情况；"在途"是指发票已到，货物未到的情况。这一节先介绍单货同到业务的处理方法。

单货同到业务的处理流程，按照发票介质的不同而有所不同。发票的介质分纸质和电子两种。下面我们分别介绍使用不同介质发票的单货同到业务的处理流程。

使用纸质发票的单货同到业务，处理流程一般是：录入采购订单（可选）—录入（生成）采购入库单—录入（生成）并审核采购发票（现付或应付款）—录入运费发票—采购结算（分摊费用，计算采购成本）—付款核销（适用应付款，现付无此环节）—审核采购入库单（验收入库）—核算系统记账—制作凭证。

使用电子发票的单货同到业务，处理流程一般是：采集电子发票（货物和运费）—生成机内发票（货物和运费）—审核机内发票（货物和运费；现付或应付款）—生成采购入库单—采购结算（分摊费用，计算采购成本）—付款核销（适用应付款）—审核采购入库单（验收入库）—核算系统记账—制作凭证。

不难看出，两种介质发票的业务，处理流程的差别主要在于发票数据是手工录入（或由订单生成），还是直接采集电子发票获取这一点上。

除了介质上的区别，从功能上来说，新道云平台系统中的发票，又分机内发票和版式发票两类。机内发票用于在系统中传递数据；版式发票是版式由国家税务部门统一制定的，在采购原材料或其他商品时取得的，或者是销售产品时开具给客户的电子介质的正式发票。

在第七章第三节【案例7-10】中，大家已经学过了手工录入发票数据制作机内发票的方法；在这一章的案例中，我们都按使用电子版式发票的情况来讲解。

【案例8-3】 2022年1月12日，收到向桂花种植场订购的桂花1 000千克，每千克价格50元，货物总价50 000元，增值税率13%，增值税额6 500元。货和电子发票都已收到，货款未付。请完成货物电子发票的采集和采购入库单的生成与审核。

一、电子发票的采集

采集电子发票的操作步骤如下：

由具有相应操作权限的操作员（06 吴采购口令：6）注册登录“信息平台”/单击窗口左部主菜单上的“发票管理”进入发票管理系统主界面，如图8-2所示。

采购电子
发票采集

8

图8-2 发票管理系统主界面

单击“发票采集”图标，打开“发票”窗口/在工具栏上单击[发票采集]按钮右侧的▼按钮，打开下拉框/在下拉框中点选“PDF发票上传”，弹出“PDF发票采集上传”对话框，如图8-3所示。

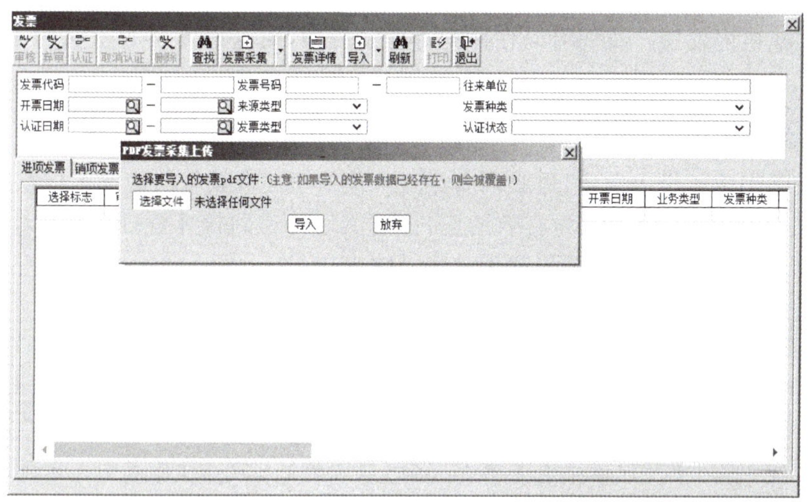

图8-3　“PDF发票采集上传”对话框界面

在“PDF发票采集上传”对话框上单击[选择文件]按钮，弹出“打开”对话框/在对话框中打开存放PDF发票的文件夹，选中本笔业务的PDF发票文件/单击“打开”对话框右下部位的[打开]按钮，返回“PDF发票采集上传”对话框，可以看到[选择文件]按钮右侧显示选中的PDF发票的文件名/单击[导入]按钮，系统导入电子发票，同时显示执行进度/导入完成后单击对话框上的[完成]按钮关闭对话框/界面显示如图8-4所示。

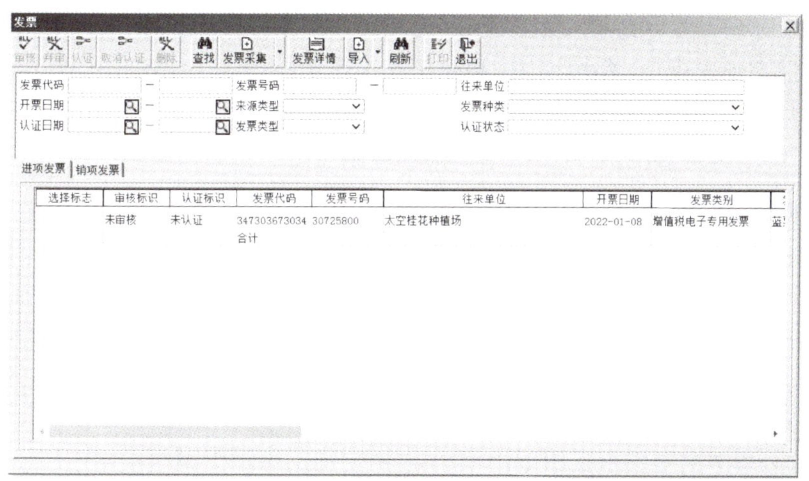

图8-4　电子发票导入后的“发票”窗口界面

二、电子发票的审核和认证

在图8-4所示界面的下半大窗格中，本次要审核的发票记录左端“选择标志”栏单击选中它/单击工具栏左端的[审核]按钮，系统提示“真的要自动生成购销存单据?”/单击提示框上的

[确定]按钮关闭提示框，系统又提示"审核成功！"/单击提示框上的[确定]按钮关闭提示框/再重新选中刚完成审核的发票的记录/单击工具栏的[认证]按钮，系统提示"认证成功！"/单击提示框的[确定]按钮关闭提示框/单击工具栏右端的[退出]按钮关闭"发票"窗口。

发票管理系统中采集的，来源类型为"采购管理"的电子发票，通过审核后，会在采购管理系统中自动生成机内发票。我们可以在采购管理系统中，对这份发票所反映的业务进行后续的系列处理。

三、审核机内发票

由电子发票生成的机内发票，也必须要经过审核处理。审核以前还没有付款的发票，经过审核以后，票上的货款会被确认为有效的应付款，然后传递到核算管理系统中生成应收款凭证，最后以记账凭证的形式把数据传递到总账系统中。

审核机内发票的操作步骤如下：

在"信息门户"窗口，单击左部主菜单上的"采购管理"，进入采购管理系统主界面/单击"采购发票"图标打开"采购发票"窗口/分别单击[首张][上张][下张][末张]按钮找到要审核的发票(本例只有一张发票，不需要翻页)/检查数据是否需要补充，如果需要补充，可以单击[修改]按钮后加以补充(本例中可能需要补充部门名称(供应部)、业务员(吴采购)、采购类型(原料采购)、备注(采购桂花)等项数据)/补充数据以后单击[保存]按钮保存补充结果/确认发票数据无误以后，单击工具栏上的[复核]按钮，系统提示"复核将发票登记应付账款，请在往来账中查询该数据，是否确认处理?"/单击提示框上的[确定]按钮确认处理并关闭提示框，可以看到在发票左上部位标上带红框的"已审核"标志(先不要退出)。

四、生成采购入库单

在刚刚完成审核的发票界面，单击工具栏上[流转]按钮右侧的▼按钮，打开下拉框/在下拉框中点选"生成采购入库单"，系统显示生成的采购入库单/检查入库单，如果需要的话加以补充(本案例中可能需要补充录入发票号(30725800)、仓库(原料1库)、入库类别(原料采购入库)、采购类型(原料采购))/单击[保存]按钮保存入库单，系统提示"保存成功"/单击提示框上的[确定]按钮关闭提示框/单击采购入库单界面工具栏上的[退出]按钮，返回"采购发票"窗口界面/再单击"采购发票"窗口工具栏上的[退出]按钮结束操作。

采购入库单生成

五、审核采购入库单

审核采购入库单要在库存管理系统里进行。

在采购管理系统中生成(或录入)的采购入库单，会被系统传送到库存管理系统中。仓库管理人员把采购入库单上的数据和实际入库的实物进行核对，确认无误以后对采购入库单执行审核，才能确认入库。如果仓库管理人员发现入库货物在数量或者规格上与入库单上的数据不符，就不对这份采购入库单执行审核。

审核采购入库单的操作步骤如下：

由具有相关权限的操作人员(08 王库管；口令：8)注册登录"信息门户"/在窗口左部的主菜单上，单击"库存管理"进入库存管理系统主界面/单击"采购入库单审核"图标，打开"采购入库单审核"窗口/在"采购入库单审核"窗口，分别单击工具栏上[首张][上张][下张][末张]等按钮，找到需要审核的采购入库单(本例只有一张入库单，不需要翻页)/单击工具栏上的[复核]按钮完成审核，如图8-5所示/最后单击工具栏上的[退出]按钮结束操作。

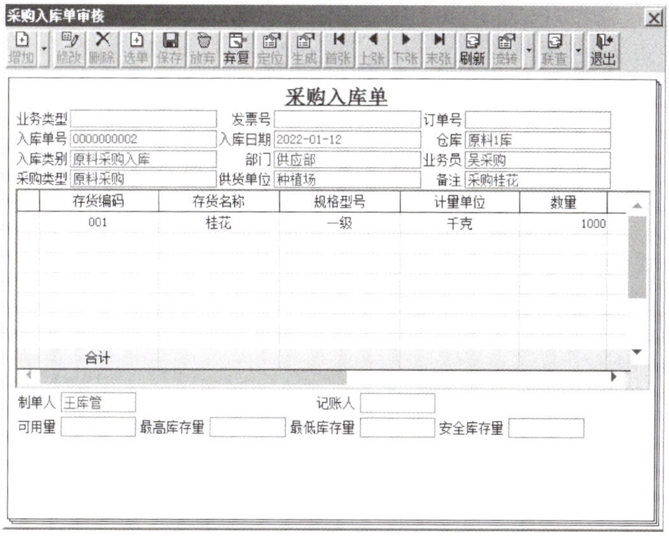

图 8-5 采购入库单窗口界面

六、采集运费 PDF 发票

企业在货物运输过程中取得的运费发票上面的运输费用数据，以及按照国家有关会计制度规定，可以摊入采购成本的某些费用数据，都应该作为运输发票录入系统，也可以在货物发票中直接录入费用项目。可以进行增值税抵扣的，还必须录入税率，才能保证系统只把税后金额摊入采购成本。

【案例 8-4】 采购的 1 000 千克桂花的运费 300 元，税率 9%，税款 27 元，总额 327 元，已经用现金在提货时当场付清，取得电子发票一份。请完成这份运费 PDF 发票的采集、审核和验证。

采集、审核和验证运费 PDF 发票的方法和采集、审核和验证货物 PDF 发票的方法相同，请自己完成这项操作。注意采集成功以后要进行审核和验证。

七、运费现付处理和发票审核

"现付"是指在取得所采购货物的同时向对方支付货币资金，实现货款两讫。"现付"操作要在发票保存以后，复核以前进行。如果在还没有进行现付处理的情况下对发票进行了复核操作，就会把发票上的款项确认为应付款了。已经记应付账的发票是不能够再作现付处理的。

一张发票支持多种结算方式。可以全部现付，也可以部分现付。部分现付的时候，余款在审核以后记作应付款。现付也可以用于货物发票的货款结算。

现付处理的操作步骤如下：

在左部主菜单上单击"采购管理"，进入采购管理系统主界面/单击"采购发票"图标，打开采购发票窗口/分别单击工具栏上[首张][上张][下张][末张]等按钮，找到需要处理的发票/检查数据是否需要补充，如果需要补充，可以单击[修改]按钮后加以补充(本例中可能需要补充部门名称(供应部)、业务员(吴采购)、备注(桂花运费)等项数据)/补充数据以后单击[保存]按钮保存补充结果/确认发票数据无误以后，在发票界面工具栏上单击[现付]按钮，弹出"采购现付"对话框(图 8-6 所示是完成数据录入的"采购现付"对话框界面)。

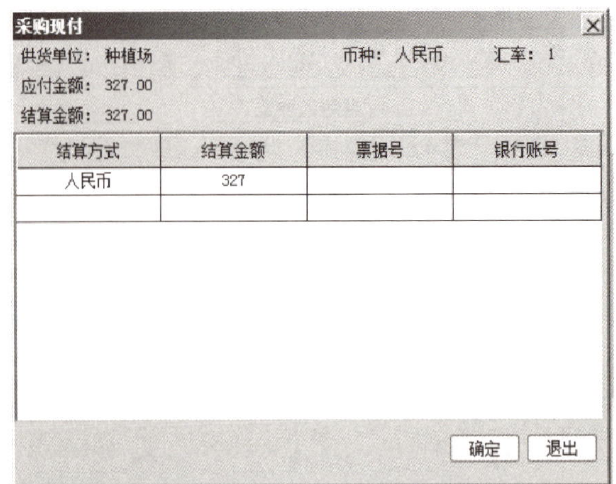

图 8-6 “采购现付”对话框界面

“采购现付”对话框各项目说明：

结算方式：指付款的结算方式，如现金、电汇、支付宝、微信、转账支票等。结算方式不能为空。如果结算方式是分级设置的，这里只能录入最末级的结算方式。

结算金额：录入每种结算方式相对应的现付款金额。这里只能录入正数。在红字单据中录入现付款，实际上是录入对方的退回款，也就是负的金额。

票据号：如果结算方式支持票据管理，在这里可以录入结算方式对应的票据号，例如支票结算方式下的支票号。本例中，运费用现金结算，不需要录入票据号。

银行账号：银行结算票据上载明的银行账号。本例中，运费用现金支付，不需要录入银行账号。

接下来的操作步骤如下：

在“采购现付”对话框上的“结算方式”栏双击，这一栏右端显示放大镜按钮/单击放大镜按钮打开“结算方式参照”窗，如图 8-7 所示/在“结算方式参照”窗里双击这次付款实际采用的结算方式（101 人民币）把它填入/单击“结算金额”栏激活它/录入结算金额（327）/“票据号”和“银行账号”两栏不录入数据（现金支付没有票据）/单击［确定］按钮，系统提示“现结记录已保

结算方式参照

结算方式编码	结算方式名称	级次	是否末级
101	人民币	2	是
102	美元	2	是
201	转账支票	2	是
202	现金支票	2	是
301	银行承兑汇票	2	是
302	商业承兑汇票	2	是
4	托收承付	1	是
5	银行汇兑	1	是
6	委托收款	1	是

图 8-7 “结算方式参照”窗口界面

存！"/单击提示框上的［确定］按钮关闭提示框/再单击"采购现付"对话框右下角的［退出］按钮，返回发票界面（可以看到发票上加上了带红框的"已现付"标志）/单击发票界面工具栏上的［复核］按钮，系统弹出提示框/单击提示框上的［确定］按钮关闭提示框，发票左上部位打上红色带框的"已审核"标志/单击工具栏上的［退出］按钮结束操作。

注 意

如果要取消现付，可以在"采购发票"窗口工具栏上单击［弃复］按钮。已经制单的"现付"操作不能取消。已经经过复核操作登记了应付账的采购发票不能进行现付。记账以后，已经现付的采购发票，不能取消现付。

"现付"功能支持外币现付。现付的汇率以发票上的汇率为准。

无论是不是已经做了采购结算都可以进行现付操作。

现付的制单在核算管理系统中进行。发票经过审核记账以后才能够制单。

八、采购结算

在采购业务活动中，采购发生的有关费用如运费等，如果符合有关会计制度允许计入采购成本的规定，而且费用发票和货物发票一起报账时，可以在采购发票和费用发票录入系统以后，用"手工结算"功能进行结算。通过结算，把采购费用摊入采购成本。

小知识

采购结算，是指采购核算人员根据采购入库单、采购发票以及运费发票等单据，来核算采购入库成本的操作。采购结算完成以后产生采购结算单。

采购结算要在采购管理系统中操作。

【案例 8-5】 2022 年 1 月 12 日，把 1 000 千克桂花采购业务中的 300 元运费分摊到货物（桂花）的成本里面。请完成采购结算。

操作步骤如下：

由具有"采购结算"相关权限的操作员（06 吴采购；口令：6）注册登录"信息门户"/在左部主菜单上单击"采购管理"，进入采购管理系统主界面/单击"采购结算"图标打开"手工结算"窗口，同时弹出"条件输入"对话框/在"条件输入"对话框里录入各项结算条件，如图 8-8 所示（存货分类和存货不要录入，因为还有运费发票）。

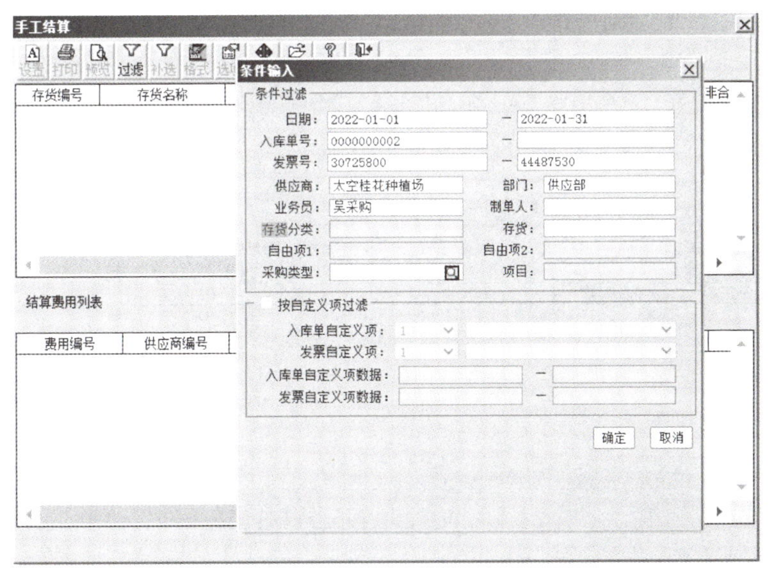

图 8-8 "手工结算"窗口和"条件输入"对话框界面

采购结算

8

单击对话框底部的[确定]按钮转入“入库单和发票选择”窗口，如图8-9所示。

入库单和发票选择

用鼠标单击要选择的单据记录，出现选中标志，可以多选，也可以全部选中，确认后增加结算项目。

入库单：

选择√	存货名称	入库单号	供货商编码	计量单位	入库日期	仓库编码	制单人
	桂花	0000000002	001	千克	2022-01-12	01	

发票：

选择√	发票号	发票类型	供应商编号	供应商简称	存货名称	存货编号	发票日期
	30725800	专用发票	001	太空桂花种植场	桂花	001	2022-01-12
	44487530	专用发票	001	太空桂花种植场	运输费	005	2022-01-12

全选 确定 取消

图8-9 “入库单和发票选择”窗口界面

“入库单和发票选择”窗口分上下两个窗格。上窗格里是入库单列表，列出符合条件的采购入库单；下窗格里是发票列表，列出所有符合条件的发票。

后续操作步骤如下：

在上窗格里的入库单列表中找到本次要结算的入库单记录/单击这条记录左端的“选择”栏打上“√”/在下窗格里的发票列表中勾选参加本次结算的货物发票记录和运费发票记录/单击窗口右下部位[确定]按钮，转回“手工结算”窗口，如图8-10所示。

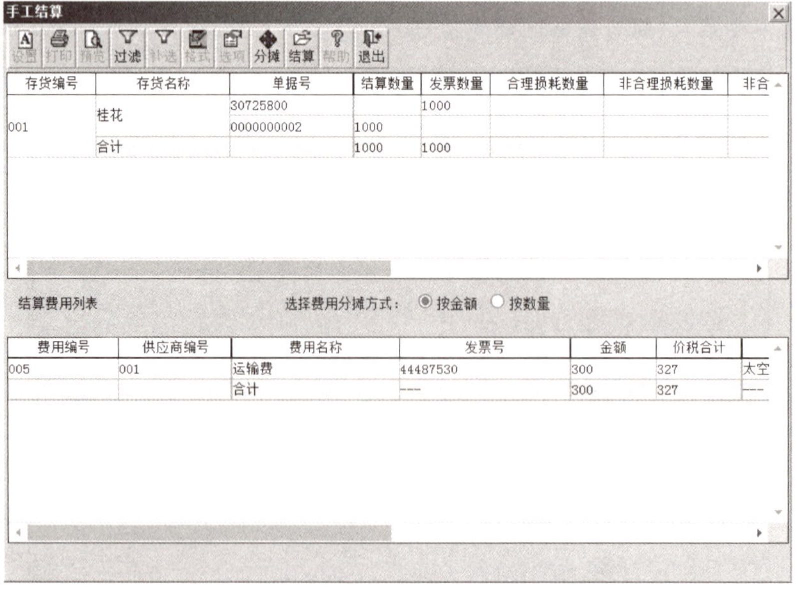

图8-10 “手工结算”窗口界面

在“手工结算”窗口，可以看到选择的采购发票和采购入库单已经一起显示在上窗格里；选择的运费发票显示在下窗格里。

在上下两个窗格中间的“按金额”分摊和“按数量”分摊两项中进行选择（本例按数量分摊）/单击工具栏上的[分摊]按钮，系统提示“选择按数量分摊，是否开始计算?”/单击提示框上的[确定]按钮关闭提示框，完成费用分摊/在弹出的提示框上单击[确定]按钮/再单击工具栏上的[结算]按钮进行成本结算。完成结算以后，系统提示“处理完成”/单击提示框上的[确定]按钮返回，这时候可以看到“手工结算”窗口中本次参与结算的入库单记录和发票记录全部消失/单击“手工结算”窗口工具栏上的[退出]按钮结束操作。

说明：

费用的“按金额”和“按数量”两种分摊方式，是相对于参加分摊的货物不止一种的情况而设置的。“按金额”分摊是按不同货物的单价比例进行分摊。货物价高的，分摊的费用相应也高；货物价低的，分摊的费用相应也低。“按数量”分摊是按各种货物的总数量平均分摊费用，而不管货物的单价。实际上在本案例里，由于只有一种货物，不管选择“按金额”分摊还是“按数量”分摊，得到的结果都是一样的。

入库单上的金额可以和发票上的金额不相等；入库单上的金额也可以为空。入库成本最后以结算金额为准。结算的结果可以在“采购结算—结算单明细列表”功能中查看。

结算完成以后，单击“采购入库单”图标去查看入库单，就可以看到原来的单价起了变化，加上了分摊的费用额；另外，采购入库单的左上部位也打上了带红框的“已结算”标志。

如果结算以后发现结算错误，就需要取消这次结算，可以利用“结算单明细列表”的“删除”功能来做。操作步骤如下：

单击“采购”菜单中“采购结算”下的“结算单明细列表”弹出条件窗/录入查询条件单击[确定]按钮进入结算单列表界面/利用“定位”或者“过滤”功能找到要取消结算的结算单记录/双击这个结算单记录显示结算单/单击结算单界面工具栏上的[删除]按钮就可以取消本次采购结算。

注　意

运费和桂花分属不同存货分类，在图 8-8 所示“手工结算——条件输入”对话框中，不要录入“存货分类”条件；如果录入了“存货分类”条件，属于另一种存货分类的发票就不能在“入库单和发票选择”窗口显示了。

已被库存管理系统记账的已结算采购入库单不能删除。已在库存管理系统经过暂估处理的先暂估再结算的入库单也不能删除。

九、付款核销

到现在为止，采购 1 000 千克桂花这笔业务，入库单和发票都已经录入系统，并且经过分摊结算得出了这批原料的入库成本，但是还没有向供应商付清货款。现在介绍付款核销的操作方法。 8

【案例 8-6】　1 月 12 日，通过工商银行月球支行，用电汇方式（票号 500001）向桂花种植场支付 1 000 千克桂花的货款和税款，金额 56 500 元。请录入付款单并且完成核销。

操作步骤如下：

在采购管理系统主界面单击“付款结算”图标，打开“单据结算—付款单”窗口。

首先单击付款单窗口顶部“供应商”框，显示放大镜按钮/单击放大镜按钮打开“参照”窗/在“参照”窗里面选中并双击本批原料的供应商记录（太空桂花种植场）/单击工具栏上的[增加]按钮把付款单各栏目激活/系统在单据头自动填入结算单号、日期、币种、汇率,同时找出未向指定供应商付款结算的发票记录,把相关数据填入单据体中。

单击"结算方式"项显示放大镜按钮/单击放大镜按钮进入"参照"窗/在"参照"窗里选中并双击本次业务使用的结算方式(银行电汇)把它填入/单击"结算科目"项,自动填入结算科目(100201 工商银行)/录入部门(供应部)、业务员(吴采购)、摘要(付桂花款)等内容/直接录入金额(56 500)、票据号(500001)和供应商账号(868686001),如图 8-11 所示。

付款单录入及核销

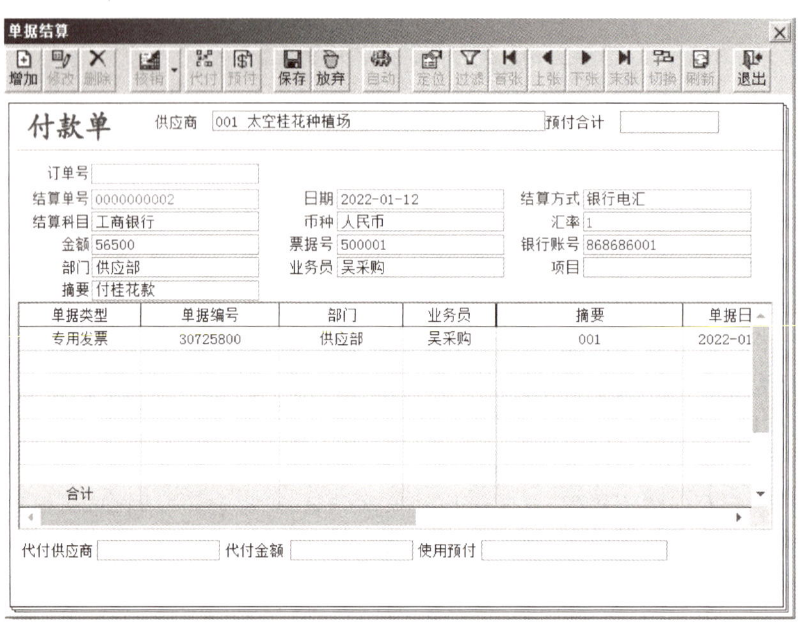

图 8-11 "单据结算—付款单"窗口界面

录入完单据头的各项数据以后,要先单击一下工具栏上的[保存]按钮,这时单据体中各项数据消失/再单击[核销]按钮右侧的▾按钮打开下拉框/单击"同币种核销",这时单据体中各项数据重新显示/在"本次结算"栏里录入本次结算的金额(56 500),如图 8-11 所示/单击工具栏上的[自动]按钮完成核销/再单击[保存]按钮保存核销的结果/最后单击[退出]按钮结束操作。

十、核算记账

核算记账是把用户录入的各种单据登记到存货明细账、差异明细账或者差价明细账、受托代销商品明细账、受托代销商品差价账等账簿中。核算记账要在核算管理系统中操作。

【案例 8-7】 请完成 1 000 千克桂花入库的核算记账处理。记账日期为 2022 年 1 月 12 日。

核算记账及制单

操作步骤如下:

由具有"核算"管理权限的操作员(02 钱会计;口令:2)注册登录"信息门户"/在窗口左部主菜单上,单击"核算管理"进入核算管理系统主界面,如图 8-12 所示。

在核算管理系统主界面上,单击"正常单据记账"图标弹出"正常单据记账条件"对话框/在对话框上保留原料 1 库、采购入库单两项的"√",把其他多余的"√"全部去掉,如图 8-13 所示。

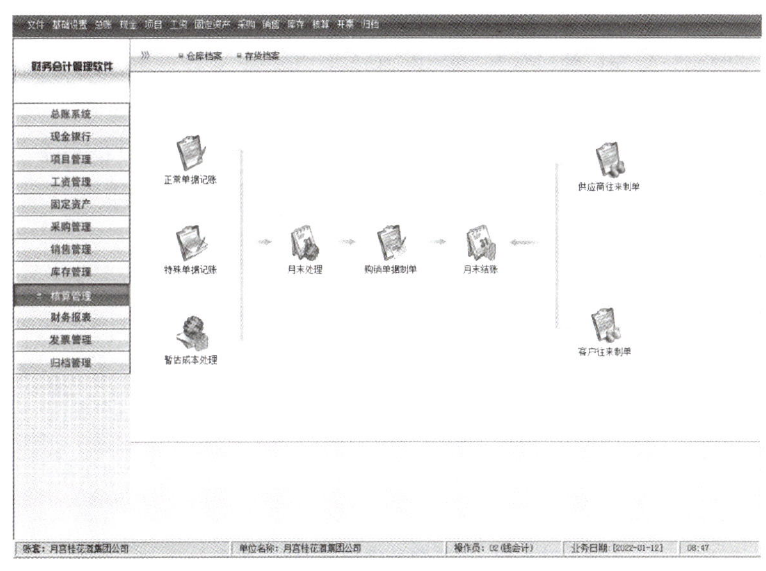

图 8-12　核算管理系统主界面

正常单据记账条件

仓库
- ☑ 01 原料1库
- ☐ 02 原料2库
- ☐ 03 材料库
- ☐ 04 成品库

全选　不选

单据类型
- ☑ 01 采购入库单
- ☐ 10 产成品入库单
- ☐ 08 其他入库单
- ☐ 32 销售出库单
- ☐ 11 材料出库单
- ☐ 09 其他出库单

单据号：
发票号：
起始日期：
截止日期：
收发类别：

- ☐ 包含未审核单据
- ☑ 包含未开发票的出库单
- 账面为负结存时，销售出库成本取销售发票金额。
- ☐ 出库单已有单价，记账时重新计算出库单价

确定　取消

图 8-13　“正常单据记账条件”对话框界面

单击“正常单据记账条件”对话框底部的[确定]按钮转入“正常单据记账”窗口/在“正常单据记账”窗口找到本次要记账的单据记录(本例只有一张单据)/单击这条记录左端的“选择”栏打上“√”，如图 8-14 所示/单击工具栏上的[记账]按钮完成记账(选中的单据记录消失)，系统提示“记账完成！”/单击提示框上的[确定]按钮关闭提示框/最后单击“正常单据记账”窗口工具栏上的[退出]按钮结束操作。 8

“正常单据记账”窗口中，白底色的记录是允许记账的单据，蓝底色的记录是不允许记账的单据。

如果发现记账操作有错误，则可以用以下方法来取消记账，恢复到记账以前的状态：

打开“核算”菜单，单击“核算”子菜单上的“取消单据记账”，系统弹出和图 8-15 顶层相似的“取消单据记账条件”对话框/在对话框中录入单据的选择条件/单击[确定]按钮转入“取消单据记账”窗口/在“取消单据记账”窗口选择要取消记账的单据/单击工具栏上的[恢复]按钮。

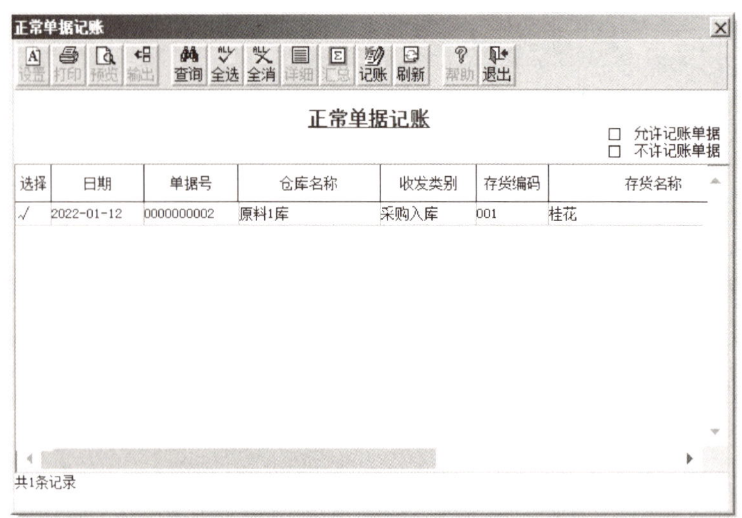

图 8-14 “正常单据记账”窗口界面

注 意

本月已经生成凭证的单据不能取消记账。如果在最后一张已经生成凭证的单据前面有未生成凭证的单据，那么这些单据也不能取消记账。如果想取消记账，必须先删除由单据生成的凭证。

在核算管理系统和采购管理系统集成使用的情况下，进行暂估回冲处理的时候，恢复(取消)记账以后单据会成为暂估状态。用户应该重新进行暂估回冲处理。

十一、生成凭证

填制凭证简称“制单”。采购、销售、库存三个子系统中发生的业务数据，最后都传递到核算管理子系统里，经过核算记账，然后完成制单。不涉及实物采购、销售业务的数据，如付款单、收款单等，传递到核算管理子系统里以后，不需要经过记账，直接制单。

核算管理系统里的制单分购销单据制单、客户往来制单和供应商往来制单。

购销单据制单主要用于对采购入库单和销售出库单、产成品出入库单以及材料出入库单、其他出入库单等单据填制凭证；客户往来制单主要用于收款单、销售发票(应收款)的制单；供应商往来制单主要用于付款单、采购发票(应付款)的制单。

在这笔 1 000 千克桂花的采购业务中，前面已经处理的单据有四张：一是 0000000002 号采购入库单(1 000 千克桂花，货款+运费=50 300 元)；二是 30725800 号采购发票(应付桂花款50 000 元；增值税税款 6 500 元)；三是作现付处理的 44487530 号运费发票(运费 300 元；税款 27 元)；四是 0000000003 号付款单(工商银行电汇支付货税款 56 500 元)。

这四张单据里面，一张采购入库单和两张发票已经放在一起进行了手工结算，产生了一张结算单(以 06 吴采购的身份注册登录，单击“采购”菜单中“采购结算”子菜单上的“结算单明细列表”，可以看到这张结算单记录)。这里，依据这份结算单来生成一张凭证，称作“结算单制单”；另外，再依据付款单生成一张凭证，称作“付款单制单”。这两张分别由结算单和付款单生成的凭证，可以全面地反映这笔桂花采购业务。

【案例 8-8】 1 月 12 日，对 1 000 千克桂花的采购入库及结算业务进行制单处理。

操作步骤如下：

(一) 结算单制单

由具有在核算管理系统里制作凭证相关权限的操作员(02 钱会计；口令：2)注册登录“信

息门户"/单击窗口左部主菜单上的"核算管理",进入核算管理系统主界面/单击主界面上的"购销单据制单"图标打开"生成凭证"窗口,如图 8-15 底层画面所示/单击"生成凭证"窗口工具栏上的[选择]按钮,弹出"查询条件"对话框/在"查询条件"对话框的左窗格里勾选单据种类[采购入库单(报销记账)]/在对话框右部录入或者参照录入各项条件(部门:供应部;收发类别:原料采购入库;存货分类:原料;仓库:原料 1 库;供应商:种植场),如图 8-15 顶层所示。

单击对话框底部[确定]按钮转入"选择单据"窗口,如图 8-16 所示。

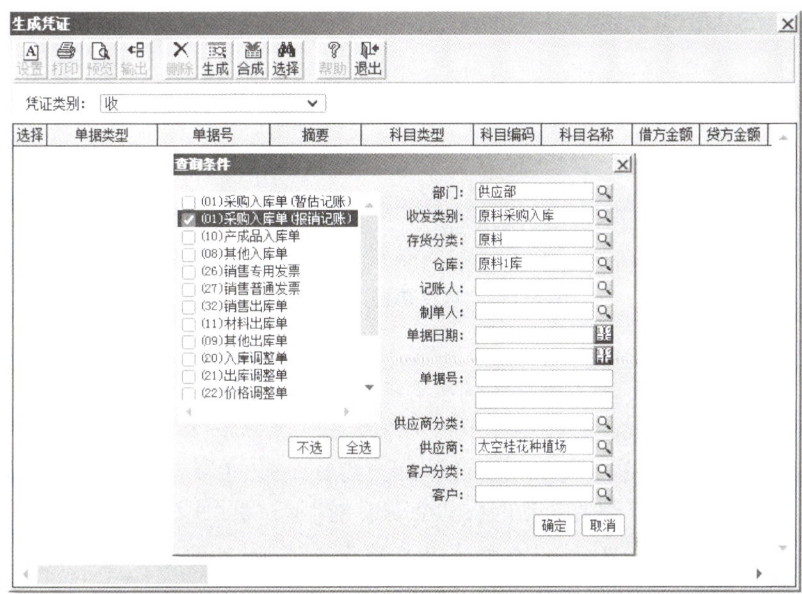

图 8-15 "购销单据制单—生成凭证"窗口以及"查询条件"对话框界面

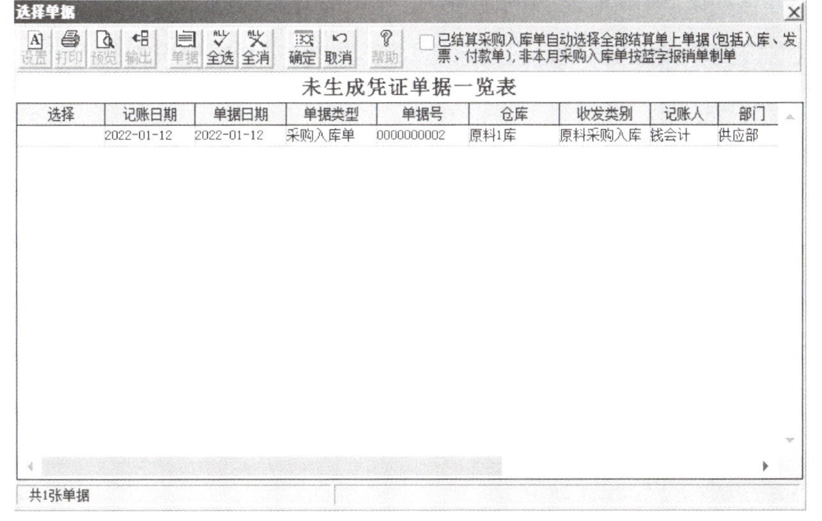

图 8-16 "选择单据"窗口界面一

下面关键的一步是:

在"选择单据"窗口的工具栏右侧,勾选"已结算采购入库单自动选择全部结算单上单据……"复选框,如图 8-17 所示。

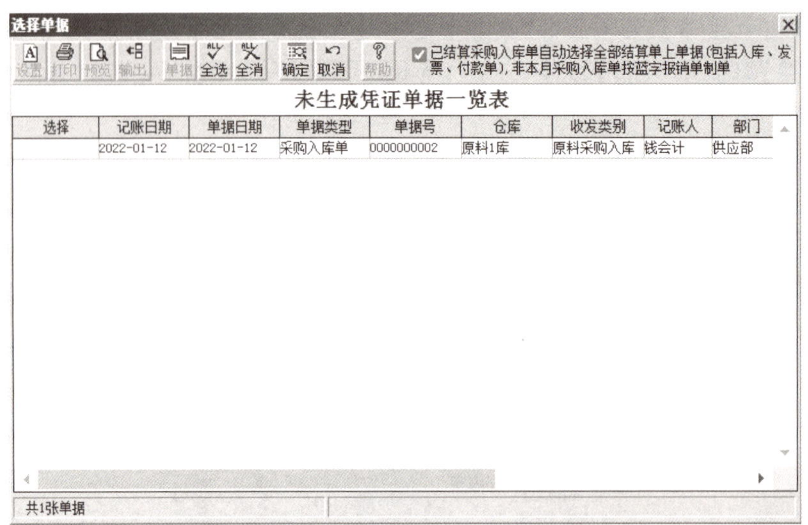

图 8-17　“选择单据”窗口界面二

接下来按以下步骤操作：

在“选择单据”窗口工具栏上单击要制单单据记录左端的“选择”栏，显示出选中标志“1”/再单击[确定]按钮，系统提示“有分次结算的入库单或结算单有多条分录，填凭证时必须选取全部相关单据合并制单！”/单击提示框上的[确定]按钮回到“生成凭证”窗口，如图 8-18 所示，这个时候已经可以看到各项相关数据/打开“凭证类别”下拉框/选择“付”/单击工具栏上的[合成]按钮，转入“填制凭证”窗口，可以看到系统自动生成凭证/把附单据数改作“3”/单击“填制凭证”窗口工具栏上的[保存]按钮保存凭证（凭证左上部位打上了带红框的“已生成”标志），系统提示“保存成功！”/单击提示框上的[确定]按钮关闭提示框/单击工具栏上的[退出]按钮回到“生成凭证”窗口界面/最后单击“生成凭证”窗口工具栏上的[退出]按钮结束操作。

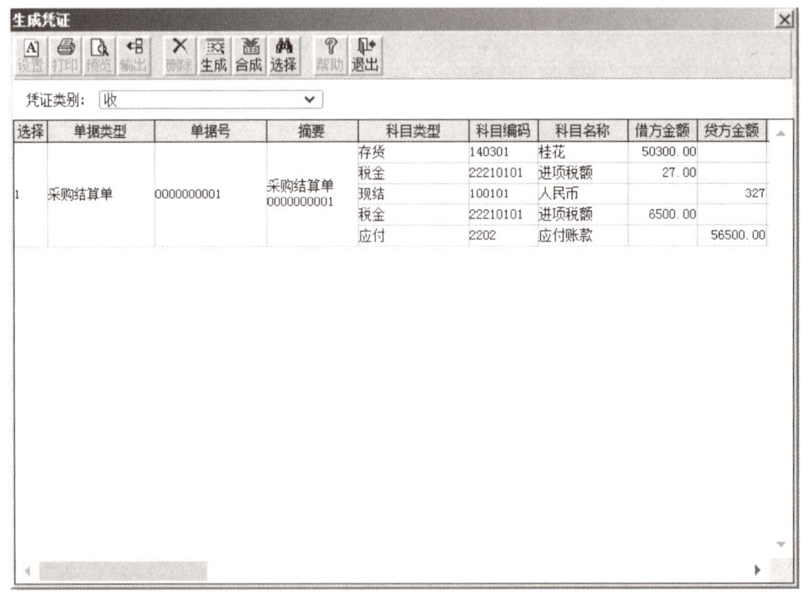

图 8-18　选入单据后的“生成凭证”窗口界面

说明：

凭证类别选择“付款凭证”，是因为凭证的贷方出现了“人民币”科目。在主账套初始化的“基础设置”环节中设置凭证类别的时候，设置了付款凭证的限制条件是“贷方必有”，以及“人民币、美元、工商银行”三个科目，因此这里就必须把凭证类别定成“付款凭证”。

实际工作中，可能会因为科目设置不全而出现凭证的分录里缺少科目名称的情况。如果出现这种情况，可以手工把它补齐。

（二）付款核销的制单

付款核销凭证的生成和前面结算单凭证的生成过程基本相同，不同之处有以下三点：一是在核算管理系统的主界面上要单击“供应商往来制单”图标，而不是单击“购销单据制单”图标；二是弹出的是“供应商制单查询”对话框，而不是“查询条件”对话框；三是在“供应商制单查询”对话框左窗格要选择“核销制单”。请自己完成这张凭证。

十二、关闭采购订单

采购订单执行完毕，也就是说某份采购订单所订购的货物已经到货入库，并且已经取得采购发票以后，这份订单就可以关闭了。对于确实不能执行的某些采购订单，经过采购主管批准以后，也可以关闭它。订单关闭采用人工操作，步骤如下：

由采购管理系统的管理员（06 吴采购；口令：6；日期：2022 年 1 月 12 日）注册登录“信息门户”/单击窗口左部主菜单上的“采购管理”进入采购管理系统主界面/单击“采购订单”图标打开“采购订单”窗口/用[首张][上张][下张][末张]按钮找到要关闭的订单（本例只有一份订单，不需要翻页）/单击工具栏上的[关闭]按钮，系统提示“保存成功”/单击提示框上的[确定]按钮关闭提示框/最后单击工具栏上的[退出]按钮结束操作。

如果因为订单不能执行而关闭了某份订单，后来又可以执行了，在执行前就需要先把这份订单从关闭状态恢复到审核执行状态，这项操作称作“打开”。方法如下：

进入订单界面以后，单击工具栏上的[打开]按钮。

注　意

关闭的订单不能执行。

本节小结

单货同到业务的处理流程一般是：录入采购订单—录入采购入库单—录入（采集）采购发票和费用发票—审核发票—采购结算—付款核销—审核入库单—核算记账—制单。

其中前 2 个和第 4、5、6 个步骤在采购管理系统里操作；录入（采集）发票在发票管理系统中操作；审核入库单在库存管理系统里操作；核算记账和制单在核算管理系统里操作。

实　　验

完成本节所有案例，并到总账系统里完成所生成凭证的审核和记账。

8

第三节　暂估采购业务的处理

“暂估”就是货已经收到了，但是相关票据如发票等还没有收到，还不能最后确定货物的入库成本，先用一个暂时估计的成本入库。收到票据以后，再录入发票作报账结算处理。

在第七章第三节学习采购管理系统初始化时，在【案例 7-9】的操作中，录入了一张期初采购入库单，也介绍过暂估业务的处理流程。在这里先做一个复习。

前一个月：录入采购入库单（暂估）—审核入库—核算记账—制单（传送到总账）。

后一个月：月初红字回冲—产生红字冲销凭证—票到后采集或录入采购发票—按实际价格进行采购结算—制作蓝字凭证。

现在就以这笔暂估入库业务为例，来介绍暂估入库业务的具体处理过程和方法。

【案例 8-9】 2022 年 1 月 12 日，采购部收到土星瓷器厂开具的采购 300 只瓷瓶的电子专用发票（发票号 36364513），票上实计单价为 47 元，金额 14 100 元，税额 1 833 元，款未付。请完成这笔业务处理。

处理过程如下：

一、录入期初采购入库单

采购管理系统初始化时已经录入。

二、月初回冲

月初回冲是由系统自动完成的。可以到核算管理系统中查看红字回冲单数据。操作步骤如下：

由具有“核算管理”权限的操作员（02 钱会计；口令：2；日期：2022 年 1 月 12 日）注册登录“信息门户”，进入核算管理系统主界面/打开核算菜单/指向“账表”弹出子菜单/在子菜单上单击“明细账”弹出“存货明细账查询”对话框/在对话框里用参照法录入与原暂估入库单相符的条件（仓库：材料库；存货分类：材料；存货编码：瓷瓶），如图 8-19 所示/单击对话框底部的[确认]按钮，可以看到“存货明细账”窗口中的“收入”栏里用负数列出了这笔业务的数据，表示红字回冲，如图 8-20 所示。

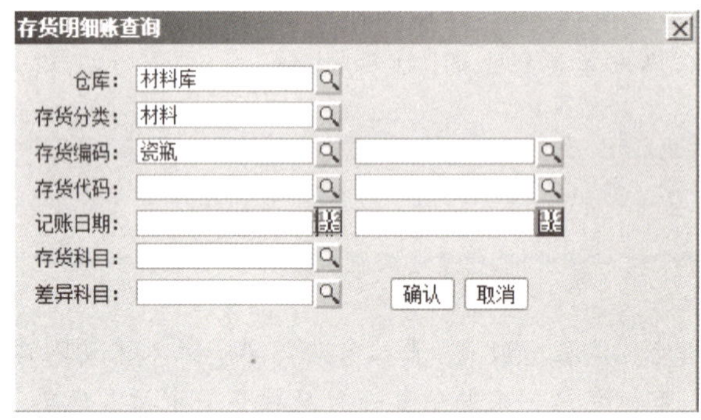

图 8-19 “存货明细账查询”对话框界面

三、采集并审核采购发票

前面已经介绍过，红字回冲单是系统自动产生的。我们要做的，就是把收到的采购发票采集到系统中来。采购发票的采集和审核已经学过了，请自己在发票管理系统中完成。

四、采购结算

我们还是采用手工结算的方法，只是本案例中这笔业务没有运费发票，在结算过程中不需要做分摊，选出采购入库单和采购发票以后，直接单击[结算]按钮就行了。另外，一定要注意，在“条件输入”窗口，录入的起始日期不能晚于原来期初采购入库单上的日期（本案例录入 2021-12-01）。具体操作方法都已经学过，请自己在采购管理系统中完成这一项操作。

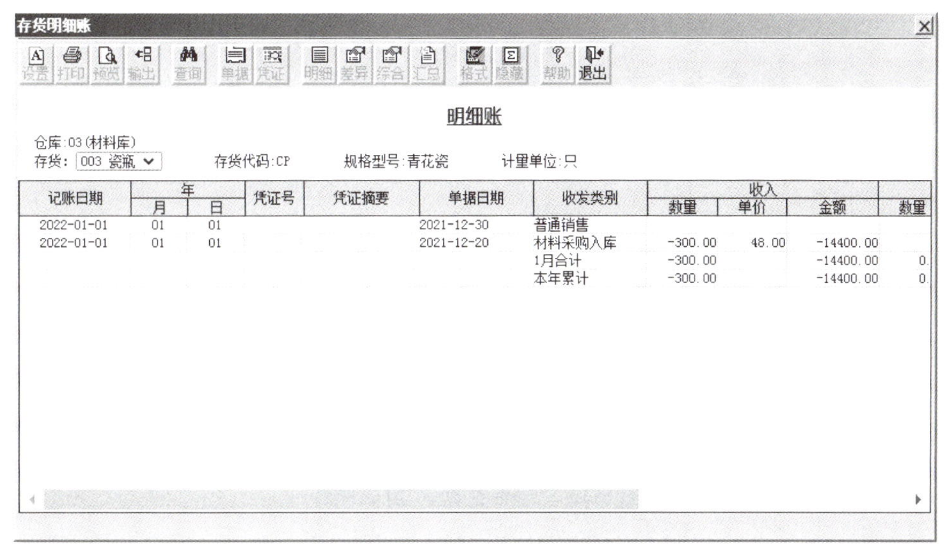
存货明细账

设置 打印 预览 输出 查询 单据 凭证 明细 差异 综合 汇总 格式 隐藏 帮助 退出

明细账

仓库:03(材料库)
存货: 003 瓷瓶　存货代码:CP　规格型号:青花瓷　计量单位:只

记账日期	年 月	年 日	凭证号	凭证摘要	单据日期	收发类别	收入 数量	收入 单价	收入 金额	数量
2022-01-01	01	01			2021-12-30	普通销售				
2022-01-01	01	01			2021-12-20	材料采购入库	-300.00	48.00	-14400.00	
						1月合计	-300.00		-14400.00	0.
						本年累计	-300.00		-14400.00	0.

图 8-20　“明细账”窗口的红字回冲单明细账

需注意的是，在“入库单和发票选择”窗口下部的发票窗格里，显示的可能还有一张期初在途的太空水发票。如果有，请不要选上。

五、暂估入库成本处理

“暂估入库成本处理”就是把票到以前的暂估入库成本换成实际的入库成本。这是暂估业务处理流程中的关键。暂估入库成本处理要在核算管理系统里操作。操作步骤如下：

由具有“核算”管理权限的操作员(02 钱会计；口令：2；日期：2022 年 1 月 12 日)注册登录“信息门户”/单击左部主菜单上的“核算管理”，进入核算管理系统主界面/在核算管理系统主界面上单击“暂估成本处理”图标，弹出“暂估成本处理查询”对话框。

在对话框里设定查询条件(入库单号：0000000001；存货分类：02 材料；存货：003 瓷瓶)，如图 8-21 所示/单击对话框底部的[确定]按钮打开“暂估结算表”窗口，如图 8-22 所示。

在“暂估结算表”窗口里单击本次要作处理的结算单记录(本例只有一份结算单)，记录左端的“选择”栏里会打上“√”/单击工具栏上的[暂估]按钮，选择的记录从暂估结算表中消失/单击工具栏上的[退出]按钮结束暂估成本处理。

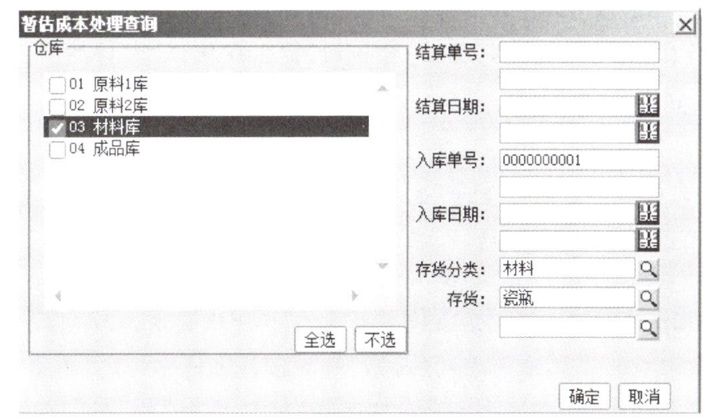

图 8-21　“暂估成本处理查询”对话框界面

8

暂估入库成本处理

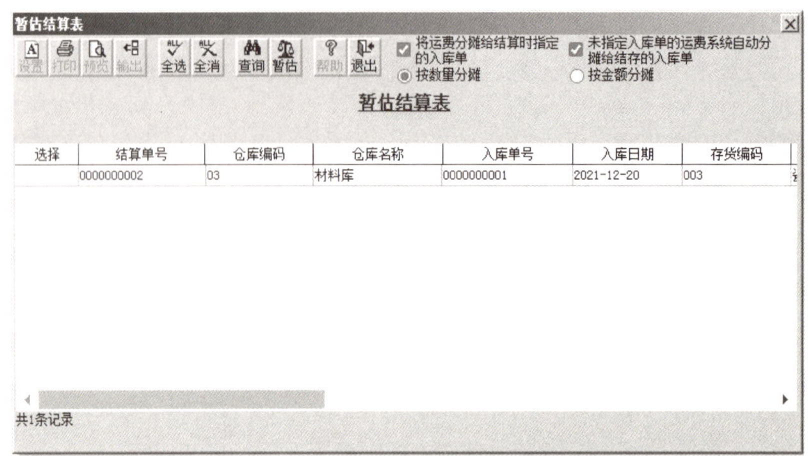

图 8-22　“暂估结算表”窗口界面

六、生成凭证

现在就可以做最后一步——生成凭证了。“月初回冲”方式下处理暂估业务，需要做两张凭证：一张是红字回冲凭证；另一张是蓝字回冲凭证。操作时一定要有清楚的思路，以免发生遗漏。

暂估业务的红字回冲凭证和蓝字回冲凭证要在核算管理系统中操作。

（一）生成红字回冲凭证

操作步骤如下：

由具有制单相关权限的操作员(02 钱会计；口令:2；日期:2022 年 1 月 12 日)注册登录“信息门户”/单击左部主菜单上的“核算管理”进入核算管理主界面/单击“购销单据制单”图标打开“生成凭证”窗口/单击工具栏上的[选择]按钮，弹出“查询条件”对话框/在对话框的左窗格勾选“红字回冲单”/在右部录入相关条件(部门:供应部；仓库:材料库；供应商:太空瓷器厂)/单击对话框底部的[确定]按钮转入“选择单据”窗口/在“选择单据”窗口找到本次要制单的红字回冲单记录/在记录左端的“选择”栏单击，打上选中标志/单击“选择单据”窗口工具栏上的[确定]按钮回到“生成凭证”窗口/在“生成凭证”窗口选择凭证类别(转)/检查存货科目(140303 瓷瓶)和对方科目(1401 材料采购)，如需要予以补齐或修改/单击工具栏上的[生成]按钮生成凭证/单击“填制凭证”窗口工具栏上的[保存]按钮/在弹出的提示框上单击[确定]按钮/单击“填制凭证”窗口工具栏上的[退出]按钮回到“生成凭证”窗口。

8

（二）生成蓝字回冲凭证

操作步骤如下：

在“生成凭证”窗口单击工具栏上的[选择]按钮弹出“查询条件”对话框/在“查询条件”对话框左窗格里勾选“蓝字回冲单(报销)”/在右半部录入相关条件(部门:供应部；仓库:材料库；供应商:太空瓷器厂)/单击[确定]按钮转入“选择单据”窗口(工具栏右边的“已结算采购入库单自动选择全部结算单上单据……”复选框不能有“√”)/找到本次要制作凭证的蓝字回冲单记录(本例只有一份记录)/在记录的左端“选择”栏单击打上选中标志/单击工具栏上的[确定]按钮回到“生成凭证”窗口/在“生成凭证”窗口选择“凭证类别”为“转”/如需要把科目补充完整/单击工具栏上的[生成]按钮生成凭证/单击“填制凭证”窗口工具栏上的[保存]按钮，凭证左上部位打上红色带框的“已生成”标志，同时弹出提示：“保存成功！”/单击提示框上的[确定]按钮关闭提示框/再单击[退出]按钮返回“生成凭证”窗口/最后单击“生成凭证”窗口上的[退出]按钮结束操作。

（三）生成应付款凭证

到现在为止，已经完成了对这笔暂估业务的暂估成本处理。但是在收到发票以后，还没有付给供应商货款（包括税金），因此还应该制作一张应付款的凭证来加以反映。

操作步骤如下：

在核算管理系统主界面上单击“供应商往来制单”图标，弹出“供应商制单查询”对话框/在“供应商制单查询”对话框的左窗格勾选“发票制单”/在右部录入相关条件，如图 8-23 所示。

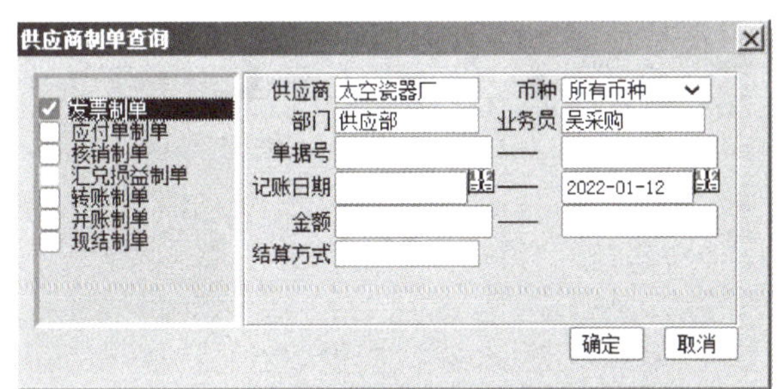

图 8-23 “供应商制单查询”对话框界面

生成暂估业务凭证

单击对话框底部的[确认]按钮打开“供应商往来制单”窗口/在“供应商往来制单”窗口选择凭证类别（转账凭证）/找到本次要制作凭证的发票记录（本例只有一项记录）/在记录的“选择标志”栏双击，打上选中标志/单击工具栏上的[制单]按钮生成凭证/填上附单据数（1）/确认无误后单击“填制凭证”窗口工具栏上的[保存]按钮，凭证左上部位打上红色带框的“已生成”标志，同时弹出提示：“保存成功！”/单击提示框上的[确定]按钮关闭提示框/再单击“填制凭证”窗口的[退出]按钮回到“供应商往来制单”窗口/最后单击“供应商往来制单”窗口的[退出]按钮结束操作。

七、付款结算——预付冲应付

在第六步骤中，货款是按应付款记账的，还没有和供应商结清，现在把货款结清。

第二节中单货同到业务的付款核销，用的是先按应付款入账，后再付款结算（录入付款单）的方式；这笔暂估业务的付款，使用的是“预付冲应付”付款结算方式。

在主账套初始化过程中录入期初余额时，“预付账款”科目有一笔付给供应商土星太空瓷器厂的预付款 10 000 元；在采购管理系统初始化时，也录入了这笔预付款。

预付冲应付的操作要在采购管理系统中进行。

【案例 8-10】 1 月 13 日，和土星太空瓷器厂商定，用原预付对方的 10 000 元冲抵应付的 15 933 元瓷瓶价税款中的 10 000 元，余额 5 933 元仍作为应付款记账。

操作步骤如下：

由具有相关权限的操作员（06 吴采购；口令：6）注册登录“信息门户”/单击左部主菜单上的“采购管理”进入采购管理系统主界面/单击“供应商往来”图标弹出菜单/在菜单上单击“预付冲应付”，弹出“预付冲应付”对话框/在“预付冲应付”对话框上，系统自动填上了日期（登录日期 1 月 13 日)/在“预付款”标签界面单击“供应商”框,显示放大镜按钮/单击放大镜按钮,打开“供应商参照”窗/在“供应商参照”窗里双击供应商(太空瓷器厂)记录把它填入/同样用参照法录入部门(供应部)和业务员(吴采购)/打开“币种”下拉框选择币种(人民币)/打开“类型”下拉框选择单据种类(付款单)/单击对话框右部的[过滤]按钮,过滤出反映这笔预付款的付款单记录/在付款单记录的右端“转账金额”栏里录入本次要冲抵的金额(10 000.00),如图 8-24 所示。

预付冲应付

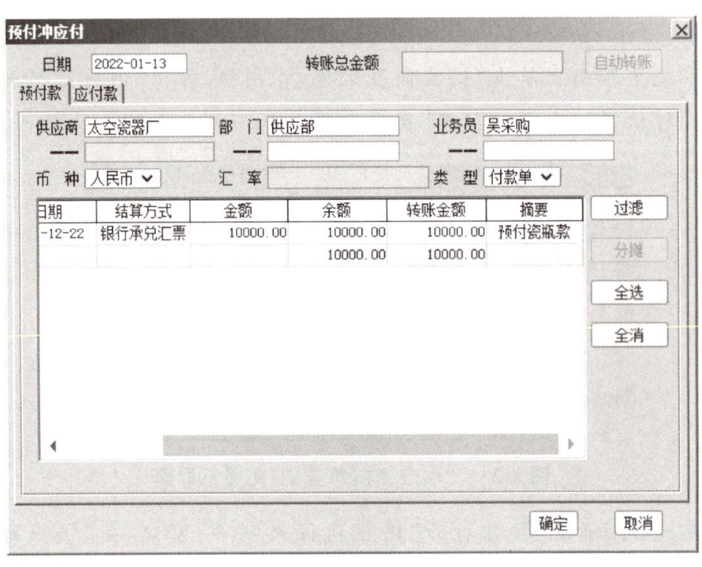

图 8-24 “预付冲应付”对话框界面

打开“应付款”页签/录入各项应付款信息(供应商:瓷器厂;部门:供应部;业务员:吴采购;币种:人民币)/单击对话框右部的[过滤]按钮,过滤出应付款记录/在应付款记录的右端“转账金额”栏里录入本次要冲抵的金额(10 000.00)/单击对话框底部的[确定]按钮,系统提示“保存成功!”/单击提示框上的[确定]按钮结束操作。

最后还需要生成这笔预付冲应付业务的凭证。操作步骤如下:

由具有相关权限的操作人员(02 钱会计;口令:2)注册登录“信息门户”/进入核算管理系统主界面/单击“供应商往来制单”图标,弹出“供应商制单查询”对话框/在对话框左窗格勾选制单类别(转账制单)/在右窗格录入相关条件以后,单击对话框底部的[确定]按钮打开“供应商往来制单”窗口/设置凭证类别(转账凭证)/双击本次要制单的单据记录的“选择标志”栏打上标志“1”/单击工具栏上的[制单]按钮生成凭证/凭证界面上贷方金额(10 000.00)以红色显示在“借方金额”栏/保持红色金额的位置不要改动,单击凭证界面工具栏上的[保存]按钮,系统提示“保存成功!”同时在凭证左上部位打上红色带框的“已生成”标志/单击提示框上的[确定]按钮关闭提示框/单击凭证界面工具栏上的[退出]按钮返回“供应商往来制单”窗口界面/最后单击“供应商往来制单”窗口工具栏上的[退出]按钮结束操作。

说明:凭证上贷方金额之所以保留在“借方金额”栏不作改动,是因为它已经用红色显示,表示负数(冲抵);如果我们把它移到“贷方金额”栏,就形成了借方是正数,贷方是负数这样的情况,保存凭证时,系统会提示借贷不平,拒绝保存。由于两条分录都有明确的记账科目,所以保持系统自动生成凭证时的原样不动,不会影响记账。

本节小结

处理暂估采购业务有“月初回冲”“单到回冲”和“单到补差”三种方法。本书介绍的“月初回冲”法，是由系统在月初自动生成上个月暂估入库业务的红字回冲单，用户录入（采集）收到的发票，经过采购结算得出实际采购成本，到核算管理系统里完成暂估成本处理和制单。

实　　验

完成【案例 8-9】和【案例 8-10】，并到总账系统里完成所生成凭证的审核和记账。

第四节　在途采购业务的处理

在第七章第三节学习采购管理系统初始化时，录入了一张向水星太空水厂采购 1 吨太空水的期初采购发票，同时有一笔 2 260 元应付款。期初采购发票是启用采购管理系统以前收到的发票，但是货物还没有验收入库。这是一笔在途采购业务。

对在途业务的处理，一般是在上个月收到发票时，先做一张借记“在途物资”和“应交税费——应交增值税——进项税额”科目，贷记“应付账款”科目的凭证入账；等本月收到货物，经过验收入库以后，再做一张借记“原材料”科目、贷记“在途物资”科目的凭证入账。

【案例 8-11】　2022 年 1 月 14 日，收到 2021 年 12 月 25 日向水星太空水厂订购的太空水 1 吨。请完成这笔在途业务的系列处理。

这笔在途业务的处理流程如下：

（1）收到发票时，在采购管理系统里用“采购发票”功能把发票数据录入系统；或者在“发票管理”系统中把发票采集到系统中，并且到核算管理系统完成发票制单（本例发票作为期初录入，凭证已在上月记账）。

（2）货物运抵企业以后，在采购管理系统里录入采购入库单；找出原来录入的发票，和采购入库单进行采购结算；在库存管理系统当中对采购入库单进行审核；到核算管理系统中执行“正常单据记账”；最后完成入库单制单。

这两大环节七个步骤里面，录入（采集）采购发票这项工作在期初已经完成了，可以理解成是在上个月做的。现在需要做的只是第二个大环节的工作。

第二个大环节里面，又有采购入库单录入、采购结算、验收入库、核算记账和制单五个步骤。这五项操作都已经在学习前面章节时做过。这里只是按操作流程做一些简单的提示。 8

一、采购入库单录入

采购入库单在采购管理系统中录入。在本例这笔业务中，发票号是 65401201，单价是 2 000 元，数量 1 吨，增值税税额无需录入，备注可录入“购太空水”。请自己完成相关操作。

二、期初采购单据的结算

采购结算的操作已经在案例 8-5 中学过了。请自己完成相关操作。

注意在“条件输入”对话框中，起始日期设为前一个会计期（发票日期是前一个会计期内），入库单号是 0000000003，发票号是 65401201。

三、审核采购入库单(验收入库)

入库单的审核在库存管理系统中进行。

这项操作请大家自己完成。

四、核算记账和制单

核算记账的操作请大家自己完成。

做记账操作时,"正常单据记账条件"对话框上,仓库选原料 2 库,单据类型选"采购入库单"。

制单的操作过程中,在"生成凭证"窗口单击[选择]按钮以后,在"查询条件"对话框里要勾选"采购入库单(报销记账)"。特别要注意的是:打开"选择单据—未生成凭证单据一览表"窗口以后,一定要去掉工具栏[帮助]按钮右侧"已结算采购入库单……"小方框里的"√"。这是因为期初在途采购业务中的发票,已经在上个月填制凭证了。

刚生成的凭证,贷方科目要注意录入或修改为"1402 在途物资"科目,然后再保存。

【案例 8-12】 2022 年 1 月 14 日,通过工商银行以银行电汇(票号 500002)支付 1 吨太空水的货税款合计 2 260 元。

这笔业务的处理主要是两个环节:一是在采购管理系统里录入付款单进行付款核销;二是在核算管理系统里完成制单。这两项操作都已经学过了,不再多讲。需要注意的是:进行制单操作时,在核算管理系统主界面上要单击"供应商往来制单"图标;在"供应商制单查询"对话框的左窗格里,要勾选"核销制单"。这个案例也请大家自己完成,如果遇到困难,可以参阅前面章节对类似操作的详细介绍。

本节小结

在途采购业务的处理流程一般是:(收到发票)录入(采集)采购发票—发票制单—(收到货物)录入采购入库单—采购结算—审核采购入库单—单据记账—制单。

实 验

完成【案例 8-11】和【案例 8-12】,并到总账系统里完成生成凭证的审核和记账。

第五节 采购管理系统的其他功能

一、取消操作

操作步骤如下:

由具有"采购管理"下"取消操作"相关权限的操作员(06 吴采购;口令:6)注册登录/打开"采购"菜单/指向"供应商往来"弹出下级子菜单/在子菜单上单击"取消操作",弹出"取消操作条件"对话框/在"取消操作条件"对话框里录入各项条件/单击[确定]按钮打开"取消操作"窗口/找到要取消操作的单据记录/在这条记录的左端"选择标志"栏双击打上选择标志"Y"/单击工具栏上的[确定]按钮就可以取消这项操作。

注 意

已经结账月份的操作不能被取消。

"取消操作"功能只适用于还没有制单的单据。如果单据在审核以后已经生成凭证,那么对这张单据的操作不能被取消(在"取消操作"窗口不可见)。如果要取消操作,就必须先删除对应的凭证。

二、结算单列表

使用结算单列表可以查看与所有供应商发生的付款结算单；也可以按不同供应商、结算方式、部门、业务员、单据种类、币种、单据编号、金额范围、单据日期等条件查看结算单。

查看结算单的操作步骤如下：

由具有采购管理相关权限的操作员（本例中是06吴采购）注册登录“信息门户”/打开“采购”菜单/指向“供应商往来”弹出子菜单/在子菜单上单击“付款结算单列表”命令，弹出“结算单查询”对话框/在对话框上设定查询条件/单击对话框右下部位的[确定]按钮，打开“结算单列表”窗口/在“结算单列表”窗口中，双击一条结算单记录，可以看到对应结算单上的具体数据。

本节小结

使用“取消操作”功能可以取消尚未制单的某项操作。

使用“结算单列表”功能，可以按给定的条件查看付款结算单。

实　　验

1. 练习结算单的查询。
2. 完成附录中的实训项目十。

8

第九章 销售及相关应收和库存业务处理

销售业务主要有货款两清、赊销、预收款三种情况。本章分别按这三种情况，讲解从销售订单开始到销售发票、销售发货、销售出库、销售结算以及制单的销售业务处理基本流程和操作方法，并介绍销售管理系统的其他功能。

第一节 销售订单

销售订单是反映经过购销双方确认的客户要货需求的单据。对于追求对销售业务进行规范化管理的工商企业而言，销售业务的进行，必须经历一个由客户问询货物销售价格、销售部门报价、双方签订购销合同的过程。订单作为合同或者协议的载体而存在，成为销售发货日期、货物明细、价格、数量等事项的依据。企业根据销售订单组织货源，并对订单的执行情况进行管理、控制和追踪。在开票直接发货业务模式下，销售发票可以根据销售订单开具；在先发货后开票业务模式下，发货单也可以根据销售订单开具。

一、录入销售订单

增加新的销售订单需要在销售管理系统里操作。

【案例 9-1】 1 月 15 日，南海龙宫订购桂花酒 50 箱，每箱 3 000 元，增值税税率为 13%，预发货日期为 1 月 15 日。请录入销售订单。

操作步骤如下：

由销售管理系统的操作员(07 郑销售；口令：7)注册登录"信息门户"/单击左部主菜单上的"销售管理"进入销售管理系统主界面/在销售管理系统主界面上单击"销售订单"图标，打开"销售订单"窗口。

销售订单单据头各项目说明：

订单日期：原始订单或者录入销售订单的日期。系统默认的是订单录入当天的日期。用户可以修改。订单日期必须录入。

订单号：订单号必须录入。系统会自动给出一个默认的编号，用户可以修改。订单编号可以使用字母和数符，但必须唯一。

销售类型：录入销售类型是为了便于按照销售类型统计销售业务的数据。销售类型必须录入。录入的时候可以直接录入销售类型的编号或者名称；也可以用参照法录入。

客户名称：可以直接录入客户编号或者简称；也可以用参照法录入。客户名称必须录入。已经停用的客户不允许录入。已经封存的客户不能再发生新的业务；但是老业务可以继续做完。如果一个客户已经封存，但是还有未执行的已经审核的订单，这份订单可以继续开具发货单和发票；但是发货单和发票必须由订单生成。

发货地址：本张订单中所列货物发货时的去向。这一项也可以不录入。

销售部门：经办这笔业务的销售部门。可以直接录入部门编号或者名称；也可以用参照法录入。销售部门必须录入。如果部门分了级，这里只能录入最末级的明细部门。

业务员：经办这笔业务的业务员。可以直接录入业务员的编号或者姓名；也可以用参照法录入。用参照法录入的时候，参照窗口中只显示职员档案中所属部门与单据中所选部门一致，或者所属部门为空的业务员（录入发货单、发票、调拨单、零售日报的时候也相同）。这一项也可以不录入。

发运方式：采用哪一种方式运输货物，如空运、公路运输、海运等。可以直接录入发运方式的编号或者名称，也可以用参照法录入。发运方式是可选项，也可以不录入。

付款条件：可以直接录入给予这个客户的付款条件的编号，也可以用参照法录入。付款条件的信用天数从发票日期起算而不是从订单日期起算。付款条件可以录入也可以不录入。

小知识

付款条件，也叫现金折扣，是指企业为鼓励客户偿还货款而允诺在一定期限内给予的折扣优惠。

订金：客户预付给本单位的订货订金。订金可以录入也可以不录入。

备注：对整张销售订单的简要说明。在一般情况下，备注可以不填。

到期日：到期日必须录入，不过可由系统自动按订单日期填入。

接下来的操作步骤是：

单击工具栏上的[增加]按钮，增加一张空白订单，系统自动把注册登录的日期作为订单日期（2022-01-15），并且自动填上订单号（0000000001）/依次录入或者用参照法录入单据头上其他各项内容（销售类型：产品销售；客户名称：南海龙宫；销售部门：南海区；业务员：郑销南；备注：南海订酒；到期日：2022-01-15）/选中单据体的第一行/双击“货物编码”栏，在右端显示放大镜按钮/单击放大镜按钮打开“参照”窗/在“参照”窗里双击需要的货物记录（桂花酒）把它填入订单，系统自动带出货物名称（桂花酒）、规格型号（高级）、计量单位（箱）等项数据/录入数量（50）、报价（3 000），系统自动计算出含税单价（3 390）、无税单价（3 000）、无税金额（150 000）、税额（19 500）和价税合计（169 500）等项数据（“折扣额”一栏本例留空）/双击“预发货日期”栏，把系统默认的发货日期（当前操作日期）修改成合同上或者协议上的发货日期（1 月 15 日），如图 9-1 所示/单击工具栏上的[保存]按钮，系统提示“保存成功”/单击提示框上的[确定]按钮关闭提示框（先不要退出）。 9

说明：

在一张单据中的不同记录行中可以录入相同的存货。

在订单中，数量不能为负数。但在后续处理环节中，同一张发货单或者发票中，可以一起录入正、负数量的商品。对于蓝字发票来说，正负数量商品的金额相抵以后不能小于零；对于红字发票来说，正负数量商品的金额相抵后不能大于零。

如果录入单据的中途，要把这张单据放弃作废再重新录入，则可以单击工具栏上的[放弃]按钮，放弃对当前单据的录入操作。

如果存货属性为“折扣”，则可以通过录入折扣额（可以是正数也可以是负数）；或者录入正折扣率或倒折扣率（二者互补，互为差额），实现退、补价处理和销售返利处理功能。负数折扣

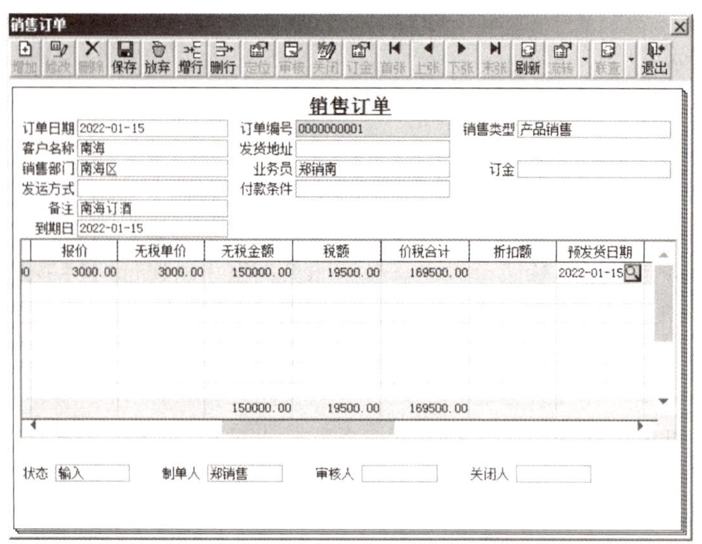

图 9-1 “销售订单”窗口界面

额的绝对值不能大于货物的金额之和，也就是整张单据的总金额要保证为正。

二、审核销售订单

一张销售订单只有经过审核以后，单上的数据才能记入相关的统计表，同时生成相互关联的其他单据。

【案例 9-2】 审核【案例 9-1】里录入的销售订单。

操作步骤如下：

在“销售订单”窗口，使用[首张][上张][下张][末张]按钮找到要审核的订单（本例只有一张，不需翻页）/单击工具栏上的[审核]按钮，系统提示“保存成功”/单击提示框上的[确定]按钮关闭提示框/单击“销售订单”窗口工具栏上的[退出]按钮关闭“销售订单”窗口。

订单审核以后，[审核]按钮变成[弃审]按钮。单击[弃审]按钮可以放弃对这张订单的审核，回到审核以前的状态。

注 意

订单审核以后，如果进行了生成其他单据如发货单、出库单等操作，就不能弃审。

已关闭的订单不能审核或者弃审。订单的审核和弃审不受日期约束。

三、修改销售订单

订单保存以后，在审核前如果发现有错误，可以进行修改。一般情况下，只有填制人本人才能修改他所填制的订单。订单审核以后或者和其他单据建立关联以后，就不能修改了。

修改销售订单的步骤如下：

在销售管理系统主界面上，单击“销售订单”图标（或“销售”菜单上的“销售订单”命令）/在打开的“销售订单”窗口用工具栏上的[首张][上张][下张][末张]按钮找到要修改的订单/单击工具栏上的[修改]按钮/对错误数据进行修改/修改完毕，单击[保存]按钮保存修改结果/单击“销售订单”窗口工具栏的[退出]按钮结束操作。

如果要修改已经审核的销售订单，就要先单击“销售订单”窗口工具栏上的[弃审]按钮取消审核，然后再修改；要修改和其他单据互相关联的订单，可以先删除关联的其他单据，然后对订单进行修改。修改以后要重新保存和审核这张销售订单。

四、删除销售订单

一般情况下，只有填制人本人才能删除他自己所填制的销售订单。已经审核或者和其他单据建立了关联的销售订单不能删除。删除销售订单的一般步骤如下：

在“销售订单”窗口中找出要删除的订单/单击工具栏上的[删除]按钮，系统提示“是否真的要删除此单据?”/确定删除后单击提示框上的[确定]按钮把订单删除/最后单击工具栏上的[退出]按钮结束操作。

如果要删除已经审核的订单，就要先在“销售订单”窗口单击工具栏上的[弃审]按钮放弃审核，然后再删除；要删除和其他单据关联的订单，需要先删除关联的其他单据。

本节小结

销售订单是企业制订生产计划、组织货源的重要依据。

销售订单只有经过审核以后，单据上的数据才能记入相关的统计表，也才能由订单生成相应的发货单和销售发票。

实　　验

完成【案例 9-1】【案例 9-2】。

第二节　货款两清业务的处理

“货款两清”是指客户在企业销售部门取得发票的同时付清货款，企业当场发货。货款两清业务的处理流程一般是：填制销售订单—开具销售发票—现结收款—生成销售发货单—生成销售出库单—核算记账—制作凭证。其中填制销售订单环节是可选的，相关操作在第一节已经详细介绍。

一、销售发票的开具与货款现结

小知识

销售发票，是指给客户开具的原始销售单据，包括增值税专用发票、普通发票及其所附的清单等原始销售票据。

和采购业务相同，销售业务中的发票，也有纸质和电子两种。使用纸质发票的情况下，版式发票是另行开具的，我们只需要在销售管理系统中，用销售订单生成或者手工录入机内发票即可；使用电子发票的情况下，用销售订单生成或者手工录入机内发票以后，还需要把机内发票上的数据传递到发票管理系统中，在发票管理系统中生成版式发票，然后通过微信、QQ、电子邮件等方式发送给客户，或者下载保存到客户提供的专用移动存储器上交给客户。

手工录入机内销售发票的方法，大家在第七章第四节【案例 7-13】中已经学过了；这一章的案例中，我们都按使用电子发票的情况来讲解。

【案例 9-3】 1月 15 日，南海龙宫派业务员前来提运同日订购的 50 箱桂花酒，并通过工商银行以电汇方式支付全部货税款 169 500 元（现结）。银行电汇收账通知联已经收到（票号 500003）。销售部南海区依据订单开出增值税电子专用发票一份。

（一）填制（生成）机内销售发票和现结

1. 填制（生成）机内销售发票

在开票直接发货业务模式下，机内销售发票可以由销售订单生成，也可以直接通过键盘录入。机内销售发票经过复核以后自动生成销售发货单，并且根据参数设置生成销售出库单。没有执行现结的机内销售发票经过复核，还会通知总账系统登记应收账款。

在本案例的这笔业务中，由于已经录入了销售订单，所以，机内销售发票可以由订单生成。操作方法如下：

由具有“销售管理”以及销售发票相关权限的操作员(07 郑销售；口令：7)注册登录“信息门户”/在左侧主菜单上单击“销售管理”进入销售管理系统主界面/单击“销售订单”图标打开“销售订单”窗口/在“销售订单”窗口找出用来生成发票的订单，单击工具栏上[流转]按钮右侧的▼按钮，打开票据种类列表/按需要在列表中选择“生成普通发票”或者“生成专用发票”(本例选“生成专用发票”)。

在发票单据体显示数据这一行的“仓库”栏双击，这一栏右端显示放大镜按钮/单击放大镜按钮打开“仓库参照”窗口/在“仓库参照”窗里这批货物的发货仓库(成品库)的记录上双击，把它填入发票/打开发票表头的“发票类型”下拉框，选择发票类型(电子发票)/“发票类别”下拉框中自动填上“增值税电子专用发票”，如图 9-2 所示/单击发票界面工具栏上的[保存]按钮保存这张发票，系统自动把开票日期填入“到期日”栏(先不要退出)。

现结和开票

9

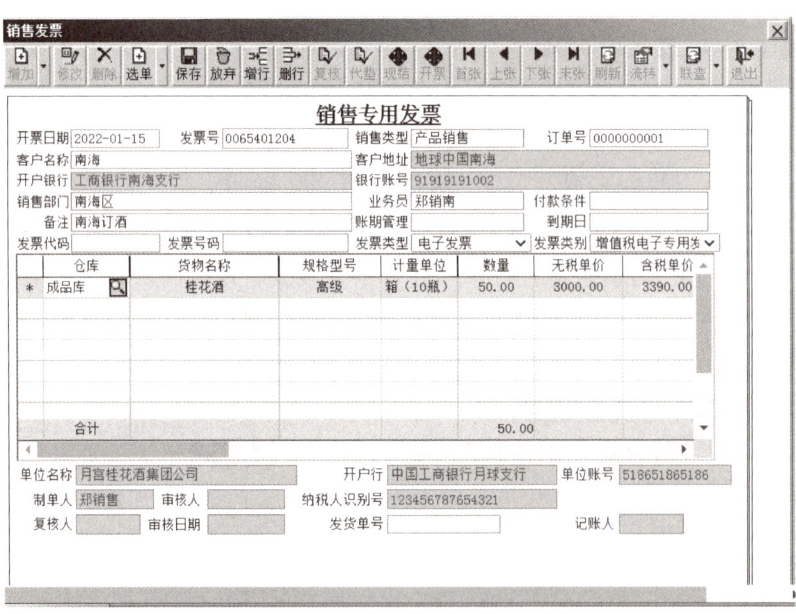

图 9-2 “销售发票—销售专用发票”窗口界面

如果销售业务没有订单，机内发票可以手工直接录入。操作步骤如下：

进入销售管理系统主界面以后，单击“销售发票”图标打开“销售发票”窗口/单击工具栏上[增加]按钮右侧的▼箭头，打开发票种类列表/在发票种类列表中点选需要的发票种类(专用发票)，系统弹出提示框，关闭提示框以后，在空白发票界面上录入各项数据。

需要注意的是：在发票列表中单击(选择)一种发票种类时，系统会弹出红色的文字提示，内容如下：“温馨提示：新增销售发票审核时会自动流转生成发货单和出库单！请不要再手动填制对应发货单和出库单，否则会导致重复数据！若之前已填制，请先删除再新增发票。”也就是说，和当前录入的机内发票所对应的发货单和出库单，会由机内发票自动产生，用户不用再手动录入。如果在录入机内发票之前已经录入了和这张机内发票对应的发货单和出库单，一定要先把它们删除，然后再录入机内发票。这就是说：在销售业务中，机内发票要先于发货单和出库单录入或生成。

2. 货款现结

操作步骤如下：

在已经保存过的发票界面工具栏上，单击[现结]按钮，弹出“销售现结”对话框/在“销售现结”对话框里依次双击各栏目后录入结算方式代码(5)、结算金额(169 500.00)、票据号(500003)、对方银行账号(91919191002)，如图 9-3 所示/单击对话框底部的[确定]按钮，系统提示“现结记录已保存！”/单击提示框上的[确定]按钮关闭提示框/再单击“销售现结”对话框右下角的[退出]按钮回到发票界面，可以看到在发票右上部位标上了红色带框的“现结”标志。

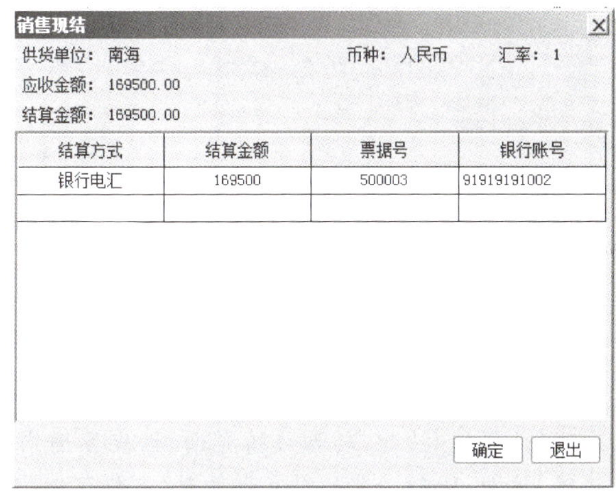

图 9-3　“销售现结”对话框界面

如果要取消现结，则可以单击发票界面工具栏上的[弃结]按钮。

3. 复核

复核操作很简单，在发票界面单击工具栏上的[复核]按钮，系统会在发票左上部位打上红色带框的“已审核”标志(先不要退出)。

发票复核以后，会自动产生销售发货单和销售出库单；同时原来的[复核]按钮变成[弃复]按钮。

4. 销售发票的放弃、修改、作废和删除操作

销售发票的放弃、修改、作废、删除等操作和采购发票等单据的相应操作相同。

注　意

现结操作必须在发票复核之前进行。

没有经过现结的销售发票，在复核的时候直接登记应收账款。

现结的发票在核算管理系统里作为“现结制单”处理。

复核操作应该在现结之后进行。已经复核的发票，不能再进行现结处理。

(二) 开具电子发票

1. 开票

单击“销售发票”界面工具栏上的[开票]按钮，系统提示“开票订单已生成，请到电子发票系统的开票订单页面中进行开票”/单击提示框上的[确定]按钮关闭提示框/单击发票界面工

具栏右端的[退出]按钮，回到“销售订单”界面/单击“销售订单”界面工具栏右端的[退出]按钮关闭订单窗口。

在左部主菜单上单击“发票管理”进入发票管理系统主界面/单击“订单查询”图标打开“订单查询”对话框/在上部录入各项查询条件后单击[查询]按钮(本例只有一份开票订单，不需要录入查询条件)/在下部订单列表中，本次要用来开具电子发票的订单记录左端的复选框中单击，打上选中标志(对钩)，如图 9-4 所示。

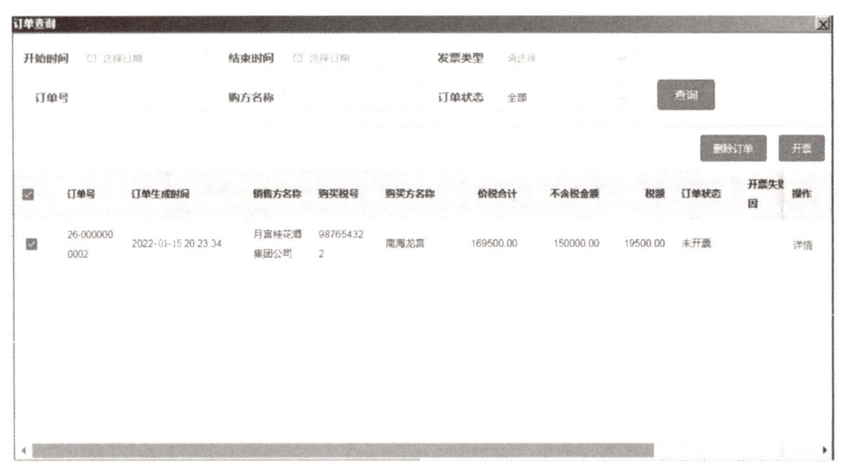

图 9-4 “订单查询”对话框界面

单击这条订单记录右侧的[详情]按钮，转入详情界面/检查各项内容是否完备正确/如果需要，单击右上部位的[编辑]按钮，进行必要的补充和修改(本例可能需要录入收款人姓名(孙出纳)；修改复核人(应为赵经理)或开票人(应为郑销售)姓名)，如图 9-5 所示/补充修改完毕，确认正确无误后，单击右上部位的[保存]按钮保存编辑结果。

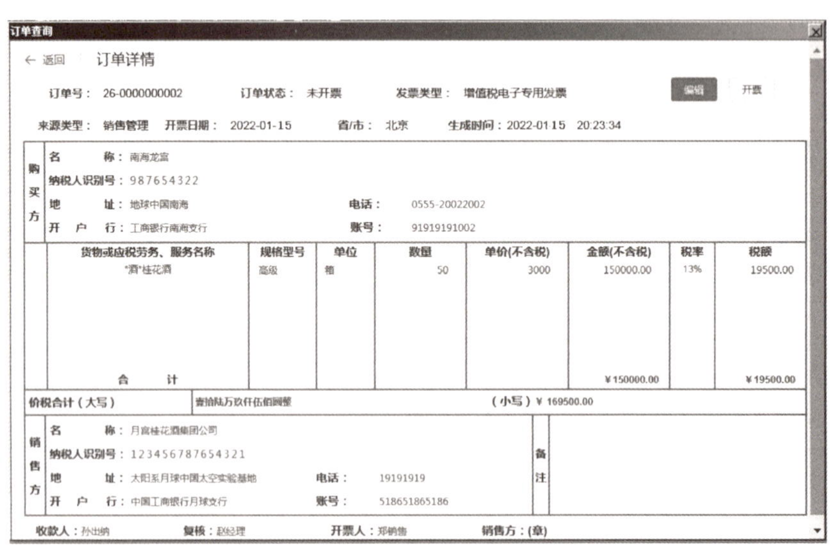

图 9-5 “订单查询—详情”界面

单击订单详情界面左上角的[返回]按钮回到订单列表界面/重新选中要开票的订单记录/单击订单列表右上部位的[开票]按钮，系统提示“已提交开票，请在发票列表查看发票”/单击

标题栏右端的 ☒（关闭）按钮关闭“订单查询”对话框。

2. 下载电子发票

打开“开票”菜单/单击“发票列表”命令打开“发票列表”对话框/选中生成的发票的记录/单击记录右侧的[详情]按钮，转入发票详情界面，在紧靠发票上边缘位置显示一条黑底的提示信息栏，如图 9-6 所示。

黑底提示信息栏左段显示的是电子发票的 PDF 格式文件名，右段从左往右依次是“下载”图标、“打印”图标和“更多操作”菜单。

图 9-6 “发票列表—详情”界面

在提示栏右段三个按钮中，单击 ⬇（下载）按钮，弹出“另存为”对话框/在对话框中打开保存发票文件的文件夹/在“文件名:”框中设置好文件主名（1 月 15 日销南海桂花酒），保持“保 9
存类型”框中的默认文件类型不要改动，如图 9-7 所示。

单击“另存为”对话框底部的[保存]按钮完成下载/单击发票详情界面左上角的[返回]按钮，返回“发票列表”界面/最后单击“发票列表”对话框标题栏右端的 ☒（关闭）按钮把对话框关闭。

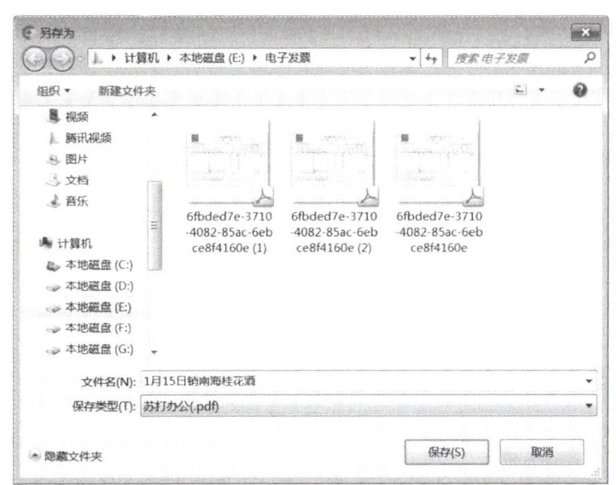

图 9-7 “另存为”对话框界面

注 意

下载版式文件过程中，修改文件名的时候，一定要保留默认的文件扩展名(.pdf)，不能改动！

下载电子发票操作的讲解以及图 9-7 界面，均指谷歌浏览器环境下单击发票详情界面提示栏上的⬇(下载)按钮情况。单击[下载版式文件]按钮，或者使用其他浏览器的话，相关操作界面会有所差异。

下载电子发票的位置，一般都设置成客户专门用来保存电子发票文件的专用移动硬盘或U盘；下载完成以后，把专用移动硬盘或U盘交还客户；也可以下载保存到开具发票企业的电脑硬盘上，再通过电子邮箱、微信、QQ等途径发给客户，同时供本单位备查。

3. 一键取票

在“发票管理”主界面上，单击“发票采集”图标，打开“发票”对话框/单击“发票”对话框工具栏上“发票采集”按钮右侧的▼按钮打开下拉框/在下拉框中点选“一键取票”，系统提示“成功：成功导入1条记录”，如图 9-8 所示/单击提示框上的[确定]按钮关闭提示框/打开“销项发票”页签，可以看到采集到的发票记录/在发票记录左端“选择标志”栏单击打上对钩/单击工具栏左端的[审核]按钮完成审核，在弹出的确认对话框上单击[取消]按钮，系统提示“审核成功！”，发票记录的“审核标识”栏显示“已审核”，如图 9-9 所示/单击提示框上的[确定]按钮关闭提示框/单击工具栏右端的[退出]按钮关闭对话框。

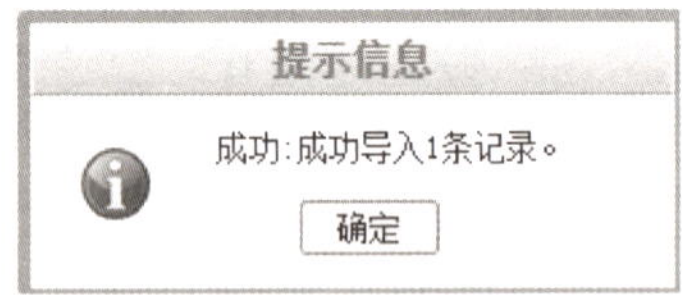

图 9-8 发票采集成功提示界面

图 9-9 电子发票取票并审核成功界面

注 意

做销项电子发票(蓝票)的一键取票后，对取到的电子发票进行审核时，在单击工具栏上的[审核]按钮，系统在弹出的“确认”对话框中提示“真的要自动生成购销存单据?”时，一定要单击对话框上的[取消]按键，而不能单击[确定]按钮。这是因为在开具销售电子发票时，相关单据(订单、发货单、出库单、机内发票)都已经在开票前录入或生成。

另一方面，在做销项电子发票（红票）的一键取票，还有进项（采购）电子发票的采集后，对采集到的电子发票进行审核时，系统在弹出的“确认”对话框中提示“真的要自动生成购销存单据?”时，则一定要单击[确定]按钮。这样，对于销项红票来说，才能自动生成后续操作中需要的红字机内发票，进而由红字机内发票流转生成红字销售出库单，经过核算记账生成红字记账凭证；对于采购电子发票来说，才能自动生成后续操作中需要的机内采购发票、然后再由机内发票生成采购入库单（参阅179页第八章第二节第二小节），经过核算记账生成记账凭证。

4. 电子发票的打印和冲红

（1）电子发票的打印

在发票详情界面，把鼠标放在右上部位的[下载版式文件]按钮上，然后下移，出现黑底的提示信息栏/在提示栏右段单击 （打印）按钮，弹出“打印”对话框/在“打印”对话框上设置好目标打印机、打印份数等各项打印参数（一般可取默认值）/单击[打印]按钮完成打印。

（2）电子发票的冲红

在客户要求退货的情况下，需要对电子发票作冲红处理。冲红操作的步骤如下：

在图9-6所示的“发票列表详情”界面，单击[冲红]按钮，转入“发票列表—冲红”界面，可以看到冲红发票的样票/在冲红发票样票的右上部位“冲红原因”栏录入冲红原因（客户要求退货）/单击界面右下角的[提交开票]按钮，返回“发票列表”界面/选中发票记录后单击[发票回推]按钮，发票记录列表中增加一条红字发票记录/关闭“发票列表”对话框/单击“发票采集”图标打开“发票”对话框，用“一键取票”功能采集这份电子红票，并完成审核（弹出的提示框上单击[确定]按钮）/最后单击“发票”对话框工具栏右端的[退出]按钮完成操作。

在退出“发票”对话框之前，可以看到发票记录列表的“发票种类”栏中，显示每份发票是“蓝票”还是“红票”。选中红票记录，单击工具栏上的[发票详情]按钮，系统展示这份红票的全貌。可以看到，发票表头的“发票种类”框中显示“红票”；表头的“金额”“税额”“价税合计”三个框中都显示负数；表体中的“数量”“税额”“无税金额”“价税合计”等栏目中，显示的也都是负数；发票的底部显示对应蓝票（正数）的发票代码。

上述“发票”对话框中看到的红票详情，是机内发票的面貌；如果要查看电子版式红票的全貌，可以在“发票列表”对话框中，选中要查看的电子红票记录，单击记录右端的[详情]按钮来查看。

注 意

电子发票冲红以后，还需要到销售管理系统中，从红字机内发票流转生成红字销售出库单开始，进行核算记账一直到制作红字记账凭证的系列处理。

二、生成销售发货单

在开票直接发货业务模式下，销售发货单自动由销售发票产生并且自动完成审核，然后传递到库存管理系统中。在这种情况下，销售发货单只能浏览，不能进行增加、删除、修改等操作，也不能弃审（在先发货后开票业务模式下，销售发货单由销售部门根据销售订单产生）。可以用下面介绍的方法查看到自动生成的销售发货单。

小知识

销售发货单是销售方给客户发货的凭据，是销售发货业务的执行载体。无论工业还是商业企业，发货单都是销售管理的核心单据。

9

在销售管理系统主界面上单击“发货单”图标，可以看到由销售发票自动生成的发货单，同时可以看到已经完成了审核（只能看到[弃审]按钮）。

三、销售出库单的生成和审核

小知识

销售出库单是销售出库业务的主要凭据，在库存管理系统中用于存货的出库数量核算；在存货核算系统中用于存货的出库成本核算。

客户在付款以后取得了货款收讫的销售发票和发货单，就可以凭发货单到仓库去提货了。仓库凭销售部门开具的发货单把货物发给客户，同时填制销售出库单。销售出库单的填制在库存管理系统中进行。

（一）销售出库单的生成（或者录入）

销售出库单可以由销售发票或者销售发货单生成。只需要在库存管理系统中对它进行审核就可以了。

【案例 9-4】 1 月 15 日，成品库根据销售部南海区传来的销售发票和销售发货单，向南海龙宫发出桂花酒 50 箱，同时填制销售出库单一张。

操作步骤如下：

由具有“库存管理”以及销售出库单相关权限的操作员（08 王库管；口令：8）注册登录“信息门户”/在左部主菜单上单击“库存管理”进入库存管理系统主界面/单击“销售出库单生成/审核”图标，打开“销售出库单”窗口，如图 9-10 所示（先不要退出）。

9

生成审核出库单

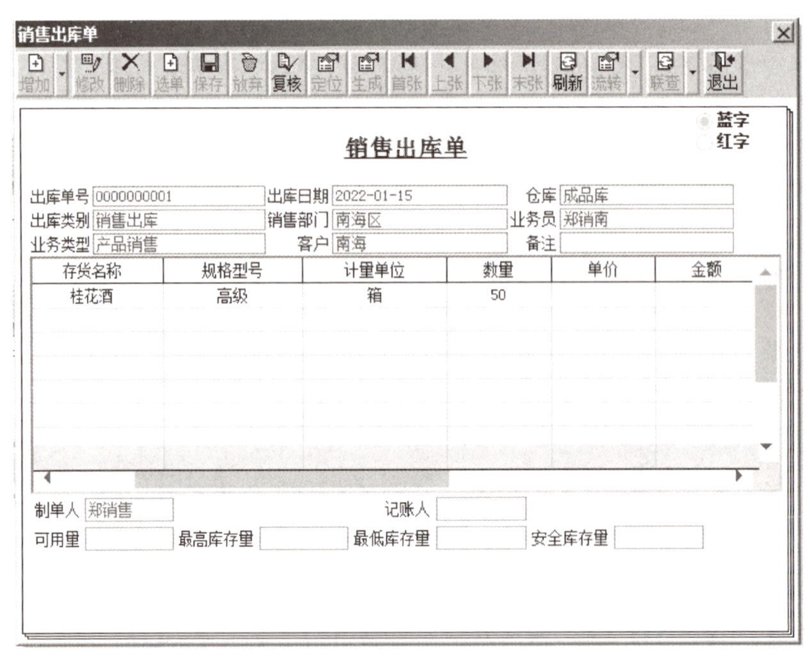

图 9-10 “销售出库单”窗口界面

图 9-10 中销售出库单上的单价和金额应该是出库的成本单价和由成本单价计算得到的金额，而不是销售发票上的销售单价和金额。在核算管理系统中对出库单进行单据记账以后，系统会按照在初始化时设定的成本计算方法（本例是“移动平均法”）自动算出填上。

（二）销售出库单的修改和删除

销售出库单的修改和删除操作，同前面已经介绍过的其他单据的修改、删除操作类同。

注　意

如果销售出库单的表体里已经录入具体数据，“仓库”项数据就不允许修改。

在库存管理系统和销售管理系统集成使用时，根据销售发票或者销售发货单自动生成的销售出库单，在库存管理系统中都不能修改。

已经审核的销售出库单不能修改。

已经结账月份的销售出库单不能修改。

已经在核算管理系统中执行了记账的销售出库单不能修改。

(三) 销售出库单的审核

销售出库单只有经过审核，才能够传递到核算管理系统中进行销售成本的核算和记账处理。本系统中所讲的“审核”，含义十分广泛：既可以表示对单据上面数据正确性的审核；也可以表示货物是否已经实际出库。建议在销售出库单上的所有货物都办妥了实物出库手续以后，再对销售出库单进行审核。

审核销售出库单的操作方法如下：

在“销售出库单”窗口使用工具栏上的[首张][上张][下张][末张]按钮查找到需要审核的销售出库单/单击工具栏上的[复核]按钮完成审核/单击工具栏上的[退出]按钮结束审核销售出库单的操作。

审核以后，[复核]按钮变成[弃复]按钮。如果在审核以后发现销售出库单上的数据存在错误，可以单击[弃复]按钮取消审核，然后再进行修改。修改以后要重新审核。

四、核算记账

单据记账是把用户录入的有关单据上的数据记入存货明细账、受托代销商品明细账等账簿里。销售出库单只有在记账以后，才能制作凭证。

【案例 9-5】 1 月 15 日，财务部对当日销售出库的 50 箱桂花酒进行核算记账。

操作步骤如下：

由具有“核算”管理权限的操作员(02 钱会计；口令：2)注册登录“信息门户”，进入核算管理系统主界面/在主界面上单击“正常单据记账”图标弹出“正常单据记账条件”对话框/在“正常单据记账条件”对话框的左窗格里勾选仓库(成品库)/在右窗格里勾选单据种类(销售出库单)/单击对话框底部的[确定]按钮，打开“正常单据记账”窗口，如图 9-11 所示。 9

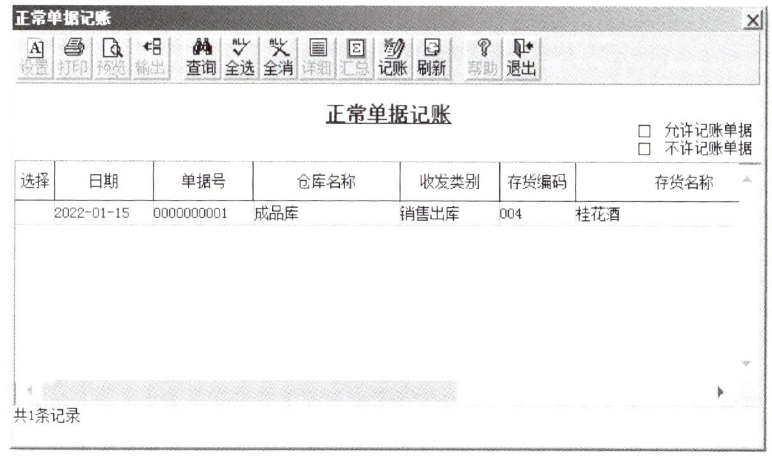

图 9-11　“正常单据记账”窗口界面

小技巧

如果需要取消记账，则可以在“取消单据记账”窗口选择要取消记账的出库单记录，然后单击工具栏上的[恢复]按钮就可以了。

在“正常单据记账”窗口显示的出库单记录中，找到本次要执行记账操作的出库单记录（本例只有一项出库单记录）/在出库单记录左端“选择”栏单击打上“√”/单击工具栏上的[记账]按钮完成记账，此时记账的出库单记录消失，系统提示“记账完成！”/单击提示框上的[确定]按钮关闭提示框/单击工具栏上的[退出]按钮结束操作。

在“正常单据记账”窗口中，白色显示的是允许记账的单据记录；蓝色显示的是不允许记账的单据记录。可以看到，这时候没有单价、金额等具体数据。记账以后的销售出库单记录，可以在“核算”子菜单里的“取消单据记账”功能中查到。在这里可以看到窗口中已经填上了单价和金额。这个单价和金额是出库的成本，而不是销售发票上的单价和金额。

注　意

本月已经生成凭证的销售出库单不能恢复（取消）记账，包括最后一张已经生成凭证的出库单以前日期的，也都不能恢复记账；如果想恢复记账，必须先删除所生成的凭证。

五、生成凭证

制单是对销售业务进行财务处理的必要环节，也是销售管理系统和总账系统联系的纽带。销售业务的制单操作和采购业务的制单操作一样，也是在核算管理系统中完成的。

在进行制单操作时，要注意的是必须搞清楚前面发生的哪些业务需要进行制单处理。以免遗漏而造成财务处理上的错误。

【案例 9-6】 请制作反映前述 50 箱桂花酒销售业务的凭证。制单日期为 1 月 15 日。

在本案例中，需要制作的凭证有两张：一张是由销售发票上的“现结”操作产生的销售收入凭证，借记“银行存款——工商银行”科目，贷记“主营业务收入”和“应交税费——应交增值税——销项税额”科目；另一张是由销售出库单产生，结转销售成本的凭证，借记“主营业务成本”科目，贷记“库存商品”科目。

9

（一）销售发票制单（现结）

由具有核算管理中制单相关权限的操作员（02 钱会计；口令：2）注册登录“信息门户”，进入核算管理系统主界面/单击“客户往来制单”图标，弹出“客户制单查询”对话框/在对话框左窗格勾选制单种类（现结制单）/在右部录入或者参照录入各项过滤条件，如图 9-12 所示。

现结核算
记账制单

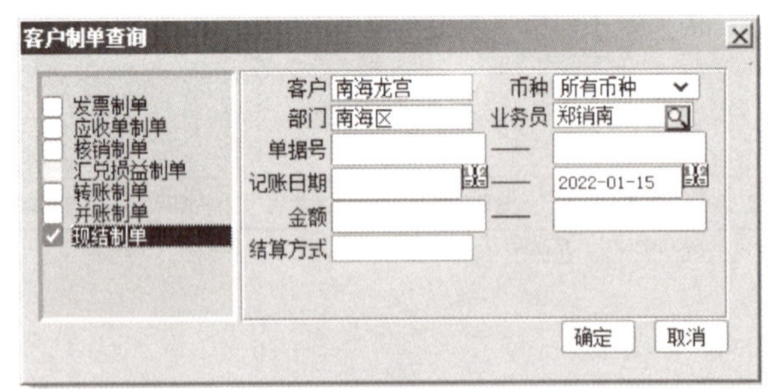

图 9-12 “客户制单查询”对话框界面

单击对话框底部的[确定]按钮打开“客户往来制单—现结制单”窗口/在窗口中打开“凭证类别”下拉框选择凭证类别（收款凭证）/找到当前要制单的发票记录（本例只有一项记录）/双击这项记录左端的“选择标志”栏显示“1”，如图 9-13 所示/单击工具栏上的[制单]按钮产生凭证/(如果需要把凭证补充完整,本例把附单据数改作“3”)/单击凭证界面工具栏上的[保存]按钮,系统提示“保存成功!”/单击提示框上的[确定]按钮关闭提示框,凭证左上部位打上红色带框的“已生成”标志/单击凭证界面工具栏上的[退出]按钮返回“客户往来制单—现结制单”窗口/最后单击“客户往来制单—现结制单”窗口工具栏上的[退出]按钮结束操作。

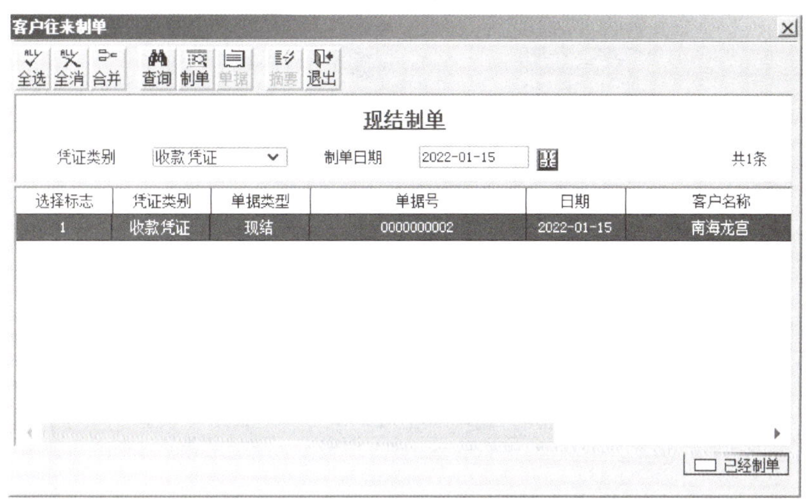

图 9-13　“客户往来制单—现结制单”窗口界面

凭证保存以后,可以看到在凭证的左上部位打上了带红框的“已生成”标志。这时候到总账系统的“填制凭证”窗口里可以看到这张凭证。

(二) 销售出库单制单(结转销售成本)

在核算管理系统主界面上单击“购销单据制单”图标,打开“生成凭证”窗口,如图 9-14 所示。

9

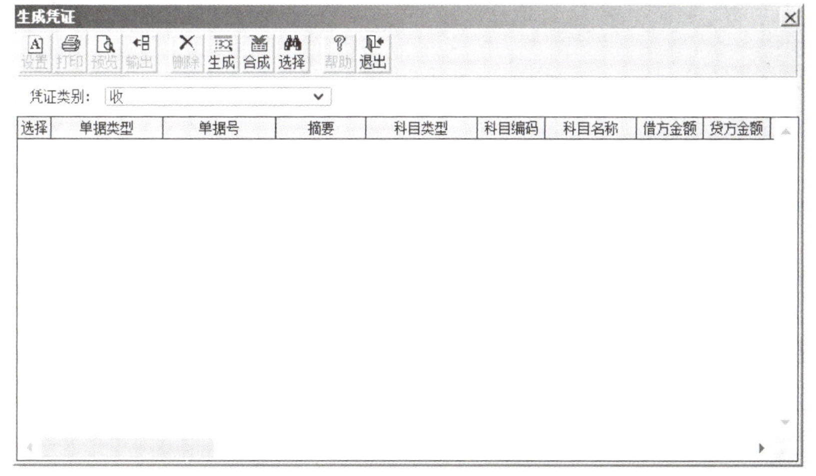

图 9-14　“生成凭证”窗口界面

在“生成凭证”窗口打开“凭证类别”下拉框,选择凭证类别(转)/单击工具栏上的[选择]按钮弹出“查询条件”对话框/在对话框左窗格里选择单据种类(销售出库单)/在右部录入或者参照录入各项过滤条件,如图 9-15 所示。

单击对话框底部的[确定]按钮,转入“选择单据”窗口,如图 9-16 所示。

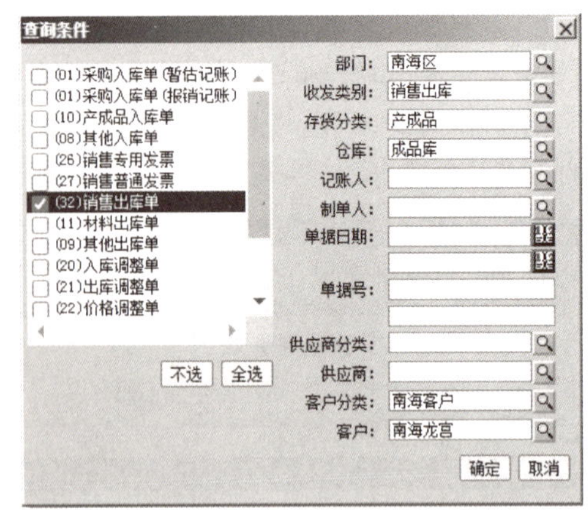

图 9-15 购销单据制单的“查询条件”对话框界面

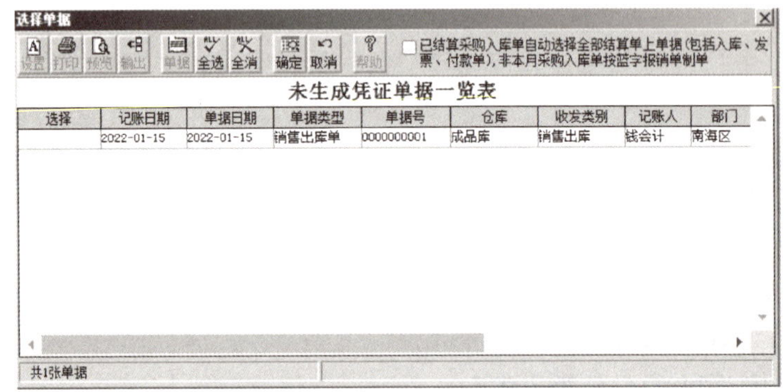

图 9-16 “选择单据”窗口界面

在“选择单据”窗口找到当前要制单的出库单记录/双击这条记录左端的“选择”栏显示
9 “1”/单击工具栏上的[确定]按钮返回“生成凭证”窗口,可以看到增加了出库业务信息/如果需要把凭证内容补充完整(本例不需补充)/单击“生成凭证”窗口工具栏上的[生成]按钮产生凭证/如需要对凭证进行修改补充/单击凭证界面的[保存]按钮,系统提示“保存成功!”/单击提示框上的[确定]按钮关闭提示框,凭证左上部位打上红色带框的“已生成”标志/单击凭证界面工具栏上的[退出]按钮关闭凭证窗口并返回“生成凭证”窗口/最后单击“生成凭证”窗口工具栏上的[退出]按钮结束操作。

要记得到总账系统中完成凭证的审核和记账。

与销售发票制单一样,在总账系统的“填制凭证”窗口可以看到这张凭证。

销售业务执行完毕以后,要在相应的订单界面上执行关闭销售订单操作。

本节小结

货款两清销售业务的处理流程一般是:录入订单——生成机内销售发票(现结)——开具电子发票—生成销售发货单并且自动完成审核—生成销售出库单—审核销售出库单—核算记账—制单。

实　验

完成【案例 9-3】至【案例 9-6】,并到总账系统里完成出纳签字、凭证审核和记账。

第三节 赊销与应收款

赊销业务在企业经营活动中会经常遇到。赊销业务会产生应收款。在操作流程和处理方法上，和已经讨论过的货款两清业务的区别主要有三点：一是可以先由销售订单流转生成销售发货单，再由销售发货单流转生成机内销售发票；二是开具销售发票时，不做现结处理，直接审核产生应收款；三是销售发票制单时，选择“客户往来制单”下的“发票制单”，而不是“现结制单”。下面，按先发货后开票的业务模式来介绍赊销业务和应收款的处理。

【案例 9-7】 1 月 15 日，由郑销东经手，销售部东海区售给东海龙宫桂花酒 80 箱，每箱 3 000 元，增值税税率 13%，税额 31 200 元，价税合计 271 200 元。货款税款暂欠。

一、录入并审核销售订单

销售订单的录入和审核，请参阅本章第一节所讲的方法自己完成。

二、生成并审核销售发货单

在本例中，销售发货单由销售订单流转生成，具体步骤和本章第二节【案例 9-3】中订单生成机内发票的步骤相同，请自己完成。需要注意的是发货单生成后，要检查是否还需要补充（本例可能需要在单据体的“仓库”栏中录入仓库名称“成品库”），还有就是要执行[保存]和[审核]。

三、开具发票

（一）生成并审核机内销售发票

在本案例中，机内销售发票由销售发货单流转生成，具体步骤和本章第二节【案例 9-3】中订单生成机内发票的步骤相同，请自己完成。注意这是一笔赊销业务，不要做现结处理。

机内销售发票经过复核以后自动登记应收账款；而且也只有经过审核以后，才能实现应收款入账。

（二）开具并下载电子发票

开具和下载电子发票包括一键取票的方法，也请参照本章第二节【案例 9-3】中的讲解自己完成。

注 意

销售专用发票上的客户必须具有税务登记号。税务登记号是主账套初始化的时候在“客户档案”中设置的。如果当时没有设置，可以由账套主管补充设置以后，再进行销售专用发票的生成操作。

客户未付款的发票，不能使用[现结]按钮。

四、生成并审核销售出库单

销售出库单也是由销售发票在审核后自动生成。销售出库单生成后，不会自动完成审核，而是要由仓库管理员在货物实际出库后，在库存管理系统中执行对出库单的审核。请参照本章第二节第三小节介绍的方法，自己完成这项操作。

五、收款结算

对于客户赊欠的应收款，应该及时收回，用以提高资金周转率。收回应收款一般是客户在双方约定的日期内，开具支票或者其他银行票据，或者支付现金给供货单位。

【案例 9-8】 1 月 18 日，经与东海龙宫商定，用预收对方的 150 000 元冲抵 80 箱桂花酒的部分货款，余下的 121 200 元对方通过工商银行电汇付清（票号 500004）。

预收款冲抵应收款用“预收冲应收”功能处理；收取汇款用“收款单”功能处理。

（一）预收冲应收

操作步骤如下：

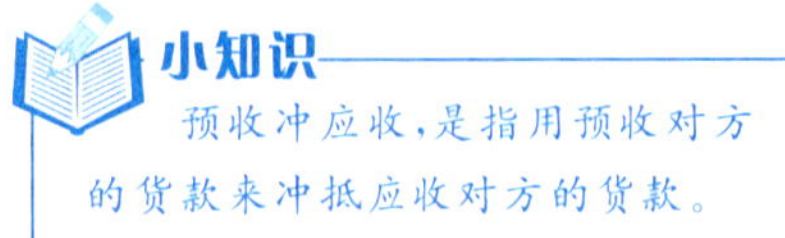

预收冲应收，是指用预收对方的货款来冲抵应收对方的货款。

由具有“销售管理”权限以及“应收管理”下“预收冲应收”权限的操作员(07 郑销售；口令：7)注册登录“信息门户”/单击左部主菜单上的“销售管理”，进入销售管理系统主界面/在销售管理系统主界面上，单击“客户往来”图标，系统弹出菜单/在菜单上单击“预收冲应收”命令，弹出“预收冲应收”对话框，同时自动打开“预收款”页签/在“预收款”页签界面，首先录入或者参照录入这笔预收款的客户(001 东海龙宫)，经手的部门(701 东海区)、币种(人民币)、收款单据类型(收款单)等过滤条件/然后单击对话框右部的[过滤]按钮，在表体窗格中显示这笔预收款的金额(150 000.00)、余额(150 000.00)等详细信息/拉动滚动条使“转账金额”栏可见/录入转账金额(150 000.00)，如图 9-17 所示。

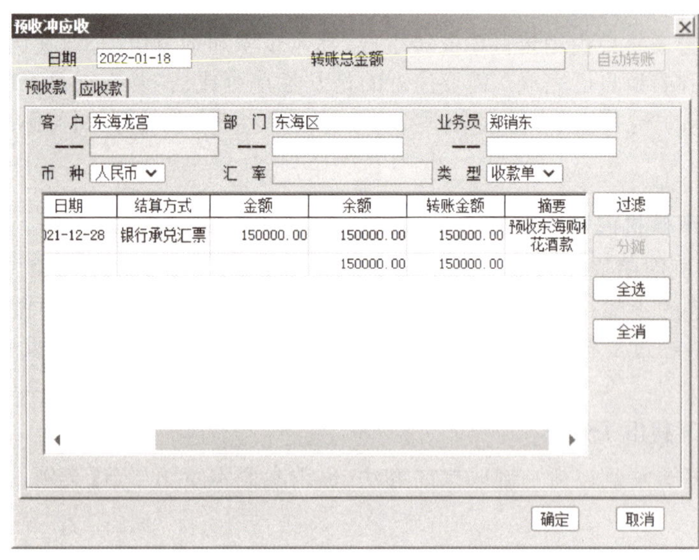

图 9-17 “预收冲应收”对话框的“预收款”页签界面

打开“应收款”页签(系统自动填上客户和币种)/录入或者参照录入经手这笔应收款的部门(701 东海区)、业务员(701 郑销东)等过滤条件/单击[过滤]按钮在表体窗格中显示发票的详细信息/拉动滚动条使“转账金额”栏可见/录入结算金额(150 000.00)，如图 9-18 所示。

单击对话框底部的[确定]按钮，系统提示“保存成功！”/单击提示框上的[确定]按钮关闭提示框并结束操作。

（二）收款单录入

上述操作中，用预收东海龙宫的货款冲抵了 271 200 元应收款中的 150 000 元，尚余 121 200 元应收款。东海龙宫通过工商银行电汇支付(票号 500004)。这种情况下，在收到客户的汇款以后，应该录入收款单来核销应收款。录入收款单的操作步骤如下：

由具有“销售管理”以及单据结算相关权限的操作员(07 郑销售；口令：7)注册登录“信息门户”/双击左部主菜单上“销售管理”进入销售管理系统主界面/再单击“收款结算”图标打开“收款结算—收款单”窗口/单击收款单界面上的“客户”栏，这一栏右端显示放大镜按钮/单击

9

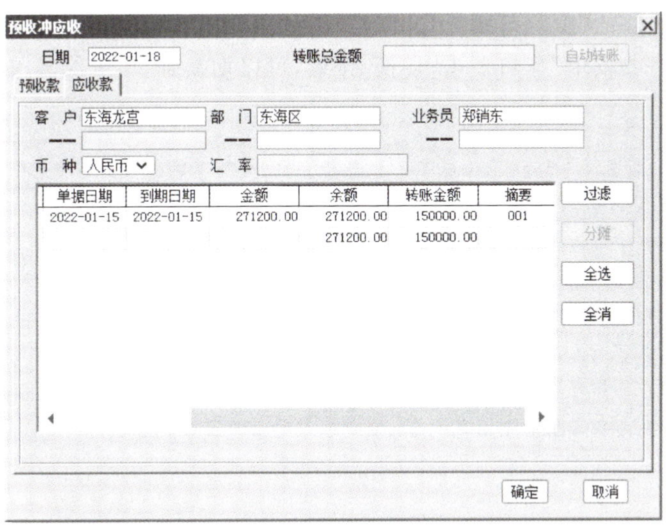

图 9-18 “预收冲应收”对话框的“应收款”页签界面

放大镜按钮打开“客户参照”窗口/在“客户参照”窗里双击本次交款客户(东海龙宫)的记录,把客户编码和名称填入“客户”栏/单击“收款单”窗口工具栏上的[增加]按钮,系统自动在单据头填入结算单号、日期、币种、汇率和对方银行账号,同时在单据体填入对应发票上的主要数据/录入或者参照录入单据头的其他各项内容(结算方式:银行电汇;结算科目:100201 工商银行;金额:121 200.00;票据号:500004;部门:东海区;业务员:郑销东;摘要:收回货款)/单击工具栏上的[保存]按钮,单据头内容变成灰色显示,单据体中各项数据消失/接着单击工具栏上[核销]按钮右侧的▾按钮,打开核销方式列表/点选“同币核销”,系统在单据体里重新显示对应发票上的数据/向右拉动滚动条,使“本次结算”栏可见/录入结算金额(121 200.00),如图 9-19 所示/再次单击工具栏上的[保存]按钮保存本次操作结果,“收款单”界面上,单据头和单据体中的各项数据消失,表示核销完毕/最后单击工具栏上的[退出]按钮结束操作。 9

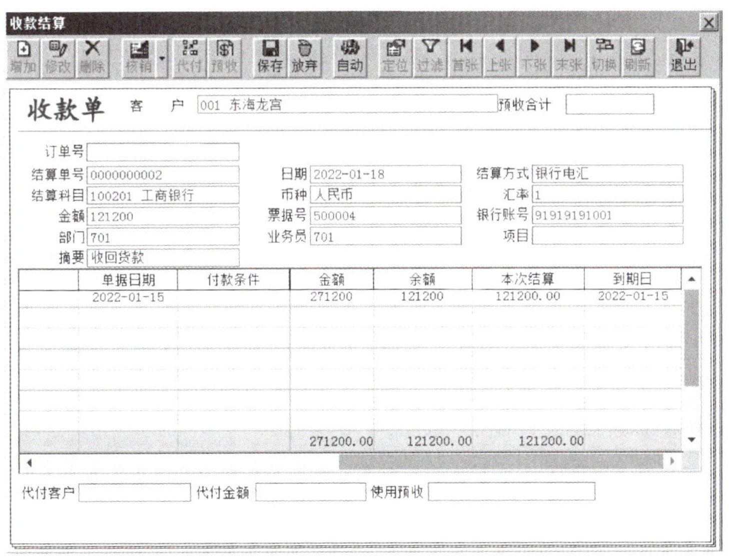

图 9-19 “收款结算——收款单”窗口界面

收款单的查询、修改、删除等操作和其他单据的相应操作相同。

在“单据结算—收款单”窗口单击[切换]按钮，可以切换到“单据结算—付款单”界面。

注 意

进入“单据结算—收款单”界面以后，必须首先选择客户，否则不能进行后续操作。

录入的收款日期必须大于已经结账日期，小于等于当前操作日期。

结算单号由系统自动填入，用户不能修改。

如果收款的币种不是记账本位币，就需要根据业务发生的当期汇率折算成本位币金额直接录入。

结算科目是指所收款项的入账科目，例如“工商银行”科目。这个栏目也可以为空。

票据号需要用户自己录入，可以保持这个栏目为空。建议录入，以方便银行对账。

银行账号是指客户的银行账号，由系统按照客户档案中的设置自动带入。用户可以修改。

当录入的结算科目为项目核算科目的时候，必须录入对应的项目。

六、核算记账

记账操作应该在核算管理系统中进行。相关方法在前面已经学过了，这里不再多讲。

要注意的是：在本案例中，只需要对销售出库单进行“正常单据记账”处理；销售发票、预收冲应收以及收款单都是直接用“客户往来制单”功能生成凭证的，不需要作记账处理。

七、生成凭证

先梳理一下前面处理过的业务，考虑应该产生哪几张凭证。一是销售专用发票应产生借记“应收账款”科目，贷记“主营业务收入”和“应交税费——应交增值税——销项税额”科目的凭证；二是销售出库单应产生借记“主营业务成本”科目，贷记“库存商品”科目的凭证；三是预收冲应收应产生借记“预收账款”科目，贷记“应收账款”科目的凭证；四是收款单核销货款应产生借记“银行存款——工商银行”科目，贷记“应收账款”科目的凭证。在操作中要注意不要遗漏。凭证生成后还需要在总账系统中审核记账。

9

（一）销售专用发票生成凭证

操作步骤如下：

由具有核算管理系统相关权限的操作员(02 钱会计；口令：2；日期：1 月 18 日)注册登录“信息门户”/进入核算管理主界面/单击“客户往来制单”图标，弹出“客户制单查询”对话框/在对话框的左窗格里勾选“发票制单”，在对话框右部用参照法或者直接录入客户(001 东海龙宫)、部门(701 东海区)、业务员(701 郑销东)等过滤条件/单击对话框底部的[确定]按钮进入“客户往来制单”窗口/在窗口中打开“凭证类别”下拉框，选择凭证类别(转账凭证)/在本次要制单的发票记录左端，双击“选择”栏打上选中标志/单击工具栏上的[制单]按钮生成凭证/如需要对凭证上的数据进行修改或补充/确认凭证正确后，单击凭证界面工具栏上的[保存]按钮，系统提示“保存成功！”/单击提示框上的[确定]按钮关闭提示框，凭证左上部位打上红色带框的“已生成”标志/单击凭证界面工具栏上的[退出]按钮回到“客户往来制单”窗口/最后单击“客户往来制单”窗口工具栏上的[退出]按钮结束操作。

（二）销售出库单生成凭证

操作步骤如下：

在核算管理主界面上单击“购销单据制单”图标，打开“生成凭证”窗口/单击窗口工具栏上的[选择]按钮，弹出“查询条件”对话框/在“查询条件”对话框的左窗格里勾选“销售出库单”，在对话框右半参照录入部门(701 东海区)、仓库(04 成品库)等过滤条件/单击对话框底部的[确定]按钮进入“选择单据”窗口/在本次要制单的出库单记录左端的“选择”栏中单击，打上选中标志/单击窗口工具栏上的[确定]按钮回到“生成凭证”窗口/在“生成凭证”窗口打开“凭证类别”下拉框，选择凭证类别(转)/单击工具栏上的[生成]按钮生成凭证/单击凭证界面工具栏上的[保存]按钮，系统提示“保存成功!”/单击提示框上的[确定]按钮关闭提示框，凭证左上部位打上红色带框的“已生成”标志/单击凭证界面工具栏上的[退出]按钮回到“生成凭证”窗口/最后单击“生成凭证”窗口工具栏上的[退出]按钮结束操作。

(三) 预收冲应收的凭证生成

预收冲应收的凭证生成的操作和销售专用发票生成凭证的操作基本相同，只是在“客户制单查询”对话框中要勾选“转账制单”，而不是勾选“发票制单”。另外需要注意的是：生成的凭证上，是把原本应该填在“借方金额”栏的预收账款金额，用红字填在了“贷方金额”栏，表示对冲。注意不要改动它的位置，以免造成借贷双方金额不平而无法保存。请参考销售专用发票的制单方法，自己完成这张凭证的制作。

(四) 收款单的凭证生成

收款单的凭证生成操作，也和销售专用发票生成凭证的操作基本相同，只是在“客户制单查询”对话框中，要勾选“核销制单”，而不是勾选“发票制单”。请参考销售专用发票的制单方法，自己完成这张凭证的制作。

八、关闭订单

到现在为止，这笔业务已经执行(处理)完毕，应该把相应的销售订单关闭掉。请自己完成这项操作。

本节小结

赊销业务一般可以按先发货后开票的方式处理，操作流程一般是：录入销售订单—由订单生成销售发货单—由发货单生成销售发票—审核发票产生应收款—录入(生成)销售出库单(货物出库)—收到货款录入收款单—核算记账—制单—关闭订单。 9

实　　验

完成【案例 9-7】和【案例 9-8】，并到总账系统里完成出纳签字、凭证审核和记账。

第四节　销售管理系统的其他功能

一、取消操作

操作步骤如下：

由具有销售管理及应收管理中“取消操作”权限的操作员(07 郑销售；口令：7)注册登录“信息门户”/打开“销售”菜单/指向“客户往来”弹出子菜单/在子菜单上单击“取消操作”命令，弹出“取消操作条件”对话框/在对话框中录入各项条件/单击对话框底部的[确定]按钮打开“取消操作”窗口/找到要取消的操作记录/在记录左端的“选择标志”栏双击打上“Y”标志/单击工具栏上的[确定]按钮就可以取消这项操作(操作记录消失)。

在“取消操作条件”对话框的“操作类型”下拉框中，提供选择的类型有：应收单记账、核销、转账和并账。选择“应收单记账”可以取消应收单记账操作；选择“核销”可以取消收款核销的操作；选择“转账”可以取消预收冲应收的操作；选择“并账”可以取消关于坏账处理的操作。

注 意

已经结账月份的操作不能取消。

如果某项操作的业务已经制单，必须先删除这项操作对应的凭证，才能取消操作。

二、收款结算单列表

“收款结算单列表”供用户查询本会计期内的收款结算单。查询方法如下：

在销售管理系统主界面上，打开“销售”菜单/指向“客户往来”弹出子菜单/在子菜单上单击“收款结算单列表”命令，弹出“结算单查询”对话框/在对话框中录入查询条件/单击对话框右下部位的[确定]按钮，打开“结算单列表”窗口进行查询/查询完毕单击“结算单列表”窗口工具栏上的[退出]按钮结束操作。

在“结算单列表”窗口中，双击一条结算单记录，可以看到对应收款单上的详细数据。

三、代垫费用单列表

使用代垫费用单列表，可以查看按照部门或者货物分组的，在某个时间范围内，代垫费用的明细发生情况。查询方法如下：

在销售管理系统主界面上，打开“销售”菜单/指向“销售单据列表”弹出子菜单/在子菜单上单击“代垫费用单列表”命令，弹出“单据过滤条件”对话框/在对话框中录入查询条件/单击对话框右下部位的[确定]按钮，打开“代垫费用列表”窗口进行查询/查询完毕单击“代垫费用列表”窗口工具栏上的[退出]按钮结束操作。

本节小结

销售账表是反映企业经营活动状况的重要资料，相关操作人员应该熟练地掌握查询和使用的方法。

销售账表的查询方法分录入查询条件和查看具体数据两大步骤。其中准确地录入查询条件是顺利查到所需数据的关键。查询条件的录入十分灵活，需要在平时操作中不断总结经验。

实 验

1. 完成附录中的实训项目十一。
2. 练习收款结算单的查询。

第十章　库存和核算管理

在第八、第九两章中，我们结合采购和销售业务的处理，详细介绍了供应链各模块的主要功能及其操作方法，本章主要介绍供应链中库存管理和核算管理的其余常用功能。

第一节　成品入库和成本分配

一、成品入库

成品验收入库时，需要填制产成品入库单。产成品入库单是工业企业成品入库单据的主要部分。只有工业企业才有产成品入库单，商业企业没有这种单据。

【案例 10-1】 1月20日，生产车间把产成品桂花酒60箱交成品库办理入库手续。请完成产成品入库处理。

具体操作方法如下：

（一）录入产成品入库单

产成品入库单的录入在库存管理系统里进行。

由具有“库存管理”权限以及“产成品入库单录入”相关权限的操作员（08 王库管；口令：8；1月20日）注册登录“信息门户”/在窗口左部主菜单上单击“库存管理”，进入库存管理系统主界面/在库存管理系统主界面上单击“产成品入库单”图标，打开“产成品入库单”窗口。

单击工具栏上的[增加]按钮，新增一张空白入库单，系统自动填上入库单号和入库日期/录入单据头的各项内容（入库类别：成品入库；仓库：成品库；部门：生产部；备注：成品入库）/在单据体里录入产品编码（004），系统自动带出产品名称（桂花酒）、规格型号（高级）和计量单位（箱）/在“数量”栏里录入数量（60）/完成后的“产成品入库单”如图10-1所示/确认正确以后，单击工具栏上的[保存]按钮，系统提示“保存成功！”/单击提示框上的[确定]按钮关闭提示框/单击工具栏上的[退出]按钮结束操作。

产成品入库单上的“单价”和“金额”两栏一般不录入数据，保持空白。这是因为一般情况下，成品仓库的管理人员在填制产成品入库单时是不知道入库成品的成本的，要到月底由财务人员计算出总成本以后，再在核算管理系统中进行产成品的成本分配（计算）。

填制红字产成品入库单时，要点击单据右上角的[红字]单选按钮。

（二）审核产成品入库单

产成品入库单的审核操作在库存管理系统里进行。

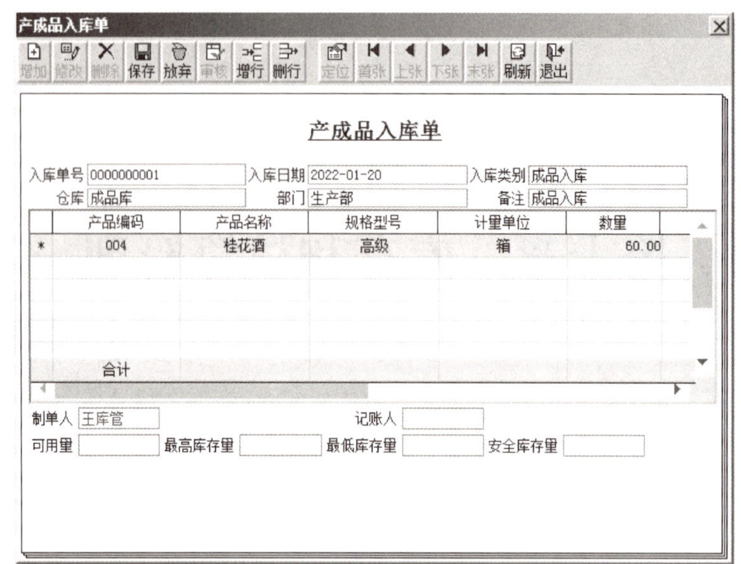

图 10-1 “产成品入库单”窗口界面

10 录入的产成品入库单只有经过审核，才能够传递到核算管理系统中进行入库成品的核算和记账，以及制作凭证。

与前面学过的成品销售出库单的审核一样，产成品入库单审核的含义也很广泛，既可以表示通常意义上对单据内容正确性的审核，也可以表示成品的实际入库。建议在入库单上的所有成品都办理了实际入库手续以后，再进行产成品入库单的审核操作。

产成品入库单的审核操作和前面学过的其他单据的审核操作相同。请自己完成。

（三）产成品入库单的修改

如果发现已经录入的产成品入库单有错误，可以进行修改。产成品入库单的修改在库存管理系统里进行。操作步骤如下：

在“产成品入库单”窗口，分别单击工具栏上的[首张][上张][下张][末张]按钮，找到需要修改的产成品入库单/单击工具栏上的[修改]按钮/修改有关数据/修改完成以后单击[保存]按钮保存本次修改的内容。

注　意

已结账月份的产成品入库单不能修改。

已审核的产成品入库单不能修改。

已经在核算管理系统记账的产成品入库单不能再修改。

（四）产成品入库单的删除

对于错误的产成品入库单，可以把它删除以后再重新录入。产成品入库单的删除操作在库存管理系统里进行。操作步骤如下：

分别单击工具栏上的[首张][上张][下张][末张]按钮，找到要删除的产成品入库单/单击工具栏上的[删除]按钮，系统提示“是否真的要删除此单据?”/确认要删除后，单击提示框上的[确定]按钮把当前产成品入库单删除。

注 意

已经审核的产成品入库单不能删除。

已经结账月份的产成品入库单不能删除。

已经在核算管理系统中记账的产成品入库单不允许删除。

二、产成品成本分配

“产成品成本分配”功能用来计算一个月内已经入库的产成品的成本。计算的方法是用总成本除以总数量。这项工作一般由财务核算人员在核算管理系统中完成。

前面讲过，在库存管理系统录入的产成品入库单上，“单价”和“金额”两栏没有数据，要到月底再由财务人员在核算管理系统中进行产成品成本分配（计算）。本节来学习怎么进行产成品的成本分配。

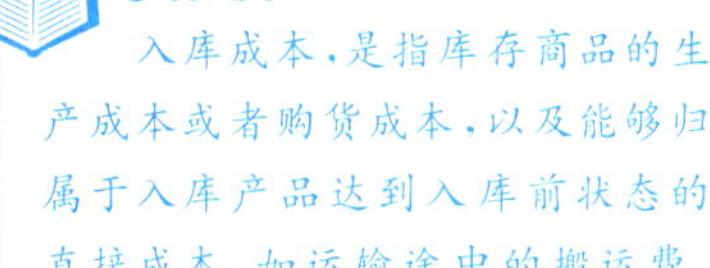

入库成本，是指库存商品的生产成本或者购货成本，以及能够归属于入库产品达到入库前状态的直接成本，如运输途中的搬运费、储存费等。

【案例 10-2】 1月21日，经财务部核算，1月20日入库的60箱桂花酒的总成本为90 000元，请完成这批产品的成本分配。

操作步骤如下：

10

由具有“核算”管理权限的操作人员（02 钱会计；口令：2）：注册登录“信息门户”/打开“核算”菜单/指向“核算”弹出子菜单/在子菜单上单击“产成品成本分配”，打开“产成品成本分配表”窗口（图 10-2 所示是已经录入完成的界面）。

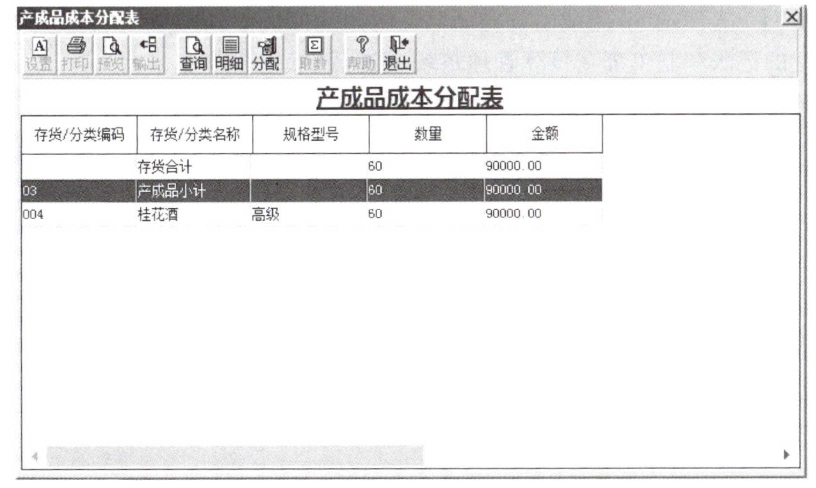

存货/分类编码	存货/分类名称	规格型号	数量	金额
	存货合计		60	90000.00
03	产成品小计		60	90000.00
004	桂花酒	高级	60	90000.00

图 10-2 “产成品成本分配表”窗口界面

产成品成本分配

单击“产成品成本分配表”窗口工具栏上的[查询]按钮，弹出“产成品成本分配—查询”对话框/在“产成品成本分配—查询”对话框的“请选择仓库条件”窗格中勾选仓库（成品库）/用参照法录入部门（生产部）、存货分类（产成品）和存货（桂花酒）三项内容，如图 10-3 所示/单击对话框底部的[确定]按钮转入“需要分配的产成品单据选择”窗口/在要进行成本分配的单据记录左端“选择”栏单击打上“√”/单击窗口底部的[确定]按钮回到“产成品成本分配表”窗口，这个时候可以看到填入了除“金额”项以外的其他几项数据/在“产成品成本分配表”的“金额”栏中录入这批成品的总金额（也就是总成本，本例是 90 000.00）/单击窗口工具栏上的[分配]按钮,系统提示"分配成功!"/单击提示框上的[确定]按钮关闭提示框/单击窗口工具栏上的[退出]按钮结束操作。

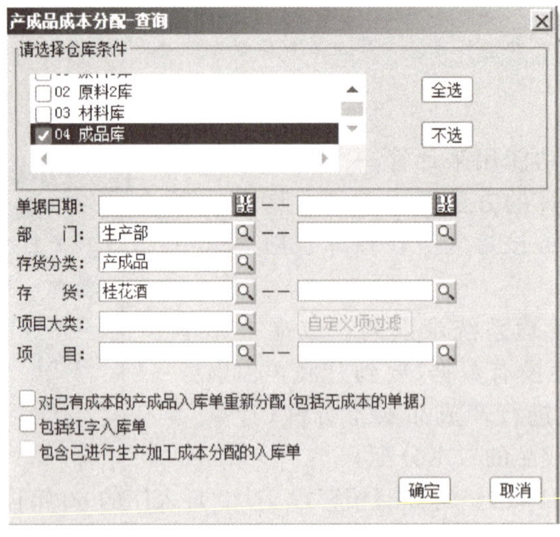

图 10-3 "产成品成本分配表查询"对话框界面

完成产成品的成本分配操作以后,到库存管理系统里重新打开这批成品的产成品入库单,可以看到已经返填上了单价和金额。

三、核算记账和生成凭证

【案例 10-3】 入库的 60 箱成品桂花酒已经确定入库成本,请完成记账和制单。

成品入库的记账和制单都在核算管理系统中进行,操作步骤和采购入库或者销售出库中的记账以及制单操作基本相同。这里再说明两点:

(1) 在核算管理系统主界面上单击了"正常单据记账"图标以后,弹出的"正常单据记账条件"对话框中,"仓库"选项中要勾选"成品库";"单据类型"选项中要勾选"产成品入库单"。

(2) 制单时,在核算管理系统主界面单击"购销单据制单"图标;在"生成凭证"窗口单击[选择]按钮以后,在"查询条件"对话框当中要选择"产成品入库单"。

另外还要注意操作权限。在本书的案例里面,记账和制单应该由 02 钱会计来做。

凭证生成以后,要由具有相关权限的操作员到总账系统里,完成审核和记账。

本节小结

产成品入库业务的处理流程是:录入产成品入库单—审核产成品入库单—成品成本分配—记账—制单—审核凭证—记账。

产成品入库单的录入和审核在库存管理系统里进行;产品成本分配、记账、制单三个环节的操作都在核算管理系统里进行;凭证的审核和记账在总账系统里进行。

实 验

完成【案例 10-1】【案例 10-2】和【案例 10-3】,并到总账系统里完成凭证审核和记账。

第二节 材料出库业务的处理

在工业企业中，产品的生产需要各种各样的原材料，相应地在库存管理中，材料出库也是频繁发生的业务。材料出库时需要填制材料出库单，审核以后传递到核算管理系统进行出库成本核算，记账以后生成相关凭证。

【案例 10-4】 1 月 21 日，生产车间向原料 1 库领用桂花 500 千克。请完成原料出库业务的系列处理。

一、填制材料出库单

材料出库单在生产车间向仓库领用原材料时填制。只有工业企业才有材料出库单，商业企业没有材料出库单。

材料出库单的填制在库存管理系统里操作。

操作步骤如下：

由具有“库存管理”权限以及材料出库单相关权限的操作员（08 王库管；口令：8）注册登录/进入库存管理系统主界面/单击“材料出库单”图标打开“材料出库单”窗口。

材料出库单的填制方法和采购入库单、产成品入库单等单据的填制方法基本相同。这里再说明一点：出库原材料的单价和金额，是由核算管理系统在记账时，依据在库存管理系统初始化时，设置的材料（存货）成本核算方法（本例是“移动平均法”）来确定的，所以，在填制材料出库单时一般不需要填这两项的数据。 10

二、审核材料出库单

材料出库单只有经过审核，才能传递到核算管理系统里进行记账和制单。操作方法和前面学过的其他单据的审核操作相同，请自己完成。

三、核算记账和生成凭证

材料出库单的记账和制单在核算管理系统中进行。具体操作方法也是大家比较熟悉的了。这里要注意两点：

一是作记账操作时，单击“正常单据记账”图标以后弹出的“正常单据记账条件”对话框中，在左边窗格的“仓库”列表里，要勾选材料所在的仓库（本例选“原料 1 库”）；在右边窗格的“单据类型”列表里，要勾选“材料出库单”。

二是作制单操作时，在核算管理系统主界面上要单击“购销单据制单”图标；在“生成凭证”窗口，单击[选择]按钮以后弹出的“查询条件”对话框中，要勾选“材料出库单”。

不要忘了在总账系统中对在“核算管理”系统生成并传递过去的凭证进行审核、记账。

思考：这张凭证的借方和贷方分别应该记哪个科目？

本节小结

原材料出库业务的处理流程是：录入材料出库单—审核材料出库单—核算记账—制单—审核凭证—记账。前两项操作在库存管理系统里操作，核算记账和生成凭证两项操作在核算管理系统里操作；审核凭证和记账两项操作在总账系统里操作。

实　　验

完成【案例 10-4】，并到总账系统里完成凭证审核和记账。

第三节 盘 点

“盘点”是指为了保护企业流动资产的安全和完整，做到账实相符，对存货进行的定期或不定期的清查。通过盘点，确定企业各种存货的实际库存量，并且和账面记录进行核对。实际库存量大于账面数量的称作“盘盈”；实际库存量小于账面数量的称作“盘亏”。通过盘点，查明存货盘盈、盘亏和毁损的数量以及造成的原因，然后编制存货盘点报告表，按照规定程序，报有关部门审批处理。

对存货的盘盈、盘亏和毁损，在查明原因、分清责任、按规定程序报有关部门批准以后，应该进行相应的账务处理，调整存货账上登记的实存数，使存货的账面记录和库存实物的数量相符。

存货的盘盈、盘亏和毁损在没有批准以前，只能先到账，也就是先根据存货盘点报告表列出的盘盈、盈亏数，结转“待处理财产损溢”科目；等盘盈、盘亏和毁损经过批准以后，再根据盘盈、盈亏的不同原因和不同处理结果，作进一步的账务处理。

盘盈的结果会自动生成其他入库单；盘亏的结果会自动生成其他出库单。

【案例 10-5】 1 月 22 日，原料 1 库和材料库进行盘点，盘点结果原料 1 库桂花盘盈 10 千克，价值为 502 元；材料库瓷瓶盘亏 2 只，价值为 99.40 元。请完成这笔业务的处理。

操作步骤如下：

一、填制盘点单

填制盘点单的方法如下：

由库存管理系统管理员(08 王库管；口令：8)注册登录“信息门户”/在左部主菜单上单击“库存管理”进入库存管理系统主界面/单击“库存盘点”图标打开“盘点单”窗口/在“盘点单”窗口单击工具栏上的[增加]按钮，系统自动填上盘点单号和单据日期/录入单据头的其他各项内容(盘点仓库：原料 1 库；部门：物流部；出库类别：盘亏出库；入库类别：盘盈入库；盘点日期：2022-01-22)/单击工具栏上的[盘库]按钮，系统提示“账面数量=入库数量-出库数量。是否显示数量结存为零的存货?”/根据需要选择回应(本例单击[确定]按钮)，系统自动填入原料 1 库存货的账面数/把表体中的“盘点数量”栏里的账面数改成实际盘点数(1010)，如图 10-4 所示/

填制盘点单

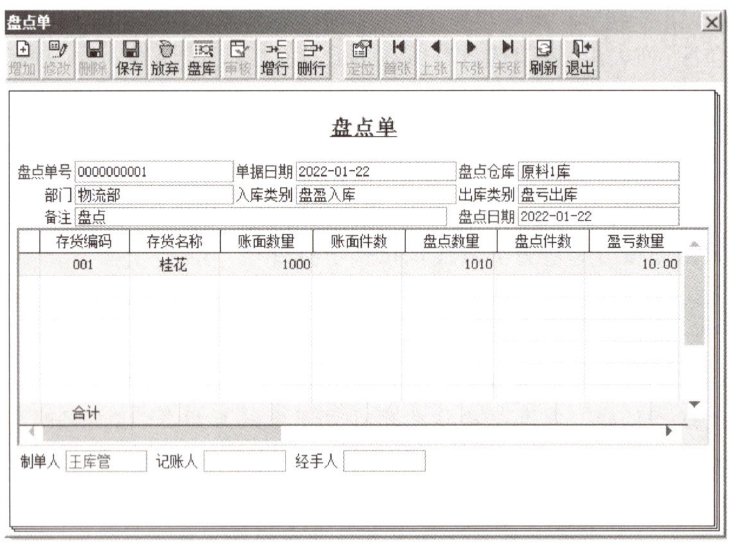

图 10-4 “盘点单”窗口界面

单击[保存]按钮保存这一步操作结果/重复以上步骤，完成填制"材料库"盘点表的操作。

系统是把盘盈数用正数填入"盈亏数量"栏；把盘亏数用负数填入"盈亏数量"栏。在原料1库盘点单上看到在"盈亏数量"栏里填上了"10"（千克）；在材料库的盘点单里看到"盈亏数量"栏里的数据就是"－2"（只）了。

在本案例中，要分别填制原料1库和材料库两份盘点单，注意不要遗漏。

注　意

盘点单审核以后，所有栏目的数据都不允许修改。

二、审核盘点单

单击"盘点单"窗口工具栏的[审核]按钮，系统提示"审核完毕，审核时进行了以下操作：对于盈亏数量为正的存货生成了其他入库单；对于盈亏数量为负的存货生成了其他出库单；对于盈亏数量为零的存货没有生成任何单据"/单击提示框上的[确定]按钮完成盘点单审核/完成所有盘点单审核以后，单击"盘点单"窗口工具栏上的[退出]按钮结束操作。

审核以后，系统会依据盘点单自动生成其他入库单或者其他出库单。所有盘盈的存货生成一张其他入库单，业务类型为"盘盈入库"；所有盘亏的存货生成一张其他出库单，业务类型为"盘亏出库"。其他出入库单的业务号为盘点单号，单据日期是当前的业务日期。分别单击"其他入库单"和"其他出库单"图标可以看到这两张单据。

三、盘点单的修改和删除

（一）盘点单的修改

盘点单的修改在库存管理系统中进行。方法如下：

在库存管理系统主界面打开"库存"菜单/指向"库存其他业务"弹出子菜单/在子菜单上单击"库存盘点"命令打开"盘点单"窗口/使用盘点单窗口工具栏上的[首张][上张][下张][末张]按钮找出需要修改的盘点单/单击工具栏上的[修改]按钮/对盘点单进行修改/修改完毕后单击工具栏上的[保存]按钮保存修改结果。

修改过的盘点单经过审核后，由这份盘点单生成的其他入库单或其他出库单上的数据，也会自动随着修改。

注　意

已经审核的盘点单不能修改。如果需要对已经审核的盘点单进行修改，一定要先取消审核。取消审核的方法是在盘点单界面，单击工具栏上的[弃审]按钮。

如果由盘点单生成的其他入库单或其他出库单已经审核，必须先对其他入库单或其他出库单取消审核，继而取消对盘点单的审核，再对盘点单进行修改。

（二）盘点单的删除

盘点单删除的操作方法，和盘点单修改的操作方法基本相同。不同的是，在找出要删除的盘点单以后，在盘点单窗口的工具栏上，要单击[删除]按钮。

注　意

已经审核的盘点单不能删除。如果需要删除已经审核的盘点单，一定要先取消审核。取消审核的方法是在盘点单界面，单击工具栏上的[弃审]按钮。

盘点单取消审核后，由这份盘点单生成的其他入库单或其他出库单会随之自动删除。

如果由盘点单生成的其他入库单或其他出库单已经审核，必须先对其他入库单或其他出库单取消审核，继而取消对盘点单的审核，再对盘点单进行修改。

四、盘亏盘盈处理

对盘亏的存货，要作“盘亏出库”处理；对盘盈的存货，要作“盘盈入库”处理。通过盘亏和盘盈处理，使库存货物的账面数和实物数达成一致。盘亏出库和盘盈入库的处理通过审核其他出库单或者其他入库单实现。操作方法如下：

其他出入库单处理和制单

在库存管理系统主界面上单击“其他出库单”图标，打开“其他出库单”窗口/用[首张][上张][下张][末张]按钮找到本次盘点产生的其他出库单（本例只有一张，不需要翻页）/确认无误以后单击窗口工具栏上的[审核]按钮完成审核/单击窗口工具栏上的[退出]按钮回到库存管理系统主界面。

单击“其他入库单”图标打开“其他入库单”窗口，完成对其他入库单的审核。

五、核算记账和生成凭证

由于盘亏出库和盘盈入库是分别通过其他出库单和其他入库单实现的，所以盘点的记账和制单，实际上就是其他出库单和其他入库单的记账和制单。具体操作方法和采购入库单、材料出库单的记账制单基本相同。这里再提醒两点：

一是其他出库单和其他入库单是由各个不同仓库的盘点单生成的，单据上的仓库是不固定的。进行记账操作时，在“正常单据记账条件”对话框左窗格的仓库列表中，要根据实际盘点的仓库来勾选；右窗格的“单据类型”列表中要勾选“其他出库单”或者“其他入库单”。

在本例中，桂花盘盈的记账要勾选“原料 1 库”“其他入库单”；瓷瓶盘亏的记账要勾选“材料库”“其他出库单”。两个仓库的盘点数记账可以分两次操作，也可以并作一次完成。

二是作制单操作时，在核算管理系统主界面上，要单击“购销单据制单”；在点击了“生成凭证”窗口的[选择]按钮弹出“查询条件”对话框以后，左窗格的单据种类列表里，应同时勾选“其他入库单”和“其他出库单”；由于两张单据上存货不同，所以对话框右半“收发类别”“存货分类”“仓库”这几项就不能填上内容了；“凭证类别”是“转账凭证”。借贷方科目设置如下：

反映盘亏的凭证：借记“待处理流动资产损溢”科目；贷记“原材料——瓷瓶”科目。

反映盘盈的凭证：借记“原材料——桂花”科目；贷记“待处理流动资产损溢”科目。

在本例中，由于有一张其他入库单和一张其他出库单共两张单据，所以生成的凭证也有两张（附单据数都是 2），在作凭证保存操作时，要注意不要遗漏。当然，如果在选择单据以后，在“生成凭证”窗口单击工具栏上的[合成]按钮，也可以把两张凭证合并成一张凭证（附单据数为 4），只是最好把摘要改一下，使得表达更准确一些。

六、后期财务处理

存货的盘亏和盘盈报上级批准以后，还要做后期的财务处理，把相关金额从“待处理流动资产损溢”科目转入其他相关科目。

盘盈盘亏后期处理

盘盈的存货，经过批准以后可以冲抵管理费用；盘亏的存货，经过批准以后，一部分由责任人或者保险公司赔偿，或者计为残料价值，余下的计为当期的管理费用；因为自然灾害等原因造成的非正常损失，计入当期的营业外支出。

盘点后期财务处理的凭证，要由具有填制凭证权限的操作员直接在总账系统中填制。

【案例 10-6】 报经理室批准，盘盈的 10 千克桂花冲抵管理费用；盘亏的 2 只瓷瓶，由王库管个人赔偿 1 只，按实际成本计价；另 1 只瓷瓶按实际成本计入管理费用。请填制凭证。

请自己完成这两张凭证的填制。各项金额请查询【案例 10-5】的操作所得数据。

思考：这两张凭证的借方和贷方各应该记哪个科目？

本节小结

盘点业务的处理流程一般是：填制盘点单—审核盘点单—盘点单的修改和删除—盘亏盘盈处理—核算记账—制单—后期财务处理—凭证审核与记账。

实　　验

完成【案例 10-5】和【案例 10-6】，并在总账系统中完成凭证的审核和记账。

第四节　其他入库出库业务

一、其他入库业务

发生其他入库业务时，需要填制其他入库单。其他入库单一般是由系统依据其他入库业务的前一环节单据自动生成；也可以通过键盘手工填制。在第三节里就由盘盈的盘点单自动生成了其他入库单。

小知识

其他入库业务是指除了采购入库业务和产成品入库业务之外的入库业务，包括样品入库、赠品入库、调拨入库、盘盈入库等。

10

其他入库业务的处理流程包括其他入库单的录入、保存和审核。审核以后的其他入库单传递到核算管理系统里进行记账和制单；另外还有修改、删除等操作。各项操作的具体方法和产成品入库单的相关操作相同。这里再说明三点：

（1）在录入时，入库类别填"其他入库"，另外应该在"备注"栏里录入简要的说明文字。

（2）由于当作其他入库处理的物资一般都会分属于不同的物资类别，如成品、材料等，所以在核算管理系统主界面对其他入库单作记账操作时，在点击了"正常单据记账"图标以后弹出的"正常单据记账条件"对话框里，要根据入库物资所属的不同类别，来灵活选择仓库。例如，入库的是样品，就要选择"样品库"；入库的是原料，就要选择"原料库"；等等。

（3）制单时，应该点击"购销单据制单"图标。在点击"生成凭证"窗口的[选择]按钮以后弹出的"查询条件"对话框里，应该勾选"其他入库单"。

注　意

在"其他入库单"功能中，只能修改和删除手工直接录入的，业务类型为"其他入库"的其他入库单，不能修改和删除由调拨单、盘点单等前导单据生成的其他入库单。由调拨单、盘点单等前导单据生成的其他入库单，只能通过"库存"菜单中"库存其他业务"下面的"调拨单""库存盘点"等前导功能修改和删除。

已经结账月份的其他入库单不能修改。

已经审核的其他入库单不能修改。

其他入库单如果已经在存货核算管理系统里进行了记账，也就不能修改了。

二、其他出库业务

发生其他出库业务时，需要填制其他出库单。其他出库单一般是由系统依据其他出库业务的前一个环节单据自动生成，如调拨单、盘点单等；也可以通过键盘手工填制。在第三节里就由盘亏的盘点单自动生成了其他出库单。

其他出库业务的处理流程包括其他出库单的录入、保存和审核。审核以后的其他出库单

小知识

销售出库和材料领用出库以外的出库业务称作"其他出库业务",如样品出库、赠品出库、调拨出库、盘亏出库等。

再传递到核算管理系统里进行记账和制单;另外还有修改、删除等操作。各项操作的具体方法和其他入库单的相关操作相同,这里再说明三点:

(1) 在录入时,出库类别应该填上"其他出库",另外应该在"备注"栏里录入简要的说明文字。

(2) 因为做其他出库处理的物资一般都会分属于不同的物资类别,如成品、材料等,相应也会分别存放在不同的仓库里,如成品库、材料库等;所以对其他出库单作记账操作时,在点击核算管理系统主界面"正常单据记账"图标以后弹出的"正常单据记账条件"对话框里,要根据出库物资所属的不同类别,来灵活选择仓库。例如,出库的是样品,就要选择"样品库";出库的是原材料,就要选择"材料库";等等。

(3) 制单时,应该点击"购销单据制单"图标。在点击了"生成凭证"窗口的[选择]按钮以后弹出的"查询条件"对话框里,应该勾选"其他出库单"。

注 意

在"其他出库单"功能中,只能修改和删除手工直接录入的,业务类型为"其他出库"的其他出库单,不能修改和删除由调拨单、盘点单等前导单据生成的其他出库单。由调拨单、盘点单等前导单据生成的其他出库单只能通过"库存"菜单中"库存其他业务"下面的"调拨单""库存盘点"等前导功能修改和删除。

已经结账月份的其他出库单不能修改。已经审核的其他出库单不能修改。

其他出库单如果已经在核算管理系统里进行了记账,也就不能修改了。

10

三、库存调拨单

库存调拨单用于仓库之间存货的转库业务或者部门之间的存货调拨业务。同一张调拨单上,如果转出部门和转入部门不同,表示部门之间的调拨业务;如果转出部门和转入部门相同,但转出仓库和转入仓库不同,表示仓库之间的转库业务。

要从事库存调拨单的各项操作,只要有"仓库管理"权限就行了,不需要另加权限。

库存调拨单的录入、修改、删除操作和前述几种单据的相应操作基本相同,只是需要注意以下五点:

一是在录入调拨单时,"出库类别"要选择"调拨出库";"入库类别"要选择"调拨入库"。

二是一张调拨单保存以后,会自动同时生成两张出入库单:一张"其他出库单"(调出方)和一张"其他入库单"(调入方)。

三是"调拨单"界面上没有[审核]按钮。每一张调拨单的审核,都要分别在"其他入库单"和"其他出库单"界面完成,注意不要遗漏这个操作环节。与此相关,如果要修改已经审核但还没有记账的调拨单,一定要先分别在"其他入库单"和"其他出库单"功能中取消对这张调拨单的审核,再到"库存调拨单"功能中进行修改。修改以后再分别到"其他入库单"和"其他出库单"功能中重新审核。

四是在核算管理系统中进行核算记账时,单击"正常单据记账"图标以后,在弹出的"正常单据记账条件"对话框里,左窗格里要同时勾选调出库和调入库两个仓库;右窗格里最好同时勾选"其他入库单"和"其他出库单"。

五是制单。对记账以后的调拨单作制单处理时,在核算管理系统主界面上要单击"购销单据制单"。凭证类别是"转账凭证"。在"生成凭证"窗口单击[选择]按钮以后弹出的"查询条件"对话框中,在左窗格里的单据种类列表中要同时勾选"其他入库单"和"其他出库单";右部的"收发部门""收发类别""仓库""单据号"等项建议不要填,因为一般情况下,物资调拨业务中涉及的部门或者仓库都不止一个，涉及的单据也不止一张。还有选择单据以后，在“生成凭证”窗口单击[生成]按钮，系统会为同一笔调拨业务的其他入库单和其他出库单分别生成凭证，也就是说会生成两张凭证。如果想合并做成一张凭证，可以单击[合成]按钮，而不要单击[生成]按钮。

本节小结

其他入库、其他出库、库存调拨等业务会产生其他入库单和其他出库单，相应的审核要在“其他入库单”和“其他出库单”界面完成。

讨论题

1. 其他入库业务一般有哪些？其他出库业务一般又有哪些？
2. 在处理其他入库业务和其他出库业务时需要注意哪几点？

第五节　核算管理系统的账表功能

本章前四节已经结合采购业务、销售业务和库存业务介绍了核算管理系统的主要功能，本节再介绍核算管理系统中的账表功能。

核算管理系统里的账表包括总账、明细表、计价辅助数据三种。

总账用于输出存货的总分类账。输出的账簿以借方金额、贷方金额、余额的形式反映各种存货在各个月份的收、发、余金额。

明细表用于查询本会计年度各个月份已经记账的各种存货的明细账。它反映的是存货在某段时间内的收、发、存的数量和金额的变化。明细账是按末级存货设置的。查询的时候，只能查询末级存货在某段时间的收、发、存信息。

计价辅助数据提供按照先进先出、后进先出、个别计价这三种计价方式进行核算的出入库顺序，以及结余数量和结余金额，方便用户查账、对账。这项功能只对采用上述三种计价方式的仓库有效，对采用这三种方式以外的其他计价方式的仓库无效。

由于在本书的模拟账套中，四个仓库的计价方式都设置成了移动计价法，所以这里无法查看到总账的具体数据。

上述三种账表的查询方法如下：

在核算管理系统主界面上，打开“核算”菜单/指向“账表”弹出子菜单/在子菜单上单击要查询的账表名称，弹出查询条件对话框/在对话框上设置好查询条件/单击对话框底部的[确定]按钮，就可以看到查询结果。

本节小结

核算管理系统里的各种账表，集中反映了采购、销售、库存三方面业务的数据。熟练地掌握这些账表的使用，对于全面了解企业的经营情况、为领导层提供科学决策的依据是十分重要的。务必要认真学好。

实　验

1. 完成附录中的实训项目十二。
2. 练习核算管理系统里三种账表的查询。

第十一章 期末处理

企业的财务核算工作是以会计周期来划分段落的。当一个会计周期结束以后,需要对当期的存货、收入、成本、毛利、税金等作出会计核算,并且还要把当期的期末余额转入下期,作为下期的期初数。新道云平台各个模块的期末处理功能正是为这项需要而设计的。

期末处理分为月末处理和年末处理。月末处理是在每个会计月终了时,对本月会计数据进行月末结算,并将各项余额结转到下月;年末处理是把本年度各项会计数据的最后余额结转到新的会计年度账。本章只介绍月末处理的操作。

第一节 期末处理综述

一、期末处理的操作流程

多模块会计信息系统的期末处理,在操作流程上有严格的要求,主要体现在各个子系统进行期末处理的先后顺序上。

(1) 采购管理、销售管理、库存管理、核算管理四个子系统中,库存管理子系统的结账要在采购管理和销售管理两个子系统结账以后进行;核算管理子系统必须最后结账;采购管理、销售管理两个子系统的结账没有先后顺序的限制。由此,可以得出这四个子系统的结账操作流程如下:

采购管理系统结账—销售管理系统结账—库存管理系统结账—核算管理系统结账。

(2) 工资管理和固定资产管理两个子系统的结账操作可以独立进行。建议在采购管理、销售管理、库存管理、核算管理四个子系统结账之前完成。

(3) 总账系统的结账必须放在最后进行。只有在所有子系统结完账以后,总账系统才能结账。

综上所述,除财务报表系统没有月末结账这项操作以外,其余七个子系统的结账操作顺序是:工资—固定资产—采购—销售—库存—核算—总账。

总账、工资、固定资产三个子系统的月末结账,已经分别在第三章第三节、第五章第五节、第六章第六节作了详细介绍。本章主要介绍采购、销售、库存和核算四个子系统的月末处理,另外介绍总账系统在多模块环境下的期末处理。本章的案例练习,也是在假设已经完成了工资、固定资产两个子系统的月末处理这一前提下进行的。

二、各模块月末处理的工作内容

采购管理系统月末处理的工作内容包括:月末结账。

销售管理系统月末处理的工作内容包括:月末结账。

库存管理系统月末处理的工作内容包括:月末结账。

核算管理系统月末处理的工作内容包括:期末处理、月末结转。

总账系统在多模块环境下月末处理的工作内容包括:其他模块生成凭证的处理、自动转账凭证的生成(月末结转)、对账、结账。

在自动转账凭证生成之前,要先完成自动转账凭证的定义。自动转账凭证定义一般在第一次使用总账系统时完成。在平时每个月的月末,只要用定义好的自动转账凭证模板来生成相应凭证即可;因此这里没有把自动转账凭证的定义工作列入总账系统的月末处理内容中。但是,自动转账凭证的具体定义方法,还是安排在本章与转账生成一起介绍。

本节小结

多模块条件下的期末处理,必须把总账系统放在最后。采购、销售、库存和核算四个子系统,应该按照先采购,再销售,然后库存,最后核算的顺序进行。

讨论题

简述多模块会计信息系统期末处理的操作流程。

第二节 购销存和核算管理系统的月末处理

【案例 11-1】 1 月 31 日,001 账套的采购、销售、库存、核算四个系统进行期末处理。

一、采购管理系统的月末处理

采购管理系统的月末结账是把全月的所有单据进行封存,并且把当月的采购数据记入有关账表中。

采购管理系统的月末处理由具有"采购管理"权限的操作员进行。操作步骤如下:

由具有"采购管理"权限的操作员(06 吴采购;口令:6;日期:2022 年 1 月 31 日)注册登录"信息门户"/单击窗口左部主菜单上的"采购管理",进入采购管理系统主界面/单击"月末结账"图标,弹出"月末结账"对话框/单击当前结账月份(本例中是 1 月)这一行右端的"选择标记"栏,显示"选中",如图 11-1 左图所示/单击对话框底部的[月末检测]按钮,弹出"月结检测"

月末结账

为保证采购系统的暂估余额表和存货核算系统的暂估余额表数据一致,建议在月末结账前将未填单价、金额的采购入库单填上单价、金额

会计月份	起止日期	截止日期	是否结账	选择标记
1	2022-01-01	2022-01-31	未结账	选中
2	2022-02-01	2022-02-28	未结账	
3	2022-03-01	2022-03-31	未结账	
4	2022-04-01	2022-04-30	未结账	
5	2022-05-01	2022-05-31	未结账	
6	2022-06-01	2022-06-30	未结账	
7	2022-07-01	2022-07-31	未结账	
8	2022-08-01	2022-08-31	未结账	
9	2022-09-01	2022-09-30	未结账	
10	2022-10-01	2022-10-31	未结账	
11	2022-11-01	2022-11-30	未结账	
12	2022-12-01	2022-12-31	未结账	

结账 取消结账 月末检测 退出

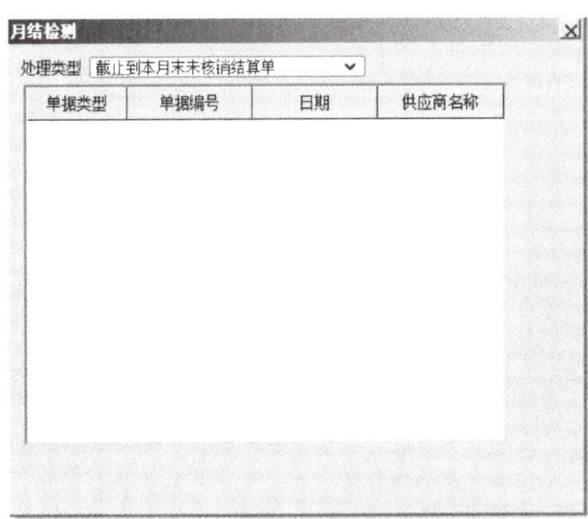

图 11-1 采购管理系统月末结账操作界面

对话框，如图 11-1 右图所示/打开“月结检测”对话框上的“处理类型”下拉框，分别选“截止到本月末未核销结算单”和“截止到本月末未记账(未审核)单据”，查看检测结果/确信本月没有未处理的业务以后，单击对话框右上角的 ×(关闭)按钮关闭“月结检测”对话框/再单击“月末结账”对话框底部的[结账]按钮，系统进行结账，完成后提示“您选择的月份结账成功!”/单击提示框上的[确定]按钮关闭提示框，可以看到“月末结账”对话框中，1 月份一行的“是否结账”栏显示“已结账”/单击“月末结账”对话框底部的[退出]按钮结束操作。

如果在结账以后发现错误，可以取消结账，恢复到结账以前状态。取消结账的方法如下：

在图 11-1 左图所示的“月末结账”对话框里，选中要取消结账的月份以后，单击对话框底部的[取消结账]按钮。

注 意

如果还没有进行期初记账，系统不允许做月末结账。

可以连续把多个月的单据一起进行结账；但是不允许跨月结账。月末结账以后，这个月的单据就不能再修改、删除，这个月还没有录入的单据只能作为下个月的单据处理。

如果采购管理子系统要取消月末结账，必须先通知库存管理子系统和核算管理子系统的操作人员，要求他们先取消各自所管子系统的月末结账。如果库存管理和核算管理两个子系统中任何一个子系统没有取消月末结账，那么就不能取消采购管理子系统的月末结账。

不允许跨月取消月末结账。只能从最后一个月逐月地往前取消月末结账。

二、销售管理系统的月末处理

销售管理系统的月末结账是把全月的单据数据进行封存，并且把当月的销售数据记入有关账表中。这项操作要由具有“销售管理”权限的操作员进行。操作步骤如下：

由具有“销售管理”权限的操作员(07 郑销售；口令 7；日期 2022 年 1 月 31 日)注册登录“信息门户”/单击窗口左部主菜单上的“销售管理”进入销售管理系统主界面/单击“月末结账”图标，弹出“月末结账”对话框，如图 11-2 所示。

月末结账

蓝条处是当前会计月

会计月	起止日期	截止日期	是否结账
1	2022-01-01	2022-01-31	否
2	2022-02-01	2022-02-28	否
3	2022-03-01	2022-03-31	否
4	2022-04-01	2022-04-30	否
5	2022-05-01	2022-05-31	否
6	2022-06-01	2022-06-30	否
7	2022-07-01	2022-07-31	否
8	2022-08-01	2022-08-31	否
9	2022-09-01	2022-09-30	否
10	2022-10-01	2022-10-31	否
11	2022-11-01	2022-11-30	否
12	2022-12-01	2022-12-31	否

结账 取消结账 月结检测 退出

如果应收按单据日期记账，销售如果本月有未复核的发票，月末结账后，这些未复核的发票应收就不能按单据日期记账了，除非在应收改成按业务日期记账

图 11-2 销售管理系统“月末结账”对话框界面

在对话框中选中要结账的月份(本例中是 1 月)，使这一行的底色显示为蓝色/单击对话框底部的[月结检测]按钮，弹出“月结检测”对话框/打开“月结检测”对话框上的“处理类型”下拉

框，分别选“截止到本月末未核销结算单”和“截止到本月末未记账（未审核）单据”，查看检测结果/确信本月没有未处理的单据以后，单击对话框右上角的 ×（关闭）按钮关闭“月结检测”对话框/再单击“月末结账”对话框底部的[结账]按钮，系统进行结账/结账完成后[结账]按钮变成灰色显示，结账月份（本例中是1月）这一行的“是否结账”栏中显示“是”/单击“月末结账”对话框底部的[退出]按钮结束操作。

如果月结检测没有通过，需要找出原因，并予以改正后再重新进行结账。

如果要取消结账，可以重新进入“月末结账”对话框，选中要取消结账月份的下一个月份（取消1月结账，选中2月），单击[取消结账]按钮。

注　意

结账每月只能进行一次，一般在当前会计期间终了时进行。结账以后本月不能再进行发货、开票、代垫费用等业务的处理。

已经结账的月份不能再录入单据。

年底结账的时候，要先进行数据备份，然后再结账。建议每个月底结账以前，也做好数据备份。

库存管理系统和核算管理系统月末结账以后，销售管理系统就不能取消月末结账了。如果要取消结账，必须先依次取消核算管理系统和库存管理系统的月末结账（核算管理系统取消结账在前）。

三、库存管理系统的月末处理

库存管理系统的月末处理由具有“库存管理”权限的操作员进行。

操作步骤如下：

由具有“库存管理”权限的操作员（08 王库管；口令：8；日期：2022 年 1 月 31 日）注册登录“信息门户”/单击窗口左部主菜单上的“库存管理”进入库存管理系统主界面/单击“月末结账”图标，弹出“月末结账”对话框，如图 11-3 所示/在“月末结账”对话框里选中要结账的月份（本例是1月），这一行以蓝底色显示/单击[结账]按钮完成结账，结账月（1月）这一行“已经结账”栏中显示“是”/单击对话框右下部位的[退出]按钮结束操作。

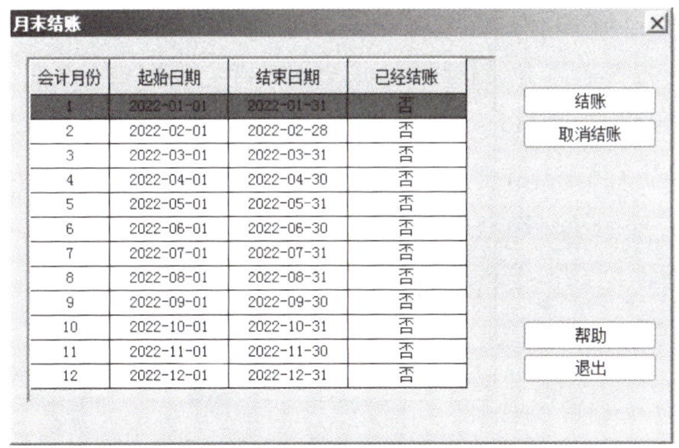

会计月份	起始日期	结束日期	已经结账
1	2022-01-01	2022-01-31	否
2	2022-02-01	2022-02-28	否
3	2022-03-01	2022-03-31	否
4	2022-04-01	2022-04-30	否
5	2022-05-01	2022-05-31	否
6	2022-06-01	2022-06-30	否
7	2022-07-01	2022-07-31	否
8	2022-08-01	2022-08-31	否
9	2022-09-01	2022-09-30	否
10	2022-10-01	2022-10-31	否
11	2022-11-01	2022-11-30	否
12	2022-12-01	2022-12-31	否

图 11-3　库存管理系统“结账处理”对话框界面

如果在结账过程中没有通过合法性检查，屏幕上会出现提示。此时需要找出结账不能通过的原因，并且修改正确以后，再重新进行结账。

如果月末结账有错误，可以取消月末结账。取消月末结账的方法如下：

在库存管理系统主界面单击“月末结账”图标弹出“月末结账”对话框，系统自动选中最后结账月份的下一个月份/单击[取消结账]按钮，被取消结账月份一行的“已经结账”栏中的“是”

变成“否”/单击[退出]按钮结束操作。

注 意

结账操作每月只能进行一次。结账以后本月不能再填制单据。

结账以前应该检查本会计月的所有工作是不是已经全部完成。只有在当前会计月所有工作全部完成的前提下,才能够进行月末结账,不然的话会漏掉某些业务数据。

必须在采购管理系统和销售管理系统结账以后,才能够作库存管理系统的结账。

不能跨月进行结账,只能连续结账;就是只能对最后一个已经结账月份的下一个会计月进行结账。

月末结账之前一定要进行数据备份,否则一旦发生错误,将造成无法挽回的后果。

月末结账以后不能再作这个会计月的日常业务,只能作下个会计月的日常业务。

必须是在核算管理系统当月还没有结账,或者虽然已经结过账,不过又取消了结账的情况下,库存管理系统才能取消结账。

四、核算管理系统的月末处理

核算管理系统月末处理要分两步进行:第一步是进行“月末处理”;第二步是进行“月末结账”。

核算管理系统的月末处理要由具有“核算”管理权限的操作员进行。

(一) 月末处理

核算管理系统的月末处理,是在一个月的日常业务全部完成以后,对按照“全月平均”方式核算的存货的全月平均单价及其本会计月的出库成本进行计算,并且对已经完成当月全部日常业务的仓库和相关部门作处理标志。

操作步骤如下:

由具有“核算”管理权限的操作员(02 钱会计;口令:2;日期:2022 年 1 月 31 日)注册登录“信息门户”/在窗口左部主菜单上单击“核算管理”进入核算管理系统主界面/单击“月末处理”图标,弹出“期末处理”对话框。

在“期末处理”对话框“未期末处理仓库”页签中,勾选要作月末处理的仓库(一般是一次性全部选上),如图 11-4 左图所示,根据需要决定是否勾选“结存数量为零金额不为零自动生成出库调整单”这一项(本例不选)/单击对话框底部的[确定]按钮弹出提示:“您将对所选仓库进行期末处理,确认进行吗?”,如图 11-4 右上图所示/确认要进行月末处理后,单击提示框上的[确定]按钮完成月末处理。

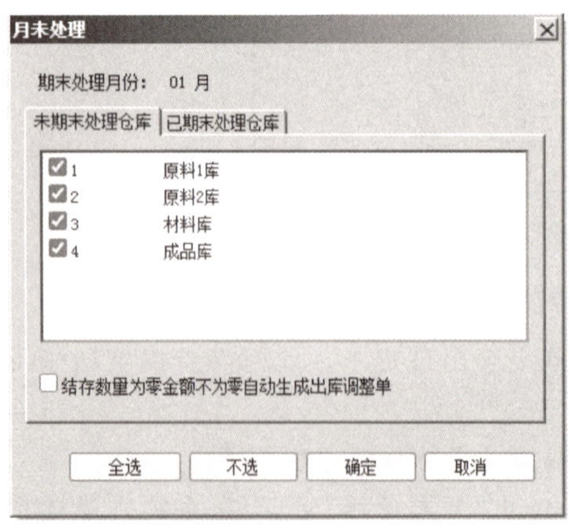

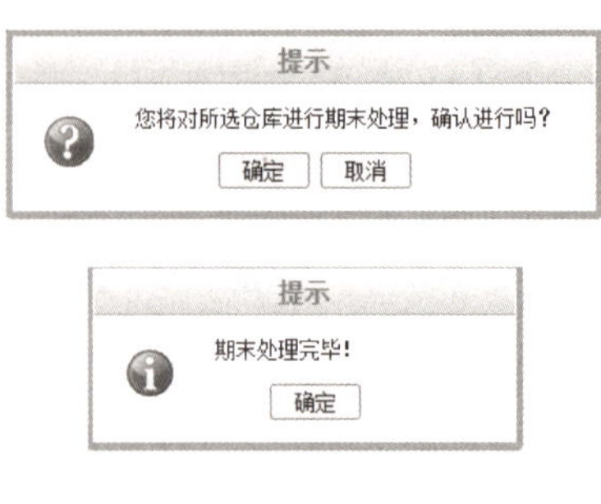

图 11-4 核算管理系统期末处理界面

期末处理完成以后，系统提示“期末处理完毕！”如图 11-4 右下图所示/单击提示框上的[确定]按钮回到“期末处理”对话框/最后单击“期末处理”对话框的[取消]按钮结束操作。

结束操作以前，可以在图 11-4 的左图界面中看到，原来在“未期末处理仓库”页签中的仓库列表不见了。打开“已期末处理仓库”页签，可以看到仓库列表已经被移到了这里。

如果在期末处理以后发现哪个仓库的数据处理有错误，要恢复到期末处理以前的状态，可以在“已期末处理仓库”列表中勾选这个仓库，然后单击[确定]按钮，系统会提示“您将对所选仓库恢复期末处理，确认进行吗？”这时候单击提示框上的[确定]按钮，系统提示“恢复期末处理完毕！”再单击提示框上的[确定]按钮。恢复期末处理的仓库就又回到“未期末处理仓库”页签中。

注 意

本月已经进行期末处理的仓库（或者部门）不能再进行期末处理。

进行期末处理之前，应该仔细检查本月业务中是不是还有未记账的单据。应该在处理完本会计月的全部日常业务以后，再作期末处理工作。

期末成本计算每月只能执行一次，因此要特别小心。如果是在结账日之前执行，那么期末处理后的当月出入库单将不能在本会计期间录入。例如，把 3 月份的 25 日作为该月的结账日，如果执行期末处理是在 23 日，那么再录入出入库单就只能在 25 日以后了。

如果总账系统已经结账，那么核算管理系统就不能再恢复期末处理。

（二）月末结账

完成了月末处理以后，就可以进行月末结账了。操作步骤如下：

在核算管理系统主界面单击“月末结账”图标，弹出“月末结账”对话框，如图 11-5 所示。

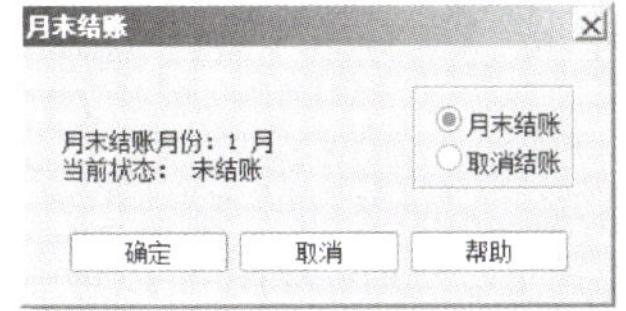

图 11-5 “月末结账”对话框界面

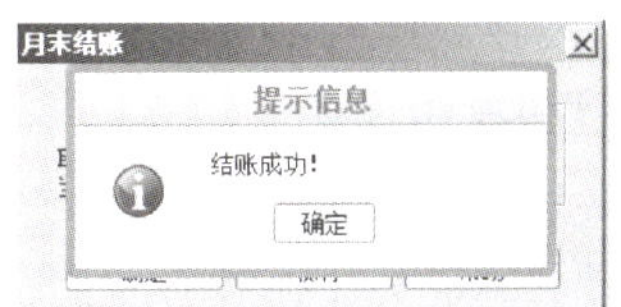

图 11-6 “月末结账”提示框界面

在“月末结账”对话框中点选[月末结账]单选按钮/单击[确定]按钮弹出提示：“结账成功！”，如图 11-6 所示/单击提示框上的[确定]按钮关闭提示框，可以看到“月末结账”对话框上显示“已结账”/单击对话框上的[取消]按钮结束操作。

在完成结账以后，“月末结账”对话框上，会自动选中“取消结账”单选项。这时如果单击[确定]按钮，可以取消核算管理系统本月的结账。

本节小结

采购管理、销售管理、库存管理三个子系统的月末处理都只需要直接进行结账；核算管理子系统的期末处理要分“月末处理”和“月末结账”两步进行。

实 验

完成附录中实训项目十四的实训内容第 1、2、3、4、5、6 六项。

第三节 总账系统的月末处理

前面讲过，在多模块环境下，总账系统的月末处理，要等所有其他子系统的月末处理完毕以后才能进行。这是因为总账系统里面的许多数据都是从其他子系统传递过来的。

一、其他子系统生成凭证的处理

在总账系统进入月末处理程序之前，首先要把所有其他子系统传递过来的凭证审核完（其中的出纳凭证还要由出纳完成签字），并且进行记账。实际上这项工作属于日常处理的工作范围。平时，除了总账系统自身产生的凭证之外，其他子系统每天总会有凭证传送到总账系统里来。要注意对这些凭证及时进行签字、审核和记账处理，不要积压。

二、月末结转

每个月的月末，都需要把各种成本费用、汇兑损益和期间损益等数据进行结转。这些工作，当然可以用常规手段，通过直接填制相关凭证来完成；不过，新道云平台提供了自动生成相关转账凭证的功能，这就是自动转账。

企业期末账务处理中的某些业务，每个月往往是重复的、程序化的，处理方法相对固定不变，如各种费用的计提、期间损益的结转等。我们可以为这些处理方法相对固定的期末账务处理业务，预先定义好自动转账凭证模板。每个月的月底，只要调用凭证模板，就可以在系统中自动生成转账凭证。

新道云平台上的自动转账凭证有六种：自定义转账凭证、对应结账凭证、销售成本结转凭证、售价（计划价）销售成本结转凭证、汇兑损益结转凭证和期间损益结转凭证。这里介绍自定义转账凭证和期间损益结转凭证的定义及其生成的操作步骤。

（一）定义自动转账凭证

1. 定义自动转账凭证

【案例 11-2】 请定义计提教育费附加的自动转账凭证。教育费附加以应交增值税为计征依据，计征比例为 3%。

凭证种类：转账凭证；转账序号：0001；摘要：计提教育费附加。

借：税金及附加——教育费附加（640302）
　　贷：应交税费——应交教育费附加（222115）

取数及计算公式：QM（222101，月，贷）＊0.03。

操作步骤如下：

由具有总账系统“自动转账定义”权限的操作员（02 钱会计；口令：2；日期：2022 年 1 月 31 日）注册登录“信息门户”/打开“总账”菜单/指向“期末”弹出二级子菜单/在二级菜单上指向“转账定义”，弹出三级子菜单/在三级菜单上单击“自定义转账”，进入“自动转账设置”窗口。

单击［增加］按钮弹出“转账目录”对话框/在对话框里录入或者选择录入转账序号（0001）、转账说明（计提教育费附加）和凭证类别（转账凭证），如图 11-7 顶层所示。

单击“转账目录”对话框右部的［确定］按钮回到“自动转账设置”窗口，对话框上的三项内容分别填入表头对应栏目里/双击表体中的“科目编码”栏显示放大镜按钮/单击放大镜按钮打开“科目参照”窗/在参照窗里选择借方科目（640302 税金及附加——教育费附加）/单击参照窗右部的[确定]按钮，把科目填入“科目编码”栏/“部门”“个人”“客户”“供应商”“项目”五项本例留空/打开“方向”下拉框选择记账方向(借)/拉动“自动转账设置”窗口底部的水平滚动条，使“金额公式”栏可见/在“金额公式”栏双击显示放大镜按钮/单击放大镜按钮打开“公式向导 1”对话框。

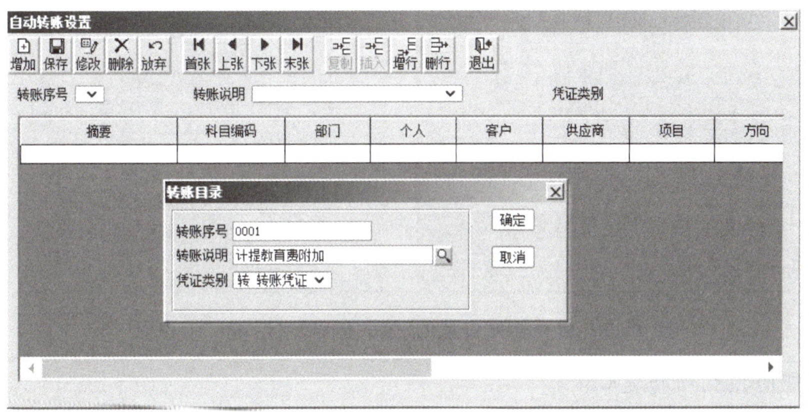

图 11-7　“自动转账设置”和“转账目录”对话框界面

自定义转账凭证设置

在“公式向导 1”对话框的左窗格公式名称列表里选择公式名称(期末余额)/在右窗格函数名列表里选择函数(QM(　))，如图 11-8 所示/单击[下一步]按钮转入“公式向导 2”对话框，如图 11-9 的左图所示。

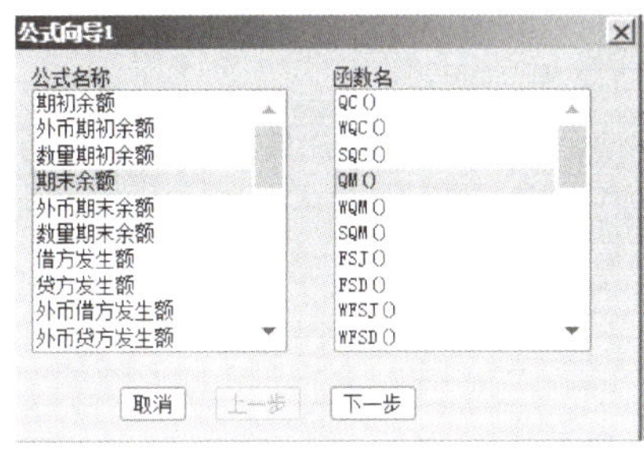

图 11-8　自动转账设置中的“公式向导”对话框(一)界面

在“公式向导 2”对话框的“科目”框里用参照法录入任意一个末级科目/“期间”一项保持“月”不变/打开“方向”下拉框选择记账方向(贷)，如图 11-9 的右图所示/单击“公式向导 2”对话框底部的[完成]按钮，回到“自动转账设置”窗口，可以看到在“金额公式”栏里填入了未完成的公式/把科目编码改为 222101(应交税费——应交增值税)/在未完成公式的右端录入“*0.03”/把鼠标从公式的左端拖动到右端选中整条公式/按 Ctrl+C 键(或单击鼠标右键在弹出的菜单上点选“复制”)。

单击“自动转账设置”窗口工具栏上的[增行]按钮，增加一个新行/在新增加的一行里录入贷方科目(222115 应交税费——应交教育费附加)/打开“方向”下拉框选择记账方向(贷)/激活“金额公式”栏让这一栏里显示光标/按 Ctrl+V 键(或鼠标右击在弹出的菜单上点选“粘贴”)，把公式填入/单击“自动转账设置”窗口工具栏上的[保存]按钮，保存设置好的自动转账凭证模板/单击“自动转账设置”窗口工具栏上[退出]按钮结束操作。

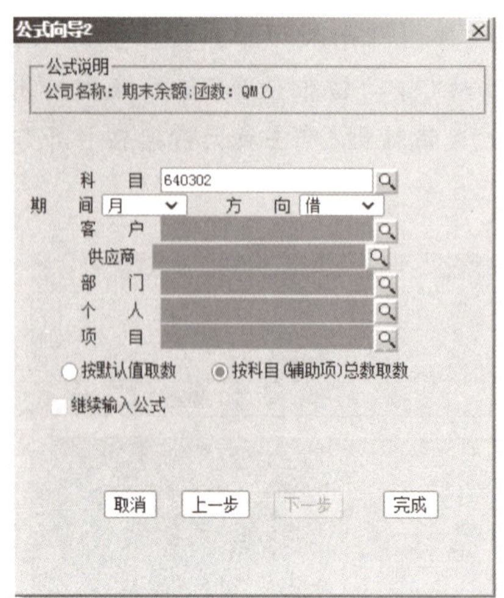

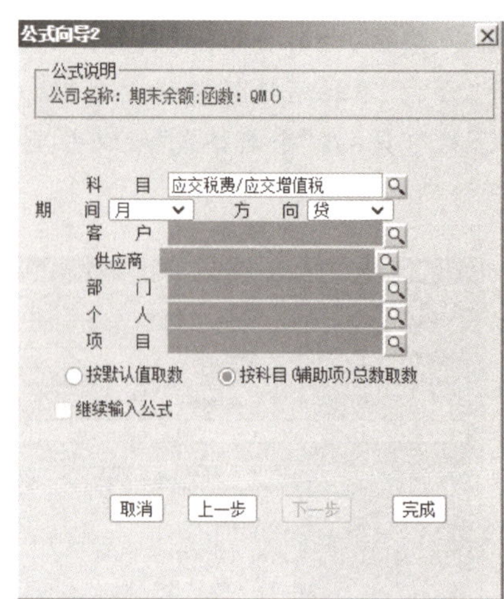

图 11-9 自动转账设置的"公式向导"对话框(二)界面

2. 定义期间损益结转凭证

【案例 11-3】 请定义期间损益结转的自动转账凭证，把各个损益类科目的余额结转到"4103 本年利润"科目。

操作步骤如下：

打开"总账"菜单/指向"期末"弹出二级菜单/在二级菜单上指向"转账定义"，弹出三级菜单/在三级菜单上单击"期间损益"，弹出"期间损益结转设置"对话框，如图 11-10 所示。

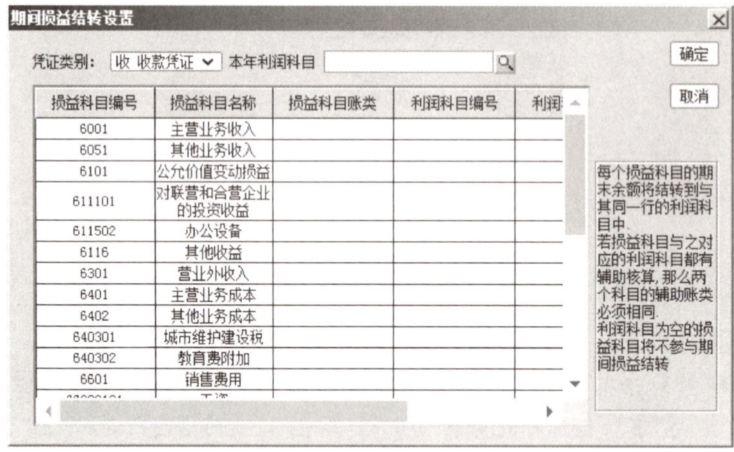

期间损益结转凭证设置

图 11-10 "期间损益结转设置"对话框界面之一

打开"凭证类别"下拉框/选择"转账凭证"/在"本年利润科目"框里用参照法(或直接)录入"4103 本年利润"/在中间大窗格的任意处单击，所有行都填上"4103"和"本年利润"，如图 11-11 所示/单击对话框右上部位的[确定]按钮，系统提示"保存成功！"/单击提示框上的[确定]按钮关闭提示框，并完成设置。

(二) 生成自动转账凭证

【案例 11-4】 1 月 31 日，包括其他各个子系统传递过来凭证在内的所有凭证都已经完成审核和记账。请生成教育费附加自动转账凭证，然后执行审核记账。

期间损益结转设置

凭证类别：转 转账凭证　本年利润科目 4103

科目编号	损益科目名称	损益科目账类	利润科目编号	利润科目名
6001	主营业务收入		4103	本年利润
6051	其他业务收入		4103	本年利润
6101	公允价值变动损益		4103	本年利润
11101	对联营和合营企业的投资收益		4103	本年利润
11502	办公设备		4103	本年利润
6116	其他收益		4103	本年利润
6301	营业外收入		4103	本年利润
6401	主营业务成本		4103	本年利润
6402	其他业务成本		4103	本年利润
40301	城市维护建设税		4103	本年利润
40302	教育费附加		4103	本年利润
6601	销售费用		4103	本年利润

确定　取消

每个损益科目的期末余额将结转到与其同一行的利润科目中。若损益科目与之对应的利润科目都有辅助核算，那么两个科目的辅助账类必须相同。利润科目为空的损益科目将不参与期间损益结转

图 11-11　“期间损益结转设置”对话框界面之二

操作步骤如下：

由具有在总账系统“执行自动转账”权限的操作员(02 钱会计；口令：2；日期：2022 年 1 月 31 日)注册登录“信息门户”/在窗口左部主菜单上单击“总账系统”进入总账系统主界面/单击“月末转账”图标弹出“转账生成”对话框/在“转账生成”对话框的左部点选自动转账种类(自定义转账)/在右部窗格“计提教育费附加”一行的“是否结转”栏双击显示“Y”，这一行变成绿底色显示，如图 11-12 所示。

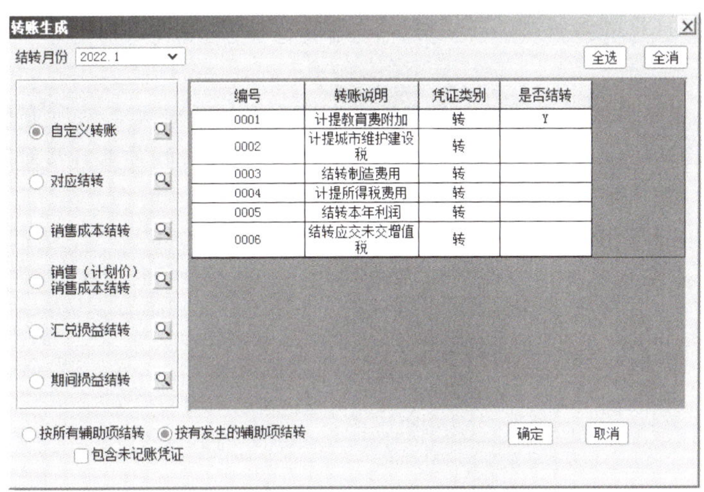

图 11-12　“转账生成”对话框界面

生成
自定义
转账凭证

单击底部的[确定]按钮生成凭证/单击凭证界面工具栏上的[保存]按钮，系统提示“保存成功!”/单击提示框上的[确定]按钮关闭提示框/单击凭证界面工具栏上的[退出]按钮结束操作。

改由分别具有“凭证审核”和“记账”权限的操作员(01 赵经理，口令：1；02 钱会计，口令：2；日期：2022 年 1 月 31 日)依次注册登录，在总账系统里完成这张凭证的审核和记账。

【案例 11-5】　1 月 31 日，所需前导自动转账凭证均已生成，并已审核记账。请生成期间损益结转凭证，并完成审核记账(先引入【案例 11-4】备份数据)。

由具有总账系统“执行期间损益结转”权限的操作员(02 钱会计；口令：2；日期：2022 年 1

月31日）重新注册“信息门户”/在左部主菜单上单击“总账系统”进入总账系统主界面/单击“月末转账”图标弹出“转账生成”对话框/在对话框左部点选自动转账种类（期间损益结转）/右窗格中显示定义的“期间损益结转”凭证模板/单击对话框右上部位［全选］按钮选中所有科目/单击［确定］按钮生成凭证/检查凭证内容是否正确（凭证类别字应该为“转”）/确认无误后保存凭证/单击凭证界面的［退出］按钮结束操作。

最后分别由审核员（01 赵经理；口令：1）和记账员（02 钱会计；口令：2；日期：2022年1月31日）注册登录“信息门户”，完成期间损益结转凭证的审核和记账。

注　意

生成自动转账凭证的时候，一定要注意执行顺序。这是因为某一张自动转账凭证上的数据，可能要在其他自动转账凭证记账以后才能得到。1至11月份期间损益结转凭证的生成，必须要在除了结转所得税凭证以外的所有其他自动转账凭证全部生成，并且完成审核和记账以后；另外，计提所得税费用以后，要专门为“所得税费用”科目做一次期间损益结转。在本书案例中，教育费附加转账凭证一定要先生成，并且先审核记账。这是因为在期间损益结转中，需要“640302 税金及附加——教育费附加”科目里的数据；而这个数据来自教育费附加自动转账凭证。12月份还需要在生成结转所得税费用的期间损益结转凭证，并且审核记账以后，再执行本年利润（自定义转账）的结转。

三、月末结账

关于总账系统月末结账的操作，第三章第三节已作详细介绍。这里不再重复，请自己完成。

本节小结

总账系统在作月末处理以前，必须先对其他子系统传递过来的所有凭证完成审核和记账，出纳凭证还需要完成出纳签字，然后执行本模块内的月末自动结转。在执行月末自动结转时，要注意生成凭证的先后次序。

实　　验

完成附录中实训项目十四的实训内容第7、8、9、10四项。

第十二章　财务报表和归档管理

按照会计报表的服务对象，企业的会计报表可以分为对外会计报表和对内会计报表。对外报表的格式、内容、编制方法等都必须遵循国家会计制度的统一规定。对内报表的格式、内容由于各个企业经营模式的不同而存在很大程度上的差异，一般都是由各个企业根据本单位的需要自行设计决定。

小知识

对外会计报表一般是提供给企业外部的政府主管部门如财政部门、税务部门，以及银行金融机构、投资者、债权人等使用，主要包括资产负债表、利润表、现金流量表以及相关的明细表和附表等。

小知识

对内会计报表一般是提供给企业管理者，为进行有效的经营管理和制定正确的经营决策服务，主要包括企业内部的成本报表、资金预算表等。

会计信息系统中，一般都提供了对外报表的模板。所谓“模板”，就是设计好的空白报表，不过会计信息系统中的空白报表和手工方式下纸张印刷的空白报表（表样）不同。会计信息系统中的报表模板，不仅包括报表的标题、编制单位、编制日期、货币单位、报表项目等元素，还预先在需要填写金额的位置（称为报表的数据单元）设置了取数函数和运算公式。在编制报表时，系统会依据预先设置的取数函数和运算公式，自动在各个数据单元中填入金额。

由于系统已经提供了报表模板，所以在日常工作中不需要另行进行对外报表的设计，需要时，直接调用相应模板进行报表编制就可以了；但是对内报表的模板就需要本单位的财会人员专门设计了。

为了使读者顺利掌握报表模板的设计以及报表编制的方法，本章除了讲述会计信息系统中会计报表的相关基本理论知识以外，还以对外报表中的利润表为例，介绍相关知识和技巧。

第一节　新道财务报表概述

系统预置报表模板中“月度简表”的局部如图 12-1 所示。这里以这个表页为例来讲解新道云平台财务报表系统的基本知识。

一、格式状态和数据状态

新道云平台上，报表的制作分成报表格式设计和报表数据处理两大步骤。相应的工作状态也分为格式状态和数据状态两种。报表格式的设计工作在格式状态下操作；报表数据的处理工作在数据状态下操作。两种状态由“财务报表”窗口左下角的[格式/数据]按钮来控制。单击[格式/数据]按钮可以在格式状态和数据状态之间进行切换。

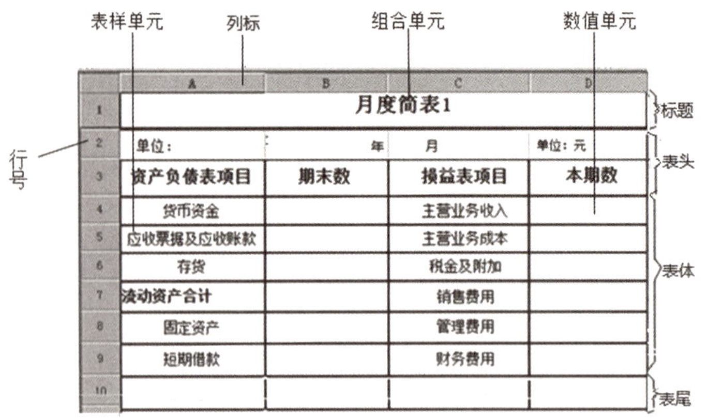

图 12-1 新道财务报表组成示意图

（一）格式状态

在格式状态下可以设计报表的格式，包括报表的尺寸（行数和列数）、行高、列宽、单元属性、单元风格、组合单元、关键字等；报表中的单元取数函数、运算公式和审核公式也在格式状态下定义。

在格式状态下所作的操作对同一报表的所有表页都起作用；在格式状态下不能进行数据的录入和计算；在格式状态下只能看到报表的格式，看不到报表的数据。

（二）数据状态

在数据状态下管理报表的数据，如数据的录入、增加，表页的删除，报表的审核、汇总、合并等；在数据状态下不能修改报表的格式；在数据状态下可以看到报表的全部内容，包括报表的格式和数据。

二、财务报表四要素

一个报表的表页由标题、表头、表体和表尾四个要素组成。

标题：报表的标题，位于报表的顶部，如“资产负债表”“利润表”等。

表头：表头包括编制单位名称、编制日期、货币单位以及带各个栏目名称的表中第一行。

表体：表体是报表的主体。表体由从左到右排列的若干列和从上到下排列的若干行组成。

表尾：表体以下进行辅助说明的部分称作表尾。报表的表尾部分可能有内容，也可能没有内容（图 12-1）。

三、列标和行号

新道财务报表中的列用列标来命名，从左往右，各列的列标分别用字母 A、B、C 等表示；报表中的行用行号来命名，从上到下，各行的行号依次为 1、2、3 等。系统默认的列数是 7 列（A—G）；默认的行数是 20 行（1—20）。

四、单元

单元是由行和列交叉形成的矩形区域，也就是通常所说的报表中的“格子”。单元用它所在列的列标和所在行的行号命名。例如，C 列和第 5 行交叉形成的单元就称作 C5 单元。单元是组成报表的最小单位。

新道云平台财务报表中的单元有表样单元和数据单元两大类型，其中数据单元又分数值单元和字符单元两类。

（一）表样单元

在会计数据的手工处理方式中，会计人员往往从文具店购买已经印好的空报表，在编制报表时，只需要把有关内容和数据填到各个单元中。在新道财务报表系统中，这种空报表就叫作“表样”。空报表中所有已经有内容的单元叫作“表样单元”。表样单元中的内容属于报表的格式。在同一报表中，所有表页的表样都相同。表样单元的内容在格式状态下录入和修改。

（二）数据单元

在会计数据的手工处理方式中，会计人员在买来的已经印好的空报表中之后填入的内容，不管是文字还是数值，在新道财务报表中都称作“数据”。填写数据的单元就叫作“数据单元”。数据单元中的内容属于报表的数据。在同一报表中，不同表页的数据往往是不相同的。数据单元里的内容必须在数据状态下录入。数据单元根据所填内容的不同种类又分为数值单元和字符单元。

数值单元中填写的内容是由阿拉伯数字符号组成的，表示几万几千几百等某个数的数值。数值单元中的数值，可以直接从键盘录入，也可以由事先设置在单元中的取数函数，从总账、从本表的其他单元中取得，或者通过设置在单元中的运算公式计算产生。

字符单元中填写的内容可以是汉字、字母、数符以及各种可以通过键盘录入的符号。

五、区域和组合单元

（一）区域

表页上多个相邻单元组成的一个长方形称作一个区域。区域中最上面一行最左边的单元称作区域的起始单元；区域中最下面一行最右边的单元称作区域的终止单元。区域用起始单元的名称和终止单元的名称，中间加一个半角的“:”表示。例如，宽度从 A 列到 D 列，高度从第 1 行到第 3 行的一个区域，它的起始单元是 A1，终止单元是 D3，区域的名称就是“A1:D3”。

（二）组合单元

由相邻的两个或者两个以上相同类型单元组成的区域，称作“组合单元”。组合单元在外形特征上和区域相同，也是一个长方形。它和区域的不同点在于，区域中的多个单元，可以是不同类型的，也就是说，一个区域中可以既有表样单元，又有数据单元；既有数值单元，又有字符单元；而组合单元中的所有单元都必须是同一种类型的。

六、关键字

关键字是用于唯一标识一张表页的数据。它的作用在于从大量表页中快速地找出一张表页。新道财务报表系统的关键字有六种：单位名称、单位编号、年、季、月、日。用户还可以根据需要自己定义关键字。

本节小结

新道云平台财务报表系统有格式状态和数据状态两种工作状态，要注意区分。

标题、表头、表体和表尾是财务报表的四要素。

列标和行号分别用来命名列和行。

报表里的单元分表样单元和数据单元两大类型。数据单元根据所填数据的类型，又分为字符单元和数值单元。

区域和组合单元都是由多个相邻单元组成的，区别在于区域内的各个单元可以是不同类型的；而组合单元内的各个单元都是同一类型的。

讨论题

1. 新道云平台财务报表有几种工作状态？在每种状态下可以进行什么工作？
2. 财务报表有哪四个要素？什么是表样单元？什么是数据单元？

第二节 取数函数和计算公式

市场上各种会计核算软件的财务报表系统，一般都事先设计好了国家统一规定的资产负债表、利润表等对外财务报表的模板。在日常使用中，可以调用这些模板自动产生各种会计报表，但有时用户也需要对这些模板进行部分修改，以满足会计制度和国家有关政策调整的需要；另外，在日常使用财务报表系统以前，也需要对企业的内部报表进行初始化设计。报表的初始化设计，就是设置好报表的格式和取数函数、运算公式以及审核公式。这样设计好的报表称作“报表模板”。把设计好的报表模板保存在系统里，需要编制报表时，调用相应的模板并执行表页计算，系统会根据事先设置在各数值单元中的取数公式或者运算公式，取出相关数据或者再经过计算以后，填入各个数值单元中。

一、取数函数

报表中数据的来源大致有以下四个方面：一是从总账系统取数，也就是从总账的各个科目中取数；二是从其他子系统如工资、固定资产、采购、销售、库存等子系统取数；三是从财务报表系统自身取数，如从其他报表取数，或者从同一报表的不同表页或者同一表页的其他单元取数；四是从系统外部取数，包括直接通过键盘录入、从移动存储器（U盘、移动硬盘、光盘）读入、通过网络传入或者从其他会计软件取数。

小知识

取数函数的作用是提供数据来源、类别、所属的会计账套、所属的会计期间等各项信息，引导系统准确地从数据源取出所需要的数据。

本节介绍总账系统的常用取数函数。

下面是一条完整的取数函数表达式的一般格式：

函数名(〈科目编码〉,〈会计期间〉,[〈方向〉],[〈账套号〉],[〈会计年度〉],[〈编码 1〉],[〈编码 2〉],[〈截止日期〉],[〈是否包含未记账〉],[〈编码 1 汇总〉],[〈编码 2 汇总〉])

整个函数表达式由圆括号分成两部分。括号左边是函数名，括号里面是参数项。

函数名指明数据的属性，一般都用数据类别各字汉语拼音的第一个字母组成。如“QC”表示期初数；“QM”表示期末数。表 12-1 列出了新道财务报表系统的 23 个总账业务函数。

小知识

由某一个子系统定义的函数称为这个子系统的业务函数。总账业务函数就是由总账系统定义的业务函数。

〈科目编码〉参数项指明从哪个科目中取数。

〈会计期间〉参数项指明取哪个会计期间的数。参数的值可以是“全年”二字，也可以是“月”字，还可以是“1、2 ... 12”这十二个月份数中的任何一个。录入“全年”的时候，表示取当前会计年度的数。“当前会计年度”是指用户本次启动系统时，在注册窗口的“会计年度”栏中录入的年度。录入“月”字时，表示取当前会计月的数。“当前会计月”是指用户本次启

表 12-1　　新道财务报表总账业务函数

函数名	意　义	函数名	意　义	函数名	意　义
QC	期初额	SQC	数量期初额	WQC	外币期初额
QM	期末余额	SQM	数量期末余额	WQM	外币期末余额
FS	发生额	SFS	数量发生额	WFS	外币发生额
LFS	累计发生额	SLFS	数量累计发生额	WLFS	外币累计发生额
TFS	条件发生额	STFS	数量条件发生额	WTFS	外币条件发生额
DFS	对方科目发生额	SDFS	数量对方科目发生额	WDFS	外币对方科目发生额
JE	净额	SJE	数量净额	WJE	外币净额
HL	汇率	XJLL	现金流量		

动系统时，在注册窗口的“操作日期”栏中录入日期里的月份。例如，用户在启动系统进行注册时，在“会计年度”栏录入了“2022”，在“操作日期”栏录入了“2022-01-01”，那么，当前会计年度就是 2022 年；当前会计月就是 1 月。如果录入的不是“全年”二字或者“月”字，而是“1、2 … 12”这十二个月份数中的任何一个，那么就表示取这个月的数。例如，录入了“3”，那么就表示取 3 月份的数。建议在月报中，〈会计期间〉项的参数值最好使用“月”字。因为如果使用了具体表示月份的“1、2 … 12”这 12 个数字，编制不同月份报表时，就需要对原来设置好的取数函数进行修改，比较麻烦。用“月”字可以在一年的 12 个月中通用，不需要修改，只要在注册登录时指定需要的月份就可以了。

〈方向〉参数项指明是取〈科目编码〉项所指定科目中的借方数还是贷方数。可以使用的参数值只有“借”或者“贷”两个。

〈账套号〉参数项指明取哪套账里的数。具体账套可以在启动系统进行注册时，在“账套”栏中指定；也可以在“财务报表”窗口中打开“数据”菜单，单击“账套初始”命令项，然后在弹出的“账套及时间初始”对话框中指定。

〈会计年度〉参数项指明在〈会计期间〉一项中指定的月份属于哪一个会计年度。

〈编码 1〉〈编码 2〉两项用于指定辅助核算中的部门、个人、供应商、客户和项目的编码；〈截止日期〉项是指所取的数计算到哪一天为止；〈是否包含未记账〉项用于指明要取的数是否包含未记账凭证上的数；〈编码 1 汇总〉〈编码 2 汇总〉两项用于指明是否取〈编码 1〉〈编码 2〉两项指明的辅助核算中的部门、个人、供应商、客户和项目的汇总数。这六项平时一般很少使用，这里就不做详细介绍了。

取数函数的一般格式中，未用方括号括起的参数项是必选项，不能够省略；用方括号括起的参数项是可选项，有时可以省略。那么，什么情况下可以省略呢？下面再逐项给予说明。

〈方向〉参数项：当要取的数是在〈科目编码〉参数项的默认记账方向上时，这一项可以省略。默认记账方向是由科目的性质决定的。资产类和成本类科目的默认记账方向是“借”；负债类和所有者权益类科目的默认记账方向是“贷”；损益类科目收入记贷方，费用记借方。假如要取“库存现金”科目的借方期末余额数，由于科目属于资产类，默认记账方向是“借”，所以此时这个参数项就可以省略；假如要取的是“库存现金”科目的贷方期末余额数，那么〈方向〉参数项就不能省略，并且它的值就应该是“贷”。

〈账套号〉参数项：当要取的就是当前账套中的数时，这个参数项就可以省略。“当前账套”是指本次启动系统的时候，在注册窗口的“账套”栏中选定的账套；也可以是单击“数据”菜单中

“账套初始”命令项以后，在弹出的“账套及时间初始”对话框中指定的账套。例如，注册登录的是“001”账套，或者在“账套及时间初始”对话框中指定的账套是“001”账套，那么要取“001”账套里的数时，这一项就可以省略。

〈会计年度〉参数项：当要取的是当前会计年度账上的数时，这个参数项可以省略。“当前会计年度”是指用户本次登录系统的时候，在注册窗口的“会计年度”栏中录入的年度；也可以是单击“数据”菜单中“账套初始”命令项以后，在弹出的“账套及时间初始”对话框中指定的年度。例如，注册登录时，录入的会计年度是“2022”，或者在“账套及时间初始”对话框中指定的年度是“2022”，那么要取2022年度账上的数时，这一项就可以省略。

注 意

取数函数的括号中的各项参数之间用半角逗号分隔。

在取数函数中省略了某一项参数以后，这项参数和前面以及后面两项参数之间原来的逗号不能省略，必须保留；不过，如果从某一项开始它后面的所有参数全都省略了，那么相关的逗号也都可以省略。

下面通过五个取数表达式的比较，来帮助大家加深对取数函数的理解。例子中的五个表达式都是正确并且等价的。它们取到的是同一个数。

① C8＝QC(1001,1,借,001,2022)

② C8＝QC(1001,1,借,,2022)　　省略了账套号。

③ C8＝QC(1001,1,,,2022)　　省略了记账方向和账套号。

④ C8＝QC(1001,1)　　省略记账方向、账套号和年度。

⑤ C8＝QC(1001,月)　　用“月”代替“1”。前提是：按1月注册登录。

在表达式①中，等号左边的“C8”表示C8单元；等号右边，括号左边的“QC”表示取期初额；括号中第一项“1001”表示取1001(库存现金)科目的数；第二项“1”表示取1月份的数；第三项“借”表示取借方的金额；第四项“001”表示取001账套的数；第五项“2022”表示会计年度是2022年。

把以上分析归纳起来，①式所表达的完整意思是：把001账套中1001科目2022年1月的借方期初额取出填到C8单元中。

②式和①式比较，是省略了“001”这个〈账套号〉参数项。这里有个前提，就是注册登录系统时，指定的账套就是001账套；或者在“数据”菜单的“账套初始”功能中指定了001账套。另外还要注意到，被省略的账套号“001”两边的逗号都还仍然保留在式子中，这是因为〈账套号〉参数项后面还有〈会计年度〉参数项。

③式和①式比较，是省略了〈方向〉和〈账套号〉两个参数项。这里之所以可以省略〈方向〉参数项，是因为要取的数所在的“1001库存现金”科目是一个资产类的科目，它的默认记账方向是“借”。另外需要注意的是：由于后面的〈会计年度〉参数项仍然存在，因此被省略的〈方向〉和〈账套号〉两项中间以及前后，原来的三个逗号不能去掉，必须保留。

④式和①式比较，是省略了〈方向〉、〈账套号〉和〈会计年度〉三项。这里会计年度的省略有个前提，就是在注册登录系统时，指定的会计年度是“2022”；或者在“数据”菜单的“账套初始”功能中指定会计年度为“2022”。大家可能注意到了，④式当中在〈会计期间〉参数“1”的后面没有再保留被省略的三个参数项原来所带的逗号，这是因为在〈会计期间〉参数“1”后面，所有参数项都被省略了。在这种情况下，这些逗号都可以省略掉。

⑤式和④式比较，是〈会计期间〉参数项的值用了“月”，而不是原来的“1”；这里的前提是：

在注册登录系统时，在“操作日期”栏中录入的日期中的月份值是“1”。实际上，⑤式是在平时工作中比较常用的一种形式。

二、计算公式

报表中的有些数据，是通过几个数的运算得到的，因此需要在相关的单元中设置计算公式。

表页内部的计算公式一般由单元名称和运算符组成。可以使用的运算符有∧(平方)、*(乘)、/(除)、+(加)、-(减)。这五种运算符都是用作数和数的数值运算，得到的结果是一个数值，所以把它们叫作“算术运算符”。

小知识

当报表中某个单元的数据由其他若干单元的数据经过运算得到时，表示这种运算关系的表达式就叫作运算公式。

假定利润表中，“营业利润”项的本期金额在C17单元；“营业外收入”项的本期金额在C18单元；“营业外支出”项的本期金额在C19单元；“利润总额”项的本期金额在C20单元；计算本期利润总额的运算关系是：

利润总额 = 营业利润 + 营业外收入 − 营业外支出

写成运算公式就是：C20 = C17 + C18 − C19

本节小结

取数函数的作用是提供数据来源、类别、所属的会计账套、所属的会计期间等各项信息，引导系统准确地从数据源取出所需要的数据。

计算公式用于报表内部数据之间的运算。

讨论题

什么是取数函数？新道云平台的报表系统常用的总账业务函数有哪些？

书面练习

在印好的未填数据的纸质利润表中，填写各项目“本期金额”栏的取数函数和计算公式。

第三节　报表表样设计

这一节，以利润表(简表)为实例介绍会计报表的初始设计过程。

【案例12-1】 请完成001账套利润表的初始化工作。利润表的表样及相关取数函数、计算公式请见附录中的实训项目十五。

每一种内部财务报表在第一次使用以前，都有一个报表初始化过程。报表的初始化包括新建报表、定义报表格式、设置取数函数和运算公式等项工作。

小知识

会计信息系统中，会计报表是以计算机文件的形式存放在本地机磁盘或云上的。所谓新建报表，就是在本地机磁盘或云上建立一个会计报表文件。

一、新建报表

新建报表的操作步骤如下：

由具有“财务报表”权限的操作员(02 钱会计；口令：

2）注册登录“信息门户”/在左侧主菜单上单击“财务报表”打开“新报表”窗口，同时会弹出提供预置报表模板的“新建报表”对话框/在“新建报表”对话框的右窗格中选中“空报表”图标，如图12-2所示。

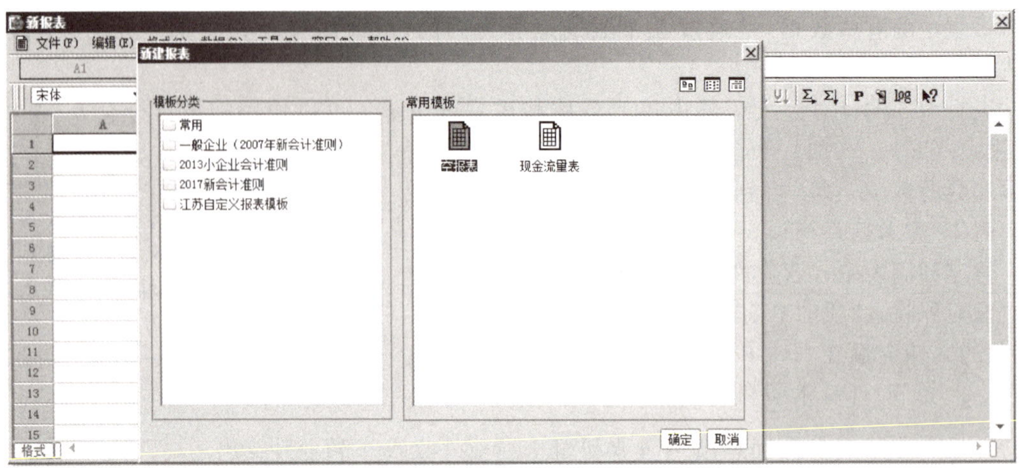

图 12-2 “新报表”窗口和“新建报表”对话框界面

单击“新建报表”对话框底部的[确定]按钮，“新报表”窗口中显示一个原始电子表/单击“新报表”窗口工具栏上的[保存]按钮（或者打开“文件”菜单单击“保存”命令），弹出“保存报表”对话框/在对话框中指定报表文件的保存位置（本例取默认的“考生文件夹”）和文件名（自定义利润表模板），如图12-3所示/单击[保存]按钮，系统提示“保存成功!”/单击提示框上的[确定]按钮关闭提示框，“保存报表”对话框也随之一起关闭，新建报表操作到此完成。

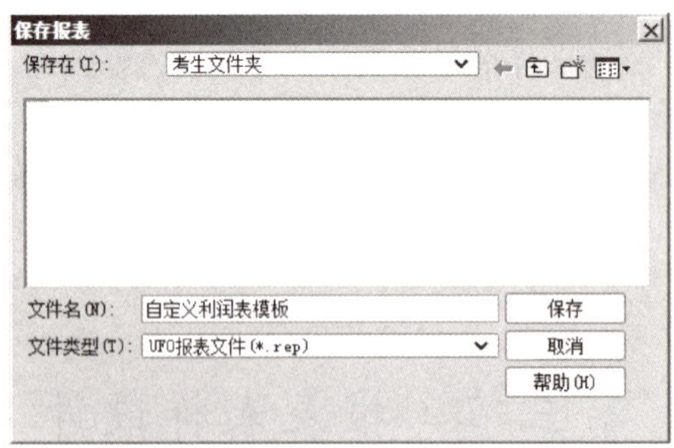

图 12-3 “保存报表”对话框界面

注 意

文件的扩展名必须保持原样，不能修改。这里设定的文件名是供以后调用报表模板用的，它和报表的标题没有直接的关系，可以相同也可以不相同。

二、定义报表格式

定义报表格式的工作包括设置表尺寸、定义组合单元、画表格线、设置报表项目、调整行高和列宽、设置单元风格（字体、字号和对齐）等。

定义报表格式的全部操作必须在“格式”状态下进行。

（一）设置表尺寸

报表的尺寸也叫报表的大小，用包括标题、表头、表体、表尾在内的报表的总行数和总列数表示。本例中，标题和表头占 4 行；表体占 21 行，表尾占 1 行，总共需要 26 行；列数为 4 列。

操作步骤如下：

首先检查[格式/数据]按钮，使它处于“格式”状态/打开“格式”菜单/单击“表尺寸”命令弹出“表尺寸”对话框/在对话框中录入报表的行数(26)和列数(4)，如图 12-4 所示/单击“表尺寸”对话框上的[确定]按钮完成表尺寸设置。

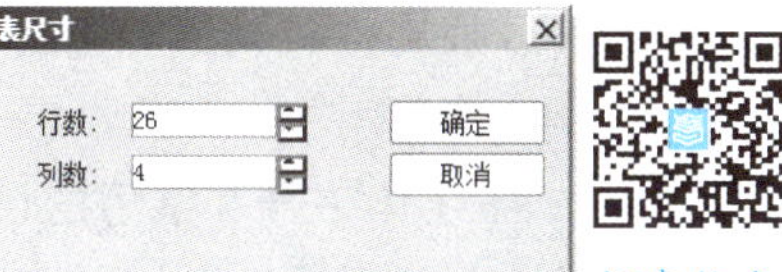

图 12-4 “表尺寸”对话框界面

报表格式设计

（二）定义组合单元

一般情况下，设置报表标题和关键字位置时，都需要打破一行中各单元之间的界线，这就需要把标题所在行以及关键字所在行定义成组合单元。定义组合单元的操作步骤如下：

在定义好尺寸的表中选择要组合在一起的单元区域(A1:D1)/打开“格式”菜单/单击“组合单元”命令，选中区域里的单元组合成一个组合单元(填标题用)/重复以上步骤把 A2:D2 区域里的单元组合成一个组合单元(填“会企 02 表”)。

（三）画表格线

操作步骤如下：

把鼠标放在要画表格线的区域的起始单元(本例是 A4)/按下左键拖动鼠标到要画表格线区域的终止单元(本例是 D25)/打开“格式”菜单/单击“区域画线”命令完成画线。

（四）定义行高和列宽

录入的报表项目文字可能会有一部分受行高或者列宽的限制而不能显示。为了显示所有文字，需要对行高或者列宽进行调整。调整行高或者列宽的方法有两种，这里以调整列宽为例分别进行介绍。

在上方列标行上，把鼠标放到要调整列宽的列和右边一列中间的接缝上/当鼠标指针变成左右双向箭头时，按下鼠标左键向右拖动，直到这一列的文字全部可以看到为止。

如果要把列宽调窄，就把鼠标往左拖动。

调整行高的操作和调整列宽的操作类似，不同点在于：要把鼠标放在左边行号栏上要调整行高的行和下面一行中间的接缝上。

（五）录入报表项目

报表项目包括表头的标题和货币单位、表体项目和表尾项目等。录入报表项目的操作步骤如下：

选中组合单元 A1:D1/录入报表标题(利润表)/选中组合单元 A2:D2/录入报表的类别号(会企 02 表)/选中 D3 单元/录入“单位：元”(“单位名称”和“年”“月”属于关键字，不通过键盘录入)/再依次分别选中表体中各个单元，按照表样录入相应的项目名称。

（六）设置单元风格

下面以设置本案例中利润表标题的字体、字号和对齐方式为例，说明操作步骤。

小知识

"单元风格"是指单元内字符的字体、字号、字型、对齐方式、颜色图案等。

选中组合单元 A1:D1/打开工具栏左端的字体下拉框选择字体(宋体)/打开字号下拉框选择字号(18 磅)/把光标放到原本处于左端位置的标题(利润表)当中,单击工具栏上的[水平居中]按钮使标题居中对齐/把光标置于报表标题(利润表)的头两字("利""润")中间,按空格键设置两字中间的间隔距离/重复上一步骤设置好另外两字("润""表")之间的间隔距离。

字体字号和字型的设置,也可以通过单击"格式"菜单上的"单元属性(O)…"命令,在弹出的"单元格属性"对话框上进行。

其他表样单元风格的设置方法,可以参照前面所讲的标题风格的设置方法来做。在本案例中,要求设置"会企 02 表"和"单位:元"两个字符串为右对齐;"项目""行次""本期金额""上期金额"四个字符串以及 B5:B25 区域中的行次标号居中;A5:A25 区域的各项目名称按原来居左不变(A4 单元中的"项目"两字之间加适当的间隔),但需要按附录中实训项目十五提供的表样调整对齐风格;从第 2 行到第 26 行所有文字的字体都设置为宋体、字号 15 磅。

(七) 设置关键字及其位置

1. 设置关键字

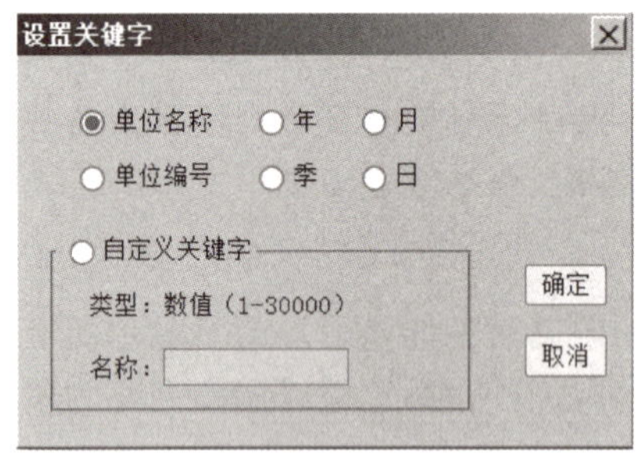

图 12-5　"设置关键字"对话框界面

操作方法如下:

选中 A3 单元/打开"数据"菜单/指向"关键字"弹出二级菜单/单击二级菜单中的"设置"命令弹出"设置关键字"对话框,如图 12-5 所示/在对话框中点选"单位名称"/单击[确定]按钮,可以看到所选的关键字("单位名称")出现在 A3 单元中。

用相同的方法,在 B3 单元中设置关键字"年";在 C3 单元中设置关键字"月"。

2. 调整关键字位置

操作方法如下:

选中需要调整位置的关键字所在的单元(本例选中关键字"年"所在的 B3 单元)/按需要单击工具栏上的[居左]或[水平居中]或[居右]按钮(本例单击[居左]按钮)/用同样的方法调整关键字"月"的位置(居左)。

注　意

具体的单位名称(月宫桂花酒集团公司)、年份(2022)、月份(1)等内容属于关键字的值,是报表中的数据,要等到编制报表的时候在"数据"状态下录入。

三、设置取数函数和计算公式

(一) 设置取数函数

设置取数函数有两种方式:一是通过键盘在图 12-6 所示的"定义公式"对话框中直接录入;二是由系统引导录入。通过键盘直接录入的方式适用于具有比较丰富操作经验的操作人员;系统引导录入的方式适用于初学的人员。这里主要介绍系统引导录入方式下的操作方法

（取数函数和运算公式中的所有字符，包括运算符，必须使用半角符号）。

选定需要填写数据的单元（“营业收入”的“本期金额”项单元 C5）/打开“数据”菜单/指向“编辑公式”命令弹出下级子菜单/在子菜单中单击“单元公式”，弹出“定义公式”对话框，如图 12-6 所示。

设置取数函数和计算公式

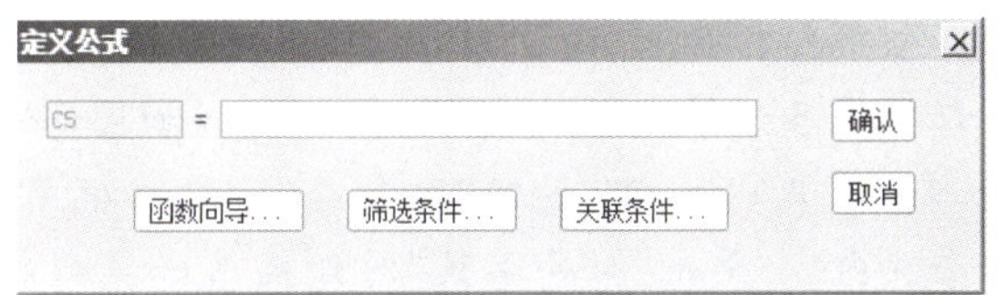

图 12-6 “定义公式”对话框界面

单击对话框中的[函数向导]按钮，弹出“函数向导”对话框/在对话框左部“函数分类”窗格中点选函数种类（账务函数）/在中部“函数名”窗格中点选函数名（发生（FS）），如图 12-7 所示。

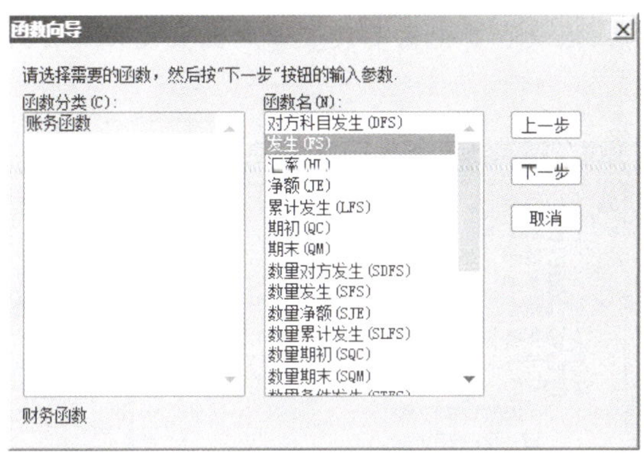

图 12-7 “函数向导”对话框界面

单击“函数向导”对话框右部的[下一步]按钮转入“财务函数”对话框第一界面，如图 12-8 底层所示。

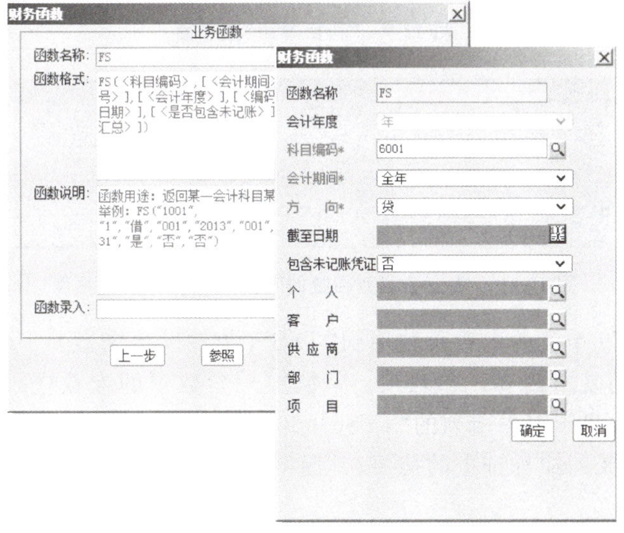

图 12-8 “财务函数”对话框界面

单击“财务函数”对话框第一界面底部的[参照]按钮转入“财务函数”对话框第二界面/在“财务函数”对话框第二界面，单击“科目编码”框右端的放大镜按钮，打开“科目参照”窗/在“科目参照”窗口中选中需要的科目(6001 主营业务收入)，如图 12-9 所示/单击“科目参照”窗右部的[确定]按钮返回“财务函数”对话框第二界面，选择的科目填入“科目编码”框/打开“会计期间”下拉框/选择会计期间(全年)/打开“方向”下拉框，选择要取所选科目借贷两方中哪一方的数据(贷)/依据需要设置好其他各项参数(本例中取默认值)，如图 12-8 顶层所示/单击“财务函数”“对话框第二界面底部的[确定]按钮，返回“财务函数”对话框第一界面，在下部的“函数录入”文本框中可以看到函数内容/单击“财务函数”对话框第一界面底部的[确定]按钮，返回“定义公式”对话框，可以看到未完成的取数函数式，如图 12-10 所示/在未完成公式的最右端，从键盘敲入运算符(+)/再单击[函数向导]按钮，仿照前面的步骤录入取数函数式的余下部分(FS(6051，全年，贷))/确认没有错误以后，单击“定义公式”对话框右部的[确认]按钮返回制作中的利润表界面(这时候可以在编辑栏看到完整的取数公式，同时在 C5 单元中显示“公式单元”字样)/用相同的方法，依次在其他需要设置取数函数或计算公式的单元中设置取数函数或计算公式。

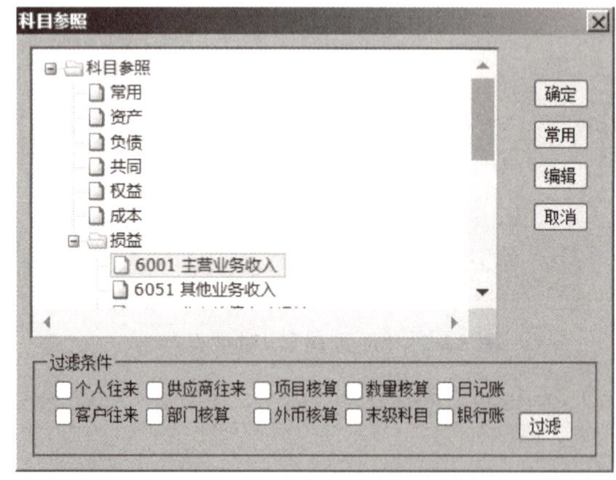

图 12-9 “科目参照”窗界面

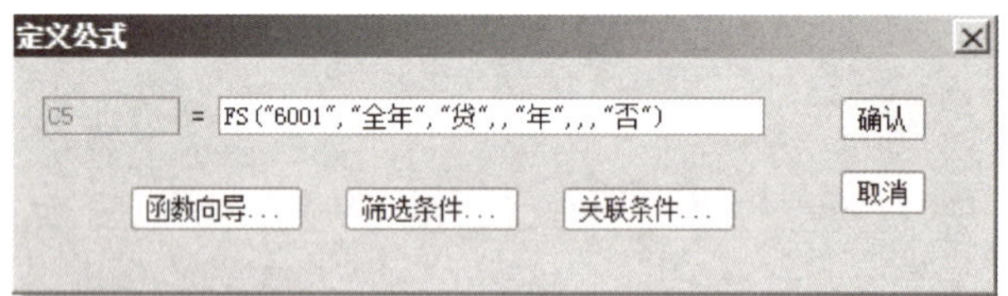

图 12-10 填上了取数函数的“定义公式”对话框界面

本案例利润表 C9 单元的取数函数用到“TFS”(条件发生函数)。这个函数的语法规定在〈方向〉参数项后面是[〈摘要〉]参数项。[〈摘要〉]参数项的参数应是所取数所属记账凭证上的摘要。实训项目十五中所列的“TFS(“660205”，全年，贷，“盘盈处理”，“==”)”一式中的“盘盈处理”，就是对应凭证上的摘要；其后的“==”表示模糊匹配。如果要精确匹配，可以使用“=”。

设置这个函数时，在图 12-8 顶层所示的“财务函数”对话框第二界面上，会有“摘要”和“匹配方式”两项。相关参数可以在这里进行设置。

(二) 设置计算公式

计算公式一般都是在图 12-10 所示的定义公式对话框界面，通过键盘直接录入。这里以本案例利润表中 C17 单元“营业利润”本期金额的计算公式为例，介绍计算公式的录入方法：

选中要设置公式的单元(C17)，打开“数据”菜单/指向“编辑公式”弹出子菜单/在子菜单上单击“单元公式”弹出“定义公式”对话框/在对话框“=”号右边的文本框里录入运算公式(C5 － C6 － C7 － C8 － C9 － C10 － C11 ＋ C12 ＋ C13 ＋ C15 ＋ C16)/单击[确认]按钮返回利润表界面。

> **小知识**
>
> 新道云平台报表系统还有一种用于报表中数据经舍位以后重新调整平衡关系的公式，称作“舍位平衡公式”。

四、保存模板和关闭文件

可以把自己设计的报表模板保存到系统里，需要时调出使用。操作步骤如下：

打开“文件”菜单/单击“保存”命令(因为原先已经存在)，系统提示“保存成功!”，单击提示框上的[确定]按钮关闭提示框/再打开“文件”菜单/单击“退出”命令关闭报表窗口。

单击“财务报表”窗口工具栏上的[保存]按钮，也可以进行报表模板的保存。

实际上，当我们单击“文件”菜单上的“保存”命令，又或者是工具栏上的[保存]按钮时，系统会按照设置好的取数函数和计算公式，从账簿的相应科目中取出数据，并经过计算，把各项数据填入表中。所以，我们也可以认为保存的是已经编制好的报表。如果作为报表模板文件保存，建议在保存时把文件命名为“自定义……模板”；如果是直接作为报表文件保存，建议在保存时把文件命名为“……报表”。

本节小结

报表的设计主要包括新建报表、定义报表格式、设置取数函数和计算公式等工作。设计好报表模板以后，要注意把它保存好，以备需要时调用。

实　　验

完成本节讲述的利润表模板设计，命名为“自定义利润表模板”进行保存。

第四节　财务报表的编制

会计信息系统中的报表编制是由计算机在人的控制下自动完成的；对于新道云平台来讲，是在云端完成的。报表编制是使系统运行报表模板文件，通过报表模板中的取数函数和计算公式从相应的数据源调取数据，直接填入或者经过计算以后填入相应的各个表单元中，最后得到数据表。

报表编制的操作流程是：打开报表模板文件—表页重算—保存报表。

一、使用自定义报表模板编制报表

【案例 12-2】 请使用自定义利润表模板，完成 001 账套 2022 年 1 月利润表的编制。

(一) 打开自定义报表模板

由具有“财务报表”权限的操作人员(02 钱会计；口令：2)注册登录“信息门户”/单击左侧

主菜单上的“财务报表”，打开“新报表”窗口，同时弹出“新建报表”（预置报表模板）对话框，如图 12-2 所示。

单击“新建报表”（预置报表模板）对话框右下角的［取消］按钮把它关闭（不使用预置报表模板），余下“新报表”窗口/在“新报表”窗口打开“文件”菜单/单击“打开”命令弹出“打开报表”对话框/在对话框中选中需要的自定义报表模板（自定义利润表模板.rep）文件，如图 12-11 所示/单击“打开报表”对话框上的［打开］按钮，把报表模板打开。

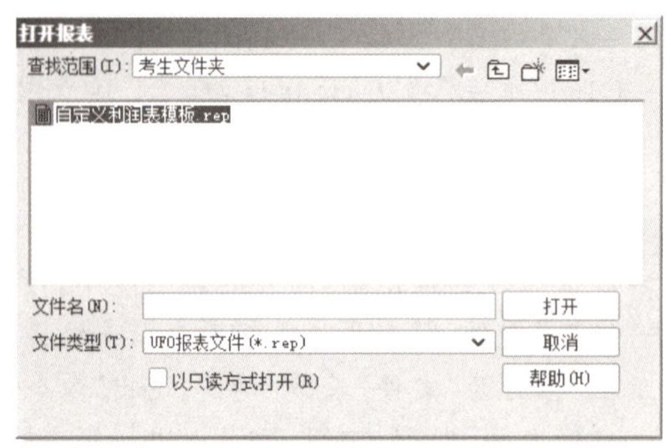

图 12-11 “打开报表”对话框界面

（二）编制报表

1. 表页重算

我们在上一节讲过，在我们保存设置好取数函数和计算公式的自定义报表模板的当时，系统就会自动填入报表数据，所以，如果要编制的报表所属的会计期间和所使用模板的设计日期属于同一个会计期间，那么这里打开的报表模板，实际上就已经是填上了本会计期间数据的半成品报表了，不需要再另做表页重算的工作。如果要编制的报表所属的会计期间和所使用模板的设计日期不属于同一个会计期间，就需要做一些处理。具体又分以下两种情况：

第一种情况是：在设置取数函数的时候，〈会计期间〉参数项没有设置明确的会计期间，而只是设置了笼统的“月”“全年”或是作了省略处理。这种情况下，可以作如下操作：

打开报表模板以后，如果［格式/数据］按钮的状态为“格式”，就单击［格式/数据］按钮调整为“数据”，这时系统提示“是否需要重算全表?”/单击提示框上的［确定］按钮关闭提示框，系统对全表进行数据重算，完成报表编制。

打开报表模板以后，如果［格式/数据］按钮的状态已经为“数据”，就打开“数据”菜单/单击菜单上的“整表重算”命令，系统提示“整表重算会花费一定时间，是否继续?”/单击提示框上的［确定］按钮关闭提示框，系统会按照当前（登录）会计期间进行数据重算，完成报表编制。

第二种情况是：在设置取数函数的时候，对〈会计期间〉参数项设置了明确的会计期间（设计报表模板时的会计期间），比如“1”（月）。这种情况下，可以在打开报表模板以后，对各公式单元的取数函数进行修改，把〈会计期间〉参数项中的会计期间，改为当前编制的报表所属的会计期间。方法如下：

打开报表模板以后，调整［格式/数据］按钮的状态为“格式”/用鼠标双击要修改取数函数的单元，弹出“定义公式”对话框/在“定义公式”对话框中对函数中的＜会计期间＞参数进行修改/修改后单击“公式定义”对话框右部的［确认］按钮关闭对话框。

所有取数函数修改完成以后，单击［格式/数据］按钮，把工作状态调整为“数据”/系统提示“是否需要重算全表?”/单击提示框上的［确定］按钮关闭提示框，系统会按照修改后的会计期间对全表进行数据重算。

也可以在[格式/数据]按钮处于“数据”状态时，打开“数据”菜单/单击菜单上的“整表重算”命令，系统提示“整表重算会花费一定时间，是否继续?”/单击提示框上的[确定]按钮关闭提示框，系统会按照修改后的会计期间对全表进行数据重算。

2. 录入关键字

检查窗口左下角的[格式/数据]状态按钮，使它处于数据状态/选中 A3 单元/打开“数据”菜单/指向“关键字”弹出二级菜单/在二级菜单上单击“录入”命令，弹出“录入关键字”对话框/在对话框的“单位名称”文本框里录入具体的单位名称(月宫桂花酒集团公司)/在“年”文本框里录入会计年度(2022)/在“月”文本框里录入月份(1)/单击[确定]按钮关闭“录入关键字”对话框，相关关键字的值(内容)填入各对应位置。

3. 填写表尾项目的内容

选中要填写内容的单元(C26)/在单元中的合适位置双击把光标定位/填写需要的内容(钱会计)/用同样的方法填上审核人的姓名(赵经理)。

4. 保存报表

打开“文件”菜单/单击“另存为”命令弹出“保存报表”对话框/设置好报表文件名(2022 年 1 月利润表)和保存位置(默认“考生文件夹”)/单击对话框右下部位的[保存]按钮，系统提示“保存成功!”/单击提示框上的[确定]按钮关闭提示框/打开“文件”菜单/单击“退出”命令关闭报表窗口。

二、使用系统预置报表模板编制报表

【案例 12-3】 请使用系统预置模板，完成 001 账套 2022 年 1 月资产负债表的编制。

(一般企业(2007 年新会计准则)；模板：资产负债表)

(一) 打开系统预置报表模板

由具有“财务报表”权限的操作人员(02 钱会计；口令：2)注册登录“信息门户”/单击左侧主菜单上的“财务报表”，打开“新报表”窗口，同时弹出“新建报表”(预置报表模板)对话框，如图 12-2 所示/在“新建报表”(预置报表模板)对话框的左窗格中，双击打开所需模板所在的文件夹(本例打开“一般企业(2007 年新会计准则)”文件夹)，右窗格中显示打开文件夹中的所有预置的报表模板/在右窗格中选中需要的报表模板(资产负债表)/单击对话框底部的[确定]按钮把报表模板打开。

(二) 编制报表

1. 表页重算

检查[格式/数据]按钮，使它处于[数据]状态/打开“数据”菜单/单击菜单上的“整表重算”命令，系统提示“整表重算会花费一定时间，是否继续?”/单击提示框上的[确定]按钮关闭提示框，系统会按照当前(登录)会计期间进行数据重算，完成报表编制。

需要注意的是，直接使用系统预置的资产负债表模板编制本书 001 账套 2022 年 1 月份的资产负债表时，会出现双方的“年初余额”栏合计数不平的情况。这是因为书上 001 账套的期初余额录入时，“1401 材料采购”科目(“资产”方)有一笔 14 400 元的金额以负数录入在借方，期初记账时会记到贷方；“2221 应交税费”(“负债及所有者权益”方)科目有一笔 260 元的金额以负数录入在贷方，期初记账时会记到借方。另一方面，系统预置的资产负债表模板中，“资产”方“年初余额”栏“存货”项的取数函数中，“1401”科目的取数方向明确指定为“借”，“负债及所有者权益”方“年初余额”栏“应交税费”项的取数函数中，“2221”科目的取数方向明确指定为“贷”。这样这两项就取不到科目中的数了。

解决的办法如下：

把 C14 单元(“资产”方“年初余额”栏“存货”项)取数函数(1401 科目)中，和 F12 单元(“负债及所有者权益”方“年初余额”栏“应交税费”项)取数函数(2221 科目)中，取数方向(“借”或“贷”)都省略掉。具体来说就是分别删除相关取数函数中的“借”字或“贷”字(注意要保留参数项两边的逗号)，如图 12-12 和图 12-13 所示，再进行整表重算即可。

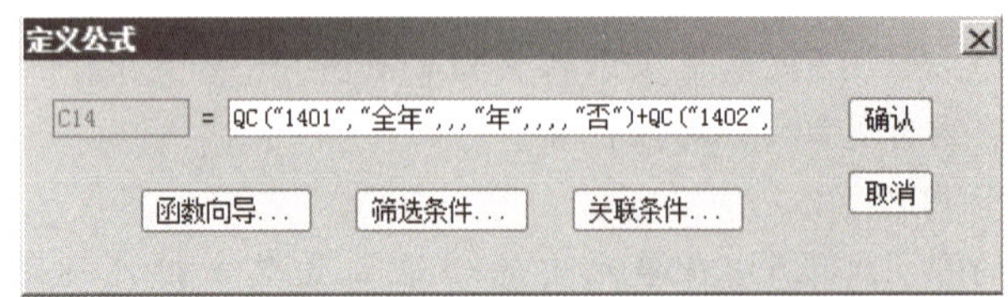

图 12-12 C14 单元格取数函数修改后界面

编制报表

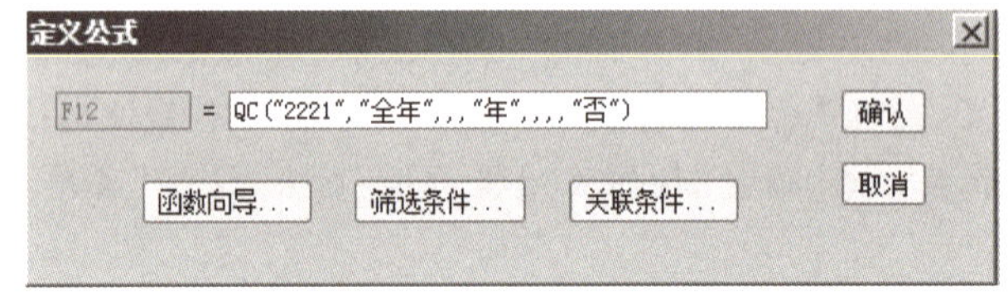

图 12-13 F12 单元取数函数修改后界面

2. 录入关键字

检查窗口左下角的[格式/数据]状态按钮，使它处于数据状态(系统提示“是否需要重算全表”时单击[取消])/选中 A3 单元/打开“数据”菜单/指向“关键字”弹出二级菜单/在二级菜单上单击“录入”命令，弹出“录入关键字”对话框/在对话框的“单位名称”文本框里录入具体的单位名称(月宫桂花酒集团公司)/在“年”文本框里录入会计年度(2022)/在“月”文本框里录入月份(1)/在“日”文本框里录入日期(31)/单击[确定]按钮关闭“录入关键字”对话框，相关关键字的值(内容)填入各对应位置。

3. 填写表尾项目的内容和保存报表

填写表尾内容和保存报表的方法前面已经学过了，请自己完成操作。制表人可以填“钱会计”，审核人可以填“赵经理”，报表文件名可设为“2022 年 1 月资产负债表”。

(三) 保存报表

打开“文件”菜单/单击“另保存”命令打开“保存报表”对话框/在对话框中选择好保存的位置，修改文件主名为容易辨识的文件名(2022 年 1 月利润表)/单击“保存报表”对话框中的[保存]按钮完成保存。

注 意

做保存操作时，最好用“文件”菜单的“另保存”命令，而不要用“保存”命令直接保存，不然的话会把原来的报表模板文件破坏掉。

修改文件名时，只能修改文件主名，不能改动扩展名。

本节小结

本节介绍了报表编制和报表保存的操作。

系统中已有预置模板的报表，可以使用预置模板来编制报表；系统中没有预置模板的，需要使用自己设计的报表模板来编制报表。

实　验

1. 使用自定义报表模板，参考附录中实训项目十五里的参数，完成001账套2022年1月利润表的编制。

2. 使用系统预置的资产负债表（一般企业（2007年新会计制度））模板，完成001账套2022年1月资产负债表的编制（可能需要对"资产"方"年初余额"栏"存货"项公式中"材料采购"科目，和"负债及所有者权益"方"年初余额"栏"应交税费"项的取数函数稍作修改）。详请参阅本节第二小节相关内容。

第五节　归　档　管　理

归档管理是按规定把各种账簿、财务报表、凭证，还有电子发票等，以.pdf格式归入电子会计档案，以便需要时调用或查询。

归档管理的内容分财务归档和电票归档两大部分。

一、财务归档

财务归档的会计账表有余额表、明细账和序时账，以及记账凭证；财务归档的报表有资产负债表和利润表。

（一）财务归档的操作

由具有归档管理操作权限的操作员（一般是账套主管）注册登录"信息门户"/在左部主菜单上单击"归档管理"进入归档管理主界面/单击"财务归档"图标打开"财务归档"窗口/在"财务归档"窗口的左窗格中选中归档账簿或报表所属的月份（本例选1月）/单击工具栏上的[归档]按钮，系统进行归档处理，同时显示处理进度，如图12-14所示。

图12-14　归档进度提示条

片刻，归档处理完成，界面显示如图12-15所示。

（二）会计档案文件的预览、下载和打印

1. 会计档案文件的预览

在"财务归档"窗口的右部大窗格中选中一种账表的记录/单击工具栏上的[预览]按钮，可以看到所选账表的全貌。

2. 会计档案文件的下载

会计档案文件的下载操作，和电子发票的下载操作基本相同。具体步骤如下：

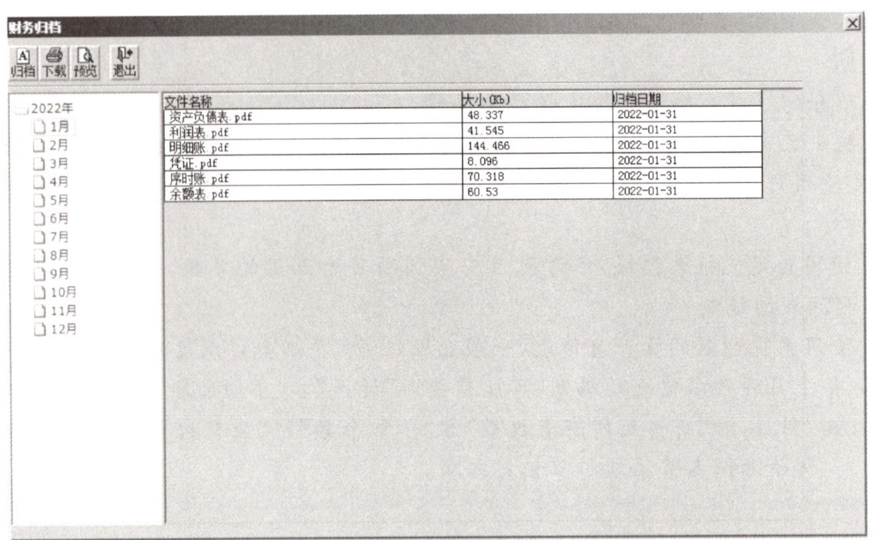

图 12-15 “财务归档”窗口界面

在“财务归档”窗口的右部大窗格中选中一种账表的记录/单击工具栏上的[下载]按钮，窗口左下角显示对应的页签/单击页签右端的 ^ 按钮弹出菜单/单击“在文件夹中显示”命令打开“下载”窗口/按需要修改账表的文件名，并把账表保存到专用文件夹中。

会计档案文件的下载也可以在预览界面上做。具体步骤如下：

在会计档案文件的预览界面，把鼠标放到标题栏下方，会出现一条黑底工具栏，如图 12-16 所示。

图 12-16 会计档案预览界面工具栏

在工具栏右部单击 (下载)按钮，弹出“另存为”对话框/在对话框上设置好文件名称和保存位置/单击[保存]按钮完成下载。

注 意

在设置下载文件的文件名时，不能改动文件的扩展名！

3. 会计档案文件的打印

会计档案文件的打印在预览界面上做。具体步骤如下：

在预览界面工具栏的右部，单击 (打印)按钮，弹出与打印电子发票时相同的“打印”对话框/在对话框上设置好打印机、打印份数等打印参数/单击对话框底部的[打印]按钮进行打印。

注 意

这里介绍的会计档案文件下载和打印操作的界面和步骤，是就使用谷歌浏览器的情况而言的；如果使用的是其他浏览器，操作界面和步骤和这里所说的会稍有不同。

图 12-16 所示的预览界面工具栏上，左段显示的是当前会计档案文件保存在云端情况下的文件名。用户在下载时可以修改成意义明确的文件名，例如“****年**月****表”。工具

栏中间的“1/3”，斜杠右边的“3”表示这份文件一共有 3 页；斜杠左边的“1”表示当前显示的是第 1 页。

二、电票归档

电票，就是电子发票。使用“电票归档”功能，可以把增值税进项电票、增值税销项电票、非增值税进项电票和非增值税销项电票等电子发票归入电子会计档案。

电票归档的操作分销项电票采集和电票归档两大步骤。

（一）销项电票采集

销项电票采集，是把下载保存到本地机上的销项电票，采集到系统中来。销项电票采集的操作，和我们在第八章第二节【案例 8-3】中介绍的采购电票采集的操作相同，不过在操作中选择的是销项电票，不是采购电票，再一个就是注意要把本会计期所有销项电票都采集进来，不要遗漏。请大家参照采购电票采集的方法自己完成这项操作。

（二）电票归档

电票归档的操作方法和财务归档的操作基本相同，不同之处只是财务归档窗口的“预览”按钮，在电票归档窗口中改成了“查看”按钮。请大家自己参照财务归档的操作方法，通过练习，掌握电票归档（包括查看、下载和打印）的技能。

无论是财务归档还是电票归档，操作完成以后，都是单击窗口工具栏上的[退出]按钮结束操作。

本节小结

新道云平台上，可以归档管理的会计账簿有明细账、序时账、余额表、会计凭证，以及资产负债表和利润表；可以归档管理的票据是电子发票。

归档的会计档案文件都是.pdf 格式的。归档后的会计档案文件可以预览、下载和打印。

实　　验

把 001 账套的明细账、序时账、余额表，资产负债表、利润表、记账凭证和电子发票进行归档；并把归档后的会计档案文件下载到本地机保存。

附　录　实训模拟账套

实训项目一　系统管理初始化(总账)

［实训要求］

以系统管理员 admin 的身份登录“系统管理”(密码:空);完成建账和操作员及权限设置。

［实训内容］

1. 设置操作员
2. 建立账套
3. 分配操作员权限

［实训数据］

一、操作员信息(表附-1)

表附-1　总账系统操作员参数

编　号	姓　名	口　令	部　门
01	赵经理	1	经理室
02	钱会计	2	财务部
03	孙出纳	3	财务部

二、账套信息

1. 账套信息

账套号:001

账套名称:月宫桂花酒集团公司

账套路径:(默认)

启用会计期:2022 年 1 月

2. 单位信息

单位名称:月宫桂花酒集团公司

单位简称:桂花酒集团

单位地址:太阳系月球中国太空实验基地

法人代表:吴　刚

邮政编码:325325

联系电话:0999-19191919

E-mail:ghj@yq.net

税　　号:123456787654321

(税务管理机关假设为北京市税务局)

银行名称:中国工商银行月球支行

银行账号:518651865186

3. 核算类型

记账本位币:人民币(RMB)

企业类型:工业

行业性质:2007 年新会计准则

账套主管:01 赵经理

按行业性质预置科目

4. 基础信息

存货是否分类:是

客户是否分类:是

供应商是否分类:是

有无外币核算:有

5. 编码方案

科目编码级次:4222

其他各项编码采用系统默认设置。

6. 数据精度

保持系统默认值不变。

7. 系统启用

启用总账系统和发票管理系统;启用日期:2022 年 1 月 1 日。

三、权限分配

1. 账套主管

分配赵经理担任账套主管。

2. 会计

分配钱会计担任会计,赋予以下权限:

"总账"模块所有权限当中删去出纳签字、日记账查询、日记账账簿打印、日报表查询等权限以后,余下的所有权限。

"财务报表"模块的所有权限。

3. 出纳

分配孙出纳担任出纳,赋予以下权限:

"总账"模块:出纳签字、日记账查询、日记账账簿打印、日报表查询。

(说明:钱会计和孙出纳各自的总账部分权限合在一起就是"总账"模块的全部权限。)

实训项目二 账套初始化(基础设置)

[实训要求]

以账套主管赵经理(编号:01;口令:1)的身份注册登录"信息门户",进行账套初始化工作(基础设置)。

[实训内容]

1. 机构设置(部门档案和职员档案)
2. 往来单位设置(客户分类、客户档案、供应商分类、供应商档案、地区分类)

3. 财务设置(外币种类、会计科目、凭证类别、项目目录)
4. 收付结算设置(结算方式、开户银行)
5. 常用摘要录入

[实训数据]

一、基础档案(表附-2 至表附-9)

表附-2 部门档案参数

部门编码	部门名称	助记码	部门编码	部门名称	助记码
1	董事会	DSH	7	销售部	XSB
2	经理室	JLS	701	东海区	DHQ
3	财务部	CWB	702	南海区	NHQ
4	人力部	RLB	703	北海区	BHQ
5	资产部	ZCB	8	物流部	WLB
6	供应部	GYB	9	生产部	SCB

表附-3 职员档案参数

职员编号	姓　名	助记码	所属部门	职员属性
101	吴　刚	WG	董事会	董事长
201	赵经理	ZJL	经理室	总经理兼财务总监
301	钱会计	QKJ	财务部	会计
302	孙出纳	SCN	财务部	出纳
401	李人事	LRS	人力部	人力部经理
501	周资产	ZZC	资产部	资产部经理
601	吴采购	WCG	供应部	供应部经理
701	郑销东	ZXD	东海区	客户经理
702	郑销南	ZXN	南海区	客户经理
703	郑销北	ZXB	北海区	客户经理
801	王库管	WKG	物流部	物流部经理

表附-4 客户分类参数

分类编码	类别名称	分类编码	类别名称
01	东海客户	03	北海客户
02	南海客户	04	其他客户

表附-5 客户档案参数

客户编码	001	002	003	004
客户名称	东海龙宫	南海龙宫	北海龙宫	其他客户
客户简称	东海	南海	北海	其他
所属分类码	01	02	03	04
税　号	987654321	987654322	987654323	
开 户 行	工商银行东海支行	工商银行南海支行	工商银行北海支行	

续 表

银行账号	91919191001	91919191002	91919191003	
地　　址	地球中国东海	地球中国南海	地球中国北海	
邮政编码	999991	999992	999993	
电子邮箱	dhlg@dqzg.net	nhlg@dqzg.net	bhlg@dqzg.net	
电　　话	0555-10011001	0555-20022002	0555-30033003	
手　　机	55005551001	55005552002	55005553003	

(注:客户助记码由系统自动产生,这里省略。假设北京市税务局为所有客户的税务管理机关。)

表附-6　　供应商分类参数

分类编码	分类名称
01 02 03	原料供应商 材料供应商 其他供应商

表附-7　　供应商档案参数

供应商编码	001	002	003
供应商名称	太空桂花种植场	太空水厂	太空瓷器厂
供应商简称	种植场	水厂	瓷器厂
所属分类码	01	01	02
税　　号	987654324	987654325	987654326
开 户 行	工商银行月球支行	工商银行水星支行	工商银行土星支行
银行账号	868686001	868686002	868686003
地　　址	太阳系月球	太阳系水星	太阳系土星
邮政编码	325325	325333	325555
电子邮箱	zzc@yq.net	tksc@sx.net	tkcqc@tx.net
电　　话	0999-32053205	0993-33033303	0995-55055505
手　　机	99009993205	93009933303	95009955505

(注:供应商助记码由系统自动产生,这里省略。假设北京市税务局为所有供应商的税务管理机关。)

表附-8　　地区分类参数

分类编码	01	01001	01002	01003			
分类名称	地球	中国东海	中国南海	中国北海			
分类编码	02	02001	02002	02003	02004	02005	02006
分类名称	太空	月球	金星	木星	水星	火星	土星

表附-9 外币及汇率参数

币符	币名	记账汇率(固定汇率)
USD	美元	6.85(假定数)

二、会计科目及期初余额(表附-10)

上期在途物资待抵扣税额 260 元直接转(录)入“进项税额”科目。

表附-10 会计科目及期初余额参数

类型	科目编码	科目名称	助记码	辅助核算	计量单位	受控系统	期初余额	方向
资产	1001	库存现金					2 000.00	借
资产	100101	人民币	RMB	日记			1 315.00	借
资产	100102	美元	MY	日记	美元		685.00	借
资产	1002	银行存款					440 000.00	借
资产	100201	工商银行	GSYH	银行			440 000.00	借
资产	1012	其他货币资金	QTHBZJ					借
资产	101201	支付宝	ZFB					借
资产	101202	微信	WX					借
资产	1121	应收票据	YSPJ					借
资产	1122	应收账款	ZCYSZK	部门客户		应收	33 900.00	借
资产	1123	预付账款	ZCYFZK	部门 供应商		应付	10 000.00	借
资产	1221	其他应收款					5 000.00	借
资产	122101	应收个人款	YSGRK	个人往来			5 000.00	借
资产	122102	应收社会保险费	YSSHBXF					借
资产	122103	应收住房公积金	YSZFGJJ					借
资产	1401	材料采购	CLCG				−14 400.00	借
资产	1402	在途物资	ZTWZ				2 000.00	借
资产	1403	原材料					85 000.00	借
资产	140301	桂花	GH	数量核算	千克	核算	25 000.00	借
资产	140302	太空水	TKS	数量核算	吨	核算	10 000.00	借
资产	140303	瓷瓶	CP	数量核算	只	核算	50 000.00	借
资产	1405	库存商品	KCSP	数量核算	箱	核算	300 000.00	借
资产	1481	持有待售资产	CYDSZC					借
资产	1482	持有待售资产减值准备	DSZCJZZB					贷
资产	1531	长期应收款	CQYSK					借

续 表

类型	科目编码	科目名称	助记码	辅助核算	计量单位	受控系统	期初余额	方向
资产	1601	固定资产	GDZC				1 429 200.00	借
资产	1602	累计折旧	LJZJ				11 120.00	贷
资产	1603	固定资产减值准备	GDZCJZZB					贷
资产	1604	在建工程	ZJGC	项目核算				借
资产	1606	固定资产清理	GDZCQL					借
资产	1901	待处理财产损溢						借
资产	190101	待处理流动资产损溢	DCLLDZCSY					借
资产	190102	待处理固定资产损溢	DCLGDZCSY					借
负债	2001	短期借款	DQJK					贷
负债	2201	应付票据	YFPJ					贷
负债	2202	应付账款	FZYFZK	部门供应商		应付	2 260.00	贷
负债	2203	预收账款	FZYSZK	部门客户		应收	150 000.00	贷
负债	2211	应付职工薪酬						贷
负债	221101	工资	XCGZ					贷
负债	221102	社会保险费						贷
负债	22110201	基本养老保险	XCJBYLX					贷
负债	22110202	基本医疗保险	XCJBYLBX					贷
负债	22110203	失业保险	XCSYBX					贷
负债	22110204	工伤保险	XCGSBX					贷
负债	221103	住房公积金	XCZFGJJ					贷
负债	221104	工会经费	XCGHJF					贷
负债	221105	职工教育经费	XCZGJYJF					贷
负债	2221	应交税费					−260.00	贷
负债	222101	应交增值税					−260.00	贷
负债	22210101	进项税额	JXSE				−260.00	贷
负债	22210102	销项税额	XXSE					贷
负债	22210103	销项税额抵减	XXSEDJ					贷
负债	22210104	已交税金	YJSJ					贷
负债	22210105	转出未交增值税	ZCWJZZS					贷
负债	22210106	减免税款	JMSK					贷
负债	22210108	进项税额转出	JXSEZC					贷

续 表

类型	科目编码	科目名称	助记码	辅助核算	计量单位	受控系统	期初余额	方向
负债	22210110	转出多交增值税	ZCDJZZS					贷
负债	222102	未交增值税	WJZZS					贷
负债	222103	预交增值税	YJZZS					贷
负债	222104	待抵扣进项税额	DDKJXSE					贷
负债	222105	待认证进项税额	DRZJXSE					贷
负债	222106	待转销项税额	DZXXSE					贷
负债	222107	增值税留抵税额	ZZSLDSE					贷
负债	222108	简易计税	JYJS					贷
负债	222109	转让金融商品应交增值税	ZRJRSPZZS					贷
负债	222110	代扣代交增值税	DKDJZZS					贷
负债	222111	应交所得税	YJSDS					贷
负债	222112	应交城市维护建设税	YJCJS					贷
负债	222113	应交个人所得税	YJGRSDS					贷
负债	222115	应交教育费附加	YJJYFFJ					贷
负债	2241	其他应付款	QTYFK					贷
负债	2701	长期应付款	CQYFK					贷
权益	4001	实收资本	SSZB				2 057 631.20	贷
权益	4103	本年利润	BNLR					贷
权益	4104	利润分配					71 948.80	贷
权益	410415	未分配利润	WFPLR				71 948.80	贷
成本	5001	生产成本						借
成本	500101	基本生产成本	JBSCCB					借
成本	5101	制造费用	ZZFY					借
损益	6001	主营业务收入	ZYYWSR					收入
损益	6051	其他业务收入	QTYWSR					收入
损益	6101	公允价值变动损益	GYJZBDSY					支出
损益	6111	投资收益						收入
损益	611101	对联营和合营企业的投资收益	LYQYTZSY					收入
损益	6115	资产处置损益						支出
损益	611502	办公设备	BGSB					支出

续 表

类型	科目编码	科目名称	助记码	辅助核算	计量单位	受控系统	期初余额	方向
损益	6116	其他收益	QTSY					收入
损益	6301	营业外收入	YYWSR					收入
损益	6401	主营业务成本	ZYYWCB					支出
损益	6402	其他业务成本	QTYWCB					支出
损益	6403	税金及附加						支出
损益	640301	城市维护建设税	CSWHJSS					支出
损益	640302	教育费附加	JYFFJ					支出
损益	6601	销售费用	XSFY					支出
损益	6602	管理费用						支出
损益	660201	应付职工薪酬						支出
损益	66020101	工资	GLGZ					支出
损益	66020102	社会保险费						支出
损益	6602010201	基本养老保险	GLJBYLX					支出
损益	6602010202	基本医疗保险	GLJBYLBX					支出
损益	6602010203	失业保险	GLSYBX					支出
损益	6602010204	工伤保险	GLGSBX					支出
损益	66020103	住房公积金	GLZFGJJ					支出
损益	66020104	工会经费	GLGHJF					支出
损益	66020105	职工教育经费	GLZGJYJF					支出
损益	660202	办公费	GLBGF	部门核算				支出
损益	660203	差旅费	GLCLF	部门核算				支出
损益	660204	折旧费	GLZJF	部门核算				支出
损益	660205	其他	GLQT					支出
损益	6603	财务费用	CWFY					支出
损益	6701	资产减值损失	ZCJZSS					支出
损益	6711	营业外支出						支出
损益	671102	捐赠	JZ					支出
损益	6801	所得税费用	SDSFY					支出
损益	6901	以前年度损益调整	YQNDSYTZ					支出

借方:2 281 580.00 贷方:2 281 580.00

三、凭证类别(表附-11)

表附-11 凭证类别及限制类型参数

凭 证 类 别	限 制 类 型	限 制 科 目
收款凭证	借方必有	100101，100102，100201
付款凭证	贷方必有	100101，100102，100201
转账凭证	凭证必无	100101，100102，100201

四、项目目录

项目大类名称:在建工程;

定义项目级次:1 级;长度:1 位;

定义项目栏目:增加“开工日期”一栏,日期型,长度 10;

核算科目:1604 在建工程;

项目分类定义:分类编码:1;分类名称:厂房;

项目目录:编号:001;名称:灌装车间厂房;是否结算:否;分类码:1;

开工日期:2021-08-08。

五、结算方式(表附-12)

表附-12 结算方式参数

类别编码	类别名称	票据管理方式
1	现金	
101	人民币	
102	美元	
2	支票	
201	转账支票	√
202	现金支票	√
3	汇票	
301	银行承兑汇票	
302	商业承兑汇票	
4	异地托收承付	
5	银行电汇	
6	委托收款	
7	三方协议扣款	
8	其他	
801	支付宝	
802	微信	

六、开户银行

编号:01;开户银行:中国工商银行月球支行;账号:518651865186;暂封标志:否。

七、常用摘要

录入实训项目七中所有凭证上有编号的摘要。

实训项目三　期初余额

【实训要求】

以赵经理(编号:01;口令:1)的身份注册登录“信息门户”,完成期初余额录入。

【实训内容】

录入期初余额。

【实训数据】

一、001 账套 2022 年 1 月科目期初余额

期初余额数据请参见实训项目二[实训数据]之二:表附-10　会计科目及期初余额参数。

二、辅助账期初余额(表附-13 至表附-17)

表附-13　应收账款辅助账期初余额参数

会计科目:1122 应收账款　余额:借 33 900 元

日　期	凭证号	客　户	部　门	摘　要	方　向	金　额
2021-12-31	(略)	北海龙宫	北海区	销售产品	借	33 900.00

表附-14　预付账款辅助账期初余额参数

会计科目:1123 预付账款　余额:借 10 000 元

日　期	凭证号	供应商	部　门	摘　要	方　向	金　额
2021-12-31	(略)	太空瓷器厂	供应部	采购材料	借	10 000.00

表附-15　应收个人款辅助账期初余额参数

会计科目:122101 应收个人款　余额:借 5 000 元

日　期	凭证号	个　人	摘　要	方　向	金　额
2021-12-31	(略)	吴采购	出差借款	借	5 000.00

表附-16　应付账款辅助账期初余额参数

会计科目:2202 应付账款　余额:贷 2 260 元

日　期	凭证号	供应商	部　门	摘　要	方　向	金　额
2021-12-25	(略)	太空水厂	供应部	采购太空水	贷	2 260.00

表附-17　预收账款辅助账期初余额参数

会计科目:2203 预收账款　余额:贷 150 000 元

日　期	凭证号	客　户	部　门	摘　要	方　向	金　额
2021-12-28	(略)	东海龙宫	东海区	预收东海款	贷	150 000.00

实训项目四　工资管理系统的初始化

【实训要求】

以系统管理员 admin(口令:空)的身份注册登录〖系统管理〗,增加操作员并且分配权限;以账套主管(赵经理;编号:01;口令:1)的身份注册登录〖系统管理〗,启用“工资管理”

系统；

以李人事(编号:04;口令:4)的身份注册登录“信息门户”,完成“工资管理”系统期初设置；

以账套主管(赵经理;编号:01;口令:1)的身份注册登录“信息门户”,进行“工资管理”系统权限设置,设置李人事为计时、计件两个工资类别的主管,具有所有工资项目的管理权。

［实训内容］

1. 增加操作员

2. 分配权限

3. 启用子系统

4. 建立工资账套

5. 工资管理基础设置

6. 设置工资类别主管

［实训数据］

一、工资管理系统操作员

编号:04;姓名:李人事;口令:4;部门:人力部。

二、权限

分配李人事具有“工资管理”的全部权限。

三、系统启用

启用工资管理系统;启用日期:2022 年 1 月 1 日。

四、期初数据

(一) 建立工资账套

1. 参数设置

工资类别个数:多个;币别:人民币。

2. 扣税设置

是否从工资中代扣个人所得税:是。

免证额:5000; 2019 年所得税税率表按年扣除。

3. 扣零设置

不扣零。

4. 人员编码

人员编码长度:3。

(二) 建立工资类别

1. 计时工资

部门:董事会、经理室、财务部、人力部、资产部、供应部、销售部、物流部。

2. 计件工资

部门:生产部。

(三) 基础设置

1. 人员附加信息设置

增加附加信息名称:身份证号、学历、技术职称。

2. 人员类别设置

设置两个人员类别:管理人员、生产人员。

3. 工资项目设置

(1) 第一梯次工资项目设置(在系统预置工资项目基础上增加设置)(表附-18):

表附-18 第一梯次工资项目参数

项目名称	类型	长度	小数	增减项	项目名称	类型	长度	小数	增减项
计件工价	数字	6	2	其它	赡养老人	数字	8	2	其它
合格产量	数字	5	0	其它	累计收入	数字	10	2	其它
基本工资	数字	8	2	增项	专项扣除合计	数字	8	2	减项
岗位津贴	数字	8	2	增项	累计专项扣除	数字	8	2	其它
事假天数	数字	3	0	其它	附加扣除合计	数字	8	2	其它
事假扣款	数字	8	2	减项	累计附加扣除	数字	8	2	其它
病假天数	数字	3	0	其它	累计减除费用	数字	8	2	其它
病假扣款	数字	8	2	减项	应税月工资所得	数字	8	2	其它
社保计缴基数	数字	10	2	其它	累计应税所得	数字	10	2	其它
养老保险	数字	8	2	其它	累计已扣税额	数字	10	2	其它
医疗保险	数字	8	2	其它	累计已纳税额	数字	10	2	其它
失业保险	数字	8	2	其它	本期预扣税额	数字	8	2	其它
住房公积金	数字	8	2	其它	应发合计	数字	10	2	增项
子女教育	数字	8	2	其它	扣款合计	数字	10	2	减项
继续教育	数字	8	2	其它	实发合计	数字	10	2	增项
大病医疗	数字	8	2	其它	代扣税	数字	10	2	减项
房租或房息	数字	8	2	其它					

(应发合计、扣款合计、实发合计、代扣税四项为系统预置工资项目)

(2) 第二梯次工资项目(含系统预置工资项目):

计时工资类别工资项目(采用累计预扣法代扣个人所得税):

基本工资、岗位津贴、事假天数、事假扣款、病假天数、病假扣款、应发合计、社保计缴基数、养老保险、医疗保险、失业保险、住房公积金、本期预扣税额、扣款合计、实发合计、子女教育、继续教育、大病医疗、房租或房息、赡养老人、累计收入、累计专项扣除、累计附加扣除、累计减除费用、累计应税所得、累计已扣税额、累计已纳税额、代扣税。

计件工资类别工资项目(采用分月预扣法代扣个人所得税):

计件工价、合格产量、应发合计、社保计缴基数、养老保险、医疗保险、失业保险、住房公积金、专项扣除合计、代扣税、扣款合计、实发合计、子女教育、继续教育、大病医疗、房租或房息、赡养老人、附加扣除合计、应税月工资所得。

4. 银行名称设置

银行名称:中国工商银行月球支行;账号长度:11。

5. 工资管理系统权限设置

赋予李人事计时、计件两个工资类别所有工资项目的管理权限。

6. 人员档案设置(表附-19、表附-20)

表附-19 计时工资人员档案参数(身份证号省略)

部　门	人员编号	人员姓名	人员类别	账　号	中方人员	是否计税	工资停发	进入日期	学历	职　称
董事会	101	吴　刚	管理人员	12345678101	是	是	否	(略)	博士	高级经济师
经理室	201	赵经理	管理人员	12345678201	是	是	否	(略)	硕士	高级经济师
财务部	301	钱会计	管理人员	12345678301	是	是	否	(略)	本科	高级会计师
财务部	302	孙出纳	管理人员	12345678302	是	是	否	(略)	本科	会　计　师
人力部	401	李人事	管理人员	12345678401	是	是	否	(略)	本科	政　工　师
资产部	501	周资产	管理人员	12345678501	是	是	否	(略)	本科	工　程　师
供应部	601	吴采购	管理人员	12345678601	是	是	否	(略)	大专	经　济　师
东海区	701	郑销东	管理人员	12345678701	是	是	否	(略)	本科	助理经济师
南海区	702	郑销南	管理人员	12345678702	是	是	否	(略)	大专	助理经济师
北海区	703	郑销北	管理人员	12345678703	是	是	否	(略)	大专	助理经济师
物流部	801	王库管	管理人员	12345678801	是	是	否	(略)	本科	经　济　师

表附-20 计件工资人员档案参数(身份证号省略)

部　门	人员编号	人员姓名	人员类别	账　号	中方人员	是否计税	工资停发	进入日期	学历	职称
生产部	901	工人壹	生产人员	12345678901	是	是	否	(略)	大专	技师
生产部	902	工人贰	生产人员	12345678902	是	是	否	(略)	大专	技师
生产部	903	工人叁	生产人员	12345678903	是	是	否	(略)	大专	技师
生产部	904	工人肆	生产人员	12345678904	是	是	否	(略)	大专	技师
生产部	905	工人伍	生产人员	12345678905	是	是	否	(略)	大专	技师
生产部	906	工人陆	生产人员	12345678906	是	是	否	(略)	技高	技工
生产部	907	工人柒	生产人员	12345678907	是	是	否	(略)	技高	技工
生产部	908	工人捌	生产人员	12345678908	是	是	否	(略)	技高	技工
生产部	909	工人玖	生产人员	12345678909	是	是	否	(略)	技高	技工
生产部	910	工人拾	生产人员	12345678910	是	是	否	(略)	技高	技工

7. 工资计算公式设置

(1) 计时工资计算公式(采用累计预扣法代扣个人所得税):

事假扣款＝基本工资/22×事假天数

病假扣款＝基本工资/22×病假天数×0.5

应发合计＝基本工资＋岗位津贴－事假扣款－病假扣款

社保计缴基数＝5 000

养老保险＝社保计缴基数×0.08

医疗保险＝社保计缴基数×0.02＋3(3 元为大病统筹)

失业保险＝社保计缴基数×0.002

住房公积金＝600

累计收入＝累计收入＋应发合计

累计专项扣除＝累计专项扣除＋养老保险＋医疗保险＋失业保险＋住房公积金

累计附加扣除＝累计附加扣除＋子女教育＋继续教育＋大病医疗＋房租或房息＋赡养

老人

累计减除费用＝累计减除费用＋5 000

累计应税所得＝累计收入－累计专项扣除－累计附加扣除－累计减除费用

本期预扣税额＝代扣税－累计已扣税额

累计已纳税额＝累计已扣税额

累计已扣税额＝累计已扣税额＋本期预扣税额

扣款合计＝养老保险＋医疗保险＋失业保险＋住房公积金＋本期预扣税额

实发合计＝应发合计－扣款合计(系统预设)

(2) 计件工资计算公式(采用分月预扣法代扣个人所得税)

应发合计＝计件工价×合格产量

社保计缴基数＝5 000

养老保险＝社保计缴基数×0.08

医疗保险＝社保计缴基数×0.02＋3(3 元为大病统筹)

失业保险＝社保计缴基数×0.002

住房公积金＝600

专项扣除合计＝养老保险＋医疗保险＋失业保险＋住房公积金

附加扣除合计＝子女教育＋继续教育＋大病医疗＋房租或房息＋赡养老人

应税月工资所得＝应发合计－专项扣除合计－附加扣除合计

扣款合计＝专项扣除合计＋代扣税

实发合计＝应发合计－扣款合计(系统预设)

8. 个人所得税扣缴设置

(1) 计时工资扣税设置(采用累计预扣法)

① 对应工资项目设置(“扣缴个人所得税”图标——栏目选择):

“栏目选择”对话框中,“对应工资项目”下拉框中的工资项目设置为“累计应税所得”。

② 个人所得税税率表设置(“扣缴个人所得税”图标——栏目选择/[确定]——[取消]——税率):

表附-21 2019 年版个人所得税税率表一(居民个人工资、薪金所得适用)

(基数:0.00 元;附加费用:0.00 元)

级　数	累计预扣预缴应纳税所得额	预扣率(%)	速算扣除数
1	不超过 36 000 元的部分	3.00	0.00
2	超过 36 000 元至 144 000 元的部分	10.00	2 520.00
3	超过 144 000 元至 300 000 元的部分	20.00	16 920.00
4	超过 300 000 元至 420 000 元的部分	25.00	31 920.00
5	超过 420 000 元至 660 000 元的部分	30.00	52 920.00
6	超过 660 000 元至 960 000 元的部分	35.00	85 920.00
7	超过 960 000 元的部分	45.00	181 920.00

（2）计件工资扣税设置（采用分月预扣法）

① 对应工资项目设置（“扣缴个人所得税”图标——栏目选择）：

“栏目选择”对话框中，“对应工资项目”下拉框中的工资项目设置为“应税月工资所得”。

② 个人所得税税率设置（“扣缴个人所得税”图标——栏目选择/[确定]——[取消]——税率）：

表附-22 2019 年版个人所得税税率表三（非居民个人工资、薪金所得适用）

（基数：5 000.00 元；附加费用：0.00 元）

级 数	全月应纳税所得额	税率（%）	速算扣除数（元）
1	不超过 3 000 元的	3.00	0.00
2	超过 3 000 元至 12 000 元的部分	10.00	210.00
3	超过 12 000 元至 25 000 元的部分	20.00	1 410.00
4	超过 25 000 元至 35 000 元的部分	25.00	2 660.00
5	超过 35 000 元至 55 000 元的部分	30.00	4 410.00
6	超过 55 000 元至 80 000 元的部分	35.00	7 160.00
7	超过 80 000 元的部分	45.00	15 160.00

实训项目五 固定资产管理系统的初始化

[实训要求]

以系统管理员 admin（口令：空）的身份注册登录〖系统管理〗，增加操作员，分配权限；

以赵经理（编号：01；口令：1）的身份注册登录〖系统管理〗，启用“固定资产”系统；

以周设备（编号：05；口令：5）的身份注册登录“信息门户”，完成固定资产系统初始化设置和期初数据录入。

[实训内容]

1. 增加操作员
2. 分配权限
3. 启用子系统
4. 建立固定资产账套
5. 部门对应折旧科目设置
6. 资产类别设置
7. 增减方式设置
8. 使用状况设置
9. 折旧方法设置
10. 与账务系统接口设置
11. 原始卡片录入

[实训数据]

一、固定资产管理系统操作员

编号：05；姓名：周资产；口令：5；部门：资产部。

二、权限

分配周资产具有“固定资产”系统的所有权限。

三、启用子系统

启用固定资产系统；启用日期：2022 年 1 月 1 日。

四、建立固定资产账套

账套启用月份：2022.1；

本账套计提折旧；

主要折旧方法：平均年限法(一)；

折旧汇总分配周期：1 个月；

资产级别编码方式(编码长度)：2112；

固定资产编码方式：自动编码；类别编码＋部门编号＋序号；序号长度：3；

固定资产对账科目：1601 固定资产；

累计折旧对账科目：1602 累计折旧；

不勾选“在对账不平衡情况下允许固定资产月末结账”。

五、部门对应折旧科目设置

生产部：5101 制造费用；

销售部及其下级部门对应折旧科目为“6601”销售费用；

其余各部门：660204 管理费用——折旧费。

六、资产类别设置(表附-23)

表附-23　　资产类别参数

类别编码	类别名称	计提属性	折旧方法	卡片样式
01	生产设备	正常计提	平均年限法(一)	通用样式
02	办公设备	正常计提	平均年限法(一)	通用样式
03	房　　屋	正常计提	平均年限法(一)	通用样式
04	运输设备	正常计提	工作量法	通用样式

七、增减方式设置(表附-24)

表附-24　　增减方式对应科目参数

增加方式	对应入账科目	减少方式	对应入账科目
直接购入	100201　工商银行	出售	1606　固定资产清理
投资者投入	4001　实收资本	盘亏	190102　待处理固定资产损溢
捐赠	6301　营业外收入	投资转出	1606　固定资产清理
盘盈	6901　以前年度损益调整	捐赠转出	671102　捐赠
在建工程转入	1604　在建工程	报废	1606　固定资产清理
融资租入	2701　长期应付款	毁损	1606　固定资产清理
		融资租出	1531　长期应收款

八、使用状况设置

按系统默认设置。

九、折旧方法设置

按系统默认设置。

十、与账务系统接口设置

可纳税调整的增加方式：直接购入、投资者投入、捐赠；

固定资产缺省入账科目：1601 固定资产；

累计折旧缺少入账科目：1602 累计折旧；

可抵扣税额入账科目：22210101 进项税额。

十一、原始卡片录入

（1）酿酒流水线一条，生产设备；2021 年 8 月直接购入；同年 10 月 1 日交生产部开始使用；使用年限 10 年；原值 296 000 元；净残值 8 000 元；已经累计折旧 4 800 元；增值税额已于购入当期抵扣。

（2）厂房 1 幢，房屋；2021 年 8 月由在建工程转入；同年 10 月 1 日交生产部开始使用；使用年限 40 年；原值 1 000 000 元；净残值 40 000 元；已经累计折旧 4 000 元。

（3）办公桌一张，办公设备；2021 年 9 月直接购入；同年 10 月 1 日交经理室开始使用；使用年限 8 年；原值 1 000 元；净残值 40 元；已经累计折旧 20 元；增值税额已于购入当期抵扣。

（4）电脑三台，台式；办公设备；2021 年 9 月直接购入；同年 10 月 1 日开始使用；1 台由经理室使用，2 台由财务部使用；使用年限都是 5 年；每台原值都是 3 400 元；净残值都是 400 元；每台都已经累计折旧 100 元；增值税额均已于购入当期抵扣（注意！三台电脑要分三张卡片录入）。

（5）月球越野车一辆，运输设备；规格型号 2 吨；2021 年 10 月 1 日直接购入并交物流部开始使用；原值 122 000 元；工作总量 120 000 千米；使用年限 10 年；已经完成（累计）工作量 2 000千米；净残值 2 000 元；已经累计折旧 2 000 元；增值税额已于购入当期抵扣。

实训项目六 采购、销售、库存、核算、发票系统的初始化

［实训要求］

以系统管理员 admin（口令：空）身份注册登录〖系统管理〗，增加操作员并分配操作权限；

以账套主管（赵经理，编号：01；口令：1）身份注册登录〖系统管理〗，启用供销存管理和核算系统；

以账套主管（赵经理，编号：01；口令：1）身份注册登录“信息门户”，完成“基础设置（存货、购销存）”和发票管理系统初始设置；

以吴采购（编号：06；口令：6）身份注册登录“信息门户”，完成采购管理系统期初设置；

以郑销售（编号：07；口令：7）身份注册登录“信息门户”，完成销售管理系统期初设置；

以王库管（编号：08；口令：8）身份注册登录“信息门户”，完成库存管理系统期初设置；

以钱会计（编号：02；口令：2）身份注册登录“信息门户”，完成核算管理系统期初设置和期初记账。

［实训内容］

1. 启用子系统
2. 增加操作员
3. 分配权限
4. 存货基础设置

5. 购销存基础设置
6. 供应商往来期初数据录入
7. 采购期初记账
8. 客户往来期初数据录入
9. 库存期初数据录入
10. 核算管理系统科目设置
11. 核算管理系统期初数据记账
12. 发票管理系统初始设置

［实训数据］

一、启用子系统

启用供销存管理和核算系统；启用日期：2022 年 1 月 1 日。

二、操作员设置(表附-25)

表附-25　采购、销售、库存各系统操作员参数

编号	姓　名	口令	部　门	编号	姓　名	口令	部　门
06	吴采购	6	供应部	08	王库管	8	物流部
07	郑销售	7	销售部				

三、权限分配

(1) 给 02 钱会计增加：

“核算”模块所有权限；

“应收管理”的科目设置、发票制单、生成凭证、凭证查询四项权限；

“应付管理”的科目设置、发票制单、应付现结制单、生成凭证、凭证查询五项权限；

“公用目录设置”的科目设置、科目设置修改、非合理损耗、采购入库单查询、采购入库单录入、库存，存货期初录入、库存，存货期初记账等权限。

(2) 给 06 吴采购分配：

“采购管理”“应付管理”和“发票管理”的所有权限；

另加“公用目录设置”的采购入库单查询、采购入库单录入、采购发票查询、采购发票录入、采购发票审核等权限。

(3) 给 07 郑销售分配：

“销售管理”“应收管理”和“发票管理”的所有权限；

另加“公用目录设置”的销售专用发票查询、销售专用发票录入、销售专用发票审核、销售专用发票作废、销售专用发票弃审；销售普通发票查询、销售普通发票录入、销售普通发票审核、销售普通发票作废、销售普通发票弃审、根据发货单生成发票等权限。

(4) 给 08 王库管分配：

“库存管理”的所有权限；

另加“公用目录设置”的库存，存货期初录入、库存，存货期初记账、采购入库单查询、采购入库单审核、采购入库单弃核、产成品入库单查询、产成品入库单录入、产成品入库单审核、产成品入库单弃核、其他入库单查询、其他入库单录入、其他入库单审核、其他入库单弃核、销售出库单查询、销售出库单录入、销售出库单审核、销售出库单弃核、材料出库单查询、材料出库

单录入、材料出库单审核、材料出库单弃核，其他出库单查询、其他出库单录入、其他出库单审核、其他出库单弃核等权限。

四、存货基础设置（表附-26、表附-27）

表附-26 存货类别参数

分类编码	类别名称	分类编码	类别名称	分类编码	类别名称
01	原　　料	03	产成品	05	其　　他
02	材　　料	04	应税劳务		

表附-27 存货档案参数（“基本”和“发票”页签）

存货编码	001	002	003	004	005
存货代码	GH	TKS	CP	GHJ	YSF
存货名称	桂花	太空水	瓷瓶	桂花酒	运输费
规格型号	一级	纯净	青花瓷	高级	
计量单位	千克	吨	只	箱（10 瓶）	次
所属分类码	01 原料	01 原料	02 材料	03 产成品	04 应税劳务
税率（%）	13	13	13	13	9
存货属性	销售、外购、生产耗用	销售、外购、生产耗用	销售、外购、生产耗用	销售、自制	销售、外购、劳务费用
开票名称	桂花	太空水	瓷瓶	桂花酒	运输费
税收分类编码	1010204	1100301	1080122	1030306	301
税收分类名称	林产品	水	运输及盛装货物用陶瓷容器	其他酒	交通运输服务
税收分类简称	林业产品	水冰雪	非金属矿物制品	酒	运输服务
享受优惠政策	否	否	否	否	否
优惠政策类型	（留空）	（留空）	（留空）	（留空）	（留空）

五、购销存基础设置（表附-28 至表附-32）

表附-28 仓库档案参数

仓库编码	仓库名称	所属部门	负责人	计价方式
01	原料 1 库	物流部	王库管	移动平均法
02	原料 2 库	物流部	王库管	移动平均法
03	材　料　库	物流部	王库管	移动平均法
04	成　品　库	物流部	王库管	移动平均法

（注：云平台界面上有而表中未列出的项目省略）

表附-29　收发类别参数(先把系统预置的收发类别删除,再按以下数据重新设置)

编　码	类别名称	收发标志	编　码	类别名称	收发标志
1	入库类别	收	2	出库类别	发
11	原料采购入库	收	21	销售出库	发
12	材料采购入库	收	22	原料领用出库	发
13	成品入库	收	23	材料领用出库	发
14	调拨入库	收	24	调拨出库	发
15	盘盈入库	收	25	盘亏出库	发
16	其他入库	收	26	其他出库	发

表附-30　采购类型参数

编　码	采购类型名称	入库类别	是否默认值
1	原料采购	原料采购入库	是
2	材料采购	材料采购入库	否
3	其他采购	其他入库	否

表附-31　销售类型参数

编　码	销售类型名称	出库类别	是否默认值
1	产品销售	销售出库	是
2	其他销售	其他出库	否

表附-32　非合理损耗类型参数

非合理损耗编码	非合理损耗名称	是否默认值
01	自然灾害	是
02	过期报废	否

六、采购管理系统期初数据(供应商往来期初—应付预付)

注:本模拟账套所有供货销货单位的税务代管机关假设为北京市税务局。

1. 期初暂估(采购)采购入库单[期初采购入库单(备注:采购瓷瓶)]

2021 年 12 月 20 日,供应部吴采购经手向土星太空瓷器厂采购瓷瓶 300 只,货已到厂由材料库验收入库,发票未到,按暂估单价 48 元(未含税),合计 14 400 元入账;款未付。

2. 期初在途(采购)采购发票[期初采购专用发票(备注:购太空水)]

2021 年 12 月 25 日,供应部吴采购经手向水星太空水厂订购太空水 1 吨,单价 2 000 元,价税合计 2 260 元,发票已经收到(发票号 65401201),货未到,款未付。

3. 供应商往来期初

(1) 2021 年 12 月 22 日,供应部吴采购经手,用工商银行承兑汇票预付土星太空瓷器厂 10 000 元,作期初预付账款录入(采购)供应商往来—供应商往来期初[预付款/付款单(摘要:预付瓷瓶款)]。

(2) 2021 年 12 月 25 日,供应部吴采购经手购水星太空水厂太空水 1 吨,未付的价税款合计 2 260 元,作期初应付款录入(采购)供应商往来—供应商往来期初[应付单/其他应付单(摘要:应付太空水款)]。

4. 采购期初记账

执行"采购"菜单中的"期初记账"(采购)期初记账。

七、销售管理系统期初数据

(1) 2021 年 12 月 25 日，北海部郑销北经手销北海龙宫桂花酒 10 箱(每箱 10 瓶)，单价3 000 元，合计金额 30 000 元，税款 3 900 元，总计 33 900 元。货已发，款未收(发票号 65401202)(销售)客户往来—客户往来期初—销售发票[销售专用发票(备注：销售产品)]。

(2) 2021 年 12 月 28 日，销售部郑销东经手，预收东海龙宫用银行承兑汇票(票号 301003)预付的购货款 150 000 元(销售)客户往来—客户往来期初[预收款/收款单(摘要：预收东海龙宫款)]。

八、库存管理系统期初数据(表附-33)

表附-33 库存期初数据参数(期初数据—库存期初；入库日期均为 2021 年 12 月 30 日)

仓 库	存货编码	存货名称	数 量	单 价	金 额	供应商	部 门	业务员
01 原料 1 库	001	桂 花	500	50.00	25 000.00	桂花种植场	供应部	吴采购
02 原料 2 库	002	太空水	5	2 000.00	10 000.00	太空水厂	供应部	吴采购
03 材料库	003	瓷 瓶	1 000	50.00	50 000.00	太空瓷器厂	供应部	吴采购
04 成品库	004	桂花酒	200	1 500.00	300 000.00		生产部	

(注：规格型号和计量单位按照原设定的设置；期初数据录入完成以后不要执行"记账"。)

九、核算管理系统期初数据(科目设置)

1. 存货科目设置(表附-34)

表附-34 存货科目参数(差异科目的编码和名称省略)

仓库编码	仓库名称	存货分类编码	存货分类名称	存货科目编码	存货科目名称
01	原料 1 库	01	原 料	140301	桂 花
02	原料 2 库	01	原 料	140302	太 空 水
03	材 料 库	02	材 料	140303	瓷 瓶
04	成 品 库	03	产成品	1405	库存商品

2. 存货对方科目设置(表附-35)

表附-35 存货对方科目参数(项目大类、项目编码和名称、暂估科目编码和名称等五项省略)

收发类别编码	收发类别名 称	存货分类编码	存货分类名称	存货编码	存货名称	部门编码	部门名称	对方科目编码	对方科目名 称
11	原料采购入库	01	原 料	001	桂 花	6	供应部	1401	材料采购
11	原料采购入库	01	原 料	002	太空水	6	供应部	1401	材料采购
12	材料采购入库	02	材 料	003	瓷 瓶	6	供应部	1401	材料采购
13	成品入库	03	产成品	004	桂花酒	9	生产部	500101	基本生产成本
21	销售出库	03	产成品	004	桂花酒	(留空)	(留空)	6401	主营业务成本
22	原料领用出库	01	原 料	001	桂 花	9	生产部	500101	基本生产成本
22	原料领用出库	01	原 料	002	太空水	9	生产部	500101	基本生产成本
23	材料领用出库	02	材 料	003	瓷 瓶	9	生产部	500101	基本生产成本

3. 客户往来科目设置

(1) 基本科目设置(表附-36)

表附-36 客户往来基本科目参数(“外币科目”和“币种兑换差异科目”本例省略)

项 目	科 目	项 目	科 目
应收科目——本币	1122 应收账款	销售退回科目	6001 主营业务收入
预收科目——本币	2203 预收账款	现金折扣科目	6603 财务费用
销售收入科目	6001 主营业务收入	汇兑损益入账科目	6603 财务费用
应交增值税科目	22210102 销项税额		

(2) 控制科目设置

应收科目:其他客户的应收科目留空,其余所有客户都设置成“1122 应收账款”。

预收科目:其他客户的预收科目留空,其余所有客户都设置成“2203 预收账款”。

(3) 产品科目设置

销售收入科目:产成品(桂花酒)销售收入科目设置成“6001 主营业务收入”;
其他存货的销售收入科目都设置成“6051 其他业务收入”。

应交增值税科目:全部设置成“22210102 销项税额”。

销售退回科目:产成品(桂花酒)销售退回科目设置成“6001 主营业务收入”;
其他存货的销售退回科目都设置成“6051 其他业务收入”。

(4) 结算方式科目设置(表附-37)

表附-37 客户往来结算方式科目参数

结算方式	币 种	科 目	结算方式	币 种	科 目
人民币	人民币	100101 人民币	异地托收承付	人民币	100201 工商银行
美元	美 元	100102 美元	银行电汇	人民币	100201 工商银行
转账支票	人民币	100201 工商银行	三方协议扣款	人民币	100201 工商银行
现金支票	人民币	100201 工商银行	支付宝	人民币	101201 支付宝
银行承兑汇票	人民币	1121 应收票据	微信	人民币	101202 微信
商业承兑汇票	人民币	1121 应收票据			

(注:委托收款结算方式的科目省略。)

4. 供应商往来科目设置

(1) 基本科目设置(表附-38)

表附-38 供应商往来基本科目参数(“外币科目”和“币种兑换差异科目”省略)

项 目	科 目	项 目	科 目
应付科目——本币	2202 应付账款	采购税金科目	22210101 进项税额
预付科目——本币	1123 预付账款	现金折扣科目	6603 财务费用
采购科目	1401 材料采购	汇兑损益科目	6603 财务费用

（2）控制科目设置

应付科目：所有供应商都设置成“2202 应付账款”。

预付科目：所有供应商都设置成“1123 预付账款”。

（3）产品科目设置

采购科目：1401 材料采购（“桂花酒”“运输费”两项省略）

产品采购税金科目：22210101 进项税额（“桂花酒”“运输费”两项省略）

（4）结算方式科目设置（表附-39）

表附-39 供应商往来结算方式科目参数

结算方式	币　种	科　　目	结算方式	币　种	科　　目
人民币	人民币	100101　人民币	异地托收承付	人民币	100201　工商银行
美元	美　元	100102　美元	银行电汇	人民币	100201　工商银行
转账支票	人民币	100201　工商银行	三方协议扣款	人民币	100201　工商银行
现金支票	人民币	100201　工商银行	支付宝	人民币	101201　支付宝
银行承兑汇票	人民币	2201　应付票据	微信	人民币	101202　微信
商业承兑汇票	人民币	2201　应付票据			

（注：委托收款结算方式的科目省略。）

5. 暂估方式设置

暂估方式为“月初回冲”（打开“核算”菜单，单击“核算业务范围设置”进行设置）。

6. 执行“期初记账”（“核算”菜单—期初数据—期初余额—记账）

十、发票管理系统初始设置

1. 开票信息同步设置

省份（计划单列市）：北京；其他项目取默认值。

2. 开票商品同步设置

全部商品同步。

3. 开票客户同步设置

其他客户除外，其余客户都设置为同步。

4. 电票凭证科目设置

表附-40 电票凭证科目参数

采购科目	1401 材料采购	应收科目	1122 应收账款
进项税额科目	22210101 进项税额	销售税额科目	22210102 销项税额
应付科目	2202 应付账款	销售收入科目	6001 主营业务收入

5. 开票参数设置

开票人：郑销售；审核人：赵经理；收款人：孙出纳；拆分规则按系统默认不变。

6. 开票仓库设置

开票仓库：成品库。

实训项目七　总账日常业务处理

[实训要求]

以钱会计(编号:02;口令:2)的身份注册登录“信息门户”,完成总账系统日常业务的凭证填制,并在凭证通过审核后完成记账;

以孙出纳(编号:03;口令:3)的身份注册登录“信息门户”,完成出纳凭证的签字;

以赵经理(编号:01;口令:1)的身份注册登录“信息门户”,完成凭证审核。

[实训内容]

1. 填制凭证;
2. 出纳签字;
3. 审核凭证;
4. 记账。

[实训数据]

月宫桂花酒集团公司2022年1月份总账系统直接制单的经济业务如下,请填制各项业务的会计凭证,并完成出纳凭证签字、凭证审核和记账。

1. 1月1日,财务部用现金购买办公用品。原始凭证如图附-1所示。

1# 　(付款凭证)附单据数:1(专用发票);摘要:购买办公用品(摘要编号001)

借:管理费用——办公费(660202)　　500.00

　应付税费——应交增值税——进项税额(22210101)　　65.00

　贷:库存现金——人民币(100101)　　565.00

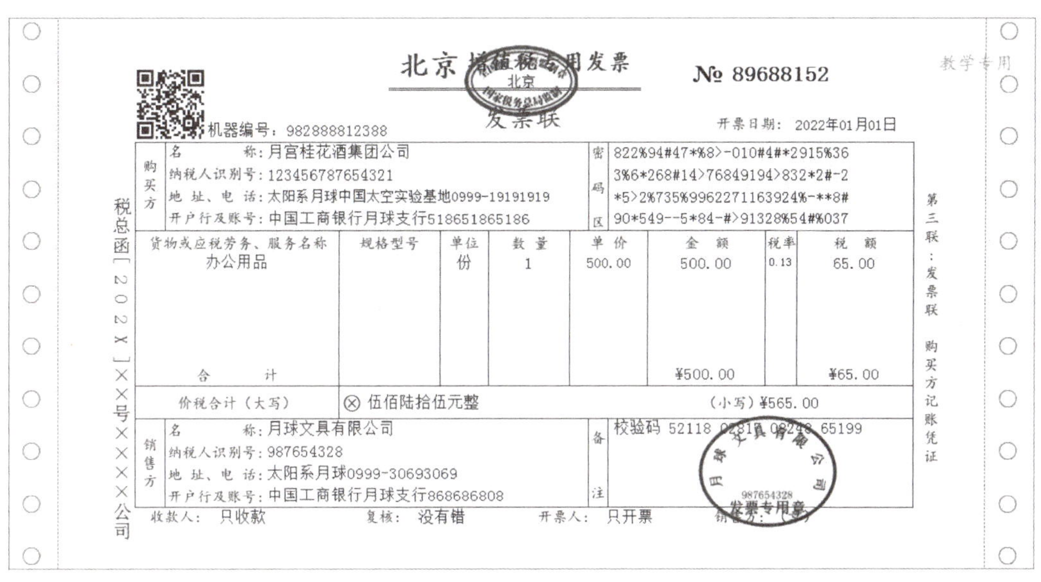

北京增值税专用发票　№ 89688152　教学专用

机器编号:982888812388　发票联　开票日期:2022年01月01日

购买方	名称:月宫桂花酒集团公司 纳税人识别号:123456787654321 地址、电话:太阳系月球中国太空实验基地0999-19191919 开户行及账号:中国工商银行月球支行518651865186			密码区	822%94#47*%8>-010#4#*2915%36 3%6*268#14>76849194>832*2#-2 *5>2%735%996227116 3924%-**8# 90*549--5*84-#>91328%54#%037		
货物或应税劳务、服务名称	规格型号	单位	数量	单价	金额	税率	税额
办公用品		份	1	500.00	500.00	0.13	65.00
合计					¥500.00		¥65.00
价税合计(大写)	⊗伍佰陆拾伍元整				(小写)¥565.00		
销售方	名称:月球文具有限公司 纳税人识别号:987654328 地址、电话:太阳系月球0999-30693069 开户行及账号:中国工商银行月球支行868686808			备注	校验码 52118 02812 08248 65199		

收款人:只收款　复核:没有错　开票人:只开票　销售方:(章)

税总函[202X]××号××××公司

第三联:发票联　购买方记账凭证

图附-1　购买办公用品原始凭证——纸质发票

2. 1月2日,财务部用现金支票从工商银行提取现金作为备用金。原始凭证如图附-2所示。

2# 　(付款凭证)附单据数:1(支票存根);摘要:提现(摘要编号002)

借:库存现金——人民币(100101)　　2 000.00

　贷:银行存款——工商银行(100201)　　2 000.00

中国工商银行
现金支票存根
202001

××印务有限公司·××年印制

附加信息

出票日期 2022年 01 月 02 日

收款人:	月宫桂花酒集团公司
金 额:	¥2,000.00
用 途:	备用金

单位主管 赵经理 会计 钱会计

图附-2 提现原始凭证——支票存根

3. 1月3日，供应部吴采购出差回来，报销差旅费，应退还款项用现金交回。原始凭证如图附-3、图附-4、图附-5所示（动车票增值税额按公式"票面额÷(1+9%)×9%"计算，为66.06元）。

3# （收款凭证）附单据数：4（报销单、住宿发票、两张动车票）；摘要：报销差旅费（摘要编号003）

借：管理费用——差旅费(660203) 4 313.94

应交税费——应交增值税——进项税额(22210101) 186.06

库存现金——人民币(100101) 500.00

贷：其他应收款——应收个人款(122101) 5 000.00

差旅费报销单

教学专用

附单据 3 张（另贴） 2022 年 01 月 03 日

摘 要	百	十	万	千	百	十	元	角	分	单位领导批示：
预借款数额			¥	5	0	0	0	0	0	同意报销 吴刚
各项支出	百	十	万	十	百	十	元	角	分	审核意见：
1. 车船费（火车票、汽车、飞机票等）					8	0	0	0	0	同意报销
2. 交通费										
3. 房租费				2	0	0	0	0	0	赵经理
4. 补助餐费				1	0	0	0	0	0	部门意见：
5. 杂支					5	1	3	9	4	同意报销
6. 其他（增值税）					1	8	6	0	6	
合 计			¥	4	5	0	0	0	0	供应部
各项支出合计（大写） 零 万 肆 仟 伍 佰 零 拾 零 元 零 角 零 分										报销人： 吴采购
应补领数（大写） 零 万 零 仟 零 佰 零 拾 零 元 零 角 零 分										
应退还数（大写） 零 万 零 仟 伍 佰 零 拾 零 元 零 角 零 分										

出差地点：月球 至 土星

说明：出差时间从12月29日至01月02日止共五天

图附-3 报销差旅费原始凭证——报销单

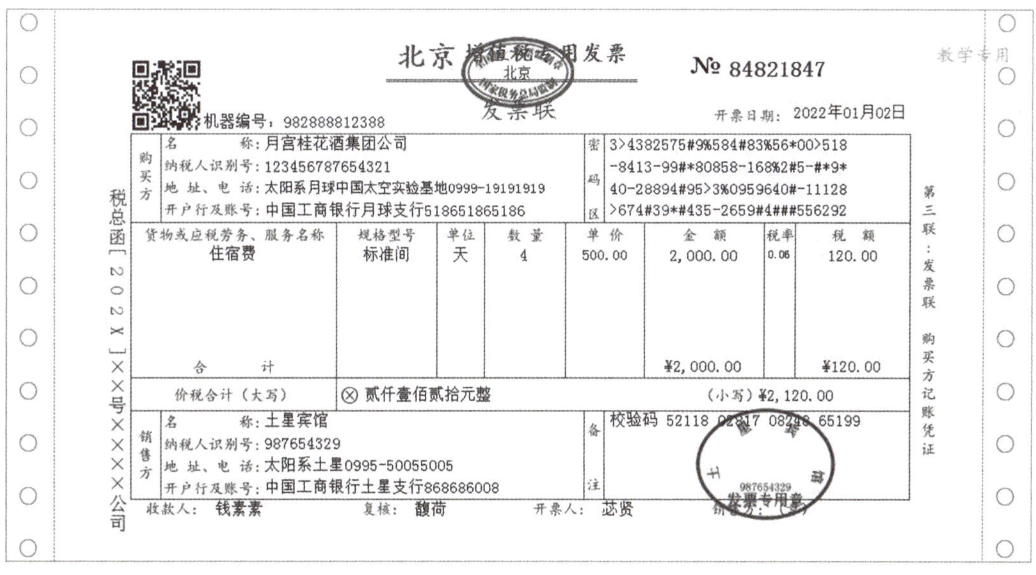

北京增值税专用发票　№ 84821847

发票联

机器编号：982888812388　开票日期：2022年01月02日

购买方	名　称：月宫桂花酒集团公司 纳税人识别号：123456787654321 地址、电话：太阳系月球中国太空实验基地0999-19191919 开户行及账号：中国工商银行月球支行518651865186	密码区	3>4382575#9%584#83%56*00>518 -8413-99#*80858-168%2#5-#*9* 40-28894#95>3%0959640#-11128 >674#39*#435-2659#4###556292

货物或应税劳务、服务名称	规格型号	单位	数量	单价	金额	税率	税额
住宿费	标准间	天	4	500.00	2,000.00	0.06	120.00
合　计					¥2,000.00		¥120.00
价税合计（大写）	⊗贰仟壹佰贰拾元整				（小写）¥2,120.00		

销售方	名　称：土星宾馆 纳税人识别号：987654329 地址、电话：太阳系土星0995-50055005 开户行及账号：中国工商银行土星支行868686008	备注	校验码 52118 02817 08248 65199

收款人：钱素素　复核：馥荷　开票人：苾贤　销售方：（章）

第三联：发票联　购买方记账凭证

税总函［202X］××号××××公司

教学专用

图附-4　报销差旅费原始凭证——住宿发票

X578995　月球站 售

教学专用

2021 年12 月29 日 09:30 开　9 车 9C 号

一等座

月球站 CG333 次 土星站

yueqiuzhan　tuxingzhan

¥400.00元　网

限乘当日当次车

吴采购

1234561982****5000

4657 8868 0585 0728　和谐号

X578995　土星站 售

教学专用

2022 年01 月02 日 12:30开　8 车 8A 号

一等座

土星站 CG334 次 月球站

tuxingzhan　yueqiuzhan

¥400.00 元　网

限乘当日当次车

吴采购

1234561982****5000

4889 8868 0725 3645　和谐号

图附-5　报销差旅费原始凭证——高铁票

4. 1 月 5 日，以 5 000 元为基数，计提社会保险费和住房公积金(企业负担部分)：

职工基本养老保险费按 16%计算，合计金额 16 800.00 元。

职工基本医疗(含生育)保险费按 10.8%计算，合计金额 11 340.00 元。

职工失业保险费按 1%计算，合计金额 1 050.00 元。

职工工伤保险费按 1%计算，合计金额 1 050.00 元。

住房公积金每人 1 200 元，企业负担其中 50%，金额 12 600.00 元。

4# (转账凭证)附单据数：无；摘要：计提社保费公积金(摘要编号 004)

借：管理费用——应付职工薪酬——社会保险费——基本养老保险(6602010201)　16 800.00

　　管理费用——应付职工薪酬——社会保险费——基本医疗保险(6602010202)　11 340.00

　　管理费用——应付职工薪酬——社会保险费——失业保险(6602010203)　1 050.00

　　管理费用——应付职工薪酬——社会保险费——工伤保险(6602010204)　1 050.00

管理费用——应付职工薪酬——住房公积金(66020103) 12 600.00

贷:应付职工薪酬——社会保险费——基本养老保险(22110201) 16 800.00

应付职工薪酬——社会保险费——基本医疗保险(22110202) 11 340.00

应付职工薪酬——社会保险费——失业保险(22110203) 1 050.00

应付职工薪酬——社会保险费——工伤保险(22110204) 1 050.00

应付职工薪酬——住房公积金(221103) 12 600.00

5.1月5日,使用三方协议扣款方式,缴纳职工养老、医疗、失业、工伤等项社会保险费,取得原始凭证如图附-6所示。

5# (付款凭证)附单据数:1(电子缴款凭证);摘要:缴纳社保费(摘要编号005)

借:应付职工薪酬——社会保险费——基本养老保险(22110201)

16 800.00(企业部分)

应付职工薪酬——社会保险费——基本医疗保险(22110202)

11 340.00(企业部分)

应付职工薪酬——社会保险费——失业保险(22110203) 1 050.00(企业部分)

应付职工薪酬——社会保险费——工伤保险(22110204) 1 050.00(企业部分)

其他应收款——应收社会保险费(122102) 10 773.00(个人部分)

(养老8 400.00+医疗2 163.00+失业210.00)

贷:银行存款——工商银行(100201) 41 013.00

电子缴款凭证

教学专用

打印日期:2022年1月5日 700001

纳税人识别号	123456787654321			税务征收机关	北京市税务局		
纳税人全称	月宫桂花酒集团公司			开户银行	(略)		
				银行账号	(略)		
系统税票号	税/费种	税(品)目	所属时期起	所属时期止	实缴金额	缴款日期	备注
556513254500065388	社保费	职工基本养老保险(个人)	2021-12-01	2021-12-31	8400.00	2022-01-05	
556513254500065388	社保费	职工基本养老保险(单位)	2021-12-01	2021-12-31	16800.00	2022-01-05	
556513254500065388	社保费	职工基本医疗保险(个人)	2021-12-01	2021-12-31	2163.00	2022-01-05	
556513254500065388	社保费	职工基本医疗保险(单位)	2021-12-01	2021-12-31	11340.00	2022-01-05	
556513254500065388	社保费	失业保险(个人)	2021-12-01	2021-12-31	210.00	2022-01-05	
556513254500065388	社保费	失业保险(单位)	2021-12-01	2021-12-31	1050.00	2022-01-05	
556513254500065388	社保费	工伤保险(单位)	2021-12-01	2021-12-31	1050.00	2022-01-05	
金额合计	肆万壹仟零壹拾叁元				¥41013.00		

本缴款凭证仅作为纳税人记账核算凭证使用,电子缴税的,需与银行对账单电子划缴记录核对一致方有效。纳税人如需汇总开具正式完税证明,请凭税务登记证或身份证明到主管税务机关开具。

税务机关(电子章): 北京市税务局 电子文费专用章

图附-6 社保缴费原始凭证——缴款回单

6.1月5日，使用三方协议扣款方式，向住房公积金管理中心缴纳住房公积金。原始凭证如图附-7所示。

6＃　（付款凭证）附单据数：1（缴款回单）；摘要：缴纳公积金（摘要编号006）

借：应付职工薪酬——住房公积金（221103）　　12 600.00（企业部分）

　其他应收款——应收住房公积金（122103）　　12 600.00（个人部分）

　贷：银行存款——工商银行（100201）　　25 200.00

700002　**住房公积金缴款回单**　教学专用

交款单位：月宫桂花酒集团公司　　2022年 01 月 05 日　　单位：元

所属时期起	所属时期止	个人缴纳公积金	单位缴纳公积金	合计	备注
2021-12-01	2021-12-31	12600.00	12600.00	25200.00	
		0.00	0.00	0.00	
		0.00	0.00	0.00	
		0.00	0.00	0.00	
	合计：贰万伍仟贰百元			¥25200.00	

住房公积金管理中心 自动回单机专用章 (001)

收款机构：住房公积金管理中心　　收款：只数钱

图附-7　缴付住房公积金原始凭证——缴款回单

7.1月5日，使用三方协议扣款方式向财税局代缴员工个人所得税。原始凭证如图附-8所示。

7＃　（付款凭证）附单据数：1（电子缴款凭证）；摘要：代缴个税（摘要编号007）

借：应交税费——应交个人所得税（222113）　　635.84

　贷：银行存款——工商银行（100201）　　635.84

电子缴款凭证　教学专用

打印日期：2022年01月05日　　700003

纳税人识别号	123456787654321			税务征收机关	北京市税务局		
纳税人全称	月宫桂花酒集团公司			开户银行	（略）		
				银行账号	（略）		
系统税票号	征（费）种	税（品）目	所属时期起	所属时期止	实缴金额	缴款日期	备注
6699780515430002001	个人所得税		2021年12月01日	2021年12月31日	635.84	2022年01月05日	
金额合计	（大写）陆佰叁拾伍元捌角肆分				¥635.84		
本缴款凭证仅作为纳税人记账核算凭证使用，电子缴税的需与银行对账单电子划缴记录核对一致方有效。纳税人如需汇总开具正式完税证明，请凭税务登记证或身份证明到主管税务机关开具。 税务机关（电子章） 北京市税务局 电子交款专用章							

图附-8　代缴个人所得税原始凭证——缴款回单

实训项目八 工资日常处理

[实训要求]

以李人事(编号:04;口令:4)的身份注册登录"信息门户",完成1月工资日常处理;

以孙出纳(编号:03;口令:3)的身份注册登录"信息门户",完成工资凭证中出纳凭证的签字;

以赵经理(编号:01;口令:1)的身份注册登录"信息门户",完成工资凭证的审核;

以钱会计(编号:02;口令:2)的身份注册登录"信息门户",完成工资凭证的记账。

[实训内容]

1. 工资变动;
2. 扣缴个人所得税;
3. 工资分摊及制单;
4. 费用计提及制单;
5. 出纳凭证签字、凭证审核和记账。

[实训数据]

一、工资变动

1月5日,计算职工本月工资,录入工资变动和附加扣除数据如下:

1. 计时工资类别(打开计时工资类别—工资管理—工资变动)

表附-41 计时工资类别工资数据

人员编号	人员姓名	部 门	人员类别	基本工资	岗位津贴	事假天数	病假天数
101	吴 刚	董事会	管理人员	8 000.00	5 000.00		
201	赵经理	经理室	管理人员	6 500.00	4 000.00	1	
301	钱会计	财务部	管理人员	5 300.00	3 800.00		2
302	孙出纳	财务部	管理人员	5 000.00	3 000.00		
401	李人事	人力部	管理人员	5 000.00	3 000.00		
501	周资产	资产部	管理人员	5 300.00	2 500.00	2	
601	吴采购	供应部	管理人员	5 500.00	2 800.00		
701	郑销东	东海区	管理人员	5 300.00	3 500.00		
702	郑销南	南海区	管理人员	5 300.00	3 500.00		
703	郑销北	北海区	管理人员	5 500.00	3 500.00		
801	王库管	物流部	管理人员	5 000.00	2 500.00		1

表附-42 计时工资类别个人所得税专项附加扣除数据

人员编号	人员姓名	子女教育	继续教育	大病医疗	房租或房息	赡养老人
101	吴 刚					
201	赵经理					
301	钱会计					

续 表

人员编号	人员姓名	子女教育	继续教育	大病医疗	房租或房息	赡养老人
302	孙出纳	500.00	300.00		1 000.00	2 000.00
401	李人事	500.00				
501	周资产	500.00			1 000.00	2 000.00
601	吴采购	500.00	400.00		1 000.00	2 000.00
701	郑销东	500.00			1 000.00	2 000.00
702	郑销南	500.00	400.00		1 000.00	2 000.00
703	郑销北	500.00	400.00		1 000.00	2 000.00
801	王库管	500.00	300.00		1 000.00	2 000.00

2. 计件工资类别(打开计件工资类别—工资管理—工资变动)

表附-43　　计件工资类别个人产量数据

人员编号	人员姓名	部　门	人员类别	计件工价	合格产量(箱)
901	工人壹	生产部	生产人员	30.00	300
902	工人贰	生产部	生产人员	30.00	310
903	工人叁	生产部	生产人员	30.00	305
904	工人肆	生产部	生产人员	30.00	295
905	工人伍	生产部	生产人员	30.00	285
906	工人陆	生产部	生产人员	30.00	290
907	工人柒	生产部	生产人员	30.00	300
908	工人捌	生产部	生产人员	30.00	298
909	工人玖	生产部	生产人员	30.00	302
910	工人拾	生产部	生产人员	30.00	305

表附-44　　计件工资类别个人所得税专项附加扣除数据

人员编号	人员姓名	子女教育	继续教育	大病医疗	房租或房息	赡养老人
901	工人壹	500.00			800.00	1 000.00
902	工人贰	500.00			1 000.00	2 000.00
903	工人叁	500.00				2 000.00
904	工人肆				1 000.00	1 000.00
905	工人伍	500.00				1 000.00
906	工人陆		400.00			1 000.00
907	工人柒		400.00			2 000.00
908	工人捌		400.00			2 000.00
909	工人玖		400.00			2 000.00
910	工人拾		400.00			2 000.00

二、申报个人所得税(打开相应工资类别—扣缴个人所得税—“栏目选择”对话框单击[取消]/个人所得税扣缴申报表)

三、相关业务和凭证(每项业务都用“工资分摊”功能,按计时、计件工资类别分开做。)

(1) 1月8日,把本月工资进行分摊。董事会、经理室、财务部、人力部、资产部、供应部、物流部(原料1库)等部门人员的应发工资分摊到管理费用;销售人员的应发工资分摊到销售费用;生产人员的应发工资分摊到基本生产成本;并生成凭证传送到总账系统。

8# (转账凭证)附单据数:无;摘要:工资分摊

借:管理费用——应付职工薪酬——工资(66020101) 71 068.18

(计时销售人员外其他人员工资)

销售费用(6601) 26 600.00(计时销售人员工资)

贷:应付职工薪酬——工资(221101) 97 668.18

9# (转账凭证)摘要:工资分摊

借:生产成本——基本生产成本(500101) 89 700.00(计件生产人员工资)

贷:应付职工薪酬——工资(221101) 89 700.00

(2) 1月8日,按应发工资总额的2%计提工会经费。

10# (转账凭证)附单据数:无;摘要:计提工会经费

借:管理费用——应付职工薪酬——工会经费(66020104) 1 953.36(计时)

贷:应付职工薪酬——工会经费(221104) 1 953.36

11# (转账凭证)附单据数:无;摘要:计提工会经费

借:管理费用——应付职工薪酬——工会经费(66020104) 1 794.00(计件)

贷:应付职工薪酬——工会经费(221104) 1 794.00

(3) 1月8日,按应发工资的2.5%计提职工教育经费。

12# (转账凭证)附单据数:无;摘要:计提职工教育经费

借:管理费用——应付职工薪酬——职工教育经费(66020105)2 441.70(计时)

贷:应付职工薪酬——职工教育经费(221105) 2 441.70

13# (转账凭证)附单据数:无;摘要:计提职工教育经费

借:管理费用——应付职工薪酬——职工教育经费(66020105)2 242.50(计件)

贷:应付职工薪酬——职工教育经费(221105) 2 242.50

(4) 1月8日,按实发工资总额开出工商银行转账支票一张,委托银行代发工资。原始凭证如图附-9、图附-10所示。

14# (付款凭证)附单据数:3(工资清单、支票存根、银行进账单);摘要:发放工资

借:应付职工薪酬——工资(221101) 84 971.83(计时)

贷:银行存款——工商银行(100201) 84 971.83

中国工商银行
转账支票存根
201002

附加信息

出票日期 2022 年 01 月 08 日

收款人：月宫桂花酒集团公司

金　额：¥163,359.34

用　途：发放工资

单位主管 赵经理 会计 钱会计

××印务有限公司·××年印制

图附-9　发放工资原始凭证——转账支票存根

中国工商银行　进账单（回单）　1

2022 年　01 月　08 日

出票人	全　称	月宫桂花酒集团公司	收款人	全　称	月宫桂花酒集团公司
	账　号	518651865186		账　号	880088008800
	开户银行	工商银行月球支行		开户银行	工商银行月球支行
金额	人民币（大写）	壹拾陆万叁仟叁佰伍拾玖元叁角肆分		亿 千 百 十 万 千 百 十 元 角 分	¥ 1 6 3 3 5 9 3 4
票据种类	转账支票	票据张数	1		工商银行月球支行 2022.01.08 转讫 受理银行签章
票据号码	201002				

注意：本回单不作进账、提货的证明，不做账务处理的依据，仅供查询用。

此联是开户银行交给持票人的回单

××公司印刷××银行监制

图附-10　发放工资原始凭证——银行进账单

15＃　（付款凭证）附单据数：1（工资清单；注：支票存根、银行进账单与计时共用）摘要：发放工资

借：应付职工薪酬——工资（221101）　　78 387.51（计件）

　贷：银行存款——工商银行（100201）　　78 387.51

（5）1 月 8 日，从应发工资中扣回代缴的个人所得税，个人负担的社会保险费和住房公积金。

16＃　（转账凭证）附单据数：无；摘要：扣回代缴款

借：应付职工薪酬——工资（221101）　　12 696.35（计时）

　贷：其他应收款——应收社会保险费（122102）　　5 643.00（计时）

　　其他应收款——应收住房公积金（122103）　　6 600.00（计时）

应交税费——应交个人所得税(222113) 453.35(计时)

17# (转账凭证)附单据数:无;摘要:扣回代缴款(系统生成)

借:应付职工薪酬——工资(221101) 11 312.49(计件)

贷:应交税费——应交个人所得税(222113) 182.49(计件)

其他应收款——应收社会保险费(122102) 5 130.00(计件)

其他应收款——应收住房公积金(122103) 6 000.00(计件)

实训项目九 固定资产日常处理

[实训要求]

以周资产(编号:05;口令:5)的身份注册登录"信息门户",完成1月份固定资产业务处理;

以孙出纳(编号:03;口令:3)的身份注册登录"信息门户",完成出纳凭证的签字;

以钱会计(编号:02;口令:2)的身份注册登录"信息门户",完成21#、22#两张凭证的录入;并在凭证通过审核后完成凭证的记账。

以赵经理(编号:01;口令:1)的身份注册登录"信息门户",完成固定资产凭证的审核。

[实训内容]

1. 工作量录入
2. 折旧
3. 固定资产增加和减少
4. 凭证的生成、录入、出纳签字、审核和记账

[实训数据]

一、固定资产折旧

1月10日,对所有固定资产作本月折旧处理

(1) 录入月球越野车本月的工作量1 000千米;

(2) 对所有固定资产进行折旧,并且制作凭证传送到总账系统。

18# (转账凭证)附单据数:无;摘要:(系统生成)

借:管理费用——折旧费(660204) 1 159.94(59.98+99.96+1 000.00)

制造费用(5101) 4 397.60

贷:累计折旧(1602) 5 557.54

二、固定资产增加

1月10日,经理室购买联想笔记本电脑一台,同日开始使用;使用年限5年;净残值率5%。原始凭证如图附-11、图附-12所示(记账凭证用"批量制单"功能,与资产减少凭证一起生成)。

19# (付款凭证)附单据数:2(专用发票、支票存根);摘要:(系统生成)

借:固定资产(1601) 5 000.00

应交税费——应交增值税——进项税额(22210101) 650.00

贷:银行存款——工商银行(100201) 5 650.00

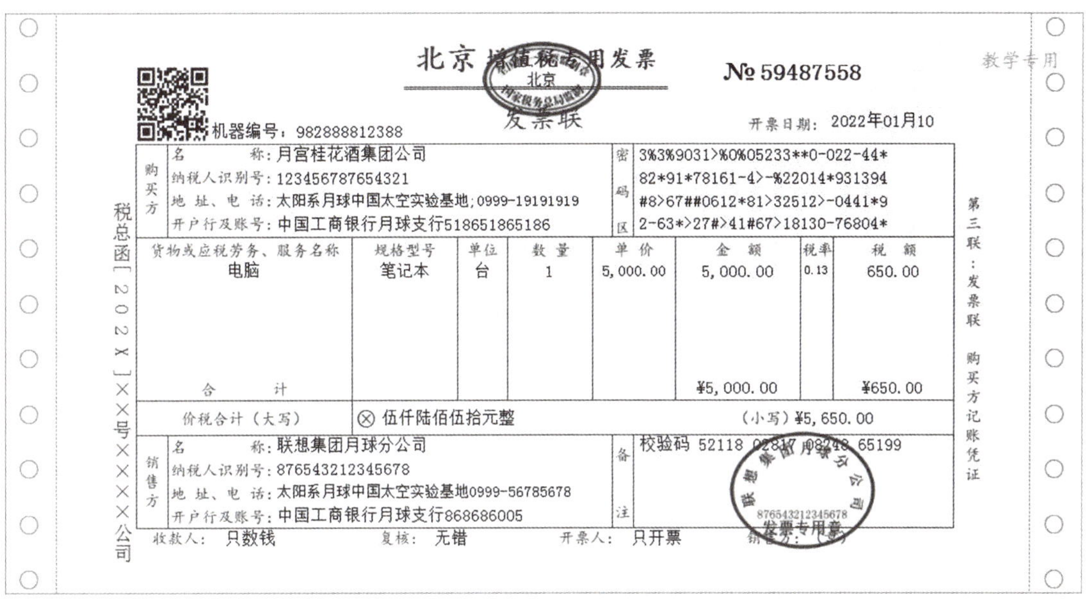

北京增值税专用发票　№ 59487558　教学专用

发票联

机器编号：982888812388　开票日期：2022年01月10

购买方	名称：月宫桂花酒集团公司 纳税人识别号：123456787654321 地址、电话：太阳系月球中国太空实验基地；0999-19191919 开户行及账号：中国工商银行月球支行518651865186	密码区	3%3%9031>%0%05233**0-022-44* 82*91*78161-4>-%22014*931394 #8>67##0612*81>32512>-0441*9 2-63*>27*#>41#67>18130-76804*

货物或应税劳务、服务名称	规格型号	单位	数量	单价	金额	税率	税额
电脑	笔记本	台	1	5,000.00	5,000.00	0.13	650.00
合　计					¥5,000.00		¥650.00
价税合计（大写）	⊗伍仟陆佰伍拾元整				（小写）¥5,650.00		

销售方	名称：联想集团月球分公司 纳税人识别号：876543212345678 地址、电话：太阳系月球中国太空实验基地0999-56785678 开户行及账号：中国工商银行月球支行868686005	备注	校验码 52118 02817 08248 65199

收款人：只数钱　复核：无错　开票人：只开票　销售方：（章）

税总函[202X]××号××××公司

第三联：发票联　购买方记账凭证

图附-11　购买电脑原始凭证——纸质增值税专用发票

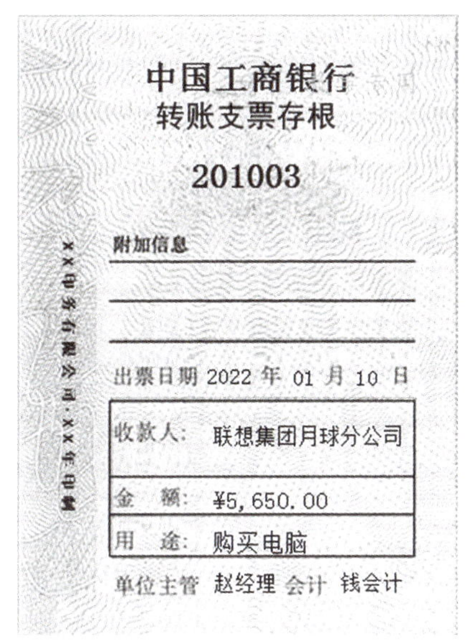

中国工商银行

转账支票存根

201003

附加信息

出票日期 2022 年 01 月 10 日

收款人：	联想集团月球分公司
金　额：	¥5,650.00
用　途：	购买电脑

单位主管 赵经理 会计 钱会计

××印务有限公司·××年印制

图附-12　购买电脑原始凭证——支票存根

三、固定资产减少

1月11日，把原总经理室使用的台式电脑（卡片编号004）一台转让出售，收入现金2 825元；出让的电脑已折旧149.98元，账面净值3 250.02元。原始凭证如图附-13所示。

20＃　（转账凭证）附单据数：无；摘要：（系统生成）

借：固定资产清理（1606）　　3 250.02

　　累计折旧（1602）　　149.98

　　贷：固定资产（1601）　　3 400.00

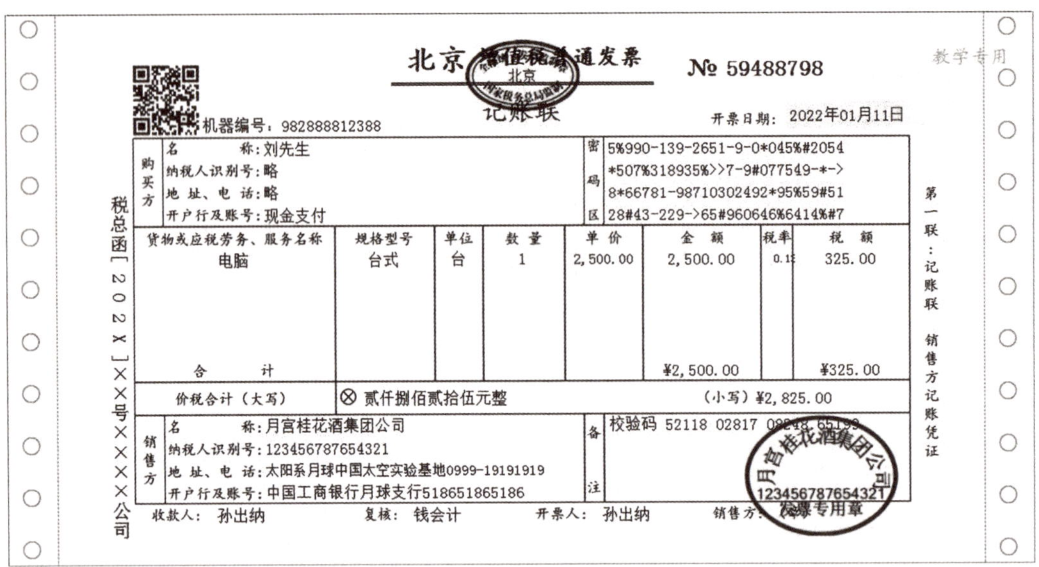

北京增值税普通发票 № 59488798

教学专用

机器编号：982888812388 记账联 开票日期：2022年01月11日

购买方	名称：刘先生 纳税人识别号：略 地址、电话：略 开户行及账号：现金支付				密码区	5%990-139-2651-9-0*045%#2054 *507%318935%>>7-9#077549-*-> 8*66781-98710302492*95%59#51 28#43-229->65#960646%6414%#7		
货物或应税劳务、服务名称	规格型号	单位	数量	单价	金额	税率	税额	
电脑	台式	台	1	2,500.00	2,500.00	0.1	325.00	
合计					¥2,500.00		¥325.00	
价税合计（大写）	⊗贰仟捌佰贰拾伍元整				（小写）¥2,825.00			
销售方	名称：月宫桂花酒集团公司 纳税人识别号：123456787654321 地址、电话：太阳系月球中国太空实验基地0999-19191919 开户行及账号：中国工商银行月球支行518651865186				备注	校验码 52118 02817 09848 65139		

收款人：孙出纳 复核：钱会计 开票人：孙出纳 销售方：（章）

税总函[202X]××号××××公司

第一联：记账联 销售方记账凭证

图附-13 转让台式电脑原始凭证——纸质增值税普通发票

21# (收款凭证)附单据数：1(普通发票)；摘要：电脑转让收入(摘要直接用键盘录入；凭证在总账系统中录入。)

借：库存现金——人民币(100101) 2 825.00

　贷：固定资产清理(1606) 2 500.00

　　应交税费——应交增值税——销项税额(22210102) 325.00

22# (转账凭证)附单据数：无；摘要：处置转让电脑损失(摘要直接用键盘录入；凭证在总账系统中录入)

借：资产处置损益——办公设备(611502) 750.02

　贷：固定资产清理(1606) 750.02

实训项目十 采购日常业务处理(含库存、核算、发票管理相关操作)

[实训要求]

以吴采购(编号：06；口令：6)的身份注册登录"信息门户"，完成001账套1月份采购日常业务处理；

以王库管(编号：08；口令：8)的身份注册登录"信息门户"，完成与采购相关的库存业务处理；

以钱会计(编号：02；口令：2)的身份注册登录"信息门户"，完成暂估月初回冲以及其他日常业务的核算记账和制单；并在凭证审核后完成记账；

以孙出纳(编号：03；口令：3)的身份注册登录"信息门户"，完成采购业务中出纳凭证的签字；

以赵经理(编号：01；口令：1)的身份注册登录"信息门户"，完成采购业务凭证的审核。

[实训内容]

1. 暂估业务处理

2. 在途业务处理
3. 单货同到业务处理
4. 现付
5. 预付冲应付
6. 付款单
7. 核算记账和制单
8. 出纳签字和凭证审核
9. 凭证记账
10. 电子发票的采集和处理

[实训数据]

(1) 1 月 12 日，制作前月暂估入库 300 只瓷瓶的红字回冲凭证(由 02 钱会计在核算管理系统里做)。

23＃ (转账凭证)附单据数：1(回冲单[系统生成])；摘要：(系统生成)

借：原材料——瓷瓶(140303)　　14 400.00(红字)

　贷：材料采购(1401)　　14 400.00(红字)

(核算)购销单据制单[红字回冲单]

(2) 1 月 12 日，收到采购部 1 月 4 日向桂花种植场订购的桂花，货物的价税款(应付款)在收到货物后，通过工商银行用电汇方式付清；运费及运费税款当场用现金付清(现付)；货和发票(电子)都已经收到；货物已经验收入库(单货同到)。原始凭证如图附-14、图附-15、图附-16所示。

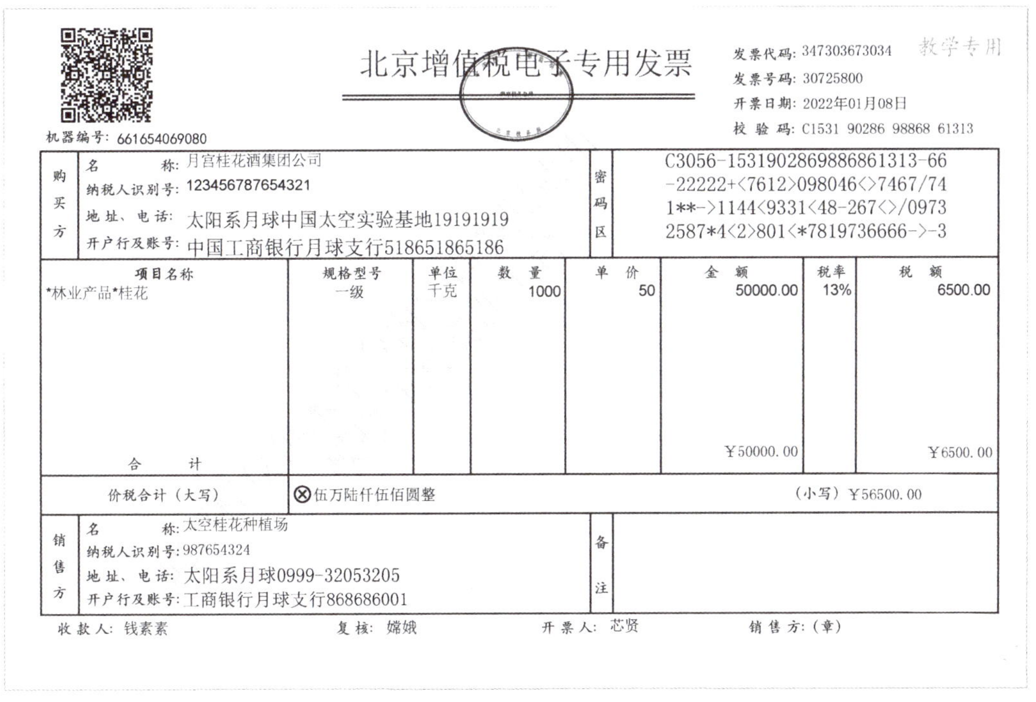

北京增值税电子专用发票

发票代码：347303673034　教学专用
发票号码：30725800
开票日期：2022年01月08日
校 验 码：C1531 90286 98868 61313
机器编号：661654069080

购买方	名称：月宫桂花酒集团公司 纳税人识别号：123456787654321 地址、电话：太阳系月球中国太空实验基地19191919 开户行及账号：中国工商银行月球支行518651865186	密码区	C3056-1531902869886861313-66 -22222+<7612>098046<>7467/74 1**->1144<9331<48-267<>/0973 2587*4<2>801<*7819736666->-3

项目名称	规格型号	单位	数量	单价	金额	税率	税额
*林业产品*桂花	一级	千克	1000	50	50000.00	13%	6500.00
合计					￥50000.00		￥6500.00
价税合计（大写）	⊗伍万陆仟伍佰圆整				（小写）￥56500.00		

销售方	名称：太空桂花种植场 纳税人识别号：987654324 地址、电话：太阳系月球0999-32053205 开户行及账号：工商银行月球支行868686001	备注	

收款人：钱素素　复核：嫦娥　开票人：芯贤　销售方：（章）

图附-14 采购桂花原始凭证——电子增值税专用发票(货物)

机器编号：661657509755

北京增值税电子专用发票

发票代码：039929805039 教学专用
发票号码：53152499
开票日期：2022年01月08日
校 验 码：C1546 33410 91554 50881

购买方		密码区	
名　称：月宫桂花酒集团公司 纳税人识别号：123456787654321 地址、电话：太阳系月球中国太空实验基地19191919 开户行及账号：中国工商银行月球支行518651865186		密码区	C3056-15463341091554 50881-66 -22222+<7612>098046<>7467/74 1**->1144<9331<48-267<>/0973 2587*4<2>801<*7819736666->-3

项目名称	规格型号	单位	数量	单价	金额	税率	税额
*劳务*运输费		次	1	300	300.00	9%	27.00
合　计					¥300.00		¥27.00
价税合计（大写）	⊗叁佰贰拾柒圆整				（小写）¥327.00		

销售方	备注
名　称：太空桂花种植场 纳税人识别号：987654324 地址、电话：太阳系月球0999-32053205 开户行及账号：工商银行月球支行868686001	

收款人：钱素素　复核：嫦娥　开票人：芯贤　销售方：（章）

图附-15 采购桂花原始凭证——电子增值税专用发票（运费）

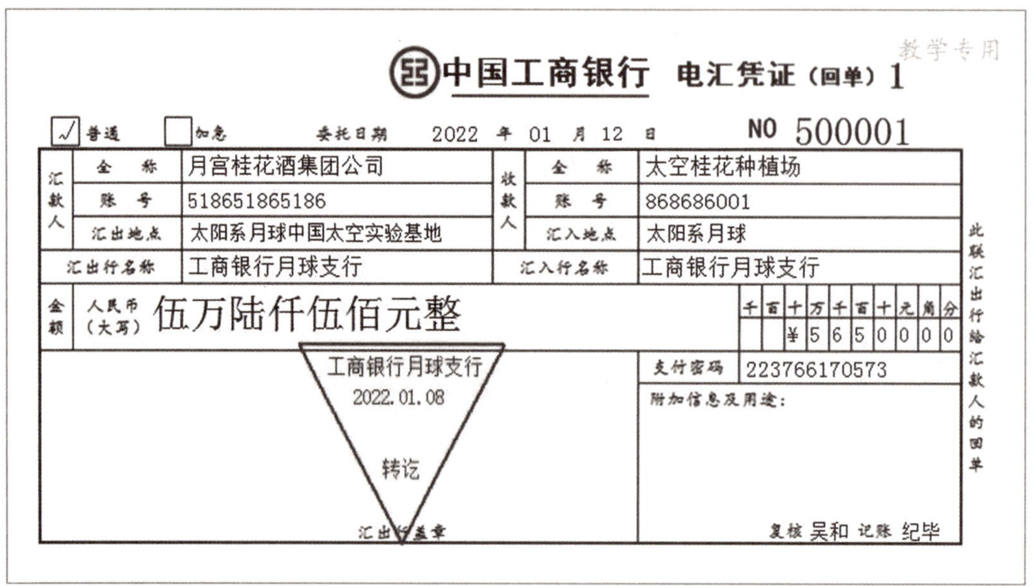

中国工商银行 电汇凭证（回单） 1 教学专用

☑普通 □加急 委托日期 2022 年 01 月 12 日 NO 500001

汇款人		收款人	
全称	月宫桂花酒集团公司	全称	太空桂花种植场
账号	518651865186	账号	868686001
汇出地点	太阳系月球中国太空实验基地	汇入地点	太阳系月球
汇出行名称	工商银行月球支行	汇入行名称	工商银行月球支行
金额 人民币（大写）	伍万陆仟伍佰元整	千百十万千百十元角分	¥5650000
工商银行月球支行 2022.01.08 转讫 汇出行盖章		支付密码	223766170573
		附加信息及用途：	
		复核 吴和 记账 纪毕	

此联汇出行给汇款人的回单

图附-16 采购桂花原始凭证——电汇回单

24＃ （付款凭证）附单据数 3（货物发票[采集]、运费发票[采集]、入库结算单[系统生成]）；摘要：（系统生成）

借：原材料——桂花（140301）　　50 300.00（50.30×1 000）
　　应交税费——应交增值税——进项税额（22210101）　　6 527.00
　贷：应付账款（2202）　　56 500.00
　　　库存现金——人民币（100101）　　327.00

25#　(付款凭证)附单据数 1(电汇回单);摘要:(系统生成)

借:应付账款(2202)　　56 500.00

　　贷:银行存款——工商银行(2202)　　56 500.00

(发票管理)发票采集—审核—认证—(采购)机内发票处理—(发票管理)运费发票采集—机内发票处理[现付]—采购入库单—采购结算—付款单—(库存)采购入库单审核—(核算)记账—购销单据制单[结算单制单]—供应商往来制单[核销制单]

(3) 1月12日,采购部收到土星瓷器厂开具的300只瓷瓶的电子专用发票,货款未付。原始凭证如图附-17所示。(期初暂估处理—瓷瓶300只)

26#　(转账凭证)附单据数 1(回冲单[系统生成]);摘要:(系统生成)

借:原材料——瓷瓶(140303)　　14 100.00(47.00×300)

　　贷:材料采购(1401)　　14 100.00

(发票管理)发票采集—审核—认证—(采购)机内发票处理—采购结算—(核算)暂估成本处理—购销单据制单[蓝字回冲单(报销)]

27#　(转账凭证)附单据数:1(电子发票[采集]);摘要:(系统生成)

借:材料采购(1401)　　14 100.0

　　应交税费——应交增值税——进项税额(22210101)　　1 833.00

　　贷:应付账款(2202)　　15 933.00

(核算)供应商往来制单[发票制单]

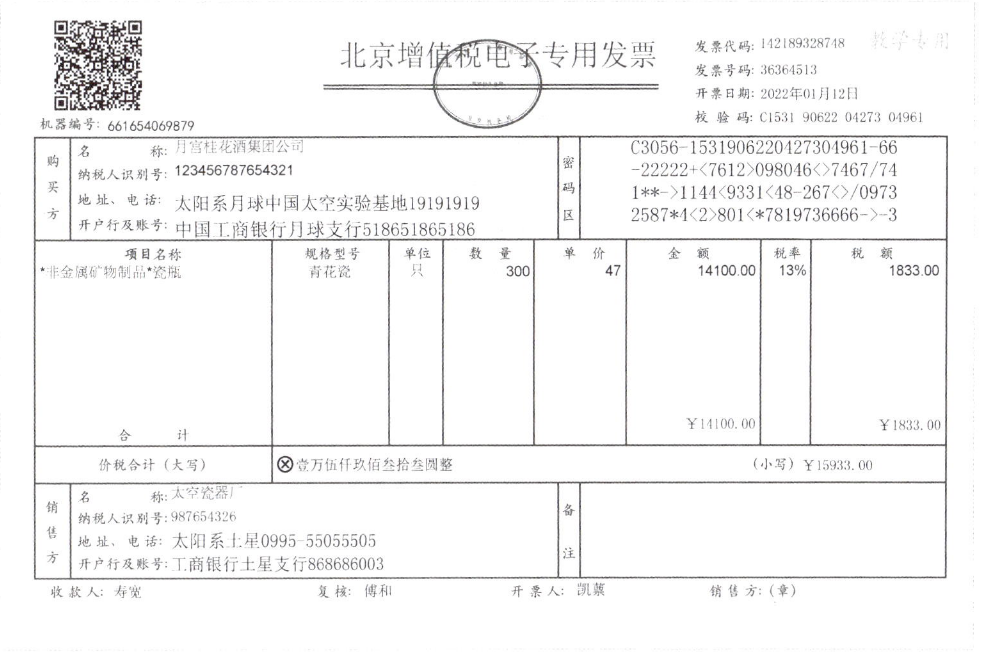

北京增值税电子专用发票

发票代码: 142189328748　教学专用
发票号码: 36364513
开票日期: 2022年01月12日
校验码: C1531 90622 04273 04961

机器编号: 661654069879

购买方
名称: 月宫桂花酒集团公司
纳税人识别号: 123456787654321
地址、电话: 太阳系月球中国太空实验基地19191919
开户行及账号: 中国工商银行月球支行518651865186

密码区
C3056-1531906220427304961-66
-22222+<7612>098046<>7467/74
1**->1144<9331<48-267<>/0973
2587*4<2>801<*7819736666->-3

项目名称	规格型号	单位	数量	单价	金额	税率	税额
*非金属矿物制品*瓷瓶	青花瓷	只	300	47	14100.00	13%	1833.00
合计					￥14100.00		￥1833.00

价税合计(大写)　⊗壹万伍仟玖佰叁拾叁圆整　(小写)￥15933.00

销售方
名称: 太空瓷器厂
纳税人识别号: 987654326
地址、电话: 太阳系土星0995-55055505
开户行及账号: 工商银行土星支行868686003

备注

收款人: 寿宽　复核: 傅和　开票人: 凯蕖　销售方:(章)

图附-17　暂估业务采购瓷瓶原始凭证——电子增值税专用发票

(4) 1月13日,和土星太空瓷器厂商定,用原预付对方的10 000元冲抵应付的15 933元瓷瓶货税款中的10 000元,余5 933元暂时仍然作为应付款记在账上。(预付冲应付)

28#　(转账凭证)附单据数:无;摘要:(系统生成)

借:应付账款(2202) 10 000.00

贷:预付账款(1123) 10 000.00

(采购)供应商往来[预付冲应付]—(核算)供应商往来制单[转账制单]

(5) 1月14日,收到12月25日向水星太空水厂订购的太空水1吨(期初在途太空水),货已经验收入库;货款和税款通过工商银行以电汇方式付清。原始凭证如图附-18所示(发票已在上月入账)。

29# (转账凭证)附单据数:1(入库结算单[系统生成]);摘要:(系统生成)

借:原材料——太空水(140302) 2 000.00

贷:在途物资(1402) 2 000.00

(采购)采购入库单—采购结算[手工结算]—(库存)采购入库单审核—(核算)正常单据记账—购销单据制单[采购入库单(报销记账)]

30# (付款凭证)附单据数:1(电汇回单);摘要:(系统生成)

借:应付账款(2202) 2 260.00

贷:银行存款——工商银行(100201) 2 260.00

(采购)付款结算—(核算)供应商往来制单[核销制单]

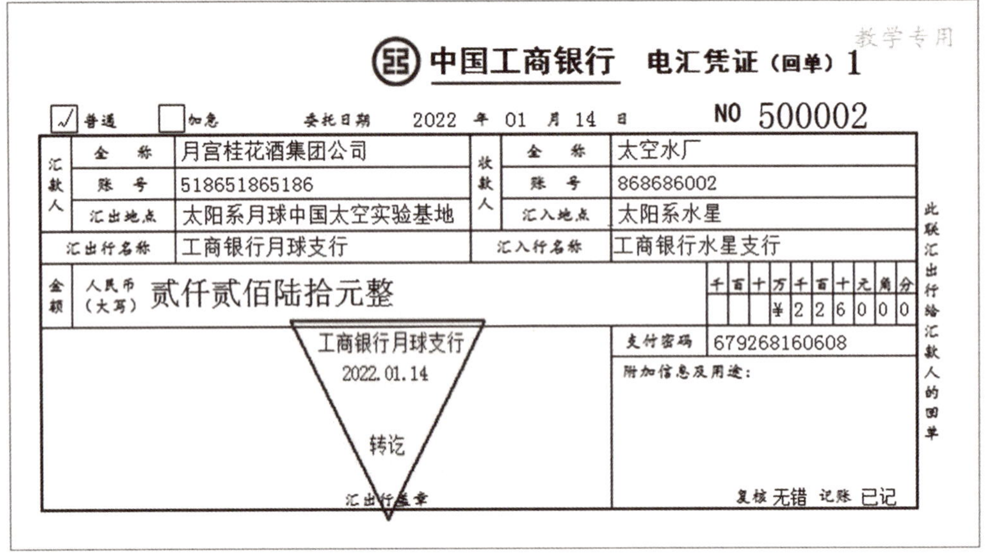
教学专用

中国工商银行 电汇凭证(回单) 1

☑普通 □加急 委托日期 2022 年 01 月 14 日 NO 500002

汇款人	全称	月宫桂花酒集团公司	收款人	全称	太空水厂
	账号	518651865186		账号	868686002
	汇出地点	太阳系月球中国太空实验基地		汇入地点	太阳系水星
汇出行名称		工商银行月球支行	汇入行名称		工商银行水星支行
金额	人民币(大写)	贰仟贰佰陆拾元整		千百十万千百十元角分	¥226000
				支付密码	679268160608
				附加信息及用途:	

工商银行月球支行 2022.01.14 转讫 汇出行签章

复核 无错 记账 已记

此联汇出行给汇款人的回单

图附-18 期初在途太空水原始凭证——电汇回单

实训项目十一 销售日常业务处理(含库存、核算、发票管理相关操作)

[实训要求]

以郑销售(编号:07;口令:7)的身份注册登录“信息门户”,完成001账套1月份销售业务的处理;

以王库管(编号:08;口令:8)的身份注册登录“信息门户”,完成与销售相关的库存业务处理;

以钱会计(编号:02;口令:2)的身份注册登录“信息门户”,完成相关业务的核算记账及制单；并在凭证通过审核后完成记账；

以孙出纳(编号:03；口令:3)的身份注册登录“信息门户”，完成销售业务中出纳凭证的签字；

以赵经理(编号:01；口令:1)的身份注册登录“信息门户”，完成销售业务凭证的审核。

[实训内容]

1. 发货直接开票销售业务处理
2. 先发货后开票销售业务处理
3. 预收冲应收处理
4. 收款单录入
5. 核算记账和制单

[实训数据]

(1) 1月15日，销售部收到南海龙宫订单，以及通过工商银行以电汇方式支付的货税款(增值税率:13%；现结)。订单已经确认签章。该笔业务指派南海区郑销南协调办理，要求于当日执行完毕(从订单录入到生成凭证)。原始凭证如图附-19、图附-20所示。

31# (收款凭证)附单据数:3(订单、电子发票[系统生成]、银行进账单)；摘要:(系统生成；订单备注:南海订酒)

借:银行存款——工商银行(100201)　169 500.00

　贷:主营业务收入(6001)　150 000.00

　　应交税费——应交增值税——销项税额(22210102)　19 500.00

(销售)销售订单—生成机内销售专用发票[现结]—开具电子发票—生成发货单—(库存)销售出库单—(核算)正常单据记账—销售发票制单[现结]—销售出库单制单

教学专用

订　单

供应商：月宫桂花酒集团公司　　需方电话：0555-20022002

联系人：郑销南　　下单日期：2022年01月15日

物料名称	型号及规格	单位	数量	单价	总价	交货期	单号
桂花酒	高级	箱(10瓶)	50	3000.00	150000.00	2022-01-15	N20220115

注:

1) 订单价格为不含税单价;
2) 贵公司如无法按时或按量交货，请及时通知我方;
3) 付款方式为银行汇兑(电汇);
4) 送货地址：地球中国南海;
5) 未尽事宜双方协商解决。

第二联：供货单位联

供方：月宫桂花酒集团公司　　需方：南海龙宫

负责人签字：郑销售　　负责人签字：南采购

图附-19　销南海桂花酒原始凭证——订单

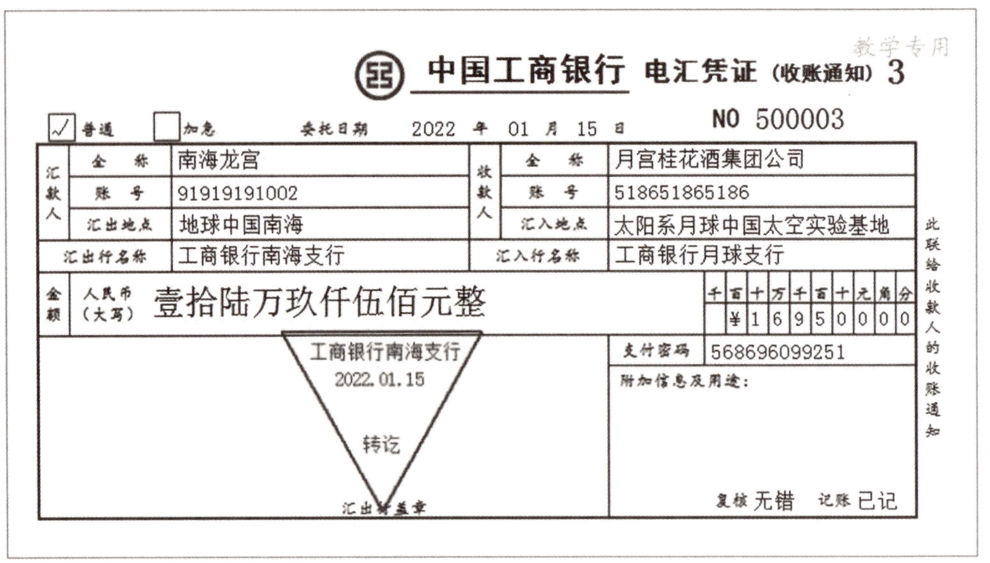

中国工商银行 电汇凭证 (收账通知) 3 教学专用

☑普通 □加急 委托日期 2022 年 01 月 15 日 NO 500003

汇款人	全称	南海龙宫	收款人	全称	月宫桂花酒集团公司
	账号	91919191002		账号	518651865186
	汇出地点	地球中国南海		汇入地点	太阳系月球中国太空实验基地
汇出行名称		工商银行南海支行	汇入行名称		工商银行月球支行
金额	人民币(大写)	壹拾陆万玖仟伍佰元整			¥169500.00

工商银行南海支行 2022.01.15 转讫

汇出行签章

支付密码 568696099251

附加信息及用途:

复核 无错 记账 已记

此联给收款人的收账通知

图附-20 销南海桂花酒原始凭证——电汇收账通知

(2) 1月15日,结转销给南海龙宫50箱桂花酒的销售成本,每箱成本1 500元。

32# (转账凭证)附单据数:1(出库单[系统生成]);摘要:(系统生成)

借:主营业务成本(6401) 75 000.00

贷:库存商品(1405) 75 000.00

(核算)购销单据制单[销售出库单]

(3) 1月15日,销售部收到东海龙宫订单。订单已经确认签章(赊销)。该笔业务指派东海区郑销东协调办理,要求于当日执行完毕(从订单录入到生成凭证)。原始凭证如图附-21所示。

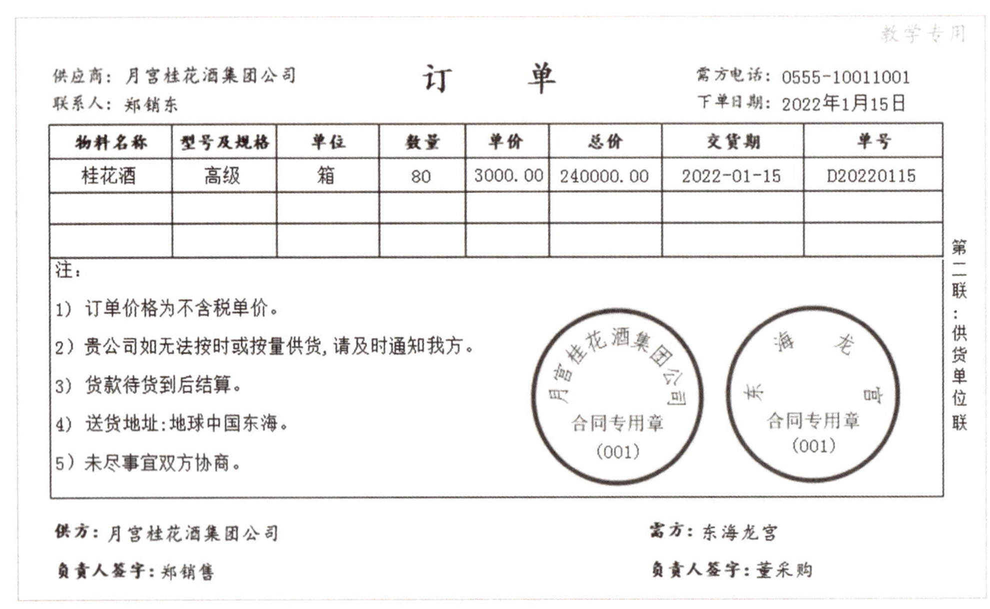

订 单 教学专用

供应商:月宫桂花酒集团公司 需方电话:0555-10011001

联系人:郑销东 下单日期:2022年1月15日

物料名称	型号及规格	单位	数量	单价	总价	交货期	单号
桂花酒	高级	箱	80	3000.00	240000.00	2022-01-15	D20220115

注:

1) 订单价格为不含税单价。

2) 贵公司如无法按时或按量供货,请及时通知我方。

3) 货款待货到后结算。

4) 送货地址:地球中国东海。

5) 未尽事宜双方协商。

月宫桂花酒集团公司 合同专用章 (001)

东海龙宫 合同专用章 (001)

第二联:供货单位联

供方:月宫桂花酒集团公司 需方:东海龙宫

负责人签字:郑销售 负责人签字:董采购

图附-21 销东海80箱桂花酒原始凭证——订单

33♯　(转账凭证)附单据数:2(订单、电子发票[系统生成]);摘要:(系统生成;订单备注:东海订酒)

借:应收账款(1122)　　271 200.00

　贷:主营业务收入(6001)　　240 000.00

　　应交税费——应交增值税——销项税额(22210102)　　31 200.00

(销售)销售订单—生成机内销售专用发票—生成发货单—(库存)销售出库单—开具电子发票—(核算)正常单据记账[销售出库单]—客户往来制单[发票制单]

(4) 1月15日,结转80箱桂花酒销售成本,每箱成本1 500元。

34♯　(转账凭证)附单据数:1(出库单[系统生成]);摘要:(系统生成)

借:主营业务成本(6401)　　120 000.00

　贷:库存商品(1405)　　120 000.00

(核算)购销单据制单[销售出库单]

(5) 1月18日,东海龙宫收到80箱桂花酒,双方结算货款,商定用原来预收对方的150 000元冲抵部分货款,余下的121 200元对方通过工商银行以电汇方式付清。原始凭证如图附-22所示。

35♯　(转账凭证)附单据数:无;摘要:(系统生成)

借:预收账款(2203)　　150 000.00

　贷:应收账款(1122)　　150 000.00

(销售)客户往来[预收冲应收]—(核算)客户往来制单[转账制单]

36♯　(收款凭证)附单据数:1(银行进账单);摘要:(系统生成)

借:银行存款——工商银行(100201)　　121 200.00

　贷:应收账款(1122)　　121 200.00

(销售)收款结算[收款单]—(核算)客户往来制单[核销制单]

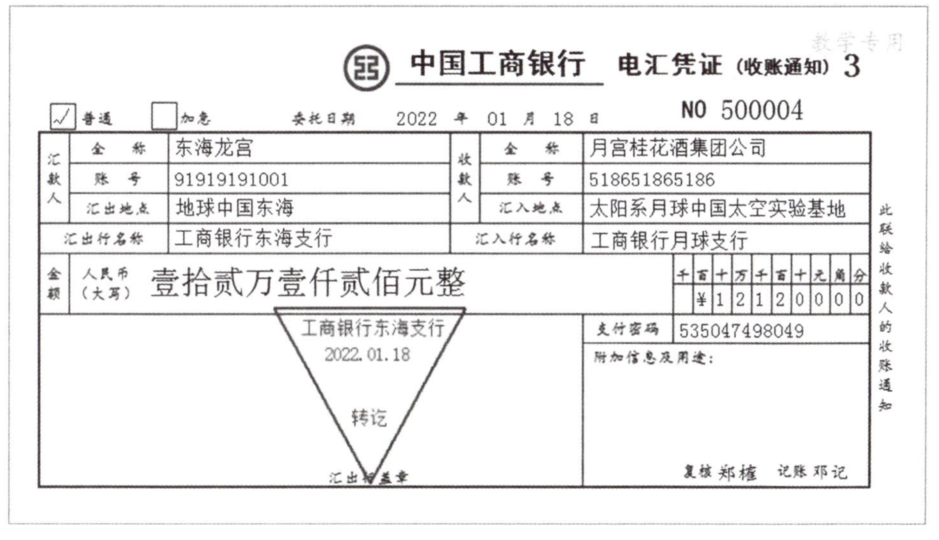

中国工商银行　电汇凭证(收账通知)3　教学专用

☑普通　☐加急　委托日期 2022 年 01 月 18 日　NO 500004

汇款人	全称	东海龙宫	收款人	全称	月宫桂花酒集团公司
	账号	91919191001		账号	518651865186
	汇出地点	地球中国东海		汇入地点	太阳系月球中国太空实验基地
汇出行名称		工商银行东海支行	汇入行名称		工商银行月球支行
金额	人民币(大写)	壹拾贰万壹仟贰佰元整		千百十万千百十元角分	¥12120000
工商银行东海支行 2022.01.18 转讫 汇出行盖章			支付密码		535047498049
			附加信息及用途:		

复核 郑桂　记账 邓记

此联给收款人的收账通知

图附-22　东海龙宫付余款原始凭证——电汇回单

(6) 1月18日,收到工商银行通知,北海龙宫已于2021年12月30日通过工商银行用电汇方式支付原欠的桂花酒款。原始凭证如图附-23所示。

37＃ （收款凭证）附单据数：1（银行进账单）；摘要：（系统生成）

借：银行存款——工商银行（100201） 33 900.00

贷：应收账款（1122） 33 900.00

（销售）收款结算—（核算）客户往来制单[核销制单]

注：这里的日期设置并不合理。只是由于考虑凭证的序时性（凭证已经填制到18日），才作如此安排。

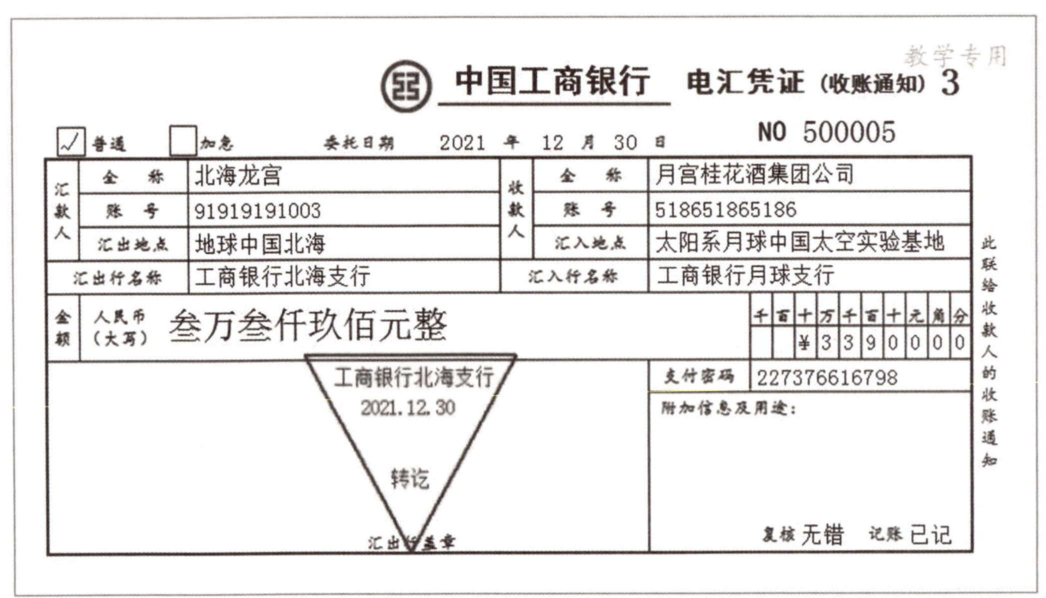

教学专用

中国工商银行 电汇凭证（收账通知）3

☑普通 ☐加急 委托日期 2021 年 12 月 30 日 NO 500005

汇款人	全称	北海龙宫	收款人	全称	月宫桂花酒集团公司
	账号	91919191003		账号	518651865186
	汇出地点	地球中国北海		汇入地点	太阳系月球中国太空实验基地
汇出行名称		工商银行北海支行	汇入行名称		工商银行月球支行
金额	人民币（大写）	叁万叁仟玖佰元整		千百十万千百十元角分	¥3390000
汇出行盖章		工商银行北海支行 2021.12.30 转讫		支付密码	227376616798
				附加信息及用途：	

复核 无错 记账 已记

此联给收款人的收账通知

图附-23 北海还清欠款原始凭证——电汇回单

实训项目十二 库存日常业务处理（含核算管理相关操作）

[实训要求]

以王库管（编号：08；口令：8）的身份注册登录“信息门户”，完成库存日常业务处理；

以钱会计（编号：02；口令：2）的身份注册登录“信息门户”，完成产成品成本分配及单据的记账；完成相关业务的制单，并在凭证审核后完成记账；

以赵经理（编号：01；口令：1）的身份注册登录“信息门户”，完成库存业务凭证的审核。

[实训内容]

1. 成品入库
2. 产成品成本分配
3. 原料领用出库
4. 盘点
5. 核算记账和制单
6. 凭证审核和记账

[实训数据]

（1）1月20日，生产车间把成品桂花酒60箱交成品库办理入库手续，提交原始凭证如图附-24所示。入库单由王库管录入系统。

（库存）产成品入库单

产成品入库单

仓库：成品库

交库单位：生产部　　2022年 01 月 20 日　　编号：700

产品编号	产品名称	规格	计量单位	数量		单位成本	总成本	备注
				送检	实收			
004	桂花酒	高级	箱	60	60	待定	待定	

仓库主管：王库管　　保管员：　　记账：　　制单：生产部

图附-24　桂花酒 60 箱入库原始凭证——入库单

(2) 1 月 21 日，财务部核算入库 60 箱成品酒总成本为 90 000 元，进行成本分配。

38# (转账凭证)附单据数：1(入库单[系统生成]；注：纸质入库单合并使用)；摘要：(系统生成)

借：库存商品(1405)　　90 000.00(1 500 元/箱×60 箱)

　贷：生产成本——基本生产成本(500101)　　90 000.00

(核算)产成品成本分配—正常单据记账[成品入库单]—购销单据制单[产成品入库单]

(3) 1 月 21 日，生产车间向原料 1 库领用桂花 500 千克。原始单据如图附-25 所示。

39# (转账凭证)附单据数：1(出库单[系统生成]；注：纸质领料单合并使用)；摘要：(系统生成)

借：生产成本——基本生产成本(500101)　　25 100.00

　贷：原材料——桂花(140301)　　25 100.00

(库存)材料出库单录入审核—(核算)正常单据记账[材料出库单]—购销单据制单[材料出库单]

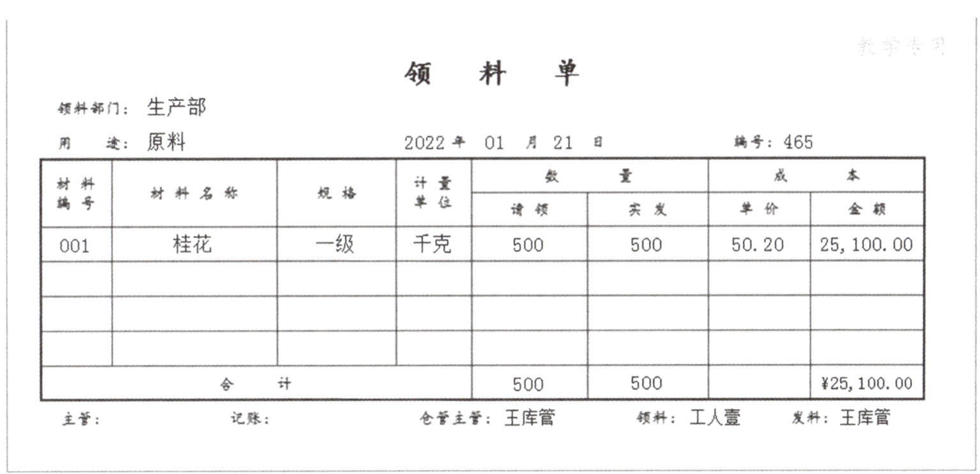

领　料　单

领料部门：生产部

用　途：原料　　2022年 01 月 21 日　　编号：465

材料编号	材料名称	规格	计量单位	数量		成本	
				请领	实发	单价	金额
001	桂花	一级	千克	500	500	50.20	25,100.00
合计				500	500		¥25,100.00

主管：　　记账：　　仓管主管：王库管　　领料：工人壹　　发料：王库管

图附-25　车间领用桂花原始凭证——领料单

(4) 1 月 22 日，原料 1 库和材料库进行盘点，取得盘点记录如图附-26、图附-27 所示。由王库管登录系统完成这项业务的处理。

40# (转账凭证)附单据数：4(两份盘点表；其他入库单[系统生成]、其他出库单[系统生成])；摘要：(系统生成)

借:原材料——桂花(140301) 502.00
　待处理财产损溢——待处理流动资产损溢(190101) 99.40
　贷:待处理财产损溢——待处理流动资产损溢(190101) 502.00
　　原材料——瓷瓶(140303) 99.40

(库存)库存盘点[录入盘点单]—审核盘点单—审核其他入库单和其他出库单—(核算)正常单据记账—购销单据制单[其他入库单,其他出库单]

存货盘点表

教学专用

仓库:原料1库　　2022年 01月 22日

编号	存货名称	单位	单价	数量		盘盈		盘亏		盈亏原因
				账存	实存	数量	金额	数量	金额	
001	桂花	千克	50.20	1000	1010	10	502.00			不明

审核人:　　监盘人:　　盘点人:王库管

图附-26 盘点原始凭证——原料1库盘点表

存货盘点表

教学专用

仓库:材料库　　2022年 01月 22日

编号	存货名称	单位	单价	数量		盘盈		盘亏		盈亏原因
				账存	实存	数量	金额	数量	金额	
003	瓷瓶	只	49.70	1000	998			2	99.40	不明

审核人:　　监盘人:　　盘点人:王库管

图附-27 盘点原始凭证——材料库盘点表

(5) 1月31日,报经理室批准,进行盘盈盘亏处理,处理报告如图附-28所示。

(总账)填制凭证—审核—记账

41# (转账凭证)附单据数:1(处理报告;注:处理报告附盘盈处理凭证上);摘要:盘盈处理

借:待处理财产损溢——待处理流动资产损溢(190101) 502.00
　贷:管理费用——其他(660205) 502.00

42# (转账凭证)附单据数:无;摘要:盘亏处理

借:管理费用——其他(660205) 49.70
　其他应收款——应收个人款(122101) 49.70
　贷:待处理财产损溢——待处理流动资产损溢(190101) 99.40

盘盈盘亏处理报告 教学专用

处理时间：2022年1月31日

处理金额：盘盈502元;盘亏99.4元。

发生时间：2022年01月22日

业务性质：盘盈盘亏

业务原因：不明

业务情况：拟作如下处理：
原料库桂花盘盈10千克，价值502元，拟冲抵管理费用；材料库瓷瓶盘亏2只，由物流部王库管个人赔偿1只价值49.70元，另1只价值49.70元计入管理费用。

申请人：物流部 批准：赵经理

图附-28 盘盈盘亏处理原始凭证——处理报告

实训项目十三 出纳管理

[实训要求]

以系统管理员(admin)或者账套主管(01 赵经理;口令:1)的身份注册登录〖系统管理〗,给03 孙出纳增加分配"现金管理"的所有权限;

以赵经理(编号:01;口令:1)的身份注册登录"信息门户",指定现金科目和银行科目;完成支票管理的设置(参阅本实训项目中的[实训数据]之四);

以孙出纳(编号:03;口令:3)的身份注册登录"信息门户",完成现金日记账和银行日记账的查询;

以孙出纳(编号:03;口令:3)的身份注册登录"信息门户",完成银行对账期初录入,并按中国工商银行月球支行提供的1月份银行对账单进行银行对账,编制银行存款余额调节表;

以孙出纳(编号:03;口令:3)的身份注册登录"信息门户",重新录入实训项目七里的2#凭证(提现2 000元),同时完成202001号现金支票的登记和报销。

[实训内容]

1. 增加分配操作权限
2. 指定科目
3. 库存现金日记账和银行存款日记账查询
4. 银行对账
5. 支票管理

[实训数据]

一、现金科目和银行科目

现金总账科目:1001 库存现金;银行总账科目:1002 银行存款。

二、日记账和日报表查询

查询001账套2022年1月的现金日记账和银行日记账;

三、银行对账

(1) 月宫桂花酒集团公司最后一次手工对账截止日期是2021年12月31日,数据如下:

单位日记账		银行对账单	
调整前余额:	406 100.00	调整前余额:	444 520.00
加:银行已收企业未收	33 900.00(借)	加:企业已收银行未收	0.00
减:银行已付企业未付	0.00	减:企业已付银行未付	4 520.00(贷)
调整后余额:	440 000.00	调整后余额:	440 000.00

其中银行已收企业未收的 33 900 元结算方式是银行电汇,票号 500005,日期 2021 年 12 月 30 日;企业已付银行未付的 4 520 元结算方式是转账支票,票号 201000,日期 2021 年 12 月 24 日。

(2) 2022 年 1 月 31 日,进行 001 账套 2022 年 1 月的银行对账。收到的工商银行月球支行 1 月份对账单(简化)如图附-29 所示。

注:在"银行科目选择"对话框中勾选"显示已达项";"自动对账"条件对话框中去掉"日期相差 12 之内"项的对钩;自动对账未对出来的用手工对账补充勾对。

对 账 单

户名: 月宫桂花酒集团公司

账号: 518651865186　　2022年 01 月 31 日止　　第 1 页

日期	摘要	结算凭证		借方	贷方	余额
		种类	号数			
2022年01月02日	提现	现金支票	202001		2,000.00	442,520.00
2022年01月03日	采购原料	转账支票	201000		4,520.00	438,000.00
2022年01月05日	缴纳社保费	缴款回单	700001		41,013.00	396,987.00
2022年01月05日	缴纳公积金	缴款回单	700002		25,200.00	371,787.00
2022年01月05日	代缴个税	缴款回单	700003		635.84	371,151.16
2022年01月08日	发放工资	转账支票	201002		163,359.34	207,791.82
2022年01月10日	直接购入电脑	转账支票	201003		5,650.00	202,141.82
2022年01月12日	核销	电汇凭证	500001		56,500.00	145,641.82
2022年01月14日	核销	电汇凭证	500002		2,260.00	143,381.82
2022年01月15日	现结	电汇凭证	500003	169,500.00		312,881.82
2022年01月18日	核销	电汇凭证	500004	121,200.00		434,081.82

图附-29 工商银行月球支行 1 月份银行对账单(简化)

四、支票管理

在"总账"菜单的"设置—选项"里勾选"支票控制";在"基础设置"的"收付结算"中检查结算方式,勾选"201 转账支票"和"202 现金支票"两项的"票据管理方式"项。

实训项目十四　期末处理

[实训要求]

依次以各子系统管理员的身份注册登录"信息门户",完成工资管理、固定资产管理、采购管理、销售管理、库存管理、核算管理等六个子系统的月末处理;完成总账子系统月末自动转账凭证的定义、生成、审核和记账;完成总账子系统的月末结账。

[实训内容]

1. 工资管理系统月末处理(04 李人事;口令:4)
2. 固定资产系统月末结账(05 周设备;口令:5)
3. 采购管理系统月末结账(06 吴采购;口令:6)

4. 销售管理系统月末结账(07 郑销售;口令:7)
5. 库存管理系统月末结账(08 王库管;口令:8)
6. 核算管理系统的月末处理和结账(02 钱会计;口令:2)
7. 总账系统各种自动转账凭证的定义和生成(02 钱会计)
8. 所有凭证(包括各个子系统生成的凭证)的审核(01 赵经理;口令:1)
9. 所有凭证(包括各个子系统生成的凭证)的记账(02 钱会计;口令:2)
10. 总账系统结账(02 钱会计;口令:2)

[实训数据]

一、定义自动转账凭证

(1) 定义计提城市维护建设税和教育费附加凭证。城市维护建设税和教育费附加以应交增值税为计征依据;城市维护建设税的计征比例为7%;教育费附加的计征比例为3%。上期留抵税额0.00元(序号0001;转账说明:计提城建税和教育费附加)。

城市维护建设税金额计算公式:QM(222101,月,贷)*0.07

教育费附加金额计算公式:QM(222101,月,贷)*0.03

借:税金及附加——城市维护建设税(640301)

　税金及附加——教育费附加(640302)

　贷:应交税费——应交城市维护建设税(222112)

　　应交税费——应交教育费附加(222115)

(总账)期末—转账定义—自定义转账((2)(3)(4)(5)提示同此)

(2) 定义结转制造费用凭证(序号0002;转账说明:结转制造费用)。

金额计算公式:QM(5101,月,借)

借:生产成本——基本生产成本(500101)

　贷:制造费用(5101)

(3) 定义计提所得税费用凭证(序号0003;转账说明:计提所得税费用)。

所得税金额计算公式:QM(4103,月,贷)*0.25

借:所得税费用(6801)

　贷:应交税费——应交所得税(222111)

(4) 定义结转本年利润凭证(序号0004;转账说明:结转本年利润)。

金额计算公式:QM(4103,月,贷)

借:本年利润(4103)

　贷:利润分配——未分配利润(410415)

(5) 定义结转应交未交增值税凭证(序号0005;转账说明:结转应交未交增值税)。

金额计算公式:QM(222101,月,贷)

借:应交税费——应交增值税——转出未交增值税(22210105)

　贷:应交税费——未交增值税(222102)

(6) 定义期间损益结转凭证,结转收入和费用。本年利润科目:4103

二、生成自动转账凭证

1月31日,生成七张自动转账凭证。参考凭证如下(注意:生成一张凭证审核记账一张凭证):

43#　计提城市维护建设税和教育费附加凭证

(转账凭证)摘要按各分录对应科目填“计提城建税”或“计提教育费附加”。

借:税金及附加——城市维护建设税(640301)　　2 905.28

税金及附加——教育费附加(640302) 1 245.12
贷:应交税费——应交城市维护建设税(222112) 2 905.28
应交税费——应交教育费附加(222115) 1 245.12
(总账)期末—转账生成[自定义转账/计提教育费附加]—审核记账
44# 结转制造费用凭证
(转账凭证)摘要:结转制造费用(系统生成)
借:生产成本——基本生产成本(500101) 4 397.60
贷:制造费用(5101) 4 397.60
(总账)期末—转账生成[自定义转账/结转制造费用]—审核—记账
45# 结转收入和费用凭证。
(转账凭证)摘要:期间损益结转(系统生成)
借:主营业务收入(6001) 390 000.00
贷:本年利润(4103) 35 638.26
资产处置损益——办公设备(611502) 750.02
主营业务成本(6401) 195 000.00
税金及附加——城市维护建设税(640301) 2 905.28
税金及附加——教育费附加(640302) 1 245.12
销售费用(6601) 26 600.00
管理费用——应付职工薪酬——工资(66020101) 71 068.18
管理费用——应付职工薪酬——社会保险费
—基本养老保险(6602010201) 16 800.00
管理费用——应付职工薪酬——社会保险费
—基本医疗保险(6602010202) 11 340.00
管理费用——应付职工薪酬——社会保险费
—失业保险(6602010203) 1 050.00
管理费用——应付职工薪酬——社会保险费
—工伤保险(6602010204) 1 050.00
管理费用——应付职工薪酬——住房公积金(66020103) 12 600.00
管理费用——应付职工薪酬——工会经费(66020104) 3 747.36
管理费用——应付职工薪酬——职工教育经费(66020105) 4 684.20
管理费用——办公费(660202) 500.00
管理费用——差旅费(660203) 4 313.94
管理费用——折旧费(660204) 1 159.94
管理费用——其他(660205) (红字)452.30
(总账)期末—转账生成[期间损益结转]—审核—记账
46# 计提所得税费用凭证。
(转账凭证)摘要:计提所得税费用(系统生成)
借:所得税费用(6801) 8 909.57
贷:应交税费——应交所得税(222111) 8 909.57
(总账)期末—转账生成[自定义转账/计提所得税费用]—审核—记账
47# 结转所得税费用(用期间损益结转,"转账生成"界面只选择"所得税费用"一个科目)

(转账凭证)摘要:结转所得税费用(修改系统生成摘要)

借:本年利润(4103) 8 909.57

　　贷:所得税费用(6801) 8 909.57

(总账)期末—转账生成[期间损益结转]—审核—记账

48# 结转本年利润凭证

(转账凭证)摘要:结转本年利润(系统生成)

借:本年利润(4103) 26 728.69

　　贷:利润分配——未分配利润(410415) 26 728.69

(总账)期末—转账生成[自定义转账/结转本年利润]—审核—记账

49# 结转应交未交增值税凭证

(转账凭证)摘要:结转应交未交增值税(系统生成)

借:应交税费——应交增值税——转出未交增值税(22210105) 41 503.94

　　贷:应交税费——未交增值税(222102) 41 503.94

(总账)期末—转账生成[自定义转账/结转应交未交增值税]—审核—记账

实训项目十五 财务报表

[实训要求]

以钱会计(编号:02;口令:2)的身份注册登录“信息门户”,完成利润表(简表)表样设计和报表编制;再利用系统预置的报表模板完成 001 账套 2022 年 1 月资产负债表的编制。

[实训内容]

1. 报表格式设计

(1) 报表格式定义;

(2) 报表取数函数、计算公式定义;

2. 报表编制

3. 利用系统预置报表模板编制报表

[实训数据]

一、利润表(自己定义报表模板,再用自定义模板编制报表)

1. 利润表(简表)表样(表附-45)

说明:标题“利润表”设置为“宋体、18 磅、居中”;其它单元内容均设置为“宋体、15 磅”。调整各列宽度,使各单元中的所有内容可见。

2. “利润表”“本期金额”栏各单元取数函数和计算公式:

C5=FS("6001",全年,"贷")+FS("6051","全年","贷") 注:6001 是“主营业务收入”科目编码;6051 是“其他业务收入”科目编码。

C6=FS("6401","全年","借")+FS("6402","全年","借") 6401 是“主营业务成本”科目编码;6402 是“其他业务成本”科目编码。

C7=FS("6403","全年","借") 6403 是“税金及附加”科目编码。

C8=FS("6601","全年","借") 6601 是“销售费用”科目编码。

C9=FS("6602","全年","借")－TFS("660205","全年","贷","盘盈处理","==") 管理费用发生额等于支出额减去盘盈冲抵额。

C10=FS("6603","全年","借") 6603 是“财务费用”科目编码。

C11=FS("6701","全年","借") 6701 是“资产减值损失”科目编码。

表附-45 利 润 表(简表)

会企 02 表

编制单位： 年 月 单位:元

项 目	行次	本期金额	前期金额
一、营业收入	1		
减:营业成本	2		
税金及附加	3		
销售费用	4		
管理费用	5		
财务费用	6		
资产减值损失	7		
加:公允价值变动收益(损失以"—"号填列)	8		
投资收益(损失以"—"号填列)	9		
其中:对联营企业和合营企业的投资收益	10		
资产处置损益(损失以"—"号填列)	11		
其他收益	12		
二、营业利润(亏损以"—"号填列)	13		
加:营业外收入	14		
减:营业外支出	15		
三、利润总额(亏损总额以"—"号填列)	16		
减:所得税费用	17		
四、净利润(亏损以"—"号填列)	18		
五、每股收益:	19		
(一)基本每股收益	20		
(二)稀释每股收益	21		

制表： 审核：

C12＝FS("6101","全年","贷") 6101 是"公允价值变动损益"科目编码。

C13＝FS("6111","全年","贷") 6111 是"投资收益"科目编码。

C14＝FS("611101","全年","贷") 611101 是"联营和合营企业投资收益"科目编码。

C15＝－FS("6115","全年","借") 6115 是"资产处置损益"科目编码。

C16＝ FS("6116","全年","贷") 6116 是"其他收益"科目编码。

C17＝C5－C6－C7－C8－C9－C10－C11＋C12＋C13＋C15＋C16

C18＝FS("6301","全年","贷") 6301 是"营业外收入"科目编码。

C19＝FS("6711","全年","借")　　6711 是“营业外支出”科目编码。

C20＝C17＋C18－C19

C21＝FS("6801","全年","借")　　6801 是“所得税费用”科目编码。

C22＝C20－C21　　净利润等于利润总额减所得税费用。

说明：利润表“前期金额”栏内各项数据，按照上年该期利润表“本期金额”栏内所列数字填列。本例 001 账套中只有 2022 年 1 月一个月的会计数据，因此“前期金额”栏置空。

3. 单位名称和制表日期

单位名称：月宫桂花酒集团公司；日期：2022 年 1 月（关键字录入）

所在行业：一般企业（2007 年新会计准则）

4. 制表人和审核人

制表：钱会计；审核：赵经理

二、资产负债表（使用系统预置模板编制报表）

1. 模板

所在行业：一般企业（2007 年新会计准则）

模板名：资产负债表

2. 单位名称和制表日期

单位名称：月宫桂花酒集团公司；日期：2022 年 1 月 31 日（关键字录入）

3. 制表人和审核人

制表：钱会计；审核：赵经理

4. 注意

可能需要修改预置模板中的取数函数。具体请参阅第十二章第四节第二小节相关内容。

实训项目十六　归档管理

［实训要求］

以账套主管（赵经理；编号：01；口令：1）的身份注册登录“信息门户”，完成 001 账套 2022 年 1 月会计档案文件的归档处理。

［实训内容］

1. 各账表和记账凭证的归档
2. 电子发票的归档
3. 各账表和记账凭证档案文件的预览
4. 电子发票档案文件的查看

［实训数据］

1. 记账凭证；
2. 序时账；
3. 明细账；
4. 余额表；
5. 利润表；
6. 资产负债表；
7. 增值税进项电子发票；
8. 增值税销项电子发票。

主要参考文献

[1] 财政部.企业会计准则应用指南:2006[M].北京:企业管理出版社,2007.

[2] 财政部.企业会计信息化工作规范.财会〔2013〕20 号,2013 年 12 月 6 日.

[3] (用友)新道信息技术股份有限公司,新道教育财税云平台使用手册.

[4] 中国注册会计师协会.会计(2022 年度注册会计师全国统一考试辅导教材)[M].北京:中国财政经济出版社,2022.

高等教育出版社

教学资源服务指南

感谢您使用本书。为方便教学，我社为老师提供资源下载、样书申请等服务，如贵校已选用本书，您只要关注微信公众号“高职财经教学研究”，或加入下列教师交流 QQ 群即可免费获得相关服务。

“高职财经教学研究”公众号

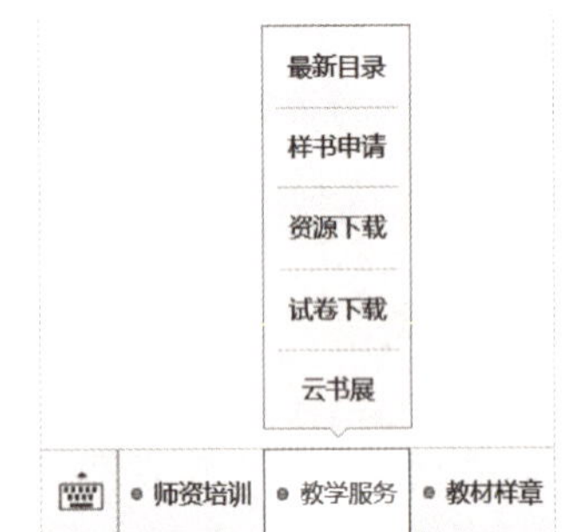

资源下载：点击“教学服务”—“资源下载”进入或直接在浏览器中输入网址链接（http://101.35.126.6/），注册登录后可搜索相应的资源并免费下载。（建议用电脑浏览器操作）

样书申请：点击“教学服务”—“样书申请”，填写相关信息即可免费申请样书。

试卷下载：点击“教学服务”—“试卷下载”，填写相关信息即可免费下载试卷。

师资培训：点击“师资培训”，获取最新会议信息、直播回放和往期师资培训视频。

样章下载：点击“教材样章”，即可免费下载在供教材的前言、目录和样章。

联系方式：

会计 QQ3 群：473802328　　会计 QQ2 群：370279388　　会计 QQ1 群：554729666

（以上 3 个会计 QQ 群，加任何一个即可获取教学服务，请勿重复加入）

联系电话：(021)56961310　　电子邮箱：3076198581@qq.com

在线试题库及组卷系统：

我们研发有 15 门课程试题库：“基础会计”“财务会计”“成本计算与管理”“财务管理”“管理会计”“税务会计”“税法”“审计基础与实务”等，平均每个题库近 3 000 题，知识点全覆盖，题型丰富，可自动组卷与批改。如贵校选用了高教社沪版相关课程教材，我们可免费提供给老师每个题库生成的各 6 套试卷及答案（Word 格式难中易三档，索取方式见上述“试卷下载”），老师也可与我们联系咨询更多试题库详情。